大学赤本シリーズ

425

立教大学

理学部－一般入試

JN071731

教学社

は　し　が　き

　おかげさまで，大学入試の「赤本」は，今年で創刊 70 周年を迎えました。
　これまで，入試問題や資料をご提供いただいた大学関係者各位，掲載許可をいただいた著作権者の皆様，各科目の解答や対策の執筆にあたられた先生方，そして，赤本を使用してくださったすべての読者の皆様に，厚く御礼を申し上げます。

　以下に，創刊初期の「赤本」のはしがきを引用します。これからも引き続き，受験生の目標の達成や，夢の実現を応援してまいります。

　本書を活用して，入試本番では持てる力を存分に発揮されることを心より願っています。

編者しるす

*　　　*　　　*

　学問の塔にあこがれのまなざしをもって，それぞれの志望する大学の門をたたかんとしている受験生諸君！　人間として生まれてきた私たちは，自己の欲するままに，美しく，強く，そして何よりも人間らしく生きることをねがっている。しかし，一朝一夕にして，この純粋なのぞみが達せられることはない。私たちの行く手には，絶えずさまざまな試練がまちかまえている。この試練を克服していくところに，私たちのねがう真に人間的な世界がはじめて開かれてくるのである。

　人生最初の最大の試練として，諸君の眼前に大学入試がある。この大学入試は，精神的にも身体的にも，大きな苦痛を感ぜしめるであろう。あるスポーツに熟達するには，たゆみなき，はげしい練習を積み重ねることが必要であるように，私たちは，計画的・持続的な努力を払うことによって，この試練を克服し，次の一歩を踏みだすことができる。厳しい試練を経たのちに，はじめて満足すべき成果を獲得できるのである。

　本書は最近の入学試験の問題に，それぞれ解答を付し，さらに問題をふかく分析することによって，その大学独特の傾向や対策をさぐろうとした。本書を一般の参考書とあわせて使用し，まとはずれのない，効果的な受験勉強をされるよう期待したい。

（昭和 35 年版「赤本」はしがきより）

挑む人の、いちばんの味方

赤本創刊70周年

1954年に大学入試の過去問題集を刊行してから70年。赤本は大学に入りたいと思う受験生を応援しつづけてきました。これからも，苦しいとき落ち込むときにそばで支える存在でいたいと思います。

そして，勉強をすること，自分で道を決めること，努力が実ること，これらの喜びを読者の皆さんが感じることができるよう，伴走をつづけます。

そもそも赤本とは…

受験生のための大学入試の過去問題集！

70年の歴史を誇る赤本は，500点を超える刊行点数で全都道府県の370大学以上を網羅しており，過去問の代名詞として受験生の必須アイテムとなっています。

・・・・・・・・ なぜ受験に過去問が必要なのか？ ・・・・・・・・

大学入試は大学によって問題形式や頻出分野が大きく異なるからです。

記述式？
マーク式？
時間配分は？
問題のレベルは？
自分に足りないのは？
頻出分野は？
どんな対策が必要？
どんな問題が出るの？
みんなの疑問に答える赤本！
赤本で志望校を研究しよう！

赤本の掲載内容

傾向と対策

これまでの出題内容から，問題の「**傾向**」を分析し，来年度の入試に向けて具体的な「**対策**」の方法を紹介しています。

問題編・解答編

- 年度ごとに問題とその解答を掲載しています。
- 「**問題編**」ではその年度の試験概要を確認したうえで，実際に出題された過去問に取り組むことができます。
- 「**解答編**」には高校・予備校の先生方による解答が載っています。

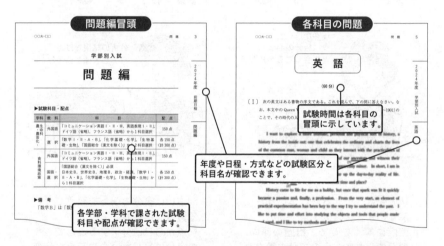

他にも，大学の基本情報や，先輩受験生の合格体験記，在学生からのメッセージなどが載っていることがあります。

2024年度から見やすいデザインに！ NEW

受験勉強は 過去問に始まり，

STEP 1 （なにはともあれ）

まずは解いてみる

しずかに…
今，自分の心と
向き合ってるんだから

ムーン

それは
問題を解いて
からだホン！

過去問は，**できるだけ早いうちに解くのがオススメ！**
実際に解くことで，**出題の傾向，問題のレベル，今の自分の実力が**つかめます。

STEP 2 （じっくり具体的に）

弱点を分析する

分析の結果だけど
英・数・国が苦手みたい

スリー

必須科目だホン
頑張るホン

間違いは自分の弱点を教えてくれる貴重な情報源。
弱点から自己分析することで，**今の自分に足りない力や苦手な分野**が見えてくるはず！

合格者があかす
赤本の使い方

傾向と対策を熟読
（Fさん／国立大合格）
大学の出題傾向を調べるために，赤本に載っている「傾向と対策」を熟読しました。

繰り返し解く
（Tさん／国立大合格）
1周目は問題のレベル確認，2周目は苦手や頻出分野の確認に，3周目は合格点を目指して，と過去問は繰り返し解くことが大切です。

赤本の使い方 解説

過去問に終わる。

STEP 3 志望校にあわせて

苦手分野の重点対策

明日からはみんなで頑張るよ！
参考書も！ 問題集も！
よろしくね！

なにを!? どこから!?

呼んだ？

グッ グッ

参考書や問題集を活用して，苦手分野の**重点対策**をしていきます。**過去問を指針**に，合格へ向けた具体的な学習計画を立てましょう！

STEP 1 ▶ 2 ▶ 3

実践を繰り返す

サイクルが大事！

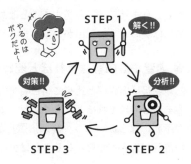

やるのはボクだよ～

STEP 1 解く!!

対策!!

分析!!

STEP 3   STEP 2

STEP 1～3を繰り返し，実力アップにつなげましょう！
出題形式に慣れることや，**時間配分**を考えることも大切です。

目標点を決める
（Yさん／私立大合格）

赤本によっては合格者最低点が載っているので，それを見て目標点を決めるのもよいです。

時間配分を確認
（Kさん／私立大学合格）

赤本は時間配分や解く順番を決めるために使いました。

添削してもらう
（Sさん／私立大学合格）

記述式の問題は先生に添削してもらうことで自分の弱点に気づけると思います。

新課程も赤本で
ばっちり！

新課程入試 Q&A

2022年度から新しい学習指導要領（新課程）での授業が始まり、2025年度の入試は、新課程に基づいて行われる最初の入試となります。ここでは、赤本での新課程入試の対策について、よくある疑問にお答えします。

使える？

Q1. 赤本は新課程入試の対策に使えますか？

A. もちろん使えます！

OK

旧課程入試の過去問が新課程入試の対策に役に立つのか疑問に思う人もいるかもしれませんが、心配することはありません。旧課程入試の過去問が役立つのには次のような理由があります。

● 学習する内容はそれほど変わらない

新課程は旧課程と比べて科目名を中心とした変更はありますが、学習する内容そのものはそれほど大きく変わっていません。また、多くの大学で、既卒生が不利にならないよう「経過措置」がとられます（Q3参照）。したがって、出題内容が大きく変更されることは少ないとみられます。

● 大学ごとに出題の特徴がある

これまでに課程が変わったときも、各大学の出題の特徴は大きく変わらないことがほとんどでした。入試問題は各大学のアドミッション・ポリシーに沿って出題されており、過去問にはその特徴がよく表れています。過去問を研究してその大学に特有の傾向をつかめば、最適な対策をとることができます。

出題の特徴の例	・英作文問題の出題の有無
	・論述問題の出題（字数制限の有無や長さ）
	・計算過程の記述の有無

新課程入試の対策も、赤本で過去問に取り組むところから始めましょう。

Q2. 赤本を使う上での注意点はありますか？

A. 志望大学の入試科目を確認しましょう。

過去問を解く前に，過去の出題科目（問題編冒頭の表）と2025年度の募集要項とを比べて，課される内容に変更がないかを確認しましょう。ポイントは以下のとおりです。科目名が変わっていても，実際は旧課程の内容とほとんど同様のものもあります。

英語・国語	科目名は変更されているが，実質的には変更なし。 ▶▶ ただし，リスニングや古文・漢文の有無は要確認。
地歴	科目名が変更され，「歴史総合」「地理総合」が新設。 ▶▶ 新設科目の有無に注意。ただし，「経過措置」(Q3参照)により内容は大きく変わらないことも多い。
公民	「現代社会」が廃止され，「公共」が新設。 ▶▶ 「公共」は実質的には「現代社会」と大きく変わらない。
数学	科目が再編され，「数学C」が新設。 ▶▶ 「数学」全体としての内容は大きく変わらないが，出題科目と単元の変更に注意。
理科	科目名も学習内容も大きな変更なし。

数学については，科目名だけでなく，どの単元が含まれているかも確認が必要です。例えば，出題科目が次のように変わったとします。

旧課程	「数学Ⅰ・数学Ⅱ・数学A・数学B（数列・ベクトル）」
新課程	「数学Ⅰ・数学Ⅱ・数学A・数学B（数列）・数学C（ベクトル）」

この場合，新課程では「数学C」が増えていますが，単元は「ベクトル」のみのため，実質的には旧課程とほぼ同じであり，過去問をそのまま役立てることができます。

Q3. 「経過措置」とは何ですか？

A. 既卒の旧課程履修者への対応です。

　多くの大学では，既卒の旧課程履修者が不利にならないように，出題において「経過措置」が実施されます。措置の有無や内容は大学によって異なるので，募集要項や大学のウェブサイトなどで確認しておきましょう。

○旧課程履修者への経過措置の例

- ●旧課程履修者にも配慮した出題を行う。
- ●新・旧課程の共通の範囲から出題する。
- ●新課程と旧課程の共通の内容を出題し，共通範囲のみでの出題が困難な場合は，旧課程の範囲からの問題を用意し，選択解答とする。

　例えば，地歴の出題科目が次のように変わったとします。

旧課程	「日本史B」「世界史B」から1科目選択
新課程	「歴史総合，日本史探究」「歴史総合，世界史探究」から1科目選択※ ※旧課程履修者に不利益が生じることのないように配慮する。

　「歴史総合」は新課程で新設された科目で，旧課程履修者には見慣れないものですが，上記のような経過措置がとられた場合，新課程入試でも旧課程と同様の学習内容で受験することができます。

新課程の情報は WEB もチェック！
より詳しい解説が赤本ウェブサイトで見られます。
https://akahon.net/shinkatei/

科目名が変更される教科・科目

	旧　課　程	新　課　程
国語	国語総合 国語表現 現代文A 現代文B 古典A 古典B	現代の国語 言語文化 論理国語 文学国語 国語表現 古典探究
地歴	日本史A 日本史B 世界史A 世界史B 地理A 地理B	歴史総合 日本史探究 世界史探究 地理総合 地理探究
公民	現代社会 倫理 政治・経済	公共 倫理 政治・経済
数学	数学Ⅰ 数学Ⅱ 数学Ⅲ 数学A 数学B 数学活用	数学Ⅰ 数学Ⅱ 数学Ⅲ 数学A 数学B 数学C
外国語	コミュニケーション英語基礎 コミュニケーション英語Ⅰ コミュニケーション英語Ⅱ コミュニケーション英語Ⅲ 英語表現Ⅰ 英語表現Ⅱ 英語会話	英語コミュニケーションⅠ 英語コミュニケーションⅡ 英語コミュニケーションⅢ 論理・表現Ⅰ 論理・表現Ⅱ 論理・表現Ⅲ
情報	社会と情報 情報の科学	情報Ⅰ 情報Ⅱ

大学のサイトも見よう

目 次

2024 年度 問題と解答

2023 年度 問題と解答

2022 年度 問題と解答

基本情報

 沿革

1874（明治 7）	ウィリアムズ主教，築地に私塾を数名の生徒で始める
	間もなく立教学校と称する
	✏ウィリアムズ主教は聖書と英学を教えていた
1883（明治 16）	立教大学校と称する
1907（明治 40）	専門学校令により，「立教大学」と称する
1922（大正 11）	大学令による大学として認可される
1949（昭和 24）	新制大学として認可される
	文学部・経済学部・理学部を設置
1958（昭和 33）	社会学部を設置
1959（昭和 34）	法学部を設置
1998（平成 10）	観光学部・コミュニティ福祉学部を設置
✏2002（平成 14）	江戸川乱歩の邸宅と書庫として使用していた土蔵が，立教大学に譲渡される
2006（平成 18）	経営学部・現代心理学部を設置
2008（平成 20）	異文化コミュニケーション学部を設置

2014（平成 26）	創立 140 周年
	文部科学省「スーパーグローバル大学創成支援」に採択される
2017（平成 29）	Global Liberal Arts Program（GLAP）を設置
2023（令和 5）	スポーツウエルネス学部を設置
2024（令和 6）	創立 150 周年

オフィシャル・シンボル

　立教大学のオフィシャル・シンボル，楯のマークには，十字架と聖書が描かれています。中心に置かれた聖書の標語「PRO DEO ET PATRIA」は「神と国のために」というラテン語で，立教大学では，「普遍的なる真理を探究し，私たちの世界，社会，隣人のために」ととらえています。楯の下にある「MDCCCLXXIV」は創立年度の 1874 をローマ数字で記しています。

学部・学科の構成

大 学

●**文学部** 池袋キャンパス

キリスト教学科

文学科（英米文学専修，ドイツ文学専修，フランス文学専修，日本文学専修，文芸・思想専修）

史学科（世界史学専修，日本史学専修，超域文化学専修）

教育学科（教育学専攻，初等教育専攻）

●**異文化コミュニケーション学部** 池袋キャンパス

異文化コミュニケーション学科

●**経済学部** 池袋キャンパス

経済学科

経済政策学科

会計ファイナンス学科

●**経営学部** 池袋キャンパス

経営学科

国際経営学科

●**理学部** 池袋キャンパス

数学科

物理学科

化学科

生命理学科

●**社会学部** 池袋キャンパス

社会学科

現代文化学科

メディア社会学科

●**法学部** 池袋キャンパス

法学科

国際ビジネス法学科

　　政治学科
●**観光学部**　新座キャンパス
　　観光学科
　　交流文化学科
●**コミュニティ福祉学部**　新座キャンパス
　　コミュニティ政策学科（コミュニティ学専修，政策学専修）
　　福祉学科
●**現代心理学部**　新座キャンパス
　　心理学科
　　映像身体学科
●**スポーツウエルネス学部**　新座キャンパス
　　スポーツウエルネス学科
● **Global Liberal Arts Program（GLAP）**　池袋キャンパス
（備考）
• 専修・専攻・コース等に分属する年次はそれぞれで異なる。
• Global Liberal Arts Program（GLAP）はリベラルアーツ教育を基盤とし，英語による授業科目のみで学士の学位を取得できるコースである。「国際コース選抜入試（秋季）」のみで募集。

大学院

キリスト教学研究科 / 文学研究科 / 異文化コミュニケーション研究科 / 経済学研究科 / 経営学研究科 / 理学研究科 / 社会学研究科 / 法学研究科 / 観光学研究科 / コミュニティ福祉学研究科 / 現代心理学研究科 / スポーツウエルネス学研究科 / ビジネスデザイン研究科 / 社会デザイン研究科 / 人工知能科学研究科

大学所在地

新座キャンパス

池袋キャンパス

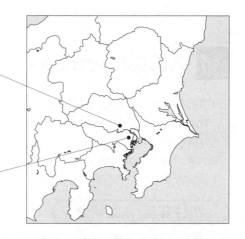

池袋キャンパス 〒171-8501　東京都豊島区西池袋 3-34-1

新座キャンパス 〒352-8558　埼玉県新座市北野 1-2-26

入 試 デ ー タ

 ## 入試状況（志願者数・実質倍率など）

○実質倍率は受験者数÷合格者総数で算出。

○一般入試では，入学手続者の欠員を補う目的で合格者の発表を第1回から第3回もしくは第4回まで行う。

○個別学力試験を課さない大学入学共通テスト利用入試は1カ年のみの掲載としている。

2024 年度 入試状況

● 一般入試：2月6日，8日，9日，12日，13日　　　　　　（　）内は女子内数

学部・学科・専修			募集人員 （約）	志願者数	受験者数	合格者総数	実質 倍率
文	キリスト教		29	262(173)	249(163)	55(35)	4.5
	文	英米文学	80	966(655)	923(633)	289(205)	3.2
		ドイツ文学	45	390(287)	377(277)	127(88)	3.0
		フランス文学	45	425(326)	413(316)	127(100)	3.3
		日本文学	71	600(464)	569(442)	159(126)	3.6
		文芸・思想	57	672(461)	637(442)	175(126)	3.6
	史		91	1,113(565)	1,049(537)	257(141)	4.1
	教育		63	718(510)	691(490)	185(129)	3.7
異文化コミュニケーション	異文化コミュニケーション		95	1,335(920)	1,282(886)	289(184)	4.4
経済	経済		184	2,656(928)	2,503(887)	725(267)	3.5
	会計ファイナンス		95	819(407)	776(390)	229(113)	3.4
	経済政策		95	817(369)	790(359)	235(104)	3.4
経営	経営		128	1,406(671)	1,327(641)	311(142)	4.3
	国際経営		78	872(489)	831(471)	227(115)	3.7
理	物	数	40	743(138)	697(126)	202(32)	3.5
		理	45	987(193)	936(175)	244(32)	3.8
	化		47	864(340)	817(317)	253(92)	3.2
	生命理		42	829(435)	783(415)	253(132)	3.1
社会	社会		97	1,952(1,191)	1,869(1,150)	466(284)	4.0
	現代文化		97	1,278(913)	1,235(883)	342(247)	3.6
	メディア社会		97	1,398(1,004)	1,350(970)	317(223)	4.3

（表つづく）

学部・学科・専修	募集人員(約)	志願者数	受験者数	合格者総数	実質倍率
法　　　　法	183	2,159(1,234)	2,055(1,171)	665(376)	3.1
法　政　　　　治	58	638(341)	612(329)	234(127)	2.6
国際ビジネス法	40	489(304)	471(294)	173(116)	2.7
観　観　　　　光	125	1,566(1,006)	1,506(966)	456(289)	3.3
光　交　流　文　化	100	1,300(971)	1,269(947)	396(300)	3.2
コミュ福祉　福　　　　祉	76	550(427)	534(418)	181(146)	3.0
ニティ　コミュニティ政策	130	1,000(671)	970(656)	309(218)	3.1
現心　心　　　　理	63	904(656)	845(612)	149(107)	5.7
代理　映　像　身　体	82	1,090(817)	1,037(780)	182(135)	5.7
スポーツウエルネス	スポーツウエルネス	108	1,151(433)	1,114(421)	353(138)	3.2
合　　　　計	2,586	31,949(18,299)	30,517(17,564)	8,565(4,869)	―

(備考)
- 募集人員は一般入試のすべての入試日程の合計（文学部は 2 月 11 日も含む）。
- 志願者数・受験者数・合格者総数は同一学科における複数併願を含む。

●一般入試：2 月 11 日　　　　　　　　　　（　）内は女子内数

学部・学科・専修	募集人員(約)	志願者数	受験者数	合格者総数	実質倍率
キ リ ス ト 教	29	94(60)	87(55)	22(13)	4.0
英 米 文 学	80	372(226)	354(214)	120(71)	3.0
ド イ ツ 文 学	45	158(100)	147(92)	49(30)	3.0
文　フランス文学	45	136(101)	130(95)	42(31)	3.1
日 本 文 学	71	329(259)	315(248)	89(72)	3.5
文 芸 ・ 思 想	57	288(193)	272(182)	78(57)	3.5
史	91	542(267)	511(253)	128(57)	4.0
教　　　　育	63	356(244)	336(232)	93(62)	3.6
合　　　　計	481	2,275(1,450)	2,152(1,371)	621(393)	―

(備考)
- 募集人員は一般入試のすべての入試日程の合計（2 月 6 日，8 日，9 日，12 日，13 日も含む）。
- 志願者数・受験者数・合格者総数は同一学科における複数併願を含む。

〈一般入試の合格者発表状況〉

●一般入試：2月6日，8日，9日，12日，13日　　　　（　）内は女子内数

学部・学科・専修			第1回発表 合格者数	第2回発表 合格者数	第3回発表 合格者数	第4回発表 合格者数	合格者総数
文	キリスト教		39(25)	13(8)	3(2)	0(0)	55(35)
	文	英米文学	260(190)	9(4)	6(4)	14(7)	289(205)
		ドイツ文学	127(88)	0(0)	0(0)	0(0)	127(88)
		フランス文学	89(71)	22(19)	8(6)	8(4)	127(100)
		日本文学	121(97)	22(18)	16(11)	0(0)	159(126)
		文芸・思想	137(98)	15(7)	14(14)	9(7)	175(126)
文	史		217(115)	8(5)	25(17)	7(4)	257(141)
	教育		169(118)	0(0)	3(2)	13(9)	185(129)
異文化コミュニケーション	異文化コミュニケーション		147(93)	69(42)	40(28)	33(21)	289(184)
経済	経済		649(241)	14(4)	45(16)	17(6)	725(267)
	会計ファイナンス		222(110)	0(0)	7(3)	0(0)	229(113)
	経済政策		192(85)	19(11)	14(5)	10(3)	235(104)
経営	経営		240(111)	42(19)	18(6)	11(6)	311(142)
	国際経営		123(61)	93(48)	11(6)	0(0)	227(115)
理	数		144(20)	20(3)	7(0)	31(9)	202(32)
	物理		244(32)	0(0)	0(0)	0(0)	244(32)
	化		204(74)	49(18)	0(0)	0(0)	253(92)
	生命理		176(95)	25(11)	16(11)	36(15)	253(132)
社会	社会		353(217)	77(45)	27(16)	9(6)	466(284)
	現代文化		257(184)	85(63)	0(0)	0(0)	342(247)
	メディア社会		286(201)	9(7)	22(15)	0(0)	317(223)
法	法		603(337)	8(4)	46(28)	8(7)	665(376)
	政治		191(103)	13(9)	18(9)	12(6)	234(127)
	国際ビジネス法		156(105)	0(0)	7(5)	10(6)	173(116)
観光	観光		336(208)	95(63)	10(7)	15(11)	456(289)
	交流文化		356(268)	32(27)	4(3)	4(2)	396(300)
コミュニティ福祉	福祉		139(117)	40(27)	2(2)	0(0)	181(146)
	コミュニティ政策		239(166)	19(12)	30(21)	21(19)	309(218)
現代心理	心理		149(107)	0(0)	0(0)	0(0)	149(107)
	映像身体		182(135)	0(0)	0(0)	0(0)	182(135)
スポーツウエルネス	スポーツウエルネス		292(108)	23(11)	14(6)	24(13)	353(138)
合計			7,039(3,980)	821(485)	413(243)	292(161)	8,565(4,869)

●一般入試：2月11日

（　）内は女子内数

学部・学科・専修			第1回発表 合格者数	第2回発表 合格者数	第3回発表 合格者数	第4回発表 合格者数	合格者総数
	キ リ ス ト 教		14(7)	6(4)	2(2)	0(0)	22(13)
文	文	英 米 文 学	102(62)	6(4)	5(1)	7(4)	120(71)
		ド イ ツ 文 学	49(30)	0(0)	0(0)	0(0)	49(30)
		フランス文学	29(20)	6(5)	4(3)	3(3)	42(31)
		日 本 文 学	68(53)	13(11)	8(8)	0(0)	89(72)
		文 芸・思 想	59(46)	6(3)	7(4)	6(4)	78(57)
	史		109(47)	7(5)	6(4)	6(1)	128(57)
	教 育		87(57)	0(0)	3(2)	3(3)	93(62)
合	計		517(322)	44(32)	35(24)	25(15)	621(393)

●大学入学共通テスト利用入試

※3科目型，4科目型，6科目型の総計。

（　）内は女子内数

学部・学科・専修			募集人員 （約）	志願者数	合格者数	実質 倍率
	キ リ ス ト 教		7	471(278)	62(45)	7.6
文	文	英 米 文 学	27	630(406)	297(195)	2.1
		ド イ ツ 文 学	9	194(135)	90(62)	2.2
		フ ラ ン ス 文 学	9	592(410)	159(114)	3.7
		日 本 文 学	15	366(276)	102(81)	3.6
		文 芸 ・ 思 想	6	371(248)	71(51)	5.2
	史		22	846(432)	269(136)	3.1
	教 育		9	486(320)	122(88)	4.0
異文化コミュニケーション	異文化コミュニケーション		13	675(451)	201(139)	3.4
経済	経 済		45	1,619(516)	582(200)	2.8
	会 計 ファイナンス		25	884(363)	271(120)	3.3
	経 済 政 策		25	1,061(403)	303(128)	3.5
経営	経 営		25	790(325)	147(68)	5.4
	国 際 経 営		20	561(264)	113(55)	5.0
理	数		11	749(143)	221(33)	3.4
	物 理		14	745(146)	303(63)	2.5
	化		10	720(297)	231(86)	3.1
	生 命 理		14	671(393)	230(131)	2.9
社会	社 会		24	981(580)	269(178)	3.6
	現 代 文 化		24	1,016(664)	253(180)	4.0
	メ デ ィ ア 社 会		24	766(518)	217(148)	3.5
法	法		32	1,430(786)	617(362)	2.3
	政 治		9	591(288)	247(136)	2.4
	国 際 ビ ジ ネ ス 法		7	562(316)	240(135)	2.3
観光	観 光		20	506(307)	143(90)	3.5
	交 流 文 化		20	481(377)	136(105)	3.5

（表つづく）

学部・学科・専修		募集人員(約)	志願者数	合格者数	実質倍率
コミュニティ福祉	福　　　　　　祉	17	734(410)	205(129)	3.6
	コミュニティ政策	26	636(377)	209(118)	3.0
現代心理	心　　　　　　理	23	658(445)	234(161)	2.8
	映　像　身　体	31	792(568)	176(129)	4.5
スポーツウエルネス	スポーツウエルネス	30	687(227)	188(56)	3.7
合　　　　　　計		593	22,271(11,669)	6,908(3,722)	―

（備考）実質倍率は志願者数÷合格者数で算出。

2023年度 入試状況

●一般入試：2月6日，8日，9日，12日，13日   （ ）内は女子内数

学部・学科・専修		募集人員（約）	志願者数	受験者数	合格者総数	実質倍率
文	キリスト教	29	106(70)	97(64)	42(33)	2.3
	文 英米文学	80	1,105(742)	1,062(718)	303(193)	3.5
	ドイツ文学	45	394(273)	377(260)	104(71)	3.6
	フランス文学	45	474(367)	458(356)	105(85)	4.4
	日本文学	71	710(520)	682(499)	175(137)	3.9
	文芸・思想	57	724(508)	700(491)	167(128)	4.2
	史	91	896(451)	866(437)	246(140)	3.5
	教育	63	843(588)	805(567)	182(135)	4.4
異文化コミュニケーション	異文化コミュニケーション	75	1,402(964)	1,360(940)	196(136)	6.9
経済	経済	184	3,156(1,133)	3,004(1,085)	954(368)	3.1
	会計ファイナンス	95	822(384)	789(363)	267(124)	3.0
	経済政策	95	826(394)	793(380)	268(130)	3.0
経営	経営	128	1,678(778)	1,582(740)	308(142)	5.1
	国際経営	78	803(440)	789(432)	235(127)	3.4
理	数理	40	573(115)	537(109)	187(32)	2.9
	物理	45	1,124(220)	1,079(206)	282(48)	3.8
	化	47	875(367)	843(356)	255(101)	3.3
	生命理	42	874(488)	833(468)	237(129)	3.5
社会	社会	97	1,854(1,088)	1,774(1,044)	418(238)	4.2
	現代文化	97	1,373(1,038)	1,343(1,015)	374(273)	3.6
	メディア社会	97	1,513(1,076)	1,459(1,048)	438(316)	3.3
法	法	183	1,899(1,037)	1,825(992)	778(437)	2.3
	政治	58	554(262)	532(252)	244(124)	2.2
	国際ビジネス法	40	470(268)	455(260)	186(115)	2.4
観光	観光	125	1,497(948)	1,452(915)	492(290)	3.0
	交流文化	100	985(732)	964(715)	410(299)	2.4
コミュニティ福祉	福祉	76	648(477)	633(472)	189(143)	3.3
	コミュニティ政策	134	1,281(832)	1,253(818)	394(263)	3.2
現代心理	心理	63	933(613)	889(585)	204(140)	4.4
	映像身体	82	1,013(798)	979(778)	241(191)	4.1
スポーツウエルネス	スポーツウエルネス	90	1,088(427)	1,053(410)	384(153)	2.7
合計		2,552	32,493(18,398)	31,267(17,775)	9,265(5,241)	—

（備考）

・募集人員は一般入試のすべての入試日程の合計（文学部は2月11日も含む）。

・志願者数・受験者数・合格者総数は同一学科における複数併願を含む。

●一般入試：2 月 11 日

（ ）内は女子内数

学部・学科・専修			募集人員 （約）	志願者数	受験者数	合格者総数	実質 倍率
文		キ リ ス ト 教	29	54(34)	51(32)	22(16)	2.3
	文	英 米 文 学	80	371(226)	352(216)	100(65)	3.5
		ド イ ツ 文 学	45	192(114)	180(106)	54(38)	3.3
		フランス文学	45	173(129)	163(121)	38(32)	4.3
		日 本 文 学	71	322(216)	306(204)	84(52)	3.6
		文 芸・思 想	57	287(192)	268(179)	67(48)	4.0
		史	91	435(203)	411(192)	125(67)	3.3
	教	育	63	315(215)	305(208)	84(62)	3.6
合		計	481	2,149(1,329)	2,036(1,258)	574(380)	―

（備考）

• 募集人員は一般入試のすべての入試日程の合計（2 月 6 日，8 日，9 日，12 日，13 日も含む）。

• 志願者数・受験者数・合格者総数は同一学科における複数併願を含む。

〈一般入試の合格者発表状況〉

●一般入試：2 月 6 日，8 日，9 日，12 日，13 日

（ ）内は女子内数

学部・学科・専修			第 1 回発表 合 格 者 数	第 2 回発表 合 格 者 数	第 3 回発表 合 格 者 数	第 4 回発表 合 格 者 数	合格者総数
文		キ リ ス ト 教	42(33)	0(0)	0(0)	0(0)	42(33)
	文	英 米 文 学	289(186)	0(0)	0(0)	14(7)	303(193)
		ド イ ツ 文 学	104(71)	0(0)	0(0)	0(0)	104(71)
		フ ラ ン ス 文 学	105(85)	0(0)	0(0)	0(0)	105(85)
		日 本 文 学	172(135)	0(0)	0(0)	3(2)	175(137)
		文 芸・思 想	126(96)	26(21)	15(11)	0(0)	167(128)
文		史	207(114)	0(0)	25(18)	14(8)	246(140)
	教	育	166(122)	0(0)	12(9)	4(4)	182(135)
異文化コミュニケーション	異 文 化 コ ミ ュ ニ ケ ー シ ョ ン		103(75)	40(25)	29(22)	24(14)	196(136)
経 済	経	済	753(290)	78(26)	64(27)	59(25)	954(368)
	会 計 ファイナンス		263(121)	4(3)	0(0)	0(0)	267(124)
	経 済 政 策		250(122)	0(0)	18(8)	0(0)	268(130)
経 営	経	営	192(88)	84(39)	16(9)	16(6)	308(142)
	国 際 経 営		149(87)	20(11)	66(29)	0(0)	235(127)
理	物	数	187(32)	0(0)	0(0)	0(0)	187(32)
		理	200(32)	41(8)	41(8)	0(0)	282(48)
		化	197(80)	51(18)	7(3)	0(0)	255(101)
	生	命 理	213(112)	11(8)	13(9)	0(0)	237(129)
社 会	社	会	396(229)	0(0)	0(0)	22(9)	418(238)
	現 代 文 化		289(215)	28(20)	57(38)	0(0)	374(273)
	メ デ ィ ア 社 会		243(180)	98(68)	86(60)	11(8)	438(316)

（表つづく）

学部・学科・専修		第1回発表 合格者数	第2回発表 合格者数	第3回発表 合格者数	第4回発表 合格者数	合格者総数
法	法	531(313)	193(99)	54(25)	0(0)	778(437)
	政　　　　治	203(107)	14(3)	27(14)	0(0)	244(124)
	国際ビジネス法	83(54)	86(53)	17(8)	0(0)	186(115)
観光	観　　　　光	306(171)	113(72)	64(40)	9(7)	492(290)
	交　流　文　化	326(236)	76(57)	8(6)	0(0)	410(299)
コミュニティ福祉	福　　　　祉	179(136)	0(0)	8(5)	2(2)	189(143)
	コミュニティ政策	263(173)	50(29)	75(55)	6(6)	394(263)
現代心理	心　　　　理	103(73)	81(56)	20(11)	0(0)	204(140)
	映　像　身　体	181(147)	17(15)	43(29)	0(0)	241(191)
スポーツウエルネス	スポーツウエルネス	250(99)	74(26)	60(28)	0(0)	384(153)
合	計	7,071(4,014)	1,185(657)	825(472)	184(98)	9,265(5,241)

●一般入試：2月11日

（　）内は女子内数

学部・学科・専修		第1回発表 合格者数	第2回発表 合格者数	第3回発表 合格者数	第4回発表 合格者数	合格者総数
	キ リ ス ト 教	22(16)	0(0)	0(0)	0(0)	22(16)
文	英 米 文 学	95(61)	0(0)	0(0)	5(4)	100(65)
	ド イ ツ 文 学	54(38)	0(0)	0(0)	0(0)	54(38)
	フランス文学	38(32)	0(0)	0(0)	0(0)	38(32)
	日 本 文 学	81(49)	0(0)	0(0)	3(3)	84(52)
	文 芸 ・ 思 想	51(40)	13(5)	3(3)	0(0)	67(48)
	史	101(55)	0(0)	13(5)	11(7)	125(67)
	教　　　　育	71(53)	0(0)	10(7)	3(2)	84(62)
合	計	513(344)	13(5)	26(15)	22(16)	574(380)

2022 年度 入試状況

●一般入試：2月6日，8日，9日，12日，13日　　　　　（ ）内は女子内数

学部・学科・専修		募集人員（約）	志願者数	受験者数	合格者総数	実質倍率
キリスト教		29	265(191)	253(184)	43(29)	5.9
文	英米文学	80	1,264(851)	1,218(828)	310(214)	3.9
	ドイツ文学	45	336(246)	322(238)	117(88)	2.8
	フランス文学	45	399(302)	380(286)	131(94)	2.9
	日本文学	71	723(530)	695(508)	206(160)	3.4
	文芸・思想	57	958(657)	923(630)	148(106)	6.2
	史	91	1,229(582)	1,160(556)	258(119)	4.5
	教育	63	964(629)	929(606)	219(140)	4.2
異文化コミュニケーション	異文化コミュニケーション	75	1,618(1,159)	1,557(1,126)	212(155)	7.3
経済	経済	184	2,649(773)	2,518(744)	879(280)	2.9
	経済政策	95	1,024(439)	998(426)	337(148)	3.0
	会計ファイナンス	95	989(445)	954(431)	326(154)	2.9
経営	経営	128	1,891(906)	1,798(869)	301(148)	6.0
	国際経営	78	964(515)	924(499)	211(117)	4.4
理	数理	40	776(167)	742(162)	205(39)	3.6
	物理	45	1,017(162)	974(153)	293(41)	3.3
	化	47	952(329)	914(314)	349(122)	2.6
	生命理	42	900(463)	864(451)	235(131)	3.7
社会	社会	97	2,075(1,175)	1,979(1,129)	516(315)	3.8
	現代文化	97	1,825(1,371)	1,755(1,323)	322(239)	5.5
	メディア社会	97	1,772(1,235)	1,727(1,204)	359(254)	4.8
法	法	183	3,144(1,606)	2,988(1,538)	781(454)	3.8
	国際ビジネス法	46	1,422(780)	1,366(754)	338(199)	4.0
	政治	58	946(508)	906(486)	252(152)	3.6
観光	観光	125	1,339(807)	1,295(786)	408(261)	3.2
	交流文化	100	1,306(918)	1,267(895)	385(284)	3.3
コミュ福祉	コミュニティ政策	91	822(546)	796(529)	274(194)	2.9
	福祉	86	854(615)	815(585)	287(226)	2.8
	スポーツウエルネス	49	738(293)	712(280)	179(79)	4.0
現代心理	心理	63	1,065(697)	1,016(666)	85(58)	12.0
	映像身体	82	1,448(1,101)	1,384(1,057)	161(118)	8.6
合計		2,484	37,674(20,998)	36,129(20,243)	9,127(5,118)	―

（備考）

• 募集人員は一般入試のすべての入試日程の合計（文学部は 2 月 11 日も含む）。

• 志願者数・受験者数・合格者総数は同一学科における複数併願を含む。

●一般入試：2月11日

（　）内は女子内数

学部・学科・専修			募集人員（約）	志願者数	受験者数	合格者総数	実質倍率
		キリスト教	29	109(77)	100(72)	18(14)	5.6
文	文	英米文学	80	456(286)	434(271)	115(70)	3.8
		ドイツ文学	45	175(111)	166(105)	68(47)	2.4
		フランス文学	45	159(112)	152(107)	62(39)	2.5
		日本文学	71	295(205)	275(192)	80(63)	3.4
		文芸・思想	57	401(263)	376(246)	64(41)	5.9
	史		91	507(223)	467(206)	116(46)	4.0
	教育		63	370(229)	350(217)	90(60)	3.9
合計			481	2,472(1,506)	2,320(1,416)	613(380)	—

（備考）
- 募集人員は一般入試のすべての入試日程の合計（2月6日，8日，9日，12日，13日も含む）。
- 志願者数・受験者数・合格者総数は同一学科における複数併願を含む。

〈一般入試の合格者発表状況〉

●一般入試：2月6日，8日，9日，12日，13日

（　）内は女子内数

学部・学科・専修			第1回発表合格者数	第2回発表合格者数	第3回発表合格者数	第4回発表合格者数	合格者総数
		キリスト教	40(27)	0(0)	3(2)	0(0)	43(29)
文	文	英米文学	281(194)	10(5)	19(15)	0(0)	310(214)
		ドイツ文学	94(72)	23(16)	0(0)	0(0)	117(88)
		フランス文学	84(60)	29(20)	18(14)	0(0)	131(94)
		日本文学	178(143)	28(17)	0(0)	0(0)	206(160)
		文芸・思想	130(92)	12(9)	6(5)	0(0)	148(106)
	史		156(74)	69(29)	33(16)	0(0)	258(119)
	教育		127(82)	92(58)	0(0)	0(0)	219(140)
異文化コミュニケーション	異文化コミュニケーション		212(155)	0(0)		0(0)	212(155)
経済	経済		490(149)	184(60)	205(71)	0(0)	879(280)
	経済政策		226(102)	27(10)	74(30)	10(6)	337(148)
	会計ファイナンス		220(108)	66(28)	34(15)	6(3)	326(154)
経営	経営		162(78)	86(43)	53(27)	0(0)	301(148)
	国際経営		123(68)	35(22)	53(27)	0(0)	211(117)
理	数		137(26)	39(10)	29(3)	0(0)	205(39)
	物理		208(34)	65(5)	20(2)	0(0)	293(41)
	化		209(76)	112(38)	20(8)	8(0)	349(122)
	生命理		196(106)	39(25)	0(0)	0(0)	235(131)
社会	社会		286(177)	159(92)	71(46)	0(0)	516(315)
	現代文化		268(199)	51(38)	3(2)	0(0)	322(239)
	メディア社会		236(170)	68(45)	55(39)	0(0)	359(254)

（表つづく）

学部・学科・専修		第1回発表 合格者数	第2回発表 合格者数	第3回発表 合格者数	第4回発表 合格者数	合格者総数
法	法	574(341)	109(59)	87(49)	11(5)	781(454)
	国際ビジネス法	211(120)	89(54)	29(20)	9(5)	338(199)
	政　　　　治	179(114)	35(20)	32(14)	6(4)	252(152)
観光	観　　　　光	357(233)	23(12)	9(5)	19(11)	408(261)
	交 流 文 化	268(196)	95(73)	11(9)	11(6)	385(284)
コミュ福祉	コミュニティ政策	248(178)	1(0)	18(12)	7(4)	274(194)
	福　　　　祉	271(216)	9(5)	4(2)	3(3)	287(226)
	スポーツウエルネス	131(62)	16(6)	32(11)	0(0)	179(79)
現心代理	心　　　　理	63(44)	22(14)	0(0)	0(0)	85(58)
	映 像 身 体	123(85)	27(23)	11(10)	0(0)	161(118)
合	計	6,488(3,781)	1,620(836)	929(454)	90(47)	9,127(5,118)

●一般入試：2月11日

（　）内は女子内数

学部・学科・専修			第1回発表 合格者数	第2回発表 合格者数	第3回発表 合格者数	第4回発表 合格者数	合格者総数
キ リ ス ト 教			15(11)	0(0)	3(3)	0(0)	18(14)
文	文	英 米 文 学	101(59)	5(3)	9(8)	0(0)	115(70)
		ド イ ツ 文 学	52(36)	16(11)	0(0)	0(0)	68(47)
		フランス文学	32(22)	17(7)	13(10)	0(0)	62(39)
		日 本 文 学	69(54)	11(9)	0(0)	0(0)	80(63)
		文 芸 ・ 思 想	56(37)	4(2)	4(2)	0(0)	64(41)
	史		65(25)	28(11)	23(10)	0(0)	116(46)
	教 育		58(41)	32(19)	0(0)	0(0)	90(60)
合		計	448(285)	113(62)	52(33)	0(0)	613(380)

募集要項（出願書類）の入手方法

　立教大学の一般入試・大学入学共通テスト利用入試要項は 11 月上旬頃から公表されます。ホームページ（www.rikkyo.ac.jp）より無料でダウンロードできます。

問い合わせ先

　立教大学　入学センター
　　〒 171-8501　東京都豊島区西池袋 3-34-1
　　TEL　03-3985-2660（直通）

 立教大学のテレメールによる資料請求方法

| スマートフォンから | QRコードからアクセスしガイダンスに従ってご請求ください。 |
| パソコンから | 教学社 赤本ウェブサイト(akahon.net)から請求できます。 |

合格体験記
募集

　2025年春に入学される方を対象に，本大学の「合格体験記」を募集します。お寄せいただいた合格体験記は，編集部で選考の上，小社刊行物やウェブサイト等に掲載いたします。お寄せいただいた方には小社規定の謝礼を進呈いたしますので，ふるってご応募ください。

● 応募方法 ●

下記 URL または QR コードより応募サイトにアクセスできます。
ウェブフォームに必要事項をご記入の上，ご応募ください。
折り返し執筆要領をメールにてお送りします。

※入学が決まっている一大学のみ応募できます。

☞ http://akahon.net/exp/

● 応募の締め切り ●

総合型選抜・学校推薦型選抜	2025年2月23日
私立大学の一般選抜	2025年3月10日
国公立大学の一般選抜	2025年3月24日

受験にまつわる川柳を募集します。
入選者には賞品を進呈！
ふるってご応募ください。

応募方法　http://akahon.net/senryu/　にアクセス！ ☞

気になること、聞いてみました！

在学生メッセージ

大学ってどんなところ？　大学生活ってどんな感じ？
ちょっと気になることを，在学生に聞いてみました。

以下の内容は 2020〜2023 年度入学生のアンケート回答に基づくものです。ここ
で触れられている内容は今後変更となる場合もありますのでご注意ください。

メッセージを書いてくれた先輩　[文学部] A.Y. さん　小沼泰樹さん　[経営学部] 松居留輝さん
[コミュニティ福祉学部] S.F. さん

 ## 大学生になったと実感！

　ズバリ自由なことです！　生活のすべてが自分に委ねられています。1
人でいても，サークルに入ってもよし。教職を取って授業詰め詰めにして
も，バイトをいっぱいしてもよし。どう充実させるかはすべて自分次第で
す！　また立教大学では，毎週のようにいろんな講演会があったり，留学
生がとにかくたくさんいて交流する機会が多いのも特徴です！（A.Y. さ
ん／文）

　なんといっても起床時間が曜日によって異なることです。基本的に授業
の履修登録は学生自身で行うため，午前中に授業を一切いれないことが可
能になります。さらに，平日に一日まるまる授業がない"全休"というも
のを作ることができます。しかし経営学部は他学部に比べて課題が多くで
ることから，常に時間に追われてしまうため，毎日夜 1 時就寝，朝 7 時起
床は基本的に変わりません。（松居さん／経営）

Message from current students

学ぶ分野を決めたり，取る授業を決めたりなど自分で選択しなければならない機会が増えました。しかし，その機会が増えたことで自分の学びたいことだけに集中できるので，とても効率がいい気がします。また，クラスなどがないので（大学によりますが）特定の人とだけ関わるのではなく，広い大学で様々な人と関わる機会が増えました。（S.F. さん／コミュニティ福祉）

大学生活に必要なもの

タスク管理能力です。一人ひとりカリキュラムや生活が違うからこそ，自分でスケジュールを組み立て管理する力が必要になってきます。課題の締め切り日や提出方法，評価方法も教授によって全然違うので，きちんと整理できることが大事だと思います。（A.Y. さん／文）

パソコンは，課題のレポートを書いたり，授業で用いる資料をPowerPoint で作成するときなどに必須なので，確実に必要になると思います。入学後すぐに授業の履修登録等をする必要があるので，早めに準備しておいて損はないと思います。（小沼さん／文）

この授業がおもしろい！

GL101 という授業です。経営学部を除くすべての学部・学年で取れる授業で（経営学部はこれに相当する独自の授業があります），いろんな友達が一気にできます。この授業は，グローバル・リーダーシップ・プログラムという自分らしいリーダーシップを開発するプログラムの基礎となる最初の科目で，毎年，有名企業をクライアントとして迎え，チームごとに課題を解決するプランを提案します。その過程でお互いにフィードバックを送り合うので，自分の強みや成長ポイントを楽しみながら学べるのがおもしろいです。（A.Y. さん／文）

経営学部独自のカリキュラムである，"ビジネス・リーダーシップ・プログラム"がおすすめです。少人数のクラスに振り分けられ，企業からの案件を受けて実際に対象企業にプレゼンをするという授業です（2020年度は大手マスコミ企業のTBSでした）。よりよいプレゼンを作り上げるために，夜中までZoom上でクラスメイトと議論を交わしていました。この授業のおかげで，オンライン上であっても友達作りに苦戦することなく，大学生活にすんなりと入ることができました。（松居さん／経営）

大学の学びで困ったこと＆対処法

ただ授業を聞いているだけで終わらないところです。たいていの授業で，その授業に対してリアクションペーパーを書きますが，単純に感想のみを書けばよいのではありません。まず学んだことに始まり，そこから何を考えたか，さらに発展して具体的事例，授業を通じて考えた結果わからないこと，そして学んだことに対する批判的検討などの要素をふまえて書かなければならず，自分だったらどう考えるかといったように主体的に学ぶ必要があるのが高校までと違い大変だったところです。（A.Y. さん／文）

入学してすぐの初めての履修決めが大変でした。高校のように受動ではなく自分から動かなければならないので，一から決めるのがとても大変でした。その対処法としては先輩に聞くのが一番かと思います。初めは特に混乱すると思うので，同じ高校出身の先輩がいなければ，友達づてに聞くのもありかと思います。（S.F. さん／コミュニティ福祉）

部活・サークル活動

立教大学三大サークルの1つであるESSという英語のサークルに入っています。ディベート，ディスカッション，スピーチ，ドラマの4つのセミナー（部門）があり，そのなかのディベートに所属しています。ディベートとは決まったお題に対して肯定・否定どちらかの立場でジャッジを説

得し合うゲームです。アカデミックディベートでは，半期ごとに決まって
いるお題に対して事前に反論を考えたり練習を積んだりしています。一見
筋が通っていそうな相手の意見に的確に反論できたときがとても楽しいで
す。また，レクリエーションもいっぱいしています。ドライブや遊園地に
行ったり伊豆に旅行したり，楽しいこと満載です！（A.Y. さん／文）

　私は「立教 S.B.Breakers」というバスケットボールサークルに所属し
ており，池袋キャンパスの体育館で週に 2 回か 3 回のペースで同級生・先
輩と汗を流しています。大学は運動系の科目が必修ではないので，ともす
れば運動不足になります。なまった体を叩き直せる場である運動系サーク
ルに籍を置くのも，悪くないかなと思います。（小沼さん／文）

 ## 交友関係は？

　「ご飯行こ！」の一言で親密度が格段に上がります。なんだかんだとご
飯を食べているときが話題も弾むし楽しいです。SNS を交換しただけで
交流が終わってしまうことも多い今の時代だからこそ，一緒に空間を共有
し合える時間は大切にしたほうがよいと思います！（A.Y. さん／文）

　語学や学部専門科目の授業，サークル活動を通してつながりを増やして
いくことがほとんどだと思います。なかでも同学科の人やサークルの同期
に関しては長く一緒にいることになると思うので，友達になりやすいかな
と思います。（小沼さん／文）

 ## いま「これ」を頑張っています

　塾講師のアルバイトです。生徒がつまずいている分野について，自分が
学んだときに理解に苦しんだ部分はどこかを思い出し，言語化して生徒に
教えることの難しさを日々痛感しています。その一方で，生徒が教えたこ
とを理解し，テストの点など目に見える形で成果が表れたときの嬉しさも

ひとしおで，やりがいを感じています。（小沼さん／文）

　中学生の頃から続けている，アーチェリーに熱中しています。今は体育会洋弓部に所属しており，週 4 で練習しています。池袋キャンパスから電車とスクールバスで約 40 分のところに立教大学富士見総合グラウンドがあり，洋弓部を含む 10 部の体育会が活動しています。（松居さん／経営）

　言語系科目を頑張っています。特に英語は受験生の頃の学力を維持できるように頑張っています。英語は社会に出たときも必要だと社会人の人から何度も聞いたので特に力を入れています。英語の授業はすべて英語で行われるので，リーディングだけでなくリスニングもセットで学べてとても助かっています。また就活のときに使えるように TOEIC® などの取得にも力を入れています。大学でも TOEIC® の取得に力を入れているので，通っているだけで対策もできてとても助かっています。（S.F. さん／コミュニティ福祉）

 ## おススメ・お気に入りスポット

　15 号館（マキムホール）のグローバルラウンジです。いつ行っても留学生と気軽に話せます。1 人で作業したいときも，周りで会話している声がちょうどよい環境音になって集中しやすいです。空間のデザインもおしゃれなので何度も足を運びたくなります。（A.Y. さん／文）

 ## 入学してよかった！

　校舎がきれいなのは言うまでもないので他のよいところを挙げると，2 つあるキャンパスが近いことと，1 年生から 4 年生まで同じキャンパスにいることが意外と大きなメリットです。いろんな学部・学年の人とすぐに会えるので交友関係も広がりますし，相談もしやすいです！（A.Y. さん／文）

Message from current students

やはり全国的に知名度も高いですし，有名なツタの絡まった本館を目にするたびに，立教生になれたんだなという実感が湧いてきます。また「全学共通カリキュラム」という授業など，専門分野以外の見識を広げることが可能な環境が整っていることもよかった点です。（小沼さん／文）

 ## 高校生のときに「これ」をやっておけばよかった

美術館や博物館に行くことです。高校生までチケットの値段が安かったりするので，たくさん行っておくとお得だと思います。また，そのときに得た知識が授業や人と話すときに役立つこともあるので，行っておいて絶対損はないです！（A.Y. さん／文）

とにかく英語です。必修の授業では英語でのプレゼンテーションやディベートをしたりと，スピーキングやリスニングの能力が求められます。大学受験では，暗記やリーディングやライティングの勉強一辺倒になりがちですが，ALT の先生と積極的に会話し，自分の考えを英語で手早く伝えるトレーニングをしておけばよかったと切に感じています。（小沼さん／文）

科目ごとに問題の「傾向」を分析し，具体的にどのような「対策」をすればよいか紹介しています。まずは出題内容をまとめた分析表を見て，試験の概要を把握しましょう。

―――――――――――――― 注 意 ――――――――――――――

「傾向と対策」で示している，出題科目・出題範囲・試験時間等については，2024 年度までに実施された入試の内容に基づいています。2025 年度入試の選抜方法については，各大学が発表する学生募集要項を必ずご確認ください。

数　学

年度	日程	番号	項　目	内　容
2024	2月6日	〔1〕	小　問　5　問	(i)三角方程式　(ii)17^n の 1 の位の数　(iii)無限等比級数の和　(iv)複素数の 2 乗根　(v)空間内の 2 直線上を動く 2 点間の距離の最小値
		〔2〕	確　　　率	さいころと箱を使った反復試行の確率，条件つき確率
		〔3〕	微・積分法	放物線とその接線，回転体の体積
		〔4〕	高次方程式	3 次方程式が整数解をもつような係数の決定　⊘証明
	2月9日	〔1〕	小　問　5　問	(i)漸化式と一般項　(ii)対数方程式　(iii)定積分の計算　(iv)条件つき確率　(v)分布と中央値が与えられた20個のデータの平均値
		〔2〕	ベ ク ト ル	四面体 OABC の計量，内積の計算
		〔3〕	微・積分法	$f(x)=x\log x$, $g(x)=\cos(f(x))$ の増減，最大・最小，関数の値の大小比較
		〔4〕	複素数平面	関係式 $w=\dfrac{z-1}{z+1}$ で表される 2 つの複素数 z, w，軌跡
2023	2月6日	〔1〕	小　問　5　問	(i)指数方程式　(ii)三角関数　(iii)最大公約数　(iv)2 次方程式が整数解を持つ条件　(v)確率
		〔2〕	ベ ク ト ル	線分の内分点の位置ベクトル，点が四面体の面上にある条件
		〔3〕	微・積分法	接線の方程式，曲線と直線が異なる 2 点を共有する条件，面積
		〔4〕	数列，極限	漸化式，数学的帰納法，はさみうちの原理　⊘証明
	2月9日	〔1〕	小　問　5　問	(i)2 次関数　(ii)無限級数の和　(iii)三角関数　(iv)複素数平面上の三角形の面積　(v)確率
		〔2〕	微・積分法	2 曲線の共有点，面積
		〔3〕	三角関数，図形と方程式	正三角形の 1 点を中心とした回転，線分が通過する領域の面積
		〔4〕	整数の性質	分数と指数で表された 2 整数の性質　⊘証明

2022	2月6日	〔1〕	小 問 5 問	(i)対数方程式 (ii)確率 (iii)三角形の計量 (iv)解と係数の関係 (v)和と最小公倍数からの自然数 a, b の決定
		〔2〕	微・積分法	導関数と増減, 第2次導関数と変曲点, 面積, 回転体の体積, 恒等式
		〔3〕	図形と方程式, 微・積分法	放物線の接線・法線の方程式, 2点間の距離, 四角形の面積
		〔4〕	複 素 数 平 面	複素数の商の計算, 極形式, ド・モアブルの定理, 無限等比級数の和
	2月9日	〔1〕	小 問 5 問	(i)対数不等式 (ii)三角方程式 (iii)展開式の同類項の個数 (iv)データ (v)定積分
		〔2〕	数列, 極限	座標平面上の点 {P_n}, 等比数列の和, 極限, ベクトルの大きさ, 無限等比級数の和
		〔3〕	ベクトル, 微・積分法	空間内の線分の内分点, 線分と xz 平面との交点, 導関数と増減, 最小値
		〔4〕	図形と方程式, 集合と論理	放物線上に中心をもち x 軸に接する円, 円が与えられた点を通るための必要十分条件

(注) いずれの日程も, 数学科は〔1〕〜〔4〕, 物理学科, 化学科, 生命理学科は〔1〕〜〔3〕を解答。

出題範囲の変更

2025年度入試より, 数学は新教育課程での実施となります。詳細については, 大学から発表される募集要項等で必ずご確認ください(以下は本書編集時点の情報)。

2024年度(旧教育課程)	2025年度(新教育課程)
数学 I・II・III・A・B(数列, ベクトル)	数学 I・II・III・A・B・C

旧教育課程履修者への経過措置

2025年度に限り, 旧教育課程履修者の学習内容に配慮した出題範囲とする。

 微・積分法, 図形問題は頻出
複数分野にまたがる融合問題に注意

01 出題形式は?

2024年度も2022・2023年度と同様の形式であった。いずれの日程も数学科は試験時間90分で大問4題, 物理学科, 化学科, 生命理学科は試験時間75分で大問3題の出題となっている。〔1〕〜〔3〕は全学科共通問題で, 〔4〕は数学科のみが解答する問題である。〔1〕は空所補充形式の小問集合で, 5問出題されている。〔2〕〜〔4〕は計算過程を求められる記述式

（一部は答えのみ）で，それぞれ小問 4 ～ 6 問で誘導する形になっている。

02 出題内容はどうか？

　空所補充形式の小問集合では，各分野からバランスよく出題されている。記述式は，微・積分法や，図形やグラフに関する問題が頻出で，複数の分野にまたがる融合問題もよく出題されている。高校数学の総合的な理解を問う出題であるといえる。

03 難易度は？

　小問集合は，教科書の例題～章末問題程度の難易度で，それほど難しくはないが，中には考えさせられる問題も含まれている。記述式は，標準かそれよりやや上のレベルの出題となっており，計算量の多い問題，類題の経験や的確な着眼を要求する問題もある。普段の問題演習を通じて，計算ミスをなくすこと，問題の誘導に乗る力を身につけること，見直しも含めて効率的に時間配分をすることが大切である。

対　策

01 教科書の徹底理解

　基本問題が中心であるから，教科書を完全に学習することが大切である。教科書に出てくる用語，定義，定理などをしっかり身につけ，公式は導出過程まで含めておさえておきたい。それらを用いて確実に解けるようになるまで，例題や練習問題，章末問題を繰り返し解くこと。

02 苦手分野の克服

　問題は毎年いろいろな分野から出題されている。したがって，弱点項目を集中的に学習し，苦手な分野を克服しておくことが大切である。『チャ

ート式』シリーズ（数研出版）などの参考書を持っている場合は，時には解いて演習量を増やし，また時には解答を熟読して考え方の流れをつかむなど，十分に活用したいものである。

03 実戦力の養成

基礎的な知識を身につけたら，問題集・参考書で問題演習を積んでおきたい。問題を解くことで，基礎的な事項をより深く正しく理解することができる。また，普段から正確かつ迅速な計算を心がけ，問題演習を通じて計算力を強化しておきたい。さらに，解いて答えを出すだけでなく，解答が数学的に正しいかどうか吟味する，別の解法を考えてみるなど，一つの問題からより多くの事柄を学ぼうとする姿勢も必要である。このときも，02 で触れた手持ちの参考書が有益な情報を与えてくれるであろう。

なお，過去問は必ず何度か解いてみて，出題の内容や難易度などを自分で把握しておくこと。また，問題演習は教科書の内容をより深く，より正確に理解するために行うのだから，疑問点があればそのつど教科書に戻って復習するようにしたい。

04 答案作成力の養成

記述式の問題では，答案の記述力の差が得点の差に直結する。答案は採点者へのアピールの場であるから，自分の考えた筋道を正しく伝え，ポイントとなる式や条件を盛り込んだ完成度の高い答案を作成する力を養いたい。添削を受けるのもよい方法である。

05 融合問題に慣れる

例年，記述式の問題には融合問題が多くみられる。これらの問題は複数の分野の知識を有機的に結びつける力を必要とするため，分野ごとの学習だけでは対応が難しい。それゆえ，分野別の問題集だけでなく，融合問題の多い入試問題集で総合力を養っておきたい。記述式の模擬試験を活用するのも有益である。

——— 立教大「数学」におすすめの参考書 ———

✓ 『チャート式』シリーズ（数研出版）

物　理

年度	日程	番号	項　目	内　容
2024	2月6日	〔1〕	力　　学	重力と電場による力がはたらく小球の運動
		〔2〕	熱　力　学	熱量保存則を用いた比熱の測定
		〔3〕	電　磁　気	点電荷がつくる電場と電位，導体棒に生じる誘導電場
		〔4〕	波　　動	薄膜の干渉
		〔5〕	原　　子	ボーアの原子モデル
		〔6〕	力　　学	平面上での2物体の衝突
	2月9日	〔1〕	力　　学	斜面上のばねに乗せられた2物体の運動
		〔2〕	熱　力　学	おもりを乗せたピストンで密閉された気体の状態変化
		〔3〕	原　　子	光電子を用いたブラッグの実験
		〔4〕	電　磁　気	コンデンサーを含む直流回路
		〔5〕	電　磁　気	ローレンツ力による荷電粒子のらせん運動
		〔6〕	波　　動	観測者に対して斜めに運動している音源のドップラー効果
2023	2月6日	〔1〕	電　磁　気	ホール効果，半導体
		〔2〕	熱　力　学	ばねがついたピストン
		〔3〕	電　磁　気	金属板と誘電体の挿入，極板間に働く力
		〔4〕	原　　子	電子の物質波
		〔5〕	力　　学	合体とエネルギー，動摩擦力と仕事
		〔6〕	波　　動	風がある場合のドップラー効果
	2月9日	〔1〕	力　　学	人工衛星の速さ
		〔2〕	波　　動	定常波，正弦波の式
		〔3〕	力　　学	繰り返し衝突とエネルギー
		〔4〕	原　　子	核融合反応と太陽
		〔5〕	電　磁　気	磁場中を回転する導体棒
		〔6〕	熱　力　学	気体の状態変化と熱機関

2022	2月6日	〔1〕	波　　　動	ドップラー効果	
		〔2〕	原　　　子	光電効果とプランク定数	
		〔3〕	熱　力　学	熱気球の浮く条件	
		〔4〕	熱　力　学	p-V 図から V-T 図への変換	✓描図
		〔5〕	力　　　学	ばねにつるされた小球の運動と衝突	
		〔6〕	電　磁　気	電場，磁場中の荷電粒子の運動	
	2月9日	〔1〕	電　磁　気	点電荷のつくる電場と電位	
		〔2〕	原　　　子	ド・ブロイ波長と光子のエネルギー	
		〔3〕	電　磁　気	交流電源と RLC 回路	
		〔4〕	波　　　動	波の式と合成波の振幅	
		〔5〕	力　　　学	糸につるされた小物体の円運動と斜方投射	
		〔6〕	熱　力　学	気体の状態変化	

(注)　●印は全問，◐印は一部マークシート式採用であることを表す。

原子分野を含む幅広い分野からの出題
標準的な問題が中心だが，応用力を問う出題もあり

01　出題形式は？

　いずれの日程も全学科共通問題で，試験時間は 75 分。2024 年度は 2022・2023 年度同様，大問 6 題の出題であった。

　多くは記述式で，空所補充形式が中心であるが，グラフの描図問題や証明問題が出題されることもあるので注意したい。また，2024 年度は，数値計算問題で，指数を含めた数値をマークするマークシート式の出題があった。

02　出題内容はどうか？

　出題範囲は「物理基礎・物理」である。

　ほぼ全範囲からまんべんなく出題されているが，いずれの日程でも，原子分野から出題されているので，注意が必要である。力学は，力学的エネルギー保存則と運動量保存則を扱う問題や，円運動を扱ったオーソドックスな問題が多く出題されている。電磁気は，電場や電位，コンデンサー，電磁誘導など，熱力学は，気体の状態方程式や状態変化など，波動は，定

常波や波の式，ドップラー効果など，各分野とも幅広く出題されている。

03 難易度は？

　基本的・標準的な問題が中心で，各分野の重要な法則や公式の理解が要求されている。小問数が多い大問は，より深い内容を問われることもあり，難しい傾向がある。また，応用力を問う工夫がされた問題も含まれている。答えの数値を計算する問題では有効数字が指定されており，うまく計算すれば比較的簡単に答えを得ることができる。教科書に載っている内容や，基本レベルの問題を手際よく処理し，残りの問題に時間を残せるように練習しておこう。

対 策

01 学習計画を立てる

　原子分野を含む幅広い分野から出題されているので，できるだけ早い時期に物理全領域にわたって基本事項の学習を完了し，その後の問題練習の時間を十分にとること。『大学入試 ちゃんと身につく物理』（教学社）など，解説の詳しい参考書を用いて基本事項を習得しておこう。また，苦手な分野については繰り返し演習しておきたい。

02 問題練習

　難度の高い問題が含まれることもある。対策としては，『大学入試 もっと身につく物理問題集①・②』『体系物理』（ともに教学社）などの問題集を使って練習を重ねること。特に，複雑な条件が提示された問題では，図解などの方法によってすばやく題意を把握し，どのような法則を適用するかという方針を立てる練習が大切である。

03 計算力をつける

計算問題では，桁数に応じて概算または正確な計算を間違えずに速くできるよう普段から練習しておくこと。また，記述式の計算問題では，有効数字について正しい理解をしておく必要がある。途中経過の記述が求められていない問題については，部分点が得られないので，ミスのないように正確で迅速な計算を行うこと。

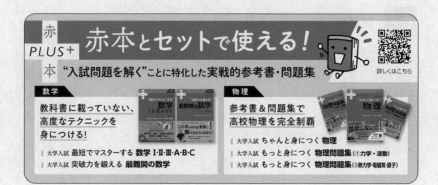

化　学

年度	日程	番号	項　目	内　容
2024 ◑	2月6日		〔1〕	理論・構造	水溶液の電気分解，イオン化エネルギー，電子親和力，酸化還元，結合エネルギー　⊘計算
		〔2〕	変化・無機	酸化還元滴定，COD，クロム・マンガンの性質　⊘計算・論述
		〔3〕	有　　機	立体異性体，$C_5H_{12}O$ のアルコールの構造決定　⊘論述
		〔1〕		〈化・生命理学科〉〔1〕に同じ。
		〔2〕		〈化・生命理学科〉〔2〕1〜3，5，6に同じ。
		〔3〕		〈化・生命理学科〉〔3〕に同じ。
	2月9日	〔1〕	理　　論	化学結合，結晶格子，固体の溶解度　⊘計算・論述
		〔2〕	理論・無機	金属の性質，鉛蓄電池，水溶液の電気分解　⊘論述・計算
		〔3〕	有　機・高分子	環式炭化水素の反応
		〔1〕		〈化・生命理学科〉〔1〕1（ア〜ウ，カ，キ），2〜5に同じ。
		〔2〕		〈化・生命理学科〉〔2〕に同じ。
		〔3〕		〈化・生命理学科〉〔3〕に同じ。

注：左端「日程」列の「化・生命理学科」「数学科」の区分は各日程内に含まれる。

2023 ◑	2月6日	化・生命理学科	〔1〕	理論・高分子	1．沸点上昇　2．酸化還元反応　3．糖類の還元性　✓計算
			〔2〕	理論・無機	アンモニアの工業製法と実験室的製法，塩の加水分解と pH，電気分解　✓計算
			〔3〕	理論	化学結合，結合エネルギー，混合気体の圧力，氷の結晶構造　✓計算・論述
			〔4〕	有機	分子式 $C_5H_{10}O$ のカルボニル化合物
		数学科	〔1〕		〈化・生命理学科〉〔1〕に同じ。
			〔2〕		〈化・生命理学科〉〔2〕1〜4 に同じ。
			〔3〕		〈化・生命理学科〉〔3〕に同じ。
			〔4〕		〈化・生命理学科〉〔4〕に同じ。
	2月9日	化・生命理学科	〔1〕	総合	1．水の性質　2．ハロゲン　3．アミノ酸とペプチド
			〔2〕	理論・無機	硫黄の単体と化合物，H_2S の電離平衡，溶解度積　✓計算・論述
			〔3〕	変化	化学反応のしくみと反応速度，アレニウスの式　✓計算・論述
			〔4〕	有機	分子式 C_6H_{12} の不飽和炭化水素とその誘導体，オゾン分解
		数学科	〔1〕		〈化・生命理学科〉〔1〕に同じ。
			〔2〕		〈化・生命理学科〉〔2〕に同じ。
			〔3〕		〈化・生命理学科〉〔3〕に同じ。
			〔4〕	有機	分子式 C_6H_{12} の不飽和炭化水素とその誘導体，オゾン分解

2022	2月6日	化・生命理学科	〔1〕	総　　　合	1．原子・イオンの構造と性質　2．元素の性質　3．構造異性体
			〔2〕	変　　　化	酢酸の濃度，pH と電離度，電離定数（100 字） ☑計算・論述
			〔3〕	構　　　造	結合の種類，イオン結晶の構造と密度・融点（80字） ☑計算・論述
			〔4〕	高分子・有　　　機	合成樹脂・合成繊維の構成・構造，芳香族化合物の分離（50 字 2 問） ☑計算・論述
		数学科	〔1〕		〈化・生命理学科〉〔1〕に同じ。
			〔2〕		〈化・生命理学科〉〔2〕に同じ。
			〔3〕		〈化・生命理学科〉〔3〕に同じ。
			〔4〕		〈化・生命理学科〉〔4〕1・2 i〜ii に同じ。
	2月9日	化・生命理学科	〔1〕	総　　　合	1．分子の熱運動，気体の溶解度，実在気体の分子間力・状態変化　2．無機化合物の反応　3．構造異性体
			〔2〕	無機・変化	金属イオンの反応と確認，溶解度積，電気分解の量的関係 ☑計算
			〔3〕	変　　　化	反応速度定数と平衡反応，触媒・温度変化と平衡移動 ☑計算
			〔4〕	有機・構造	熱可塑性樹脂の構造，安息香酸と安息香酸メチルの分離（150 字） ☑計算・論述
		数学科	〔1〕		〈化・生命理学科〉〔1〕に同じ。
			〔2〕		〈化・生命理学科〉〔2〕に同じ。
			〔3〕		〈化・生命理学科〉〔3〕に同じ。
			〔4〕	有機・構造	熱可塑性樹脂の構造，安息香酸と安息香酸メチルの分離と精製（100 字 2 問） ☑計算・論述

（注）●印は全問，◐印は一部マークシート式採用であることを表す。

（傾　向）　**問題数が多く，標準〜やや難のレベル**
化学平衡・有機の構造決定に注意

01 | 出題形式は？

　化学科・生命理学科と数学科の 2 月 6 日実施分，2 月 9 日実施分のいずれの日程も，2023 年度までは大問 4 題の出題であったが，2024 年度は大問 3 題の出題となった。試験時間は 75 分。

　選択式問題と記述式問題とがある。選択式問題では，語句や数値の選択のほか，文の正誤を判断させるものなどがある。記述式問題では，化学式や構造式，反応式を書かせるものが目立つ。論述問題も多く出題されており，2022 年度は字数が指定されていたが，2023・2024 年度はすべて行数

指定になっていた。

02　出題内容はどうか？

　出題範囲は「化学基礎・化学」である。

　理論では，化学結合，熱化学，中和滴定，電池・電気分解などのほか，化学平衡や反応速度が頻出である。**有機**では，物質の性質と反応のほか，分子式や構造式の決定，異性体などがよく出題されており，高分子化合物についても出題がみられる。**無機**では，金属イオンの識別や錯イオンの特徴，沈殿の色，気体の製法，工業的製法がよく出題されている。

03　難易度は？

　いずれの日程も基本〜標準のレベルである。2024 年度は大問 3 題となり時間的に余裕があるが，2023 年度以前は大問 4 題と問題数が多かったので，すばやい処理が求められた。論述問題などでは細かい知識を問う問題も出題され，どの分野の問題であっても，踏みこんだ内容が出題されることがある。試験時間内に完答するには，手をつけやすい問題を優先して処理し，論述問題など難しめの問題に時間をじっくりかけるなどの対応をしていきたい。

対　策

01　基礎力の充実を

　まず，基本的なところをしっかり理解しておきたい。普段の授業を大切にすることはもちろん，教科書を丁寧に学習し，標準レベルの問題集で演習して，確実に理解を深めていくことが大切である。疑問に思った点は教科書や参考書を参照して，さらに深い学習を試み，短い文章にまとめる練習をしておくと，理解が深まるうえに論述問題対策にもなる。

02　化学反応式を極めよう

　記述式問題で，化学反応式やイオン反応式を書かせる問題がよくみられる。化学反応式が書けないと答えにくい計算問題もあるので，化学反応式に慣れ，基本的な反応や有名な反応はしっかりと復習しておくこと。酸化還元反応などは反応式を暗記するのではなく，半反応式を立て，そこから化学反応式を導くなど，反応式を理解する努力をしよう。

03　計算問題をこなそう

　計算問題も多数出題されている。すばやく正確に計算できるように練習を積み重ねておく必要がある。計算が複雑な問題も出題されているので，数をこなすことによって，計算の要領を身につけていこう。有効数字についても，普段からおろそかにせず，下一桁で解答が合わないような場合でも，きちんと原因を確かめる姿勢をもちたい。検算など，正確な答えを導く方法を工夫しておくことも大切である。

04　有機化学分野に注意

　基本的な反応については，すべて整理しておくことが肝心である。官能基の性質は一般論でとらえ，応用範囲を広げたい。さらに，構造決定や異性体についても練習を積んでおこう。そうすれば，見慣れない化合物の構造式にも冷静に対応できる。高分子化合物についてもよく出題されている。代表的なものだけでもまとめておきたい。

05　実験にも積極的に取り組もう

　中和滴定などの実験問題では，実験の手順，実験器具などについてしばしば問われている。主な実験については，実験方法や手順，使用した器具や試薬などをまとめておくとよい。試薬の性質，実験器具の用途・特徴についてはもう一度確認しておくこと。授業で実験を行う際には積極的に取り組んでおくと，知識が定着しやすい。

生　物

年度	日程	番号	項目	内容
2024 ◐	2月6日	〔1〕	総　合	B細胞のはたらき，膜電位，窒素循環，ABCモデル，DNAの複製，電気泳動
		〔2〕	体内環境，細胞	恒常性，タンパク質の分泌経路
		〔3〕	遺伝情報	真核生物の転写量調節
		〔4〕	生殖・発生	植物の生殖（30字）　　　　　　⦿論述
	2月9日	〔1〕	総　合	細胞接着，形質転換，植物の染色体，対立遺伝子，酵素，視細胞　　　⦿計算
		〔2〕	体内環境	HIV感染と免疫
		〔3〕	代　謝	光合成（20字）　　　　　　　　⦿論述
		〔4〕	生殖・発生	翅の形成モデル
2023 ◐	2月6日	〔1〕	総　合	呼吸商，生存曲線，系統樹など小問10問　⦿計算
		〔2〕	細　胞	細胞骨格とモータータンパク質　⦿論述・計算
		〔3〕	代　謝，遺伝情報	タンパク質の合成速度の変化　⦿論述・描図
		〔4〕	植物の反応	植物の光周性　　　　　　　　　⦿論述
	2月9日	〔1〕	総　合	遺伝子頻度，光合成速度，異化など小問9問　⦿計算
		〔2〕	細　胞	細胞膜の性質　　　　　　　　　⦿論述
		〔3〕	進化・系統	進化　　　　　　　　　　　　　⦿論述
		〔4〕	細　胞	細菌の増殖　　　　　　　　　　⦿描図
2022 ◐	2月6日	〔1〕	総　合	呼吸商，半保存的複製など小問10問　⦿計算
		〔2〕	遺伝情報	遺伝子突然変異，DNAの複製　　⦿論述
		〔3〕	体内環境	血糖量調節，腎臓のはたらき
		〔4〕	代　謝	光合成と異化
	2月9日	〔1〕	総　合	アミノ酸配列の種類，ウイルスと生物の違いなど小問10問　⦿計算
		〔2〕	遺伝情報	セントラルドグマ　　　　　　　⦿論述
		〔3〕	体内環境	酸素解離曲線　　　　　　　⦿論述・計算
		〔4〕	生殖・発生，遺伝情報	被子植物の生殖，突然変異の種類の推定

（注）　●印は全問，◐印は一部マークシート式採用であることを表す。

論述・計算問題が頻出
グラフや実験の考察問題に慣れよう

01 出題形式は？

2024年度は2022・2023年度同様，生命理学科と数学科が共通問題で，2月6日実施分，2月9日実施分のいずれの日程も大問4題，試験時間は75分であった。

論述問題と計算問題が毎年出題されており，論述問題は，1，2行あるいは20〜30字で答える字数の少ない論述が出題されている。また，グラフや図表の読み取り，実験の考察が必要な設問もよくみられる。

02 出題内容はどうか？

出題範囲は「生物基礎・生物」である。

細胞，遺伝情報，生殖・発生，体内環境，代謝，動物の反応など，さまざまな分野から出題されている。また，総合的な大問もみられる。

03 難易度は？

教科書でみられないような実験やグラフについての出題がなされる場合がある。問題文を注意深く読んでよく考える力が必要な問題も含まれるが，全体としては標準レベルといえる。全般的には，考察問題，知識問題，計算や論述問題と，各方面の実力がバランスよく試される問題である。試験時間に対しての設問数は標準的である。あわてずに，問題文をじっくり読んで解答しよう。

01 基本の定着

　用語の知識と確実な理解を試されるので，教科書を丁寧に読み，基本的な内容の理解に努める必要がある。柱となる重要な理論や考え方などに関しては自分の文章でまとめてみることも大事である。また，教科書に出てくる実験についても理解を深め，考察問題の基礎を固めておこう。

02 問題演習による実力養成

　基本的な事項をより確実なものにするために，問題演習は欠くことができない。『セミナー生物』『セミナー生物基礎』（ともに第一学習社）や『リードα生物基礎＋生物』（数研出版）などの学校の副教材の問題を解くのに行き詰まったら，教科書や資料集などに戻り，関連事項を復習して，自分の理解をさらに深めることが重要である。また，実験考察問題やグラフの読み取り問題など，さまざまな種類の問題にチャレンジし，考える力を養成しておきたい。

03 資料集や図説の活用

　学校で使用している資料集などを折にふれて開き，頻出のグラフや図表などに目を通して，それらの意味するところや意義などを考察する習慣をつけるとよいだろう。レベルの高い出題もあるので，詳しい解説のある参考書を読んだり，最近の科学の話題にふれたりして，幅広い知識を吸収しておきたい。

04 論述問題対策

　短文での論述問題が出題されている。難しい設問はあまり出題されていないので，日頃から用語の丸暗記ではなく納得しながら学習して，01 の

「基本の定着」ができていれば十分に対応できる。ポイントを外さず的確に文章化できるように，実際に書く練習もすれば確実だろう。

2024 年度

問題と解答

理学部：2月6日実施分（一般入試）

問 題 編

▶**試験科目・配点**

学科	教科	科　　　　　目	配　点
数	外国語	英語資格・検定試験のスコアまたは大学入学共通テスト「英語」を得点化	100点
	数　学	数学 I・II・III・A・B（数列，ベクトル）	200点
	理　科	「物理基礎，物理」，「化学基礎，化学」，「生物基礎，生物」のうちから1科目選択	100点
物理	外国語	英語資格・検定試験のスコアまたは大学入学共通テスト「英語」を得点化	100点
	数　学	数学 I・II・III・A・B（数列，ベクトル）	150点
	理　科	物理基礎，物理	150点
化	外国語	英語資格・検定試験のスコアまたは大学入学共通テスト「英語」を得点化	100点
	数　学	数学 I・II・III・A・B（数列，ベクトル）	100点
	理　科	化学基礎，化学	150点
生命理	外国語	英語資格・検定試験のスコアまたは大学入学共通テスト「英語」を得点化	100点
	数　学	数学 I・II・III・A・B（数列，ベクトル）	100点
	理　科	「物理基礎，物理」，「化学基礎，化学」，「生物基礎，生物」のうちから1科目選択	150点

▶備　考

• 「外国語」については，大学指定の英語資格・検定試験を利用すること
ができる。いずれの資格・検定試験にも最低スコア基準の設定はない。
複数の資格・検定試験のスコアを提出することも可能。また，大学入学
共通テストの「外国語（『英語』）」も利用できる。

数　学

◀ **数　学　科** ▶

（90分）

I. 下記の空欄ア～クにあてはまる数または式を解答用紙の所定欄に記入せよ。

（ⅰ）　実数 x が $3\cos x = \sin^2 x$ を満たすとき，$\cos x$ の値は $\boxed{\text{ア}}$ である。

（ⅱ）　17^n の1の位の数が1になる最小の自然数 n は $\boxed{\text{イ}}$ である。また，17^{555} の
1の位の数を求めると，$\boxed{\text{ウ}}$ である。

（ⅲ）　n を自然数とする。$f_n(x) = x^{\frac{1}{n}} \log x \ (x > 0)$ が $x = a_n$ で極小値をとるとき，
$a_n = \boxed{\text{エ}}$ である。このとき，$\sum_{n=1}^{\infty} a_n = \boxed{\text{オ}}$ である。

（ⅳ）　i を虚数単位とする。複素数 z は $z^2 = 3 - 2\sqrt{10}\,i$ を満たし，かつ z の実部は
正であるとする。このとき，z の実部は $\boxed{\text{カ}}$ であり，虚部は $\boxed{\text{キ}}$ である。

（ⅴ）　座標空間において，点 $(-1,\ 0,\ 0)$ を通りベクトル $\vec{a} = (0,\ 1,\ 1)$ に平行な
直線上の点と，点 $(0,\ 0,\ 4)$ を通りベクトル $\vec{b} = (1,\ 2,\ 0)$ に平行な直線上の
点の距離の最小値は $\boxed{\text{ク}}$ である。

II. 1から6の番号がひとつずつ重複なくつけられた6つの箱がある。このとき，次の試行を行う。

> さいころを1つ投げて，出た目の番号のついた箱に玉を1つ入れる。

この試行を繰り返し，いずれかの箱に玉が3個入った時点で終了する。ただし，1回目の試行を行う前は，どの箱にも玉は1個も入っていないとする。終了するまでに行った試行の回数を N とする。このとき，次の問 (i)～(v)に答えよ。解答欄には，(i)，(ii)については答えのみを，(iii)～(v)については答えだけでなく途中経過も書くこと。

(i) N のとりうる最小値 N_0 と最大値 N_1 をそれぞれ求めよ。

(ii) $N = N_0$ となる確率を求めよ。

(iii) $N = N_0 + 1$ となる確率を求めよ。

(iv) 試行を6回行った時点で，すべての箱に1つずつ玉が入るという事象を A とする。また，$N = N_1$ となる事象を B とする。事象 A が起こったときの事象 B が起こる条件つき確率 $P_A(B)$ を求めよ。

(v) $N = N_1$ となる確率を P とするとき，$6^8 P$ は整数となる。その値を求めよ。

Ⅲ. Oを原点とする座標平面上に放物線 $C : y = x - x^2$ がある。C 上の点 $P\left(\dfrac{1}{2},\ \dfrac{1}{4}\right)$ における C の接線を ℓ，$Q(1,\ 0)$ における C の接線を m とする。ℓ と y 軸，m と y 軸の交点をそれぞれR，Sとする。このとき，次の問(ⅰ)〜(ⅴ)に答えよ。解答欄には，(ⅰ)については答えのみを，(ⅱ)〜(ⅴ)については答えだけでなく途中経過も書くこと。

(ⅰ)　ℓ，m の方程式をそれぞれ求めよ。

(ⅱ)　C の $0 \leqq x \leqq 1$ の部分と，2つの線分QS，OSで囲まれた図形の面積 A を求めよ。

(ⅲ)　C の $0 \leqq x \leqq 1$ の部分と，線分OQで囲まれた図形を，x 軸のまわりに1回転させてできる立体の体積 V_1 を求めよ。

(ⅳ)　C の $0 \leqq x \leqq \dfrac{1}{2}$ の部分と，2つの線分PR，ORで囲まれた図形を，y 軸のまわりに1回転させてできる立体の体積 V_2 を求めよ。

(ⅴ)　C の $0 \leqq x \leqq 1$ の部分と，線分OQで囲まれた図形を，y 軸のまわりに1回転させてできる立体の体積 V_3 を求めよ。

IV. $m,\ a,\ b,\ c,\ d,\ e,\ f,\ r,\ s,\ t$ を自然数とする。このとき，次の問 $(\mathrm{i})\sim(\mathrm{v})$ に答えよ。解答欄には，(i) については答えのみを，$(\mathrm{ii})\sim(\mathrm{v})$ については答えだけでなく途中経過も書くこと。ただし，(ii)，(iii) の事実は (iv)，(v) で用いてよい。

(i)　2次方程式 $2x^2 + 5x + m = 0$ の解が有理数となるような自然数 m をすべて求めよ。ただし，p が素数であるとき $\sqrt{p}$ が無理数であることを用いてよい。

(ii)　3次方程式 $x^3 + ax^2 + bx + c = 0$ の実数解は負であることを証明せよ。ただし，方程式 $x^3 + ax^2 + bx + c = 0$ が少なくとも1つの実数解を持つことは証明せずに用いてよい。

(iii)　3次方程式 $x^3 + dx^2 + ex + f = 0$ が整数 n を解にもつとする。このとき，n は f の約数であることを証明せよ。

(iv)　3次方程式 $x^3 + rx^2 + rx + 3 = 0$ が整数解を少なくとも1つもつような自然数 r をすべて求めよ。

(v)　3次方程式 $x^3 + sx^2 + tx + 6 = 0$ が異なる3つの整数を解にもつような自然数の組 $(s,\ t)$ をすべて求めよ。

◀物理・化・生命理学科▶

（75分）

Ⅰ. ◀数学科▶のⅠに同じ。

Ⅱ. ◀数学科▶のⅡに同じ。

Ⅲ. ◀数学科▶のⅢに同じ。

物　理

（75分）

I.　次の文を読み，文中の空所　あ　～　え　にあてはまる数式を，それぞれの解答群
　　から1つずつ選び，その記号を解答用紙の所定欄にマークせよ。ただし，重力加速度の
　　大きさを g とする。また，小球の大きさは無視できるものとする。

　　質量 m，正電荷 q の小球が，図のように時刻 $t = 0$ において地面から高さ h のところ
で水平右向きに初速度 v で運動を開始した。この空間には水平左向きに一様な電場 E がか
かっている。ここで，水平右向きに x 軸を取り，鉛直上向きに z 軸を取り，$t = 0$ におけ
る小球の位置は点Pにあり，その座標は $(x, z) = (0, h)$ とする。小球が地面に初めて
衝突するのは $t =$　あ　の時であり，その時の小球の位置は $(x, z) = ($　い　$, 0)$
である。

　　小球は地面と2回弾性衝突した後，$t =$　う　の時に点Pの位置に戻った。この時，
$v =$　え　が成り立つ。ただし，衝突前後で小球の電荷は変化しないものとする。

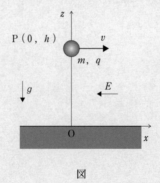

図

　あ　の解答群

a．$\sqrt{\dfrac{h}{2g}}$　　　　　　　　　b．$\sqrt{\dfrac{h}{g}}$　　　　　　　　　c．$\sqrt{\dfrac{2h}{g}}$

d．$\dfrac{mv}{qE}$　　　　　　　　　　e．$\dfrac{2mv}{qE}$　　　　　　　　　f．$\dfrac{mv}{2qE}$

<u>い</u> の解答群

a.　$v\sqrt{\dfrac{2h}{g}}$

b.　$v\sqrt{\dfrac{2h}{g}}-\dfrac{qEh}{mg}$

c.　$v\sqrt{\dfrac{2h}{g}}+\dfrac{qEh}{mg}$

d.　$\dfrac{2mv^2}{qE}$

e.　$\dfrac{2mv^2}{qE}-\dfrac{qEh}{mg}$

f.　$\dfrac{2mv^2}{qE}+\dfrac{qEh}{mg}$

<u>う</u> の解答群

a.　$\sqrt{\dfrac{2h}{g}}$

b.　$2\sqrt{\dfrac{2h}{g}}$

c.　$4\sqrt{\dfrac{h}{g}}$

d.　$\dfrac{mv}{qE}$

e.　$\dfrac{2mv}{qE}$

f.　$\dfrac{4mv}{qE}$

<u>え</u> の解答群

a.　$\sqrt{2gh}$

b.　$2\sqrt{gh}$

c.　$\dfrac{qE}{m}\sqrt{\dfrac{2h}{g}}$

d.　$\dfrac{2qE}{m}\sqrt{\dfrac{2h}{g}}$

e.　$\left(g+\dfrac{qE}{m}\right)\sqrt{\dfrac{h}{g}}$

f.　$2\left(g+\dfrac{qE}{m}\right)\sqrt{\dfrac{h}{g}}$

Ⅱ．次の文を読み，文中の空所 <u>あ</u> ～ <u>う</u> にあてはまる数値を有効数字2桁で求め，下記の数式にあてはめ，解答例のように解答用紙の所定欄にマークせよ。ただし水の比熱は $4.2\,\mathrm{J/(g\cdot K)}$ とする。

数式：<u>イ</u>.<u>ロ</u> × 10[□]

解答例：1.2×10^{-3}

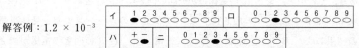

なお，<u>二</u> が0となる場合は，必ず <u>ハ</u> に＋の符号をマークすること。

　　質量300gのアルミニウム製のコップの中に，25℃の水が210gと質量の無視できる抵抗 $2.0\,\Omega$ の電熱線が入っている。水とコップの温度は常に同じであり，外部との熱のやり取りは無いものとする。このコップの中に90℃の水を50g加えたところ，全体の温度が35℃になった。これから求めたアルミニウム製のコップの熱容量は <u>あ</u> J/Kで，アルミニウムの比熱は <u>い</u> $\mathrm{J/(g\cdot K)}$ である。

　　次に，水をかき混ぜながら電熱線に 10 V の電圧をかけたところ，300 秒後に水の温度は　う　℃となった。ただし，温度が変化しても電熱線の抵抗値は変化しないものとする。

III. 次の文A〜Cを読み，下記の設問 1〜4 に答えよ。解答は解答用紙の所定欄にしるせ。ただし，電子の電荷を $-e\ (e > 0)$，クーロンの法則の比例定数を k とする。

A. 図1のように，x 軸上の $x = d$ と $x = 4d\ (d > 0)$ の位置に点Aと点Bがあり，それぞれ電気量 q と $-2q\ (q > 0)$ の電荷が固定されている。原点Oにおける電場は x 軸方向を正として　あ　であり，電位は　い　である。無限遠以外の場所で電位が0になる x 座標は　う　と　え　である。無限遠を電位の基準とする。

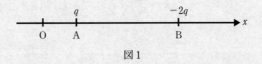

図1

　1. 文中の空所　あ　〜　え　にあてはまる数式を，k, q, d のうち必要なものを用いてしるせ。

B. 図2のように，紙面に垂直で裏から表向きに磁束密度の大きさ B の一様な磁場があり，その中を，長さ L の金属棒が矢印の向きに一定の速さ v で動いている。金属中の電子は　A　の向きに　お　の大きさのローレンツ力を受け運動し，その結果Pは　B　に，Qは　C　に帯電し，　D　の向きの電場ができ，電子は電場から力を受ける。移動した電荷が増えると電場が強くなり，やがて電場による力とローレンツ力がつり合い，電子の移動が終わる。この時，金属棒の内部には大きさ　か　の電場が生じ，金属棒の両端PQの電位差は　き　となる。

図2

2．文中の空所　A　～　D　にあてはまる語句あるいは文字を，次のa～dか
ら1つずつ選び，その記号をマークせよ。ただし，同じ記号を何度用いても良い。

 a．QからP

 b．PからQ

 c．正

 d．負

3．文中の空所　お　～　き　にあてはまる数式を，e, v, L, B の中から必
要なものを用いてしるせ。

C．充分に長い金属棒に，単位長さあたり Q の電荷を与えた。金属棒の外側で，金属棒
の中心からの距離 r の点での電場の大きさは　く　である。

4．文中の空所　く　にあてはまる数式をしるせ。

Ⅳ．次の文を読み，下記の設問1～3に答えよ。解答は解答用紙の所定欄にしるせ。

 図のように，波長 λ の単色の平行光が，真空中にあるガラス板に入射角 θ で入射する
場合を考える。ガラス板の入射面と出射面は平行な平面で，入射した光の一部を透過し，
一部を反射する。ガラス板の厚さを d，屈折率を n（$n > 1$）とする。真空の屈折率を1と
する。

 ガラス板に入射した光の屈折角を ϕ とすると，屈折の法則から入射角と屈折角の間に
は　あ　が成り立つ。

 一度も反射せず出射面上の点Aから出て行く光線を光線①，点Aと入射面上の点Bで
1回ずつ反射して出射面から出て行く光線を光線②とする。点Aを含む波面を破線で示
す。点Aを含む波面が光線②と交わる点を点Cとすると，波面ACは光路BCに垂直で
ある。光線①と比べて光線②は光路ABと光路BCの光学距離の和，すなわち　い
だけ長い光学距離を進む。したがって，m を自然数として　い　$= m\lambda$ のときに光線
①と光線②の波面がそろい，出射光が強め合う。

 平行光が様々な入射角でガラス板に入射する場合，出射光をレンズで集光して，焦点
位置にスクリーンを置くと，スクリーンには同心円状の多数の干渉縞が現れる。干渉縞
の間隔は　う　。

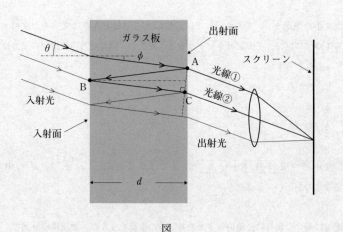

図

1．文中の空所　あ　にあてはまる数式を，θ，ϕ，n を用いてしるせ。

2．文中の空所　い　にあてはまる数式を，ϕ，n，d を用いてしるせ。

3．文中の空所　う　にあてはまる記述としてもっとも適当なものを，次の a〜d か

　　ら1つ選び，その記号をマークせよ。

　　a．同心円の中心から外側ほど狭くなる

　　b．波長が長いほど狭くなる

　　c．ガラス板の屈折率が大きいほど広くなる

　　d．ガラス板が厚いほど広くなる

V.

次の文を読み，下記の設問 1 ～ 6 に答えよ。解答は解答用紙の所定欄にしるせ。

原子模型におけるボーアの理論を考えよう。ボーアは原子には定常状態があり，定常状態では電子が安定に存在し，電磁波を出さないと考えた。定常状態の条件は電子の質量を m，速さを v，軌道半径を r，プランク定数を h とすると，

$$mvr = n\frac{h}{2\pi} \quad (n = 1,\ 2,\ 3,\ \cdots)$$

である。これを量子条件という。電子を物質波と考え，電子波の波長を λ_e とすると，

$$\lambda_e = \boxed{\text{あ}}$$

で与えられるから，量子条件は

$$2\pi r = n\lambda_e$$

となる。

水素原子のように 1 個の原子核と 1 個の電子から構成されるイオンを水素様イオンという。水素様イオンはその構造が水素原子に類似しているため，イオン内の電子が持つ定常エネルギーについても類似性が見られる。原子番号 Z の水素様イオンの原子核は電気素量を e として電気量 $\boxed{\text{い}}$ を持つ。この水素様イオン内の電子（質量 m，電気量 $-e$）が原子核のまわりを速さ v，半径 r で等速円運動するとき，静電気力が向心力の働きをするから，半径方向の運動方程式は

$$\frac{mv^2}{r} = k_0 \cdot \boxed{\text{う}}$$

となる。ここで k_0 は真空中のクーロンの法則の比例定数である。定常状態の結果と合わせると，水素様イオン内の電子が取り得る軌道半径は飛び飛びの値

$$r_n = \boxed{\text{え}} \cdot n^2 \quad (n = 1,\ 2,\ 3,\ \cdots)$$

のみが許される。電子のエネルギー E は運動エネルギー K と静電気力による位置エネルギー U との和である。位置エネルギーの基準を無限遠に取ると，

$$U = \boxed{\text{お}}$$

となるので電子の全エネルギーは

$$E = K + U = \boxed{\text{か}}$$

となる。したがって水素様イオン内の電子は飛び飛びのエネルギー値

$$E_n = \boxed{\text{き}} \cdot \frac{1}{n^2} \quad (n = 1,\ 2,\ 3,\ \cdots)$$

を取り得る。

1. 文中の空所 $\boxed{\text{あ}}$ にあてはまる数式を，m, v, h を用いてしるせ。

2．文中の空所 い にあてはまる数式をしるせ。

3．文中の空所 う にあてはまる数式を，r，e，Z を用いてしるせ。

4．文中の空所 え にあてはまる数式を，k_0，m，h，e，Z を用いてしるせ。

5．文中の空所 お ・ か にあてはまる数式を，k_0，r，e，Z を用いてしるせ。

6．文中の空所 き にあてはまる数式を，k_0，m，h，e，Z を用いてしるせ。

Ⅵ.　次の文を読み，下記の設問 1 ～ 5 に答えよ。解答は解答用紙の所定欄にしるせ。

　図のように，xy 平面は滑らかな水平面とする。半径 r の球 A が xy 平面上で静止している。球 A と等しい大きさの球 B が球 A に衝突した。図は衝突直前の様子を表している。衝突時の球 A の中心を原点にとり，衝突前の球 B の速度の向きを x 軸の正の向きにとる。すべての角度は x 軸の正の向きを 0 とし，反時計回りに測ることにする。球 A の質量，衝突後の速度をそれぞれ m，$\vec{v} = (v_x, v_y)$，球 B の質量，衝突前の速度，衝突後の速度をそれぞれ M，$\vec{V_0} = (V_0, 0)$，$\vec{V} = (V_x, V_y)$ とする。衝突前に球 B の中心の y 座標は，$y = -a$（$0 < a < 2r$）であった。球 A と球 B の間の反発係数（はね返り係数）を e とする。球の回転，空気抵抗は無視できるものとする。

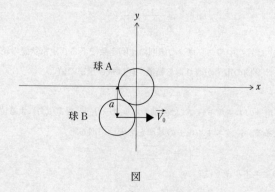

図

　衝突時に球 A が球 B から受ける力の向きと x 軸の正の向きがなす角を α〔rad〕$\left(0 < \alpha < \dfrac{\pi}{2} \right)$ とすると，

$$\sin \alpha = \boxed{\text{あ}}$$

である。xy 座標系を，xy 平面に垂直で原点を通る軸を中心に角度 α だけ回転した座標

系を $x'y'$ 座標系とする。衝突前の球 B の速度成分を $x'y'$ 座標系で (V'_{0x}, V'_{0y}) と表すと，

$$V'_{0x} = \boxed{\text{い}}$$
$$V'_{0y} = \boxed{\text{う}}$$

である。衝突後の球 A の y' 方向の速度成分は 0 である。衝突後の球 A 及び球 B の速度成分を $x'y'$ 座標系でそれぞれ $(v'_x, 0)$，(V'_x, V'_y) と表すと，衝突前後の x' 方向及び y' 方向の運動量保存の法則から，それぞれ

$$V'_{0x} = \boxed{\text{え}}$$
$$V'_{0y} = \boxed{\text{お}}$$

が成り立つ。また，反発係数の定義より，力が働く x' 軸方向の速度成分には

$$e = \boxed{\text{か}}$$

の関係が成り立つ。これらの関係式から，

$$\frac{v'_x}{V'_{0x}} = \boxed{\text{き}}$$
$$\frac{V'_x}{V'_{0x}} = \boxed{\text{く}}$$

が得られる。この衝突によって失われた運動エネルギーは $\boxed{\text{け}}$ である。

1. 文中の空所 $\boxed{\text{あ}}$ にあてはまる数式を，r, a を用いてしるせ。
2. 文中の空所 $\boxed{\text{い}}$・$\boxed{\text{う}}$ にあてはまる数式を，V_0, α を用いてしるせ。
3. 文中の空所 $\boxed{\text{え}}$・$\boxed{\text{お}}$ にあてはまる数式を，m, M, v'_x, V'_x, V'_y の中から必要なものを用いてしるせ。
4. 文中の空所 $\boxed{\text{か}}$ にあてはまる数式を，v'_x, V'_x, V'_{0x} を用いてしるせ。
5. 文中の空所 $\boxed{\text{き}}$〜$\boxed{\text{け}}$ にあてはまる数式を，m, M, V_0, e, α の中から必要なものを用いてしるせ。

化　学

問題を解くにあたって，必要ならば次の値を用いよ。

気体定数：　　$R = 8.31 \times 10^3 \, \text{Pa} \cdot \text{L}/(\text{K} \cdot \text{mol})$

ファラデー定数：　$F = 9.65 \times 10^4 \, \text{C/mol}$

原子量：　　O $= 16$

◀化・生命理学科▶

（75分）

Ⅰ．次の文を読み，下記の設問 1 〜 4 に答えよ。解答は，解答用紙の所定欄にしるせ。

　　水素の単体は二原子分子であり，常温・常圧では気体である。水素は，希薄な水酸化ナトリウム水溶液を電気分解することで，2 つの電極のうちの（　ア　）極の方で発生させることができる。例えば，0.50 A の電流で 32 分 10 秒電気分解したとき，発生する水素は27 ℃，$1.0 \times 10^5 \, \text{Pa}$ で［　A　］L である。気体分子中の共有結合を切るのに必要なエネルギーを，その結合の（　イ　）といい，水素分子中の H−H 結合の場合は 432 kJ/molである。原子の最外電子殻から電子を 1 個取り去るのに必要な最小のエネルギーを（　ウ　）といい，水素原子の場合は 1312 kJ/mol である。周期表で同じ族の原子を比較すると，原子番号の大きい原子ほど（　ウ　）は＜　ⅰ　＞。

　　塩素の単体は二原子分子であり，常温・常圧では気体である。塩素は，酸化マンガン(Ⅳ)に濃塩酸を加えて加熱すると発生する。このとき，発生した塩素は（　エ　）置換で捕集される。塩素分子中の Cl−Cl 結合の（　イ　）は 243 kJ/mol である。原子が 1 個の電子を受け取って 1 価の陰イオンになるときに放出するエネルギーを，その原子の（　オ　）といい，塩素原子の場合は 349 kJ/mol である。周期表の同じ周期の原子の中では，ハロゲン原子の（　オ　）が最も＜　ⅱ　＞。

　　1 mol の塩素(気)から，2 mol の塩化物イオン(気)を生成する反応［Cl_2(気)$+ 2\,\text{e}^- \rightarrow$2 Cl^-(気)］の反応熱は，［　B　］kJ である。また，塩化水素(気)の生成熱は 92 kJ/molなので，次の反応の反応熱は［　C　］kJ である。

　　　　　HCl(気) $\rightarrow$ H$^+$(気)$+$ Cl$^-$(気)

1．文中の空所(ア)～(オ)それぞれにあてはまるもっとも適当な語句をしるせ。

2．文中の空所〈ⅰ〉・〈ⅱ〉それぞれにあてはまる語句の組み合わせとして，正しいものを
　　次のa～dから1つ選び，その記号をマークせよ。

	ⅰ	ⅱ
a	大きい	大きい
b	大きい	小さい
c	小さい	大きい
d	小さい	小さい

3．文中の下線部の反応の，化学反応式をしるせ。

4．文中の空所[A]～[C]それぞれにあてはまる数値を，有効数字2桁でしるせ。反応
　　熱については，発熱反応の場合は＋，吸熱反応の場合は－を付してしるせ。

Ⅱ．次の文を読み，下記の設問1～6に答えよ。解答は解答用紙の所定欄にしるせ。

　　化学的酸素要求量（COD）は，湖沼などの水質汚濁の程度を表す指標の1つであり，水
中の有機化合物を分解するのに必要な酸素の量を表したものである。実際の測定では，二
クロム酸カリウムや過マンガン酸カリウムなどの酸化剤を用いて有機化合物を分解し，こ
の分解に要した酸化剤の量（試料水1Lあたり）を酸素の量に換算してCOD値を求める。
COD値は種々の実験条件の影響を受けるため，実験的に求まるCOD値は，理論上必要な
酸素の量と大きく異なることも多い。この，後者に対する前者の割合を，本問では分解率
と定義する。

　　有機化合物としてp-クレゾール（C_7H_8O，濃度1.00×10^{-4} mol/L）のみを含む試料水を
用いて次の実験を行った。試料水10 mLをホールピペットでコニカルビーカーにとり，純
水と硫酸を加えて硫酸酸性とした。そこに5.00×10^{-3} mol/L過マンガン酸カリウム水溶液
10 mLをホールピペットで加えて振り混ぜ，沸騰水浴中で30分加熱した。これを水浴か
ら取り出し，1.25×10^{-2} mol/Lシュウ酸ナトリウム水溶液10 mLをホールピペットで加
えてよく反応させた。液温を50℃に保ち，5.00×10^{-3} mol/L過マンガン酸カリウム水溶

液で滴定したところ，反応が完結するのに 0.96 mL を要した。

なお，過マンガン酸カリウムおよび酸素が酸化剤としてはたらく際のイオン反応式，およびシュウ酸イオンが還元剤としてはたらく際のイオン反応式は，次のように表される。

$$MnO_4{}^- + 8H^+ + 5e^- \rightarrow Mn^{2+} + 4H_2O$$

$$O_2 + 4H^+ + 4e^- \rightarrow 2H_2O$$

$$C_2O_4{}^{2-} \rightarrow 2CO_2 + 2e^-$$

1．クロムおよびマンガンに関する次の記述のうち，正しいものを次の a ～ e から 1 つ選び，その記号をマークせよ。

　　a．二クロム酸イオンの水溶液は緑色を示す。

　　b．酸化マンガン（IV）はアルカリマンガン乾電池の負極活物質に利用される。

　　c．クロム酸イオンは水溶液中で鉛（II）イオンと反応して暗赤色の沈殿を生じる。

　　d．クロムとマンガンは共に M 殻に 13 個の電子を有する。

　　e．マンガン（II）イオンを含む水溶液に硫化水素水を加えると，塩基性条件下では沈殿を生じない。

2．文中の下線部 1）に関して，1 mol の p-クレゾールを酸素によって完全に酸化分解するのに理論上必要な酸素の物質量（mol）を求めよ。

3．文中の下線部 2）の操作ののち，コニカルビーカー内の溶液中には未反応の過マンガン酸イオンが存在する。これを直接滴定せず，下線部 3）のようにシュウ酸ナトリウム水溶液を加えて反応させてから滴定を行うのはなぜか，コニカルビーカー内の溶液の色変化を明示して 6 行以内で説明せよ。

4．文中の下線部 4）に関して，滴定に用いるビュレットの内部が水にぬれている場合，これを乾燥することなく正確に滴定を行うには，どのような操作をしてから滴定に用いればよいか，2 行以内で説明せよ。

5．試料水の COD 値（mg/L）を整数値で求めよ。ただし，過マンガン酸カリウムは加熱によって分解しないものとする。

6．この実験における p-クレゾールの分解率（%）を整数値で求めよ。

Ⅲ．次の文を読み，下記の設問1～3に答えよ。解答は解答用紙の所定欄にしるせ。

ゲラニオールとネロールは炭素－炭素二重結合をもつアルコールであり，バラのような芳香を持ち香料として用いられる。これらは，互いに（　ア　）が異なるために生じる異性体の中でも，シス－トランス異性体の関係にある。一般的に，炭素－炭素二重結合を分子内に1つ含む鎖式不飽和炭化水素はアルケンとよばれ，実験室ではアルコールの脱水によって得ることができる。

ゲラニオール　　　　　　　　　　　ネロール

1．文中の空所(ア)にあてはまる語句として，もっとも適当なものを次のa～dから1つ選び，その記号をしるせ。

　a．炭素原子のつながり方

　b．官能基の種類

　c．二重結合の位置

　d．立体的な構造

2．文中の下線部に関して，ゲラニオールとネロールがシス－トランス異性体の関係にある理由を，炭素原子間の単結合と二重結合の違いを明確にして3行以内で説明せよ。

3．分子式 $C_5H_{12}O$ で表される3種類のアルコールA，B，Cがある。次の実験1から実験4に関する記述を読み，下記の問 i ～ⅲに答えよ。構造式は，ゲラニオールやネロールの構造式にならってしるせ。

実験1．A，B，Cを酸化すると，いずれもケトンが得られた。

実験2．Aを脱水するとアルケンD，Eが得られるが，ザイツェフの法則^(注)に従ってEが優先的に得られた。Eにはシス－トランス異性体が存在する。

実験3．Bを脱水するとアルケンEのみが得られた。

実験4．Cを脱水するとアルケンF，Gが得られるが，ザイツェフの法則^(注)に従ってGが優

　　　　　　先的に得られた。F，Gにはどちらにもシス—トランス異性体は存在しない。

　(注) 第二級アルコールまたは第三級アルコールを分子内脱水したとき，OH 基の結合した炭素原子の両どなり

　　　にある炭素原子のうち，水素原子の少ないほうの炭素原子から水素原子が脱離したアルケンが主生成物に

　　　なるという経験則。

　ⅰ．BとGの構造式をしるせ。

　ⅱ．D，E，F，Gを適切な触媒の存在下で水素と反応させて得られるアルカンは，合計

　　で何種類あるか，その数をしるせ。

　ⅲ．D，E，F，Gのそれぞれと臭素を反応させて得られる生成物のうち，不斉炭素原子

　　を2つ含むものの構造式をしるせ。

◀数　学　科▶

(75 分)

Ⅰ.　◀化・生命理学科▶のⅠに同じ。

Ⅱ.　次の文を読み，下記の設問1〜5に答えよ。解答は解答用紙の所定欄にしるせ。

　　化学的酸素要求量（COD）は，湖沼などの水質汚濁の程度を表す指標の1つであり，水中の有機化合物を分解するのに必要な酸素の量を表したものである。実際の測定では，二クロム酸カリウムや過マンガン酸カリウムなどの酸化剤を用いて有機化合物を分解し，この分解に要した酸化剤の量（試料水1Lあたり）を酸素の量に換算してCOD値を求める。COD値は種々の実験条件の影響を受けるため，実験的に求まるCOD値は，理論上必要な酸素の量と大きく異なることも多い。この，後者に対する前者の割合を，本問では分解率と定義する。

　　有機化合物として p-クレゾール（C_7H_8O，濃度 1.00×10^{-4} mol/L）のみを含む試料水を用いて次の実験を行った。試料水 10 mL をホールピペットでコニカルビーカーにとり，純水と硫酸を加えて硫酸酸性とした。そこに 5.00×10^{-3} mol/L 過マンガン酸カリウム水溶液 10 mL をホールピペットで加えて振り混ぜ，沸騰水浴中で30分加熱した。これを水浴から取り出し，1.25×10^{-2} mol/L シュウ酸ナトリウム水溶液 10 mL をホールピペットで加えてよく反応させた。液温を50℃に保ち，5.00×10^{-3} mol/L 過マンガン酸カリウム水溶液で滴定したところ，反応が完結するのに 0.96 mL を要した。

　　なお，過マンガン酸カリウムおよび酸素が酸化剤としてはたらく際のイオン反応式，およびシュウ酸イオンが還元剤としてはたらく際のイオン反応式は，次のように表される。

$$MnO_4^- + 8\,H^+ + 5\,e^- \rightarrow Mn^{2+} + 4\,H_2O$$
$$O_2 + 4\,H^+ + 4\,e^- \rightarrow 2\,H_2O$$
$$C_2O_4^{2-} \rightarrow 2\,CO_2 + 2\,e^-$$

1.　クロムおよびマンガンに関する次の記述のうち，正しいものを次のa〜eから1つ選び，その記号をマークせよ。

a．二クロム酸イオンの水溶液は緑色を示す。

b．酸化マンガン(Ⅳ)はアルカリマンガン乾電池の負極活物質に利用される。

c．クロム酸イオンは水溶液中で鉛(Ⅱ)イオンと反応して暗赤色の沈殿を生じる。

d．クロムとマンガンは共に M 殻に 13 個の電子を有する。

e．マンガン(Ⅱ)イオンを含む水溶液に硫化水素水を加えると，塩基性条件下では沈殿を生じない。

2．文中の下線部 1)に関して，1 mol の p-クレゾールを酸素によって完全に酸化分解するのに理論上必要な酸素の物質量（mol）を求めよ。

3．文中の下線部 2)の操作ののち，コニカルビーカー内の溶液中には未反応の過マンガン酸イオンが存在する。これを直接滴定せず，下線部 3)のようにシュウ酸ナトリウム水溶液を加えて反応させてから滴定を行うのはなぜか，コニカルビーカー内の溶液の色変化を明示して 6 行以内で説明せよ。

4．試料水の COD 値（mg/L）を整数値で求めよ。ただし，過マンガン酸カリウムは加熱によって分解しないものとする。

5．この実験における p-クレゾールの分解率（%）を整数値で求めよ。

Ⅲ．◀化・生命理学科▶のⅢに同じ。

生　物

（75分）

Ⅰ. 下記の設問1〜6に答えよ。解答は解答用紙の所定欄にしるせ。

1. B細胞に関する記述として正しいものを，次のa〜eから1つ選び，その記号をマークせよ。

　a. B細胞はT細胞と一緒に骨髄で作られ，好中球はひ臓で作られる。

　b. 1つのB細胞は複数種のB細胞受容体を持っている。

　c. 全てのB細胞は同じゲノムを持つが，B細胞受容体の遺伝子は3つの遺伝子座に存在し，その遺伝子座には非常に多くの対立遺伝子が存在する。この多様な対立遺伝子の組み合わせによって，多様な抗原と反応することができる。

　d. B細胞はB細胞受容体に特異的に結合した抗原を細胞内に取り込んで分解し，その断片を提示する。ある抗原によって既に活性化したヘルパーT細胞が，同じ抗原の情報を認識すると，B細胞は活性化される。

　e. B細胞から分化した形質細胞（抗体産生細胞）が分泌する抗体は，H鎖とL鎖からなり特定の抗原と結合する部位が一分子あたり1個ある。

2. 次の文を読み，下記の問 i 〜 iii に答えよ。

　　静止状態のニューロンの内側は，細胞の外側に対して−70〜−60 mVとなる膜電位が作られている。ニューロンが刺激を受けたり，他の細胞から信号を受け取ると，膜電位は瞬間的に負から正に変化し，すぐにもとの静止電位にもどる。この膜電位の変化を活動電位といい，ニューロンが活動電位を発生することを興奮という。ニューロンにおける活動電位の発生時に見られる膜電位の変化を図に示した。

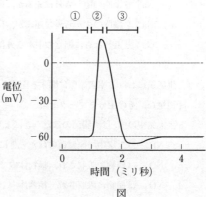

図

ⅰ．図に示す①の膜電位の発生にもっとも関与するチャネルを，次のa～fから1つ選び，その記号をマークせよ。

　　a．ナトリウムチャネル（電位依存性でないチャネル）

　　b．カリウムチャネル（電位依存性でないチャネル）

　　c．カルシウムチャネル（電位依存性でないチャネル）

　　d．電位依存性ナトリウムチャネル

　　e．電位依存性カリウムチャネル

　　f．電位依存性カルシウムチャネル

ⅱ．図に示す②と③での膜電位の変化には，新たに開くイオンチャネルが重要である。②と③それぞれで新たに開くイオンチャネルとしてもっとも適当なものを，次のa～fから1つ選び，その記号をマークせよ。

　　a．ナトリウムチャネル（電位依存性でないチャネル）

　　b．カリウムチャネル（電位依存性でないチャネル）

　　c．カルシウムチャネル（電位依存性でないチャネル）

　　d．電位依存性ナトリウムチャネル

　　e．電位依存性カリウムチャネル

　　f．電位依存性カルシウムチャネル

ⅲ．細胞膜にはナトリウムポンプが存在するが，その働きとしてもっとも適当なものを，次のa～fから1つ選び，その記号をマークせよ。

　　a．Na^+ を細胞の外から中に運ぶが，K^+ は運ばない。

　　b．Na^+ を細胞の外から中に運ぶが，K^+ は中から外に運ぶ。

　　c．Na^+ と K^+ ともに細胞の外から中に運ぶ。

　　d．Na^+ を細胞の中から外に運ぶが，K^+ は運ばない。

　　e．Na^+ を細胞の中から外に運ぶが，K^+ は外から中に運ぶ。

　　f．Na^+ と K^+ ともに細胞の中から外に運ぶ。

3．生態系における窒素循環に関する記述としてもっとも適当なものを，次のa～fから1つ選び，その記号をマークせよ。

　　a．大気中の N_2 は大腸菌のはたらきにより，NH_4^+ に変換される。

　　b．NH_4^+ は土壌中で硝酸菌のはたらきにより，NO_2^- に変換される。

　　c．NO_2^- は植物に吸収され，植物体内で NO_3^- に変換される。

　　d．NO_3^- は植物に吸収され，植物体内で NO_2^- を経て NH_4^+ に変換される。

　　e．NH_4^+ は植物体内でグルタミンと結合し，グルタミン酸が合成される。

　　f ．NH$_4$$^+$ は脱窒素細菌のはたらきにより，N$_2$になり，大気中にもどる。

4．次の文を読み，下記の問ⅰ・ⅱに答えよ。

　　花器官形成はABCモデルによって説明される。花は同心円状に外側から領域1～4
　の4つの領域にわけられ，領域1にがく片，領域2に花弁，領域3におしべ，領域4に
　めしべ，というように異なる花器官が形成される。異なる領域に異なる花器官が形成さ
　れるのは，3つのクラス（A，B，C）の遺伝子がそれぞれ異なる領域にはたらくため
　である。また，Aクラス遺伝子とCクラス遺伝子の遺伝子産物はお互いに発現を抑制す
　る。

　ⅰ．Bクラス遺伝子に突然変異が起こり，機能が完全に失われた場合，領域2に形成さ
　　れる器官の名称をしるせ。

　ⅱ．体のある部分が別の部分に置き換わるような突然変異の名称をしるせ。

5．次の文の空所(イ)～(ホ)それぞれにあてはまるもっとも適当な語句をしるせ。

　　ゲノムDNAの複製過程では，まず（　イ　）という酵素が二重らせんをほどく。
　DNAがほどかれると，両方の鎖が鋳型となり，新たなヌクレオチド鎖の合成が起こる。
　DNAの2本鎖は互いに逆向きなので，らせんが開かれていく方向と同じ方向に合成さ
　れる鎖を（　ロ　）と呼び，連続的に合成できる。一方，それと逆向きに合成される鎖
　は（　ハ　）と呼ばれ，連続的には合成できない。この鎖では，開いた二重らせんの根
　もとから合成を繰り返しており，その断続的な合成の結果生じるDNA断片のことを
　（　ニ　）と呼ぶ。この個々の断片は（　ホ　）という酵素によってすべてつながれ，
　連続した1本の鎖となる。

6．次の文の空所(あ)～(う)それぞれにあてはまるもっとも適当な語句をしるせ。

　　DNAの長さを調べる方法として，電気泳動という方法がよく用いられる。水溶液中
　のDNAは（　あ　）に荷電したリン酸基により，電圧をかけると（　い　）の電極へ
　向かう性質をもつ。（　う　）やポリアクリルアミドといった細かな網目状構造をした
　ゲルの中を通過させると，大きい分子ほど通りにくくなるので，DNAの長さに応じて
　移動距離が異なり分離できる。移動距離からDNAの長さを知ることができる。

Ⅱ. 下記の設問1・2に答えよ。解答は解答用紙の所定欄にしるせ。

1. 次の文を読み，下記の問 i 〜iv に答えよ。

　ヒトの体内環境は，自律神経系と内分泌系によって調節されているが，血糖値（血液中のグルコース濃度）の調節も，自律神経系と内分泌系の連携によって行われている。血糖値は一定の範囲で保たれており，低下すると脳の機能が低下し，高い血糖値が続くと血管がもろくなるなどの問題が生じる。

　血糖値が低下すると，すい臓のランゲルハンス島のA細胞が低血糖を感知し，グルカゴンを分泌する。同時に，視床下部の血糖調節中枢が刺激され，興奮した交感神経がランゲルハンス島のA細胞を刺激して，グルカゴンの分泌を促す。さらに，副腎髄質も交感神経の信号を受けてアドレナリンを分泌する。グルカゴンは肝臓に作用し，アドレナリンは肝臓と筋肉に作用して，グリコーゲンの分解を促進し，グルコースの生成を上昇させる。また，肉体的，精神的ストレスなどがあると，脳下垂体前葉から分泌された副腎皮質刺激ホルモンが副腎皮質を刺激して，糖質コルチコイドを分泌させる。糖質コルチコイドは全身のさまざまな組織や器官に作用し，タンパク質の分解とグルコース合成（糖新生）を促進し，血糖値を上昇させる。

　一方，血糖値が食事などによって急激に上昇すると，視床下部やすい臓のランゲルハンス島のB細胞が高血糖を感知し，分泌されるインスリンの量が増える。インスリンは筋肉や脂肪組織に作用し，血液中のグルコースの取り込みと分解，脂肪への変換を促す。また，肝臓や筋肉に作用して，グリコーゲンの合成を上昇させることで血糖値を低下させる。

i. 文中の下線部 1)の視床下部に関する記述として正しいものを，次のa〜dから1つ選び，その記号をマークせよ。

a. 視床下部は中脳の一部である。

b. 視床下部で体温の低下を感知すると，副交感神経を使って，皮膚の毛細血管の血液の流れを抑える。

c. 視床下部は病原体の侵入によって起こる炎症によって生じた刺激を受け取り，全身の体温を上昇させる。

d. 視床下部は体液の減少を感知すると，脳下垂体後葉から分泌されたホルモンの働きによって，腎臓の集合管が水を再吸収するときの，水の透過性を低下させる。

ii. 文中の下線部 ①〜④で示された4種類のホルモンの受容体のなかで，ホルモンと結合していない受容体が主に細胞の中にあるのはどれか。次のa〜dから1つ選

び，その記号をマークせよ。

 a．グルカゴン   b．アドレナリン

 c．糖質コルチコイド   d．インスリン

ⅲ．交感神経がランゲルハンス島のA細胞を刺激するときに使われる神経伝達物質は

 どれか。もっとも適当なものを，次のa～dから1つ選び，その記号をマークせよ。

 a．アセチルコリン   b．ノルアドレナリン

 c．セロトニン   d．γ-アミノ酪酸（GABA）

ⅳ．文中の下線部＿＿2)の肝臓は血糖値の調節以外にも様々な重要な働きを持つ。

 次のa～dの中で，肝臓の働きでないものを1つ選び，その記号をマークせよ。

 a．血しょう中のアルブミンは肝臓で合成される。

 b．主に脂質を分解しアンモニアをつくる。

 c．ヘモグロビンを分解してビリルビンを作る。

 d．アルコールを無毒化する。

2．次の文を読み，下記の問ⅰ・ⅱに答えよ。

 インスリンのような細胞外に分泌されるタンパク質の細胞内の輸送経路を調べるため
に，動物細胞と基本的に同じ細胞内輸送システムを持つ酵母を使って，次の実験を行っ
た。ただし，タンパク質A～Dは輸送経路において異なったところで働くタンパク質
である。

① 【遺伝子の欠失が無い酵母】

 タンパク質Xは，主に細胞の外に分泌された。

② 【タンパク質Aを指定する遺伝子を欠失させた酵母】

 タンパク質Xは，主に粗面小胞体に蓄積した。

③ 【タンパク質Bを指定する遺伝子を欠失させた酵母】

 タンパク質Xは，主にゴルジ体に蓄積した。

④ 【タンパク質Cを指定する遺伝子を欠失させた酵母】

 タンパク質Xは，主に一部の小胞に蓄積した。

⑤ 【タンパク質Dを指定する遺伝子を欠失させた酵母】

 タンパク質Xは，主に一部の小胞に蓄積した。

ⅰ．実験の結果から，タンパク質AとBの働きとしてもっとも適当なものを，次のa
 ～dからそれぞれ1つずつ選び，その記号をマークせよ。

　　a．粗面小胞体からタンパク質Xが含まれる小胞を作る働きを持つ。

　　b．タンパク質Xが含まれる小胞をゴルジ体と融合させる働きを持つ。

　　c．ゴルジ体からタンパク質Xが含まれる小胞を作る働きを持つ。

　　d．タンパク質Xが含まれる小胞を細胞膜と融合させて，タンパク質Xを細胞外に放出する働きを持つ。

ii．タンパク質BとCを指定する遺伝子の両方とも欠失させたところ，タンパク質Xは主にゴルジ体に蓄積した。タンパク質Dの働きとしてもっとも適当なものを，次のa～dから1つ選び，その記号をマークせよ。

　　a．粗面小胞体からタンパク質Xが含まれる小胞を作る働きを持つ。

　　b．タンパク質Xが含まれる小胞をゴルジ体と融合させる働きを持つ。

　　c．ゴルジ体からタンパク質Xが含まれる小胞を作る働きを持つ。

　　d．タンパク質Xが含まれる小胞を細胞膜と融合させて，タンパク質Xを細胞外に放出する働きを持つ。

Ⅲ．次の文を読み，下記の設問1～4に答えよ。解答は解答用紙の所定欄にしるせ。

　真核生物のDNAには，遺伝子の発現に関わる領域が複数存在する。このような領域には，RNAポリメラーゼが結合する（　イ　）と調節タンパク質が結合する転写調節領域がある。転写調節領域のうち，転写を促進するものをエンハンサー，転写を抑制するものをサイレンサーと呼ぶ。RNAポリメラーゼは（　イ　）に単独では結合できず，結合するためには，さらに（　ロ　）と呼ばれる複数のタンパク質とともに転写複合体を形成する必要がある。真核生物のDNAはヒストンに巻き付いて，（　ハ　）を形成している。（　ハ　）のつながりは通常折りたたまれており，折りたたまれた領域では，RNAポリメラーゼや（　ロ　）が（　イ　）に結合できない。そのため，転写開始のためには折りたたまれていた領域がある程度ゆるんだ状態になる必要がある。ショウジョウバエの幼虫の唾腺染色体には，（　ニ　）と呼ばれる膨らんだ部分が観察できる。（　ニ　）は転写が活発に行われている部分である。

　ショウジョウバエの遺伝子Xは，表皮細胞で転写されるが，神経細胞と筋肉細胞では転写されない。その転写を調節する領域について解析した。図Aは，遺伝子Xの遺伝子と（　イ　）の領域，さらにその5′側の転写調節領域を模式的に示したものである。転写調節領域を5つの領域に分け，それぞれの領域を図B～Mのように欠失させた。白抜き四角が欠失させた領域を示している。A～Mのような配列をもつ場合，遺伝子Xが表皮

細胞，神経細胞，筋肉細胞それぞれで転写されるか調べた結果を図の右側に示した。ただ
し，遺伝子Xが転写されるためにはエンハンサーのはたらきが必須である。エンハンサ
ーとサイレンサーが同時にはたらいた場合には転写は抑制されるものとする。また，領域
1〜5は，エンハンサーまたはサイレンサーのどちらかとして，表皮，神経，筋肉のいず
れかの細胞のみではたらくとする。

実線はゲノム配列，白抜き四角は欠失した領域を表す。 ○は転写あり，×は転写なしを表す。

図

1．文中の空所(イ)〜(ニ)それぞれにあてはまるもっとも適当な語句をしるせ。

2．次の文の空所〈ⅰ〉〜〈ⅳ〉それぞれにあてはまるもっとも適当な語句を，下記の選択肢
　a〜cから1つ選び，空所〈w〉〜〈z〉それぞれにあてはまるもっとも適当な語句を，下
　記の選択肢dまたはeから1つ選び，それぞれマークせよ。ただし，同じ記号を何度選
　んでもかまわない。

　　領域1は，〈ⅰ〉で遺伝子Xの〈w〉としてはたらく。

　　領域2は，〈ⅱ〉で遺伝子Xの〈x〉としてはたらく。

　　領域3は，〈ⅲ〉で遺伝子Xの〈y〉としてはたらく。

　　領域5は，〈ⅳ〉で遺伝子Xの〈z〉としてはたらく。

　　a．表皮細胞　　　　　　b．神経細胞　　　　　　c．筋肉細胞

　　d．エンハンサー　　　　e．サイレンサー

3．図中の領域1と領域4を欠失させた場合，遺伝子Xはどの細胞で転写されると考え

られるか。次のa〜gから1つ選び，その記号をマークせよ。

a．表皮細胞　　　　　　　　　b．神経細胞

c．筋肉細胞　　　　　　　　　d．表皮細胞と神経細胞

e．表皮細胞と筋肉細胞　　　　f．神経細胞と筋肉細胞

g．すべての細胞

4．筋肉細胞と神経細胞だけで遺伝子Xを転写させたい。欠失させたら良いと思われる領域を図中の領域1〜5からすべて選び，その番号をしるせ。

Ⅳ．次の文を読み，下記の設問1〜5に答えよ。解答は解答用紙の所定欄にしるせ。

　有性生殖を行う生物では，通常，異なる個体に由来する2つの（　イ　）の合体によって子が生じる。2つの（　イ　）の合体によってできた細胞を（　ロ　）という。中でも，卵と精子の合体によって生じた（　ロ　）は受精卵と呼ばれる。有性生殖によって生じる子の遺伝情報は，両親の遺伝情報を組み合わせたものになる。

　動物では減数分裂後，それ以上の分裂をせずに（　イ　）となるが，植物では減数分裂後の細胞は分裂し，一部の細胞が（　イ　）となる。
[1)]

　花は被子植物の生殖器官である。おしべの葯の中では，多数の（　ハ　）母細胞が減数分裂を行い，のちに成熟して（　ハ　）となる。（　ハ　）は成熟の過程で，2個の大きさの異なる細胞ができ，小さい細胞は（　ニ　）と呼ばれ，大きい方の細胞に取り込まれる。一方，子房内にある胚珠では，胚のう母細胞は減数分裂によって胚のう細胞と＜　あ　＞個の小さな細胞を作る。小さな細胞は消失するが，胚のう細胞は複数回の核分裂を経て，＜　い　＞個の核を持つ細胞となる。その後，いくつかの核のまわりはしきられて細胞化し，卵細胞の核，中央細胞の極核，助細胞などへと分化する。成熟した（　ハ　）がめしべの柱頭につくと，発芽して伸長し，（　ニ　）が分裂して2個の精細胞となる。精細胞の中の精核の一方が卵核と融合して受精卵の核となり，もう一方の精核は中央細胞の極核と融合し，（　ホ　）核となる。このように被子植物ではほぼ同時期に2箇所で核融合が起こる。この現象を（　ヘ　）という。

　有性生殖で生じた個体の遺伝的な性質には多様性が生じるが，有性生殖によらない生殖法である無性生殖では，分裂，出芽などで生じた個体の遺伝的な性質はまったく同一になる。このような遺伝的に同じ集団を（　ト　）という。
[2)]

1．文中の空所(イ)～(ト)それぞれにあてはまるもっとも適当な語句をしるせ。

2．文中の空所〈あ〉・〈い〉それぞれにあてはまるもっとも適当な数字をしるせ。

3．下線部＿＿1)について，次の問に答えよ。

　　減数分裂の記述としてもっとも適当なものを，次のa～eから1つ選び，その記号を
しるせ。

　a．第一分裂の開始前に，相同染色体が複製される。

　b．第一分裂後，第二分裂の開始前に相同染色体が複製される。

　c．第二分裂では，二価染色体が赤道面に並んだ後，分離して両極に移動する。

　d．第二分裂の中期に相同染色体の乗換えがおきる。

　e．1個の母細胞から，最終的に2個の娘細胞が生じる。

4．下線部＿＿2)を生み出す仕組みについて30字以内でしるせ。

5．生殖の記述として適当でないものを，次のa～eからすべて選び，その記号をしるせ。

　a．無性生殖は単細胞生物にしかみられない。

　b．ブドウは植物ホルモンによって受精なしに果実を形成させることができる。

　c．花粉管を誘引する物質は助細胞で作られる。

　d．スギ・マツは精細胞を作るが，イチョウは精子を作る。

　e．純系系統同士の交配により生じた次世代は親世代と遺伝情報が同じなので，この場
　　合は有性生殖には該当しない。

解　答　編

数　学

◀数　学　科▶

Ⅰ　**解答**　(i)ア. $\dfrac{-3+\sqrt{13}}{2}$　(ii)イ. 4　ウ. 3

(iii)エ. e^{-n}　オ. $\dfrac{1}{e-1}$　(iv)カ. $\sqrt{5}$　キ. $-\sqrt{2}$　(v)ク. $\sqrt{6}$

=== 解説 ===

《小問5問》

(i)　$\sin^2 x = 1 - \cos^2 x$ より

$$3\cos x = 1 - \cos^2 x$$

$$\cos^2 x + 3\cos x - 1 = 0$$

$$\therefore\quad \cos x = \frac{-3 \pm \sqrt{13}}{2}$$

ここで $3\cos x = \sin^2 x$, $\sin^2 x \geqq 0$ より $0 \leqq \cos x \leqq 1$ であるから

$$\cos x = \frac{-3+\sqrt{13}}{2}\quad (\to \text{ア})$$

(ii)　17^n の1の位の数は，7^n の1の位の数と一致する。

$n=1$ のときは7，$n=2$ のときは $7 \times 7 = 49$ より9，$n=3$ のときは 9×7 $= 63$ より3，$n=4$ のときは $3 \times 7 = 21$ より1，$n=5$ のときは $1 \times 7 = 7$ より7，そしてこれ以降9，3，1，7，… と繰り返す。

よって，17^n の1の位の数が1になる最小の自然数 n は

$$n=4\quad (\to \text{イ})$$

また，17^n の1の位の数は7，9，3，1の4つが周期的に繰り返される

ことと，$555 = 4 \cdot 138 + 3$ により，17^{555} の 1 の位の数は　　　3　（→ウ）

(iii)　$f_n{}'(x) = \dfrac{1}{n} x^{\frac{1}{n}-1} \log x + x^{\frac{1}{n}} \cdot \dfrac{1}{x} = \dfrac{1}{n} x^{\frac{1}{n}-1} (\log x + n)$

よって，$f_n(x)$ の増減表は右のようになる。

増減表より　　$a_n = e^{-n}$　（→エ）

また，$\displaystyle\sum_{n=1}^{\infty} e^{-n}$ は初項 e^{-1}，公比 e^{-1} の無限等

x	0	$\cdots$	e^{-n}	$\cdots$
$f_n{}'(x)$		$-$	0	$+$
$f_n(x)$		↘	極小	↗

比級数であり，公比について $|e^{-1}| < 1$ であることから収束する。その和
は

$$\frac{e^{-1}}{1 - e^{-1}} = \frac{1}{e - 1} \quad (\to \text{オ})$$

(iv)　$z = x + yi$（x, y は実数，$x > 0$）とおくと

$x^2 - y^2 + 2xyi = 3 - 2\sqrt{10}\, i$

$x^2 - y^2$，$2xy$ は実数だから

$x^2 - y^2 = 3$　かつ　$2xy = -2\sqrt{10}$

y を消去して

$$x^2 - \frac{10}{x^2} = 3$$

整理して

$(x^2 + 2)(x^2 - 5) = 0$

$x > 0$ より　　$x = \sqrt{5}$　（→カ）

このとき　　$y = -\dfrac{\sqrt{10}}{\sqrt{5}} = -\sqrt{2}$　（→キ）

別解　$z = r(\cos\theta + i\sin\theta)$（$r > 0$，$0 \le \theta < 2\pi$）とおくと

$z^2 = r^2(\cos 2\theta + i\sin 2\theta)$

一方，$3 - 2\sqrt{10}\, i$ について $\sqrt{3^2 + (-2\sqrt{10})^2} = 7$ より

$$3 - 2\sqrt{10}\, i = 7\left(\frac{3}{7} - \frac{2\sqrt{10}}{7} i\right)$$

したがって

$$r^2(\cos 2\theta + i\sin 2\theta) = 7\left(\frac{3}{7} - \frac{2\sqrt{10}}{7} i\right)$$

両辺の絶対値を比較して

$r^2 = 7$

$r>0$ より $r=\sqrt{7}$

さらに,両辺の実部と虚部を比較して

$$\cos 2\theta = \frac{3}{7}, \quad \sin 2\theta = -\frac{2\sqrt{10}}{7}$$

$\cos 2\theta = \dfrac{3}{7}$ より

$$2\cos^2\theta - 1 = \frac{3}{7} \qquad \cos\theta = \pm\sqrt{\frac{5}{7}}$$

z の実部 $r\cos\theta = \sqrt{7}\cos\theta$ は正より

$$\cos\theta = \sqrt{\frac{5}{7}}$$

これと $\sin 2\theta = -\dfrac{2\sqrt{10}}{7}$ すなわち $2\sin\theta\cos\theta = -\dfrac{2\sqrt{10}}{7}$ より

$$\sin\theta = -\sqrt{\frac{2}{7}}$$

以上より,z の実部は

$$\sqrt{7}\cos\theta = \sqrt{7}\cdot\sqrt{\frac{5}{7}} = \sqrt{5}$$

また,z の虚部は

$$\sqrt{7}\sin\theta = \sqrt{7}\cdot\left(-\sqrt{\frac{2}{7}}\right) = -\sqrt{2}$$

(v) 点 $(-1,\ 0,\ 0)$ を通りベクトル $\vec{a} = (0,\ 1,\ 1)$ に平行な直線上の点の位置ベクトルは,実数 s を用いて

$$(x,\ y,\ z) = (-1,\ 0,\ 0) + s(0,\ 1,\ 1) = (-1,\ s,\ s)$$

と表せる。

また,点 $(0,\ 0,\ 4)$ を通りベクトル $\vec{b} = (1,\ 2,\ 0)$ に平行な直線上の点の位置ベクトルは,実数 t を用いて

$$(x,\ y,\ z) = (0,\ 0,\ 4) + t(1,\ 2,\ 0) = (t,\ 2t,\ 4)$$

と表せる。

点 $\mathrm{A}(-1,\ s,\ s)$,点 $\mathrm{B}(t,\ 2t,\ 4)$ として,AB^2 が最小になる場合を考える。

$$\begin{aligned}
\mathrm{AB}^2 &= (t+1)^2 + (2t-s)^2 + (4-s)^2 \\
&= 2s^2 - 4(t+2)s + 5t^2 + 2t + 17
\end{aligned}$$

$$= 2\{s - (t+2)\}^2 - 2(t+2)^2 + 5t^2 + 2t + 17$$
$$= 2(s - t - 2)^2 + 3(t-1)^2 + 6$$

s, t はそれぞれすべての実数値をとって変化するから，AB^2 は $s - t - 2 = 0$ かつ $t - 1 = 0$，すなわち $s = 3$，$t = 1$ のときに最小値 6 をとる。

よって，求める距離 AB の最小値は $\sqrt{6}$ （→ク）

Ⅱ **解答** (i) $N_0 = 3$ $N_1 = 13$ (ii) $\dfrac{1}{36}$

(iii) $N = 4$ となるのは，最初の 3 回である目（a とする）が 2 回，別の目（b とする）が 1 回出て，4 回目に a が出る場合である。a は 6 通り，b は 5 通りあるから，求める確率は

$$6 \times 5 \times {}_3C_2 \left(\frac{1}{6}\right)^2 \cdot \frac{1}{6} \times \frac{1}{6} = \frac{5}{72} \quad \cdots\cdots(答)$$

(iv) 求める条件つき確率は

$$P_A(B) = \frac{P(A \cap B)}{P(A)}$$

ここで，事象 A は 6 回の試行で 1 から 6 の目が 1 回ずつ出る場合だから

$$P(A) = 6! \times \frac{1}{6} \cdot \frac{1}{6} \cdot \frac{1}{6} \cdot \frac{1}{6} \cdot \frac{1}{6} \cdot \frac{1}{6} = \frac{6!}{6^6}$$

また，事象 $A \cap B$ は次の 6 回でも 1 から 6 の目が 1 回ずつ出て，13 回目はどの目でもよい場合だから

$$P(A \cap B) = \left(\frac{6!}{6^6}\right)^2 \times \frac{6}{6}$$

よって，求める確率は

$$P_A(B) = \frac{6!}{6^6} = \frac{5}{324} \quad \cdots\cdots(答)$$

(v) $N = 13$ となるのは，試行開始からの 12 回で 1 から 6 の目が 2 回ずつ出る場合であり，13 回目はどの目でもよいから

$$P = {}_{12}C_2 \cdot {}_{10}C_2 \cdot {}_8C_2 \cdot {}_6C_2 \cdot {}_4C_2 \cdot {}_2C_2 \cdot \left(\frac{1}{6}\right)^2 \cdot \left(\frac{1}{6}\right)^2 \cdot \left(\frac{1}{6}\right)^2 \cdot \left(\frac{1}{6}\right)^2 \cdot \left(\frac{1}{6}\right)^2 \cdot \left(\frac{1}{6}\right)^2 \times \frac{6}{6}$$

よって

$$6^8 P = \frac{{}_{12}C_2 \cdot {}_{10}C_2 \cdot {}_8C_2 \cdot {}_6C_2 \cdot {}_4C_2}{6^4} = 5775 \quad \cdots\cdots(答)$$

━━━━━━━━━━　解　説　━━━━━━━━━━

《さいころと箱を使った反復試行の確率，条件つき確率》

(i)　N が最小となるのは，1 つの箱に試行開始から玉が連続して 3 個入る場合である。また N が最大となるのは，すべての箱に玉が 2 個ずつ入り，次に 1 つの箱に 3 個目が入る場合である。

　　よって　　$N_0 = 3$，$N_1 = 13$

(ii)　$N = 3$ となるのは，同じ目が 3 回連続する場合であり，目は 6 通りある。

　　よって，求める確率は

$$6 \times \left(\frac{1}{6}\right)^3 = \frac{1}{36}$$

(iii)〜(v)　いずれも反復試行である。反復試行の確率は，ある確率の値を事象の起こり方の数だけたし合わせて求めるのが特徴で，その場合の数をかけることを忘れてはならない。さらに，教科書の例ではその場合の数は ${}_nC_r$ となっているが，それは反復試行の中の最も単純な例であるためで，(iv)や(v)のように常に ${}_nC_r$ とは限らないことも心得ておく必要がある。

III　解答　(i)　$l : y = \dfrac{1}{4}$　　$m : y = -x + 1$

(ii)　右図より

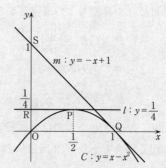

$$A = \int_0^1 \{-x + 1 - (x - x^2)\}\,dx$$

$$= \int_0^1 (x-1)^2\,dx$$

$$= \left[\frac{1}{3}(x-1)^3\right]_0^1$$

$$= \frac{1}{3} \quad \cdots\cdots(答)$$

(iii)　前図より

$$V_1 = \pi \int_0^1 (x - x^2)^2\,dx$$

$$= \pi \int_0^1 (x^2 - 2x^3 + x^4) \, dx$$

$$= \pi \left[\frac{1}{3}x^3 - \frac{1}{2}x^4 + \frac{1}{5}x^5 \right]_0^1$$

$$= \frac{\pi}{30} \quad \cdots\cdots (\text{答})$$

(iv) $y = x - x^2$ を x について解くと

$$x^2 - x = -y$$

$$\left(x - \frac{1}{2} \right)^2 = \frac{1}{4} - y$$

$$x = \frac{1}{2} \pm \sqrt{\frac{1}{4} - y}$$

C の $0 \leq x \leq \dfrac{1}{2}$ の部分は方程式 $x = \dfrac{1}{2} - \sqrt{\dfrac{1}{4} - y}$ で表されるから

$$V_2 = \pi \int_0^{\frac{1}{4}} \left(\frac{1}{2} - \sqrt{\frac{1}{4} - y} \right)^2 dy$$

$$= \pi \int_0^{\frac{1}{4}} \left(\frac{1}{2} - y - \sqrt{\frac{1}{4} - y} \right) dy$$

$$= \pi \left[-\frac{1}{2}\left(\frac{1}{2} - y \right)^2 + \frac{2}{3}\left(\frac{1}{4} - y \right)^{\frac{3}{2}} \right]_0^{\frac{1}{4}}$$

$$= \frac{\pi}{96} \quad \cdots\cdots (\text{答})$$

別解 C の $0 \leq x \leq \dfrac{1}{2}$ の部分は単調な曲線だから，$y = x - x^2$ の逆関数が存在する。それを $x = f(y)$ と表すと，前図より

$$V_2 = \pi \int_0^{\frac{1}{4}} \{ f(y) \}^2 \, dy$$

ここで，$f(y) = x$，$y = x - x^2$ より

y	$0 \to \dfrac{1}{4}$	
x	$0 \to \dfrac{1}{2}$	$dy = (1 - 2x)\, dx$

となるから

$$V_2 = \pi \int_0^{\frac{1}{2}} x^2 (1 - 2x) \, dx = \pi \int_0^{\frac{1}{2}} (x^2 - 2x^3) \, dx$$

$$= \pi \left[\frac{1}{3}x^3 - \frac{1}{2}x^4 \right]_0^{\frac{1}{2}} = \frac{\pi}{96}$$

(v)　C の $\frac{1}{2} \leqq x \leqq 1$ の部分は方程式 $x = \frac{1}{2} + \sqrt{\frac{1}{4} - y}$ で表されるから

$$V_3 = \pi \int_0^{\frac{1}{4}} \left(\frac{1}{2} + \sqrt{\frac{1}{4} - y} \right)^2 dy - V_2$$

$$= \pi \int_0^{\frac{1}{4}} \left(\frac{1}{2} - y + \sqrt{\frac{1}{4} - y} \right) dy - \frac{\pi}{96}$$

$$= \pi \left[-\frac{1}{2} \left(\frac{1}{2} - y \right)^2 - \frac{2}{3} \left(\frac{1}{4} - y \right)^{\frac{3}{2}} \right]_0^{\frac{1}{4}} - \frac{\pi}{96}$$

$$= \frac{\pi}{6} \quad \cdots\cdots (答)$$

別解　C の $\frac{1}{2} \leqq x \leqq 1$ の部分も単調な曲線だから，$y = x - x^2$ の逆関数が存在する。それを $x = g(y)$ と表すと，前図より

$$V_3 = \pi \int_0^{\frac{1}{4}} \{ g(y) \}^2 dy - V_2$$

ここで，右辺の第 1 項は $g(y) = x$，$y = x - x^2$ より

y	$0 \to \frac{1}{4}$
x	$1 \to \frac{1}{2}$

$dy = (1 - 2x)\, dx$

となるから

$$V_3 = \pi \int_1^{\frac{1}{2}} x^2 (1 - 2x)\, dx - \frac{\pi}{96} = \pi \int_1^{\frac{1}{2}} (x^2 - 2x^3)\, dx - \frac{\pi}{96}$$

$$= \pi \left[\frac{1}{3}x^3 - \frac{1}{2}x^4 \right]_1^{\frac{1}{2}} - \frac{\pi}{96} = \frac{\pi}{6}$$

参考　もし(iv)がなく(v)を直接問われたら，次のように定積分の性質を利用して，工夫しながら計算するのが自然だと考えられる。

〔解答〕の方法については

$$V_3 = \pi \int_0^{\frac{1}{4}} \left(\frac{1}{2} + \sqrt{\frac{1}{4} - y} \right)^2 dy - \pi \int_0^{\frac{1}{4}} \left(\frac{1}{2} - \sqrt{\frac{1}{4} - y} \right)^2 dy$$

$$= \pi \int_0^{\frac{1}{4}} \left\{ \left(\frac{1}{2} + \sqrt{\frac{1}{4} - y} \right) + \left(\frac{1}{2} - \sqrt{\frac{1}{4} - y} \right) \right\}$$

$$\times \left\{ \left(\frac{1}{2} + \sqrt{\frac{1}{4} - y} \right) - \left(\frac{1}{2} - \sqrt{\frac{1}{4} - y} \right) \right\} dy$$

$$= 2\pi \int_0^{\frac{1}{4}} \sqrt{\frac{1}{4} - y} \, dy = 2\pi \left[-\frac{2}{3} \left(\frac{1}{4} - y \right)^{\frac{3}{2}} \right]_0^{\frac{1}{4}} = \frac{\pi}{6}$$

〔別解〕の方法については

$$V_3 = \pi \int_0^{\frac{1}{4}} \{ g(y) \}^2 dy - \pi \int_0^{\frac{1}{4}} \{ f(y) \}^2 dy$$

$$= \pi \int_1^{\frac{1}{2}} x^2 (1 - 2x) \, dx - \pi \int_0^{\frac{1}{2}} x^2 (1 - 2x) \, dx$$

（置換は〔別解〕のとおり）

$$= \pi \int_1^{\frac{1}{2}} x^2 (1 - 2x) \, dx + \pi \int_{\frac{1}{2}}^0 x^2 (1 - 2x) \, dx$$

$$= \pi \int_1^0 (x^2 - 2x^3) \, dx = \pi \left[\frac{1}{3} x^3 - \frac{1}{2} x^4 \right]_1^0 = \frac{\pi}{6}$$

=========== 解　説 ===========

《放物線とその接線，回転体の体積》

(i)　$y = x - x^2$ について，$y' = 1 - 2x$ より，l の傾きは $1 - 2 \cdot \frac{1}{2} = 0$，$m$ の傾

きは $1 - 2 \cdot 1 = -1$ である。

　　よって，l の方程式は

$$y = \frac{1}{4}$$

　　また，m の方程式は

$$y = -(x - 1)$$

　　すなわち　　$y = -x + 1$

(ii)〜(v)　(ii)と(iii)は基本的な計算で済むが，(iv)と(v)は要注意である。(iv)，(v)
ともに，C の単調な部分を考えるから，$y = x - x^2$ の逆関数が存在する。
〔解答〕ではその逆関数（x と y を入れ替える直前の形）を求めて計算に
用いた。一方で，〔別解〕のように逆関数を具体的に持ち出さなくても計
算はできる。どちらの方法も心得ておきたいものである。

Ⅳ　━━ **解 答** ━━　(i)　$m = 2,\ 3$

(ii)　$x^3 + ax^2 + bx + c = 0$　……①　とする。

①の実数解 x が 0 以上であると仮定すると

$$x^3 \geqq 0,\quad ax^2 \geqq 0,\quad bx \geqq 0,\quad c \geqq 1$$

であり，辺々加えると

$$x^3 + ax^2 + bx + c \geqq 1$$

となって①に矛盾する。

よって，①の実数解は負である。　　　　　　　　　　　　　（証明終）

(iii)　整数解 $x = n$ を与えられた方程式に代入すると

$$n^3 + dn^2 + en + f = 0$$

$$\Longleftrightarrow n(n^2 + dn + e) = -f$$

f は自然数だから $n \neq 0$ であり，$d,\ e$ は自然数より $n^2 + dn + e$ は整数だから，n は f の約数である。　　　　　　　　　　　　　　　（証明終）

(iv)　(iii)の事実より，整数解は 3 の約数である。また(ii)の事実より，整数解は負である。

したがって，整数解の候補は

$$x = -1,\quad -3$$

$x = -1$ が解のとき，与えられた方程式に代入して

$$-1 + r - r + 3 = 0$$

これを満たす r は存在しない。

$x = -3$ が解のとき，与えられた方程式に代入して

$$-27 + 9r - 3r + 3 = 0\qquad r = 4$$

以上より，求める自然数 r は

$$r = 4\quad ……（答）$$

(v)　(ii)，(iii)の事実より，整数解はいずれも 6 の約数であり，いずれも負である。

6 の負の約数は $-1,\ -2,\ -3,\ -6$ であるが，与えられた方程式の左辺の定数項が 6，最高次の係数が 1 であることから，整数解は $x = -1,\ -2,\ -3$ であり，左辺は

$$x^3 + sx^2 + tx + 6 = (x+1)(x+2)(x+3)$$

となるしかない。

$$x^3 + sx^2 + tx + 6 = x^3 + 6x^2 + 11x + 6$$

これは x についての恒等式で，両辺の同じ次数の項の係数を比較することにより

$$(s, \ t) = (6, \ 11) \quad \cdots\cdots(答)$$

════════════════════ 解　説 ════════════════════

《3次方程式が整数解をもつような係数の決定》

(ⅰ)　与えられた2次方程式を解くと

$$x = \frac{-5 \pm \sqrt{25 - 8m}}{4}$$

これが有理数となるためには，まず $25 - 8m \geqq 0$ となることが必要である。m は自然数より，$m = 1, \ 2, \ 3$ のいずれかであることが必要である。

$m = 1$ のとき $x = \dfrac{-5 \pm \sqrt{17}}{4}$ で，これが有理数だと仮定すると $\sqrt{17}$ $= \pm (4x + 5)$ が有理数ということになり矛盾が起こる。すなわち，$m = 1$ は不適。

$m = 2$ のとき $x = \dfrac{-5 \pm 3}{4}$，すなわち $x = -\dfrac{1}{2}, \ -2$ で，これらは確かに有理数である。

$m = 3$ のとき $x = \dfrac{-5 \pm 1}{4}$，すなわち $x = -1, \ -\dfrac{3}{2}$ で，これらは確かに有理数である。

以上より，求める自然数 m は　　$m = 2, \ 3$

(ⅱ)～(ⅴ)　(ⅱ)以降は3次方程式の整数解に関するひとつながりの設問である。高次方程式は因数定理によって因数分解して解を考えるのが基本であるが，整数解が絡む場合は，しばしば(ⅲ)の手法を因数定理よりも優先させる。受験生の常識と心得ておきたいが，本問はそれを既知とせず，親切に誘導して(ⅳ), (ⅴ)に活用させようとしている。

　(ⅴ)は整数解の候補が4つあるので，その中の異なる3つの組合せは4通りである。その4通りをすべて試すのもよいが，〔解答〕のように方程式左辺の定数項6に着目するとただちに1通りに限定できて速い。

◀物理・化・生命理学科▶

Ⅰ ◀数学科▶のⅠに同じ。

Ⅱ ◀数学科▶のⅡに同じ。

Ⅲ ◀数学科▶のⅢに同じ。

講評

　数学科は試験時間 90 分で Ⅰ～Ⅳ の 4 題，物理・化・生命理学科は試験時間 75 分で Ⅰ～Ⅲ の 3 題の出題である。2024 年度も素直な良問ばかりで，実力が確実に反映される内容である。典型的な設問で構成され計算力が重視されてきたが，ここ数年は典型的でない小問もいくつか混じっている。難易度は，Ⅰ が 2022・2023 年度と同様にやや重たく，Ⅱ～Ⅳ のレベルも 2023 年度並みといえる。

　Ⅰ　小問 5 問の構成。いずれも答えのみを書かせる形式なので，計算ミスがないよう細心の注意を払いたい。教科書でいえば(i)は節末問題レベル，(ii)，(iii)，(iv)は章末問題レベル，(v)は章末問題を超えるレベルである。(ii)は 17 そのものではなく 7 の累乗の 1 の位を調べればよい単純な問題であるが，初見だと厳しい。(iv)は，教科書では z を極形式で表してド・モアブルの定理を用いて解くタイプであるが，z^2 の形（特に虚部 $-2\sqrt{10}$ ）から，極形式よりも $z=x+yi$ とおくほうがスムーズだと思われる。また，(v)は類題の経験の有無が大きくものを言い，途中過程が長く計算量も多い。

　Ⅱ　さいころの出た目によって，その番号のついた箱に玉を入れていく試行における確率の問題。反復試行の確率の先頭にかかる場合の数は問題に応じた形になるが，類題を通じてそのことを習得していたかどうかが出来を左右したのではないか。

　Ⅲ　放物線とその接線，座標軸によって囲まれる図形の面積や回転体の体積を問う，微・積分法の総合問題。(iv)，(v)は教科書には見られないものの，入試では典型問題である。y を x の関数とみたときは $y=x-x^2$ の式 1 つであるが，x を y の関数とみたときは $x\geqq\dfrac{1}{2}$ と $x\leqq\dfrac{1}{2}$ で異なる式になることに注意しなければならない。

　Ⅳ　高次方程式の整数解に関する，論証も含めた融合問題。(iii)は理系ならば必須としたい手法であり，今回初めて出合ったという人は，次の機会にさっと活用できるように備えておくのがよい。整数解の候補さえ絞り込めたら，あとはそれらが本当に解になるかどうかを代入して吟味するだけである。

　　時間がかかりそうな問題はⅠの(iv), (v)とⅢの(iv), (v)で，落ち着いて最初から順番通りに解いていけばよいであろう。しかし，最初のほうに時間のかかる問題がきていたり，誘導に乗るまでに思わぬ時間を費やしたりする場合もあるので，全体を見渡してから解答を始める心がけは常に大切である。

2
0
2
4
年
度

2
月
6
日

物
理

物　理

Ⅰ ── 解答 ── **あ**─c　**い**─b　**う**─e　**え**─d

=== 解 説 ===

《重力と電場による力がはたらく小球の運動》

あ. x 軸方向と z 軸方向それぞれに，電場からの力と重力がはたらいている。このとき小球の加速度の z 軸成分を a_z とおくと，運動方程式より

$$ma_z = -mg \quad \therefore \quad a_z = -g$$

となるため，z 軸方向は等加速度直線運動とみなすことができる。

　よって，求める時刻を t_1 とおくと

$$0 = \frac{1}{2}a_z t_1{}^2 + h \quad \therefore \quad t_1 = \sqrt{\frac{2h}{g}}$$

い. 小球の加速度の x 軸成分を a_x とおくと，運動方程式より

$$ma_x = -qE \quad \therefore \quad a_x = -\frac{qE}{m}$$

となるため，x 軸方向も等加速度直線運動とみなすことができる。

　よって，時刻 $t = t_1$ における x 座標は

$$x = vt_1 + \frac{1}{2}a_x t_1{}^2$$

$$= v\sqrt{\frac{2h}{g}} - \frac{1}{2}\cdot\frac{qE}{m}\cdot\frac{2h}{g}$$

$$= v\sqrt{\frac{2h}{g}} - \frac{qEh}{mg}$$

う. x 軸方向に注目する。初速度が v で加速度が a_x の等加速度直線運動であり，元の位置点Pに戻る時刻を t_2 とおくと

$$0 = vt_2 + \frac{1}{2}a_x t_2{}^2$$

$t_2 \neq 0$ より

$$v = \frac{qE}{2m}t_2 \quad \therefore \quad t_2 = \frac{2mv}{qE}$$

え. z 軸方向に注目する。弾性衝突するので 1 回目，2 回目の衝突前後での小球の速さは変わらないため，1 回目の衝突後に最高点にたどり着くまでの時間と最高点から 2 回目の衝突までの時間，2 回目の衝突から最高点にたどり着くまでの時間は等しく，t_1 である。

よって，点 P に戻る時刻は

$$t_2 = 4t_1$$

$$\frac{2mv}{qE} = 4\sqrt{\frac{2h}{g}}$$

$$\therefore \quad v = \frac{2qE}{m}\sqrt{\frac{2h}{g}}$$

 **解　答**　**あ.** $2.7 \times 10^{+2}$　**い.** 9.1×10^{-1}　**う.** $4.6 \times 10^{+1}$

━━━━━━━━━━━━━━━━ 解　説 ━━━━━━━━━━━━━━━━

《熱量保存則を用いた比熱の測定》

あ. 求めるアルミニウムの熱容量を C〔J/K〕とおく。25℃の水が得た熱量とアルミニウムが得た熱量の和と，90℃の水が与えた熱量とが等しいので，熱量保存則より

$$4.2 \cdot 210(35-25) + C(35-25) = 4.2 \cdot 50(90-35)$$

$$10C = 4.2(50 \cdot 55 - 210 \cdot 10)$$

有効数字 2 桁なので

$$C = 273 \fallingdotseq 2.7 \times 10^2 \text{〔J/K〕}$$

い. アルミニウムの質量は 300 g であるから，前問で求めた熱容量より，求める比熱を c〔J/(g·K)〕とおくと

$$300c = 273 \quad \therefore \quad c = 9.1 \times 10^{-1} \text{〔J/(g·K)〕}$$

う. 電熱線に 10 V の電圧をかけたことから，この電熱線に生じる単位時間当たりの熱量を P〔W〕とおくと

$$P = \frac{10^2}{2.0} = 50 \text{〔W〕}$$

この電熱線に 300 秒間で生じる熱量が，水とアルミニウム製のコップが得た熱量に等しくなるので，求める温度を t〔℃〕とおくと，熱量保存則より

$$50 \cdot 300 = \{4.2(210+50)+273\}(t-35)$$

$$t-35 = 10.989$$

有効数字2桁なので

$$t = 45.9 \fallingdotseq 4.6 \times 10^1 \,[\text{℃}]$$

Ⅲ 解答　1．あ． $-\dfrac{7kq}{8d^2}$ 　い． $\dfrac{kq}{2d}$

う． $-2d$ **え．** $2d$ （う，えは順不同）

2．A—a　**B**—d　**C**—c　**D**—a

3．お． evB 　**か．** vB 　**き．** vBL

4．く． $\dfrac{2kQ}{r}$

━━━━━━━━━━ 解説 ━━━━━━━━━━

《点電荷がつくる電場と電位，導体棒に生じる誘導電場》

1．あ． 点A，点Bが原点Oにつくる電場をそれぞれ E_{AO}, E_{BO} とおくと

$$E_{AO} = -k\frac{q}{d^2}, \quad E_{BO} = k\frac{2q}{(4d)^2} = k\frac{q}{8d^2}$$

よって，求める原点Oでの電場を E_O とおくと，電場の重ね合わせより

$$E_O = E_{AO} + E_{BO} = k\frac{q}{d^2}\left(-1+\frac{1}{8}\right) = -\frac{7kq}{8d^2}$$

い． 点A，点Bが原点Oにつくる電位をそれぞれ V_{AO}, V_{BO} とおくと

$$V_{AO} = k\frac{q}{d}, \quad V_{BO} = -k\frac{2q}{4d} = -k\frac{q}{2d}$$

よって，求める原点Oでの電位を V_O とおくと，電位の重ね合わせより

$$V_O = V_{AO} + V_{BO} = k\frac{q}{d}\left(1-\frac{1}{2}\right) = \frac{kq}{2d}$$

う・え． x 軸上で電位が0となる点は，点Aの左側 $(x<d)$ と，点Aと点Bの間 $(d<x<4d)$ の2点存在する。

(ⅰ) $x<d$ の点

求める点の x 座標を $x=x_1$ とおくと，**い．** と同様に考えて

$$0 = k\frac{q}{d-x_1} - k\frac{2q}{4d-x_1}$$

$$\frac{1}{d-x_1}=\frac{2}{4d-x_1}$$

$$4d-x_1=2d-2x_1$$

$$\therefore \quad x_1=-2d$$

(ii) $d<x<4d$ の点

求める点の x 座標を $x=x_2$ とおくと，い．と同様に考えて

$$0=k\frac{q}{x_2-d}-k\frac{2q}{4d-x_2}$$

$$\frac{1}{x_2-d}=\frac{2}{4d-x_2}$$

$$4d-x_2=2x_2-2d$$

$$\therefore \quad x_2=2d$$

2. 金属中の電子の電気量は負であることに注意して，フレミングの左手の法則より，電子に生じるローレンツ力の向きは，QからPの向きになる。

　金属中の電子はP側に移動するので，Pは負に，Qは正に帯電する。

　よって，金属中にできる電場の向きは，QからPの向きになる。

3. お. このとき生じるローレンツ力の大きさを f とおくと

$$f=evB$$

か. 求める電場の大きさを E_1 とおくと，ローレンツ力と電場による力のつり合いを考えて

$$0=evB-eE_1 \quad \therefore \quad E_1=vB$$

き. 金属棒 PQ 間には一様の電場が生じていると考えて，求める電位差を V とおくと

$$V=E_1L=vBL$$

4. く. 電場の強さは，単位面積あたりの断面を垂直に貫く電気力線の本数に等しいことを利用する。単位長さの金属棒からは，$4\pi kQ$ 本の電気力線が金属棒と垂直に，放射状に出ているので，金属棒を中心とした半径が r の円筒を考えると，この円筒の側面を $4\pi kQ$ 本の電気力線が貫いている。

　よって，求める電場の大きさを E_2 とおくと，電気力線の本数を円筒の側面積で割ればよいので

$$E=\frac{4\pi kQ}{2\pi r\cdot 1}=\frac{2kQ}{r}$$

Ⅳ 解答 **1. あ.** $\dfrac{\sin\theta}{\sin\phi}=n$ **2. い.** $2nd\cos\phi$ **3. う**—a

━━━━━ 解説 ━━━━━

《薄膜の干渉》

1. あ. 屈折の法則より

$$\dfrac{\sin\theta}{\sin\phi}=n$$

2. い. 点Aの，点Bのあるガラス境界
面に対する対称な点を A′ とおくと，光
路 AB と BC の光学的距離の和は，A′C
の長さに屈折率をかけたものに等しいの
で，強め合う条件は

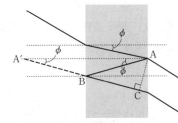

$$2nd\cos\phi=m\lambda$$

3. う. 同心円状の干渉縞は，2. で求めた強め合う条件のうち自然数
m の違いによるものである。2. の結果より

$$\cos\phi=\dfrac{\lambda}{2nd}\cdot m \quad\cdots\cdots①$$

と変形して考えると，$m=1,\ 2,\ 3,\ \cdots$ のそれぞ
れのときに強め合う平行光の入射角が決まる。式
①より，強め合う条件を満たす $\cos\phi$ は等間隔に
なり，右のグラフより，$\cos\phi$ が小さくなるにし
たがって，干渉縞の間隔は狭くなっている。

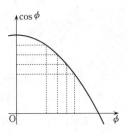

Ⅴ 解答 **1. あ.** $\dfrac{h}{mv}$ **2. い.** Ze **3. う.** $\dfrac{Ze^2}{r^2}$

4. え. $\dfrac{h^2}{4\pi^2 k_0 Ze^2 m}$ **5. お.** $-k_0\dfrac{Ze^2}{r}$ **か.** $-\dfrac{k_0 Ze^2}{2r}$

6. き. $-\dfrac{2\pi^2 k_0^2 Z^2 e^4 m}{h^2}$

━━━━━ 解説 ━━━━━

《ボーアの原子モデル》

1. あ. ド・ブロイ波の波長 λ_e は，電子が持つ運動量を p とおくと

$$\lambda_e = \frac{h}{p} = \frac{h}{mv}$$

2. い. 原子番号は原子核内の陽子の数を表すので，原子核の電気量を Q とおくと，以下の量になる。

$$Q = Ze$$

3. う. 静電気力を向心力とした電子の円運動の運動方程式は

$$m\frac{v^2}{r} = k_0 \cdot \frac{Ze^2}{r^2}$$

4. え. 量子条件と電子の円運動の方程式より，v を消去する。量子条件より

$$2\pi r = n\lambda_e = n\frac{h}{mv}$$

$$\therefore\quad v = \frac{nh}{2\pi rm}$$

これを円運動の運動方程式に代入すると

$$m\left(\frac{nh}{2\pi rm}\right)^2 \cdot \frac{1}{r} = k_0\frac{Ze^2}{r^2}$$

$$\frac{n^2h^2}{4\pi^2 rm} = k_0 Ze^2$$

$$\therefore\quad r_n = \frac{h^2}{4\pi^2 k_0 Ze^2 m} \cdot n^2$$

上の式より，n は整数のため，電子が安定して存在できる軌道（定常状態）は飛び飛びの値を持つことがわかる。

5. お. 電子の持つ静電気力による位置エネルギーは，無限遠を位置エネルギーの基準にとると

$$U = -k_0\frac{Ze^2}{r}$$

か. 電子の持つ全エネルギーは，運動エネルギーと位置エネルギーの和なので

$$E = K + U$$
$$= \frac{1}{2}mv^2 - k_0\frac{Ze^2}{r}$$
$$= \frac{1}{2}k_0\frac{Ze^2}{r} - k_0\frac{Ze^2}{r}$$

$$\therefore \quad E = -\frac{k_0 Z e^2}{2r}$$

6. き. 前間で求めたエネルギーに，電子の定常状態での半径を代入すると

$$E_n = -\frac{k_0 Z e^2}{2 r_n}$$

$$= -\frac{k_0 Z e^2}{2 \dfrac{n^2 h^2}{4\pi^2 k_0 Z e^2 m}}$$

$$= -\frac{2\pi^2 k_0^2 Z^2 e^4 m}{h^2} \cdot \frac{1}{n^2}$$

 **解答** **1. あ.** $\dfrac{a}{2r}$

2. い. $V_0 \cos\alpha$ **う.** $-V_0 \sin\alpha$

3. え. $\dfrac{m}{M} v_x' + V_x'$ **お.** V_y'

4. か. $-\dfrac{V_x' - v_x'}{V_{0x}'}$

5. き. $(1+e)\dfrac{M}{M+m}$ **く.** $\dfrac{M-em}{M+m}$ **け.** $\dfrac{(1-e^2)Mm}{2(M+m)} V_0^2 \cos^2\alpha$

═══════════════ **解 説** ═══════════════

《平面上での2物体の衝突》

1. あ. 衝突の瞬間は，球Bと球Aの接点において，中心を結ぶ線の向きに力がはたらくので，衝突後の球Aの運動方向は中心を結ぶ線の向きになる。

$$\sin\alpha = \frac{a}{2r}$$

2. い・う. 衝突前の球Bの速度の向きと，x'軸とのなす角がαなので

$$V_{0x}' = V_0 \cos\alpha$$
$$V_{0y}' = -V_0 \sin\alpha$$

3. え. x'軸方向の運動量保存則より

$$MV_{0x}' = m v_x' + M V_x' \qquad \therefore \quad V_{0x}' = \frac{m}{M} v_x' + V_x'$$

お. y' 軸方向の運動量保存則より

$$MV_{0y}' = 0 + MV_{y}' \quad \therefore \quad V_{0y}' = V_{y}'$$

4. か. 反発係数の定義より，x' 軸方向を考えると

$$e = -\frac{V_{x}' - v_{x}'}{V_{0x}'}$$

5. き. x' 軸方向の運動量保存則と反発係数の関係から V_{x}' を消去すると

$$e = -\frac{V_{0x}' - \dfrac{m}{M}v_{x}' - v_{x}'}{V_{0x}'} = -\left(1 - \frac{M+m}{M} \cdot \frac{v_{x}'}{V_{0x}'}\right)$$

$$\therefore \quad \frac{v_{x}'}{V_{0x}'} = (1+e)\frac{M}{M+m}$$

く. x' 軸方向の運動量保存則と反発係数の関係から v_{x}' を消去すると

$$e = -\frac{V_{x}' - \dfrac{M}{m}(V_{0x}' - V_{x}')}{V_{0x}'}$$

$$= -\frac{\dfrac{M+m}{m}V_{x}' - \dfrac{M}{m}V_{0x}'}{V_{0x}'}$$

$$= -\frac{M+m}{m}\frac{V_{x}'}{V_{0x}'} + \frac{M}{m}$$

$$\therefore \quad \frac{V_{x}'}{V_{0x}'} = \frac{M-em}{M+m}$$

け. 失われたエネルギーを ΔE とおくと

$$\Delta E$$

$$= \frac{1}{2}MV_0^2 - \left\{\frac{1}{2}M(V_{x}'^2 + V_{y}'^2) + \frac{1}{2}mv_{x}'^2\right\}$$

$$= \frac{1}{2}MV_0^2 - \frac{1}{2}M\left(\frac{M-em}{M+m}V_{0x}'\right)^2 - \frac{1}{2}MV_{0y}'^2 - \frac{1}{2}m\left\{(1+e)\frac{M}{M+m}V_{0x}'\right\}^2$$

$$= \frac{1}{2}MV_0^2 - \frac{M}{2(M+m)^2}\{M^2 - 2eMm + e^2m^2 + (1+2e+e^2)Mm\}V_{0x}'^2$$

$$-\frac{1}{2}MV_{0y}'^2$$

$$= \frac{1}{2}MV_0^2 - \frac{M}{2(M+m)^2}\{M(M+m) + e^2m(M+m)\}V_0^2\cos^2\alpha$$

$$-\frac{1}{2}MV_0{}^2\sin^2\alpha$$

$$=\frac{1}{2}MV_0{}^2(1-\sin^2\alpha)-\frac{M}{2(M+m)}(M+e^2m)\,V_0{}^2\cos^2\alpha$$

$$=\frac{MV_0{}^2\cos^2\alpha}{2(M+m)}(M+m-M-e^2m)$$

$$=\frac{(1-e^2)\,Mm}{2(M+m)}V_0{}^2\cos^2\alpha$$

講 評

　全体的には基本問題が多いが，大問数が6題で75分の解答時間であるため，スピードは必要。大問によって小問の数が異なり，小問数が少ない前半の問題の方が難度は低い傾向がある。

　Ⅰ　鉛直方向（z軸方向）と水平方向（x軸方向）で異なる力がはたらくため，別々に等加速度直線運動を考える問題となっている。う．については，元の位置に戻るときの条件として，選択肢からもx軸方向に注目するのか，z軸方向に注目するのかがわかりにくく，両方で解いてみるしかない。しかし，え．を解くためには結局どちらも必要であるため，完答するためには必要な作業となっている。

　Ⅱ　比熱や熱容量，熱量保存則を扱う基本的な問題。数値計算で，時間の制約があるとはいえ完答したい。

　Ⅲ　A．点電荷による電場の強さや電位を求める問題で，どの問題集にも載っているような基本レベルの問題である。う・え．を求めるために場合分けを行うが，これも典型的な解法であるため，十分に理解しておきたい。B．磁場中で導体を動かすことによって生じる誘導電場の問題となっており，こちらもAよりは難度が高いものの，教科書の記述にもある問題である。C．ガウスの定理を用いた問題で，それほど多くの問題集には載っていない。

　Ⅳ　薄膜の干渉の問題であり，1・2．に関しては教科書レベルの問題となっている。3．は，干渉とレンズが複合した見慣れない設定で，解答を得るだけならレンズを考えずに干渉条件の式を分析すればよいが，

レンズの役割を読み取りづらかったかもしれない。レンズを置くことにより，ばらばらに入射した平行光が入射方向ごとに1点に集まるようにすることで干渉させている，ということである。

Ⅴ　ボーアの水素モデルの問題で，原子核内の電気量を変えたものになっている。ボーアモデルは，受験生によっては得意不得意が分かれるようで，差がついた問題となったかもしれない。日頃の学習で理解しながら解き進めることで，他と差をつけられる分野となるため，しっかり学習しておきたい。

Ⅵ　平面上の2物体の衝突の問題であるが，座標を回転させたりと，少しひねりが加わった出題となっている。空間把握の能力や，後半では計算力が求められるため，正答率はそれほど高くなかったと考えられる。

化　学

◀化・生命理学科▶

 **解　答**　　1．㋐陰　㋑結合エネルギー

㋒（第一）イオン化エネルギー　㋓下方

㋔電子親和力

2－c

3．$MnO_2 + 4HCl \longrightarrow MnCl_2 + 2H_2O + Cl_2$

4．**A**. 0.12　**B**. $+4.6×10^2$　**C**. $-1.4×10^3$

==================== 解　説 ====================

《水溶液の電気分解，イオン化エネルギー，電子親和力，酸化還元，結合エネルギー》

1．㋐　NaOH 水溶液を電気分解すると，陰極，陽極ではそれぞれ次の反応が起こる。

陰極：$2H_2O + 2e^- \longrightarrow H_2 + 2OH^-$

陽極：$4OH^- \longrightarrow O_2 + 2H_2O + 4e^-$

したがって，水素は陰極で発生する。

㋑　気体分子中の共有結合を切るのに必要なエネルギーを，結合エネルギーという。

㋒　原子から電子1個を取り去るのに必要なエネルギーを，（第一）イオン化エネルギーという。

㋓　塩素 Cl_2 は，水に溶けやすく，空気より重い気体なので，捕集には下方置換法が用いられる。

㋔　原子が電子1個を受け取り1価の陰イオンとなるときに放出されるエネルギーを，電子親和力という。

2．イオン化エネルギーは，周期表で同じ族の原子を比較すると，原子番号が大きい原子ほど原子核から最外電子殻までの距離が長くなるので，イオン化エネルギーは小さい。

また，電子親和力は，周期表で同じ周期の原子の中では 17 族元素のハ

化学

ロゲンが最も大きい。

3. 酸化マンガン(Ⅳ) MnO_2 に濃塩酸を加えて加熱すると塩素 Cl_2 が発生する。このとき，MnO_2 は酸化剤，HCl は還元剤としてそれぞれ次のようにはたらく。

$$MnO_2 + 4H^+ + 2e^- \longrightarrow Mn^{2+} + 2H_2O \quad \cdots\cdots(1)$$

$$2Cl^- \longrightarrow Cl_2 + 2e^- \quad \cdots\cdots(2)$$

(1)+(2) より

$$MnO_2 + 2Cl^- + 4H^+ \longrightarrow Mn^{2+} + 2H_2O + Cl_2$$

両辺に $2Cl^-$ を加えると

$$MnO_2 + 4HCl \longrightarrow MnCl_2 + 2H_2O + Cl_2$$

4. A. 流れた電子 e^- の物質量は

$$\frac{0.50 \times (32 \times 60 + 10)}{9.65 \times 10^4} = 1.0 \times 10^{-2} \text{(mol)}$$

求める H_2 の体積は

$$\frac{1.0 \times 10^{-2} \times \frac{1}{2} \times 8.31 \times 10^3 \times (27 + 273)}{1.0 \times 10^5} = 0.124 \fallingdotseq 0.12 \text{(L)}$$

B. $Cl-Cl$ 結合の結合エネルギーが $243\,kJ/mol$，Cl の電子親和力が 349 kJ/mol であることより，熱化学方程式はそれぞれ式(3)，式(4)で表され，式(5)が導かれる。

$$Cl_2 \text{(気)} = 2Cl \text{(気)} - 243\,kJ \quad \cdots\cdots(3)$$

$$Cl \text{(気)} + e^- = Cl^- \text{(気)} + 349\,kJ \quad \cdots\cdots(4)$$

(3)×1+(4)×2 より

$$Cl_2 \text{(気)} + 2e^- = 2Cl^- \text{(気)} + 455\,kJ \quad \cdots\cdots(5)$$

C. $H-H$ 結合の結合エネルギーが $432\,kJ/mol$，H のイオン化エネルギーが $1312\,kJ/mol$ であることより，熱化学方程式はそれぞれ式(6)，式(7)で表され，式(8)が導かれる。

$$H_2 \text{(気)} = 2H \text{(気)} - 432\,kJ \quad \cdots\cdots(6)$$

$$H \text{(気)} = H^+ \text{(気)} + e^- - 1312\,kJ \quad \cdots\cdots(7)$$

(6)×1+(7)×2 より

$$H_2 \text{(気)} = 2H^+ \text{(気)} + 2e^- - 3056\,kJ \quad \cdots\cdots(8)$$

また，HCl の生成熱は $92\,kJ/mol$ より，その熱化学方程式は

$$\frac{1}{2}H_2 \, (気) + \frac{1}{2}Cl_2 \, (気) = HCl \, (気) + 92 \, kJ$$

式(5)，式(8)，生成熱より，エネルギー図は次のようになる。

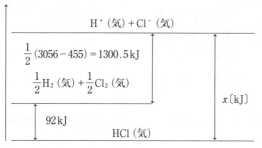

求める反応熱を x〔kJ〕とすると

$x = 1300.5 + 92 = 1392.5$〔kJ〕

 **解答**

1 － d

2． 8.5 mol

3． 未反応の過マンガン酸イオンが存在した溶液は濃い赤紫色となっており，この溶液に，無色のシュウ酸ナトリウム水溶液を滴下すると酸化還元反応が起こり，溶液の色は次第に薄くなっていく。滴定の終点の手前ではほぼ無色となっており，終点前後での色の変化がわかりにくく，終点までに加えたシュウ酸ナトリウム水溶液の正確な体積を求めにくいから。（6行以内）

4． ビュレットの内部を滴定に用いる過マンガン酸カリウム水溶液で数回洗う共洗いという操作を行う。（2行以内）

5． 19 mg/L

6． 71 %

=========== 解 説 ===========

《酸化還元滴定，COD，クロム・マンガンの性質》

1． a ．誤文。二クロム酸イオン $Cr_2O_7{}^{2-}$ を含む水溶液は，赤橙色である。

b ．誤文。酸化マンガン(Ⅳ) MnO_2 は，アルカリマンガン乾電池の正極活物質である。

c ．誤文。クロム酸イオン $CrO_4{}^{2-}$ を含む水溶液に鉛(Ⅱ)イオン Pb^{2+} を

加えると，黄色の $PbCrO_4$ の沈殿が生じる。

d．正文。クロム Cr は原子番号 24，マンガン Mn は原子番号 25 であり，それぞれの原子の電子配置は

　　　$_{24}Cr$：K殻―2個，L殻―8個，M殻―13個，N殻―1個
　　　$_{25}Mn$：K殻―2個，L殻―8個，M殻―13個，N殻―2個

であり，M 殻の電子はともに 13 個である。

e．誤文。マンガン（Ⅱ）イオン Mn^{2+} を含む塩基性の水溶液に硫化水素を通じると MnS の沈殿が生じる。

2． p-クレゾール C_7H_8O を酸素 O_2 によって酸化分解するときの化学反応式は次式で与えられる。

　　　$2C_7H_8O + 17O_2 \longrightarrow 14CO_2 + 8H_2O$

　したがって，1 mol の p-クレゾールと反応する O_2 の物質量は

$$\frac{17}{2} = 8.5 \text{〔mol〕}$$

3． 過マンガン酸イオン MnO_4^- を含む水溶液の色は赤紫色であり，下線部2）の操作終了後の溶液には未反応の過マンガン酸イオン MnO_4^- が存在しており赤紫色である。シュウ酸ナトリウム $Na_2C_2O_4$ は還元剤としてはたらき，滴定の終点直前の溶液はわずかに赤色を示し，終点で溶液は無色に変化する。したがって，終点前後での色の変化がわずかであり色の変化による終点の判別が難しい。

　なお，$KMnO_4$ は熱に対して不安定な物質であり，溶液を加熱すると $KMnO_4$ が分解されてしまう。したがって，試料を $KMnO_4$ で酸化した後，$Na_2C_2O_4$ を素早く加えて $KMnO_4$ の加熱による分解から生じる COD の値の誤差を小さくする目的もある。

4． ビュレットの内部が水でぬれているとき，そのまま $KMnO_4$ 水溶液を加えると，$KMnO_4$ 水溶液が薄くなり，正確に滴定が行えない。したがって，滴定に用いる $KMnO_4$ 水溶液でビュレット内部を数回洗ったのち，内部の水溶液が $KMnO_4$ 水溶液と濃度が等しくなってから滴定を行う。この操作を共洗いという。

5． $KMnO_4$ は次式のように酸化剤としてはたらく。

　　　$MnO_4^- + 8H^+ + 5e^- \longrightarrow Mn^{2+} + 4H_2O$

　また，シュウ酸ナトリウム $Na_2C_2O_4$ は弱酸の塩なので，硫酸酸性条件

では，シュウ酸 $H_2C_2O_4$ が遊離する。

$$Na_2C_2O_4 + H_2SO_4 \longrightarrow Na_2SO_4 + H_2C_2O_4$$

$H_2C_2O_4$ は次式のように還元剤としてはたらく。

$$H_2C_2O_4 \longrightarrow 2CO_2 + 2H^+ + 2e^-$$

ここで，実験に用いた $KMnO_4$ の総物質量は

$$5.00 \times 10^{-3} \times \frac{10 + 0.96}{1000} = 5.48 \times 10^{-5} \,\text{(mol)}$$

シュウ酸ナトリウム $Na_2C_2O_4$ の物質量は

$$1.25 \times 10^{-2} \times \frac{10}{1000} = 1.25 \times 10^{-4} \,\text{(mol)}$$

試料水中の p-クレゾール（還元剤）が放出した電子 e^- の物質量は

（$KMnO_4$ が受け取った電子の物質量）

$$- (H_2C_2O_4 \text{ が放出した電子の物質量})$$

より

$$5.48 \times 10^{-5} \times 5 - 1.25 \times 10^{-4} \times 2 = 2.40 \times 10^{-5} \,\text{(mol)}$$

COD では，試料水 1L 中の還元性物質を，$KMnO_4$ のかわりに O_2 を酸化剤として用いたときの O_2 の質量で表すので，試料水 10mL 中の p-クレゾールを酸化するために必要な O_2 の質量は

$$32 \times 2.4 \times 10^{-5} \times \frac{1}{4} \times 10^3 \times \frac{1000}{10} = 19.2 \doteqdot 19 \,\text{(mg/L)}$$

6. 1.00×10^{-4}mol/L の p-クレゾール水溶液 1L に含まれる p-クレゾールを酸化するために必要な O_2 の質量は

$$32 \times 1.00 \times 10^{-4} \times 8.5 \times 10^3 = 27.2 \,\text{(mg)}$$

したがって，この実験における分解率は

$$\frac{19.2}{27.2} \times 100 = 70.5 \doteqdot 71 \,\text{(\%)}$$

1 ― d

2. 炭素骨格は同じであり，炭素原子間の単結合と二重結合の位置も同じである。しかし，二重結合は単結合と異なり自由に回転できないために，互いにシス-トランス異性体の関係である。（3行以内）

3.ⅰ. B. CH₃−CH₂−CH−CH₂−CH₃　　　**G.** CH₃−CH=C−CH₃
　　　　　　　　　　｜　　　　　　　　　　　　　　　　｜
　　　　　　　　　　OH　　　　　　　　　　　　　　　CH₃

ⅱ. 2種類

ⅲ. CH₃−CH₂−CH−CH−CH₃
　　　　　　　　　｜　｜
　　　　　　　　　Br　Br

=============== 解　説 ===============

《立体異性体，C₅H₁₂O のアルコールの構造決定》

1・2. ゲラニオールとネロールは，炭素-炭素二重結合をもつ化合物であり，二重結合が自由に回転できないために，二重結合につく原子または原子団の立体的な構造が異なる異性体となる。このような異性体を互いにシス-トランス異性体（幾何異性体）という。

3.ⅰ. 実験1～4から得られる情報は次のようになる。

実験1：アルコールA，B，Cは酸化すると，いずれもケトンが得られたことより，A，B，Cはいずれも第二級アルコールである。

実験2：Aを分子内脱水して得られるアルケン（分子式 C₅H₁₀）のD，EではEが主生成物であり，シス-トランス異性体が存在する。

実験3：Bを分子内脱水するとEのみが得られる。

実験4：Cを分子内脱水するとアルケンF，Gが得られ，主生成物はGであり，F，Gともにシス-トランス異性体が存在しない。

　以上から，化合物A～Gについて，次のように決まる。

A. CH₃−CH₂−CH₂−CH−CH₃　⟶　**D.** CH₃−CH₂−CH₂−CH=CH₂
　　　　　　　　　　　｜
　　　　　　　　　　　OH

B. CH₃−CH₂−CH−CH₂−CH₃　⟶　**E.**（シス-トランス）
　　　　　　　　｜　　　　　　　　　　　CH₃−CH₂−CH=CH−CH₃
　　　　　　　　OH

　　　　　　　CH₃　　　　　　　　　　　　　　CH₃
　　　　　　　｜　　　　　　　　　　　　　　　｜
C. CH₃−CH−CH−CH₃　⟶　**F.** CH₂=CH−CH−CH₃
　　　　　　｜
　　　　　　OH　　　　　　　　　　　　　　　CH₃
　　　　　　　　　　　　　　　　　　　　　　｜
　　　　　　　　　　　　　　　G. CH₃−CH=C−CH₃

ⅱ. DとEにH₂を付加させるとブタン，FとGにH₂を付加させるとメチルプロパンが生成する。

$$CH_3-CH_2-CH_2-CH_2-CH_3$$
ブタン

$$CH_3-CH_2-\overset{\overset{\textstyle CH_3}{|}}{CH}-CH_3$$
メチルプロパン

ⅲ. D，E，F，GそれぞれをBr₂と反応させて得られる生成物は次のようになる。

D. $CH_3-CH_2-CH_2-CH=CH_2 \longrightarrow CH_3-CH_2-\overset{*}{C}H-\overset{*}{C}H-CH_3$
　　　　　　　　　　　　　　　　　　　　　　　　　　　　　| 　　|
　　　　　　　　　　　　　　　　　　　　　　　　　　　　　Br 　Br

E. $CH_3-CH_2-CH=CH-CH_3 \longrightarrow CH_3-CH_2-CH_2-\overset{*}{C}H-CH_2$
　　　　　　　　　　　　　　　　　　　　　　　　　　　　　　　| 　|
　　　　　　　　　　　　　　　　　　　　　　　　　　　　　　　Br 　Br

F. $CH_2=CH-\overset{\overset{\textstyle CH_3}{|}}{CH}-CH_3 \longrightarrow CH_2-\overset{*}{C}H-\overset{\overset{\textstyle CH_3}{|}}{CH}-CH_3$
　　　　　　　　　　　　　　　　　　　　　　　　| 　　|
　　　　　　　　　　　　　　　　　　　　　　　　Br 　Br

G. $CH_3-CH=\overset{\overset{\textstyle CH_3}{|}}{C}-CH_3 \longrightarrow CH_3-\overset{*}{C}H-\overset{\overset{\textstyle CH_3}{|}}{C}-CH_3$
　　　　　　　　　　　　　　　　　　　　　　　　　　| 　|
　　　　　　　　　　　　　　　　　　　　　　　　　　Br 　Br

以上から，不斉炭素原子（*C）を2つもつ化合物は

$$CH_3-CH_2-\overset{*}{C}H-\overset{*}{C}H-CH_3$$
　　　　　　　| 　　|
　　　　　　　Br 　Br

◀数　学　科▶

Ⅰ ◀化・生命理学科▶のⅠに同じ。

Ⅱ 1．◀化・生命理学科▶のⅡ．1に同じ。
　　2．◀化・生命理学科▶のⅡ．2に同じ。

3．◀化・生命理学科▶のⅡ．3に同じ。

4．◀化・生命理学科▶のⅡ．5に同じ。

5．◀化・生命理学科▶のⅡ．6に同じ。

Ⅲ ◀化・生命理学科▶のⅢに同じ。

講 評

　試験時間は75分。大問数は3題で，全体として基本〜標準問題が出題されており，時間的には余裕がある。また，論述問題では，実験操作などで注意する点や疑問に感じる点を問われており，化学への興味，関心を確認する良問であった。

　Ⅰ　元素の周期律と結合エネルギーに関する出題であり，標準的な問題であった。複数の反応熱を組み合わせて目的の反応熱を求める問題は煩雑なので，落ち着いて取り組みたい。

　Ⅱ　クロム，マンガンの性質と化学的酸素要求量（COD）に関する問題。クロム，マンガンの性質ではイオンや沈殿の色などを正確に覚えておく必要があった。また，CODについては，操作に関する論述問題が出題されている。各操作について，きちんと理解しておきたい。

　Ⅲ　脂肪族化合物の立体異性体と構造決定に関する問題。標準的な問題であるが，理由を説明する問題などには時間がかかったと思われる。また，アルコールの構造決定は，実験1〜4から得られる情報をきちんと整理することで解答できる。

生　物

Ⅰ　**解答**　　1 – d
　　　　2．**i** – b　**ii**．②– d　③– e　**iii** – e
3 – d
4．**i**．がく片　**ii**．ホメオティック突然変異
5．**イ**．DNAヘリカーゼ　**ロ**．リーディング鎖　**ハ**．ラギング鎖
二．岡崎フラグメント　**ホ**．DNAリガーゼ
6．**あ**．負（マイナス，－）　**い**．正（プラス，＋）　**う**．アガロース

========= 解説 =========

《小問6問》

1．a．誤文。B細胞やT細胞，好中球を含むすべての血球は骨髄で作られる。ひ臓は血球の破壊の場である。

b．誤文。1つのB細胞が作ることのできるB細胞受容体の可変部はH鎖，L鎖ともに1種類であるので，1つのB細胞は1種類のB細胞受容体しか持たない。

c．誤文。全てのB細胞は同じゲノムを持つが，B細胞受容体の遺伝子はH鎖遺伝子座とL鎖遺伝子座の2つの遺伝子座に存在する。これらの遺伝子座はB細胞に分化する際，それぞれ再編成され，多様化する。

e．誤文。1つの抗体は1つずつのH鎖とL鎖からできた抗原結合部位を2個持つ。

2．**i**．神経細胞は常にナトリウムポンプを稼働している。また，神経細胞には常に開いているカリウムチャネル（リークカリウムチャネル）も存在する。そのため，興奮していない神経細胞では，K^+ が細胞の中から外に移動するので，①のような静止電位と呼ばれる負の膜電位が存在する。

ii．①の静止電位が生じている状態から，②のような脱分極と③のような再分極が起こる一連の変化を活動電位という。②では電位依存性ナトリウムチャネルが，③では電位依存性カリウムチャネルがそれぞれ新たに開き，膜電位を変化させる。

3．a．誤文。大気中の N_2 はアゾトバクターや根粒菌などの窒素固定細

菌により，$NH_4{}^+$ に変換される。

b．誤文。土壌中の $NH_4{}^+$ を $NO_2{}^-$ に変換するのは亜硝酸菌である。硝酸菌は土壌中の $NO_2{}^-$ を $NO_3{}^-$ に変換する。

c．誤文。植物は $NO_3{}^-$ は吸収するが，$NO_2{}^-$ は吸収しない。植物は吸収した $NO_3{}^-$ を植物体内で $NH_4{}^+$ に還元し，アミノ酸の一種であるグルタミン合成に利用している。

e．誤文。$NH_4{}^+$ は植物体内でグルタミン酸と結合し，グルタミンが合成される。

f．誤文。脱窒素細菌のはたらきにより，$NO_3{}^-$ が N_2 になり，大気に戻される。

4．i．本来，領域2はAとBの2つのクラスの遺伝子が発現し，花弁を形成する。Bクラスの遺伝子の機能が完全に失われた場合，領域2はAクラス遺伝子のみを発現し，がく片を形成する。

1．i ― c　**ii** ― c　**iii** ― b　**iv** ― b
2．i．タンパク質A：a　タンパク質B：c
ii ― b

====== 解説 ======

《恒常性，タンパク質の分泌経路》

1．i．a．誤文。視床下部は間脳の一部である。

b．誤文。視床下部が体温低下を感知すると，交感神経を使って，皮膚の毛細血管の血流を抑制する。

d．誤文。脳下垂体後葉から分泌されるバソプレシンのはたらきは，集合管の水の透過性を高め，水の再吸収を促すことである。

ii．糖質コルチコイドのようなステロイドホルモンは細胞膜の透過性が高く，細胞内に受容体が存在する。他の選択肢のホルモンは細胞膜の透過性が低く，細胞膜上に受容体がある。

iv．b．誤文。アンモニアはタンパク質（アミノ酸）の分解で生じる。肝臓は全身の細胞で生じた毒性の高いアンモニアを，毒性の低い尿素に作りかえている。

2．i．一般に，細胞内で合成されたタンパク質は

　　　粗面小胞体→ゴルジ体→細胞膜

の経路を経て，エキソサイトーシスで細胞外へ放出される。また，輸送に
関わる因子の機能が失われれば，その因子が関わる場所より先に輸送でき
なくなり，輸送物の蓄積が起こる。これらのことを踏まえ，与えられた条
件①〜⑤を整理すると，タンパク質Xの輸送において，タンパク質A〜D
は以下のように関与していると考えられる。

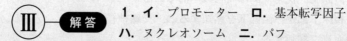

タンパク質Aのはたらきで，　　　　タンパク質Bのはたらきで，
粗面小胞体から放出される。　　　　ゴルジ体から放出される。

粗面小胞体 ├──輸送小胞──→ ゴルジ体 ├──分泌小胞──→ 細胞膜

　　　　　　タンパク質CまたはDの　　　　　タンパク質CまたはDの
　　　　　　はたらきで，ゴルジ体に　　　　　はたらきで，細胞外へ放
　　　　　　取り込まれる？　　　　　　　　　出される？

ii. タンパク質BとCの両方のはたらきを失うと，タンパク質Xがゴルジ
体に蓄積したことから，タンパク質BとCはタンパク質Xがゴルジ体に取
り込まれるまでの過程には関与していないと考えられる。タンパク質Cが
なくても，タンパク質Dがあれば，タンパク質Xはゴルジ体の中に取り込
まれていたので，タンパク質Dはタンパク質Xが含まれる小胞をゴルジ体
と融合させるはたらきを持つと考えられる。一方で，タンパク質Cはタン
パク質Xが含まれる小胞を細胞膜と融合させるはたらきを持つと考えられ
る。

Ⅲ　解答　**1. イ.** プロモーター　**ロ.** 基本転写因子
　　　　　　ハ. ヌクレオソーム　**ニ.** パフ
2. i—c　**ii**—b　**iii**—a　**iv**—c　**w**—e　**x**—d　**y**—d　**z**—d
3—g　**4**—1，3，4

=== 解説 ===

《真核生物の転写量調節》

2. リード文後半に示されている「遺伝子Xが転写されるためにはエンハ
ンサーのはたらきが必須である」，「エンハンサーとサイレンサーが同時に
はたらいた場合には転写は抑制される」，「領域1〜5は，エンハンサーま
たはサイレンサーのどちらかとして，表皮，神経，筋肉のいずれかの細胞
のみではたらく」の3点に注意する。

　E，Fの結果を比較すると，領域1〜4が欠失した条件下で領域5があ

れば筋肉細胞で転写が行われ，領域5がなければ筋肉細胞で転写が行われていないので，領域5は筋肉細胞ではたらくエンハンサーであると考えられる。次に，領域5が存在するA〜E，K〜Mのうち，B〜Eのみが筋肉細胞での転写が行われている。このことから，B〜Eで共通して欠失している領域1が，筋肉細胞ではたらくサイレンサーであると考えられる。

　残った領域2〜4は表皮細胞か神経細胞のエンハンサーかサイレンサーであると考えられる。神経細胞で転写が起きているH，I，Kには，いずれも領域2が存在し，領域4が欠失している。一方で，領域2が存在し，領域4も存在しているA，B，G，Lでは神経細胞での転写は起きていない。また，領域2が欠失しているC〜F，J，Mでも神経細胞で転写は起きていない。このことから，領域2は神経細胞ではたらくエンハンサーであり，領域4は神経細胞ではたらくサイレンサーであると考えられる。また，A〜Mのうち，表皮細胞で転写が起きているものは，いずれも領域3を含んでいるので，領域3は表皮細胞ではたらくエンハンサーであると考えられる。

3. 前問より，領域1は筋肉細胞で，領域4は神経細胞でそれぞれはたらくサイレンサーである。この2つが欠失すれば，神経細胞（領域2），表皮細胞（領域3），筋肉細胞（領域5）のエンハンサーのみが残るので，これらのすべての細胞で遺伝子Xの転写が起こる。

4. 筋肉細胞と神経細胞だけで遺伝子Xを転写させるには，それぞれではたらくエンハンサー（領域5，2）は存在するが，それぞれではたらくサイレンサー（領域1，4）は存在しない状態にする必要があるので，領域1，4を欠失させる。さらに，筋肉細胞と神経細胞だけで遺伝子Xを転写させるには，表皮細胞では遺伝子Xが転写されないようにする必要もあるので，表皮細胞のエンハンサーである領域3も欠失させる。

2024年度　2月6日　生物

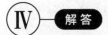

Ⅳ **1.** **イ.** 配偶子　**ロ.** 接合子　**ハ.** 花粉
二. 雄原細胞　**ホ.** 胚乳　**ヘ.** 重複受精
ト. クローン
2. **あ.** 3　**い.** 8　**3**−a
4. 減数分裂による様々な相同染色体の組み合わせが多様化させる。(30字以内)

2
0
2
4
年
度

2
月
6
日

生
物

5—a，e

━━━━━━━━━ **解 説** ━━━━━━━━━

《植物の生殖》

3. b．誤文。減数分裂において，染色体の複製は第一分裂前には行われている。

c．誤文。減数分裂において，二価染色体が赤道面に整列するのは第一分裂の中期である。

d．誤文。減数分裂において，相同染色体の乗換えがおきるのは，第一分裂の前期である。

e．誤文。減数分裂は2回の連続した分裂であるので，1個の母細胞から最終的に4個の娘細胞が生じる。

4. 減数分裂によって，2本ずつ存在した相同染色体の片方だけが配偶子に分配される。また，雌雄で作られた配偶子同士が合体して，異なる相同染色体の組み合わせができることにより，遺伝的な性質が多様化する。

5. a．誤文。無性生殖は植物などの多細胞生物でも行われる。植物が行う栄養生殖は無性生殖の一種である。

e．誤文。純系同士の交配であっても，配偶子形成とその合体で新個体が誕生するので，有性生殖である。

[**講 評**]

Ⅰ 2024年度も様々な分野から小問が出題され，解答量もほぼ例年通りであった。2023年度の10問から6問に小問数が減り，問題文の長さもかなり短くなったので，2023年度よりは解きやすかったであろう。

Ⅱ 1はほぼ生物基礎のみからの出題であった。2は基本的に丁寧に条件を整理すれば解ける問題であるが，合成されたタンパク質がどのような経路で分泌されるのかをきちんと理解していなければ，解くのは難しかっただろう。

Ⅲ 細胞ごとに転写が起きている条件と起きていない条件を整理すれば解決できる問題であるが，小問数の割に時間を要するので，時間配分に不安になったかもしれない。また，小問で誘導されることなく，全条件を考えるよう要求されているので，難しかっただろう。

Ⅳ 植物の生殖に関する基本的な問題であった。

それぞれの難易度はやや易〜標準であった。もし，順番通りに解いていたら，Ⅱの2やⅢで時間を取られ，解答時間が苦しかったかもしれないが，2023 年度よりも問題文の長さが短くなったこと，複雑な計算問題が出題されなかったことから，取りこぼしも少なく，高得点が狙えただろう。

理学部：2月9日実施分（一般入試）

問 題 編

▶試験科目・配点

学科	教科	科　　目	配　点
数	外国語	英語資格・検定試験のスコアまたは大学入学共通テスト「英語」を得点化	100点
	数　学	数学Ⅰ・Ⅱ・Ⅲ・A・B（数列，ベクトル）	200点
	理　科	「物理基礎，物理」，「化学基礎，化学」，「生物基礎，生物」のうちから1科目選択	100点
物理	外国語	英語資格・検定試験のスコアまたは大学入学共通テスト「英語」を得点化	100点
	数　学	数学Ⅰ・Ⅱ・Ⅲ・A・B（数列，ベクトル）	150点
	理　科	物理基礎，物理	150点
化	外国語	英語資格・検定試験のスコアまたは大学入学共通テスト「英語」を得点化	100点
	数　学	数学Ⅰ・Ⅱ・Ⅲ・A・B（数列，ベクトル）	100点
	理　科	化学基礎，化学	150点
生命理	外国語	英語資格・検定試験のスコアまたは大学入学共通テスト「英語」を得点化	100点
	数　学	数学Ⅰ・Ⅱ・Ⅲ・A・B（数列，ベクトル）	100点
	理　科	「物理基礎，物理」，「化学基礎，化学」，「生物基礎，生物」のうちから1科目選択	150点

▶**備　考**

• 「外国語」については，大学指定の英語資格・検定試験を利用すること
ができる。いずれの資格・検定試験にも最低スコア基準の設定はない。
複数の資格・検定試験のスコアを提出することも可能。また，大学入学
共通テストの「外国語（『英語』）」も利用できる。

数　学

◆数　学　科▶

（90分）

I. 下記の空欄ア～カにあてはまる数または式を解答用紙の所定欄に記入せよ。

（ i ） 条件 $a_1 = 2$，$a_{n+1} = 3a_n + 2$（$n = 1, 2, 3, \cdots$）によって定められる数列 $\{a_n\}$ の一般項は $a_n = \boxed{\text{ア}}$ である。また，$\{a_n\}$ の中で4で割り切れる項のうち3番目の項の値は $\boxed{\text{イ}}$ である。

（ ii ） $\log_2(x-1) + \log_2(x+1) + \log_{\sqrt{2}} x = 1$ を満たす実数 x を求めると，$x = \boxed{\text{ウ}}$ である。

（iii） 定積分 $\displaystyle\int_{-2}^{1} |e^{2x} - 1|\, dx$ の値は $\boxed{\text{エ}}$ である。

（iv） 赤玉3個，白玉5個の合計8個の玉が入っている袋がある。この袋から同時に3個の玉を取り出すとき，3個のうち少なくとも1個は赤玉であるという条件の下で，3個中2個が赤玉，1個が白玉である確率は $\boxed{\text{オ}}$ である。

（ v ） 20人の生徒に対して50点満点の試験を行った。試験問題は5問からなり，1問あたりの得点は0点か10点で部分点はない。試験結果は，0点が3人，10点が2人，20点が a 人，30点が b 人，40点が2人，50点が1人であった。ただし，a, b は0以上20以下の整数である。得点の中央値が25である場合，得点の平均値は $\boxed{\text{カ}}$ である。

Ⅱ. 四面体OABCにおいて，3つの線分OA，OB，OCの長さはすべて1であり，∠BOCは直角であるとする。線分ABを 2:1 に内分する点をD，線分ACを 2:1 に内分する点をEとして，線分CDと線分BEの交点をFとする。また，$\vec{a} = \overrightarrow{OA}$, $\vec{b} = \overrightarrow{OB}$，$\vec{c} = \overrightarrow{OC}$ とする。このとき，次の問(ⅰ)～(ⅴ)に答えよ。解答欄には，(ⅰ)については答えのみを，(ⅱ)～(ⅴ)については答えだけでなく途中経過も書くこと。

(ⅰ) 点Fは線分BEを $t:(1-t)$ に内分しているものとする。ただし $0 < t < 1$ である。このとき，以下の ア ， イ に t を用いた数式をそれぞれ記入せよ。

$$\overrightarrow{AF} = \boxed{\text{ア}}\ \overrightarrow{AB} + \boxed{\text{イ}}\ \overrightarrow{AE}$$

(ⅱ) 定数 x, y を用いて $\overrightarrow{AF} = x\overrightarrow{AB} + y\overrightarrow{AC}$ と表すとき，(ⅰ)の t，および x, y の値をそれぞれ求めよ。

(ⅲ) 定数 p, q, r を用いて $\overrightarrow{OF} = p\vec{a} + q\vec{b} + r\vec{c}$ と表すとき，p, q, r の値をそれぞれ求めよ。

(ⅳ) $\overrightarrow{OF}$ が平面ABCに垂直であるとき，内積 $\vec{a} \cdot \vec{b}$，$\vec{a} \cdot \vec{c}$ の値をそれぞれ求めよ。

(ⅴ) $\overrightarrow{OF}$ が平面ABCに垂直であるとき，線分AB，ACの長さをそれぞれ求めよ。

Ⅲ. 正の実数 x の関数 $f(x)$, $g(x)$ を，それぞれ

$$f(x) = x\log x, \qquad g(x) = \cos(x\log x)$$

で定める。ただし，e は自然対数の底であり，$2.7 < e < 2.8$ を満たす。また，円周率 π が $3 < \pi < 4$ であること，$\lim_{x\to+0} x\log x = 0$ であることは用いてもよい。このとき，次の問(ⅰ)〜(ⅵ)に答えよ。解答欄には，(ⅰ)〜(ⅳ)については答えのみを，(ⅴ)，(ⅵ)については答えだけでなく途中経過も書くこと。

(ⅰ)　$f(x)$ の導関数 $f'(x)$ を求め，$f(x)$ の増減表を書け。

(ⅱ)　$f(x)$ の最小値を求めよ。

(ⅲ)　$g(x)$ の導関数 $g'(x)$ を求めよ。

(ⅳ)　$0 < x \leqq e$ における $g(x)$ の増減表を書け。

(ⅴ)　$0 < x \leqq e$ における $g(x)$ の最大値を求めよ。

(ⅵ)　4つの実数 0, $g\left(\dfrac{1}{e}\right)$, $g(\sqrt{e})$, $g(e)$ を小さい順に左から並べよ。

Ⅳ. i を虚数単位とする。0 を原点とする複素数平面上の点 z $(z \neq -1)$ に対して，$w = \dfrac{z-1}{z+1}$ で表される点 w がある。このとき，次の問(ⅰ)〜(ⅴ)に答えよ。解答欄には，(ⅰ)，(ⅱ)については答えのみを，(ⅲ)〜(ⅴ)については答えだけでなく途中経過も書くこと。

(ⅰ)　$z = i$ のとき，w の実部，虚部をそれぞれ求めよ。

(ⅱ)　z を w の式で表せ。

(ⅲ)　点 z が 0 を中心とする半径 1 の円周上から点 -1 を除いた図形上を動くとき，点 w が描く図形を求めよ。

(ⅳ)　点 z が 0 を中心とする半径 2 の円周上を動くとき，点 w は中心 α，半径 r の円を描く。α, r をそれぞれ求めよ。

(ⅴ)　点 z が点 1 を通り虚軸に平行な直線上を動くとき，点 w の虚部の最大値，最小値，およびそれらを与える z をそれぞれ求めよ。

◆2024年度 2月9日 数学

◆物理・化・生命理学科▶

（75分）

Ⅰ.　◀数学科▶のⅠに同じ。

Ⅱ.　◀数学科▶のⅡに同じ。

Ⅲ.　◀数学科▶のⅢに同じ。

物 理

(75分)

I. 次の文を読み，文中の空所 $\boxed{あ}$ ～ $\boxed{え}$ にあてはまる数式を解答用紙の所定欄に
しるせ。

　図のように，自然長 L，ばね定数 k の質量を無視できるばねの一端に質量 m の小物
体Aを固定する。このばねの他端を固定し，小物体が水平面に対する傾き θ で摩擦の無
視できる充分に長い斜面上を，滑らかに運動できるようにする。図のように小物体Aに
接して斜面の上側に同じ質量 m の小物体Bを載せる。2つの小物体の静止時の位置を
座標原点に取り，x 軸を図のように斜面に沿って上向きに取る。重力加速度の大きさを
g とする。

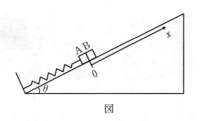

図

　小物体A，Bが静止しているとき，ばねの長さは $\boxed{あ}$ である。次に静止している小
物体A，Bに瞬間的な力を加えたところ，互いに接したまま初速 v_0 で斜面に沿って下向
きに動き出した。v_0 が充分に小さければ，小物体A，Bは一体となったまま単振動する。
小物体A，Bが最下端に来たときの小物体の位置の座標は $\boxed{い}$，この単振動の周期は
$\boxed{う}$ である。
　初速 v_0 がある値 v_1 より大きければ，小物体Bは小物体Aから離れて運動する。この
とき，$v_1 = \boxed{え}$ である。

II. 次の文を読み，下記の設問1〜3に答えよ。解答は解答用紙の所定欄にしるせ。ただし，重力加速度の大きさを g とする。

　図のように，断熱容器と滑らかに上下に動く軽いピストンで断熱容器内に理想気体が封じられている。ピストンの断面積を S とする。断熱容器外の気圧は P_0 である。断熱容器内には容器内部の気体を一様に加熱または冷却させることができる加熱冷却装置が備えられている。

　最初，容器内部の気体の圧力，温度，体積はそれぞれ P_0，T_0，V_0 であった。ピストンの上におもりを置いたところ，容器内部の気体の圧力，温度，体積はそれぞれ P_1，T_1，V_1 となった。このときの容器内部の気体の状態変化は断熱変化であったとすると，比熱比を γ として，$\dfrac{P_1}{P_0} = \boxed{あ}$，$\dfrac{T_1}{T_0} = \boxed{い}$，おもりの質量は $\boxed{う}$ である。

　その後，容器内部の気体の圧力を P_1 に保ったまま，加熱冷却装置を用いて温度を調節して T_0 に戻した。このときの容器内部の気体の体積を V_2 とすると，$\dfrac{V_2}{V_1} = \boxed{え}$ である。

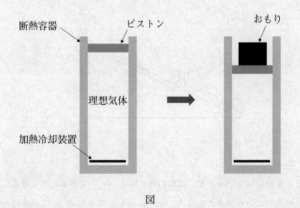

図

1．文中の空所 $\boxed{あ}$・$\boxed{い}$ にあてはまる数式を，V_0，V_1，γ の中から必要なものを用いてしるせ。

2．文中の空所 $\boxed{う}$ にあてはまる数式を，P_0，P_1，S，γ，g の中から必要なものを用いてしるせ。

3．文中の空所 $\boxed{え}$ にあてはまる数式を，T_0，T_1，γ の中から必要なものを用いてしるせ。

Ⅲ. 次の文を読み，下記の設問 1 〜 4 に答えよ。解答は解答用紙の所定欄にしるせ。ただし，電子の電荷と質量をそれぞれ $-e\ (e > 0)$，m とし，プランク定数を h とする。

　図のように，一定の強度の単色光を発生させることのできる光源を用いて発生した光を，仕事関数 W の金属製の電極Pの中心に照射した。光子1個あたりのエネルギーを E_{p} とし，$E_{\mathrm{p}} > W$ であるとする。電極Pと電極S1の間に電圧 V_0 の電源をつなぎ，光電効果により電極Pより発生した電子を電極S1まで加速した。電極S1に到達した時の電子の運動エネルギーの最大値 E_0 は　あ　である。

　電極S1の中心の小さな穴を通過した電子は，2枚の平行板電極に挟まれた領域に入る。電極S1と電極S2の中心を結んだ線と上と下の電極までの距離は L である。上と下の電極の電位はそれぞれ $+V_1$ と $-V_1$ となっており，2枚の電極の間（図中の灰色の部分）には紙面に垂直で表から裏向きに磁束密度の大きさ B_0 の一様な磁場がある。V_1 を　い　にしたところ，電極S1を通過した運動エネルギー E_0 の電子が電極S2の中心の穴を通過した。なお，電極Pの中心と，電極S1と電極S2にあいている穴は一直線上に並んでいて，電極の端と穴による電場の乱れは無視できるものとする。

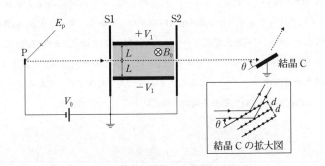

図

　次に，V_1 と B_0 をゼロにして，電極S2の中心の穴から運動エネルギー E_0 の電子が出てくる場合を考える。この電子が接地してある結晶Cの表面に入射した。結晶内では原子が規則正しく並んでいて，結晶面の間隔は d である。運動エネルギー E_0 の電子の持つ運動量の大きさは　う　であり，電子の物質波の波長（ド・ブロイ波長）は　え　である。結晶表面と電子の入射方向がなす角度 θ をゼロからだんだん大きくしていくと，$\sin\theta =$　お　のときに初めてブラッグの条件をみたした。

なお，全ての装置は真空中に設置されているものとする。

1. 文中の空所 あ にあてはまる数式を，e, m, h, E_p, W, V_0 の中から必要な
ものを用いてしるせ。
2. 文中の空欄 い にあてはまる数式を，e, m, h, E_0, B_0, L の中から必要な
ものを用いてしるせ。
3. 文中の空欄 う ・ え にあてはまる数式を，e, m, h, E_0 の中から必要
なものを用いてしるせ。
4. 文中の空欄 お にあてはまる数式を，e, m, h, E_0, d の中から必要なものを
用いてしるせ。

IV. 次の文を読み，文中の空所 イ 〜 チ にあてはまる 0 から 9 までの数値を解答用紙の所
定欄にマークせよ。

　図に示す回路がある。はじめ，コンデンサーは充電されておらず，スイッチ S_1 および
スイッチ S_2 は開いていた。最初にスイッチ S_1 を閉じた。その直後に 4.0 Ω の抵抗に流れ
た電流は イ . ロ A である。その後，充分時間がたってから，スイッチ S_2 を閉じた。
その直後にスイッチ S_1 に流れた電流は ハ . ニ A である。その後，充分時間がたってか
ら，スイッチ S_2 を開き，さらにスイッチ S_1 を開いた。スイッチ S_1 を開いた直後に 2.0 Ω
の抵抗に流れた電流は ホ . ヘ A である。その後，充分時間がたってからスイッチ S_2
を閉じた。その直後に 6.0 Ω の抵抗を流れた電流は ト . チ A である。

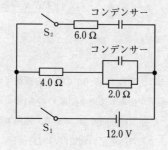

図

V. 次の文を読み，下記の設問1～6に答えよ。解答は解答用紙の所定欄にしるせ。

図のように，領域A（$0 \leqq x \leqq x_1$）で x 軸の正の向きに電場の大きさが E（$E > 0$）の一様な電場がかかっている。また，すべての領域で x 軸の正の向きに磁束密度の大きさが B（$B > 0$）の一様な磁場がかかっている。電荷が $-q$（$q > 0$），質量が m の粒子が時刻 $t = 0$ の時に原点にある。紙面に垂直で裏から表向きに z 軸を取り，粒子の位置を $\vec{r} = (x, y, z)$，速度を $\vec{v} = (v_x, v_y, v_z)$ とする。時刻 $t = 0$ における速度を $\vec{v_0} = (v_{0x}, v_{0y}, 0)$（$v_{0x} > 0$, $v_{0y} > 0$）とすると，v_{0x} が あ よりも小さいとき，粒子は $x = x_1$ に到達できずに，時刻 $t =$ い に $x = 0$ に戻ってくる。このときの粒子の yz 面への射影は半径 う の円運動をする。その角速度を ω とすると $\omega =$ え である。円運動の半径を R とすると，時刻 t（$0 \leqq t \leqq$ い ）における粒子の位置は

$$x = \boxed{お}, \quad y = \boxed{か}, \quad z = \boxed{き}$$

である。

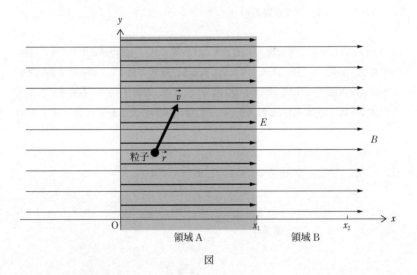

図

v_{0x} が あ よりも大きいとき，粒子は領域B（$x_1 < x$）に入る。このとき，領域Bでは，$v_x =$ く である。このときの v_x を v_{1x} とすると，粒子が x_1 から x_2（$x_1 < x_2$）まで移動するのに要する時間は け である。その間に粒子が描くらせん状の軌跡の長さは こ である。

1．文中の空所 あ にあてはまる数式を，E，B，q，m，v_{0y}，x_1 の中から必要なものを用いてしるせ。

2．文中の空所 い ～ え にあてはまる数式を，E，B，q，m，v_{0x}，v_{0y}，x_1 の中から必要なものを用いてしるせ。

3．文中の空所 お にあてはまる数式を，E，B，q，m，v_{0x}，v_{0y}，ω，t の中から必要なものを用いてしるせ。

4．文中の空所 か ・ き にあてはまる数式を，R，ω，t を用いてしるせ。

5．文中の空所 く にあてはまる数式を，E，B，q，m，v_{0x}，v_{0y}，ω，x_1 の中から必要なものを用いてしるせ。

6．文中の空所 け ・ こ にあてはまる数式を，v_{1x}，v_{0y}，x_1，x_2 を用いてしるせ。

VI.

次の文A～Cを読み，下記の設問1～4に答えよ。解答は解答用紙の所定欄にしるせ。ただし，音速を V とし，風の影響はないものとする。

A．図1のように一定の振動数 f_0 の音波を出す音源Sが，一定の速さで右向きに移動しており，ある点 P_1 を通過したときに出した音を，点 P_2 で静止している観測者が聞く。この時に観測者が受け取る音波の振動数を f' とする。音源Sが点 P_1 を通過するとき，その速度の P_1P_2 方向（音源と観測者を結ぶ方向）の成分の大きさを v（$v < V$）とする。

1．f' を f_0，V，v の中から必要なものを用いてしるせ。

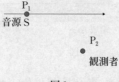

図1

B．図2のように一定の振動数 f_0 の音波を出す音源Sが，ある点Oの周りを周期 T，速さ v（$v < V$）で等速円運動している。この軌道面上で軌道より外側にいる観測者R

が，音源Sから来る音波の振動数を計測している。時刻 $t = 0$ の時に音源が発した音波を，観測者が受け取った際の振動数は f_0 であった。また，$t = \dfrac{T}{4}, \dfrac{T}{2}, \dfrac{3}{4}T$ の時に音源が発した音波を，観測者が受け取った際の振動数はそれぞれ f_1, f_2, f_3 であり，$f_1 > f_3$ であった。また，$t = \dfrac{T}{4}$ の時の音源Sの位置での∠SROを ϕ とする。

2．f_2 を，f_0, T, v, V, ϕ の中から必要なものを用いてしるせ。

3．f_3 を，f_0, T, v, V, ϕ の中から必要なものを用いてしるせ。

図2

C．図2に示した音源Sの軌道面が，図3のように傾いた。音源Sの軌道面の法線と直線ORのなす角を θ とする。時刻 $t = 0$ に音源が発した音波を，観測者が受け取った際の振動数は f_0 であった。また，$t = \dfrac{T}{4}, \dfrac{T}{2}, \dfrac{3}{4}T$ の時に音源が発した音波を，観測者が受け取った際の振動数はそれぞれ f_1', f_2', f_3' であり，$f_1' > f_3'$ であった。また，$t = \dfrac{T}{4}$ の時の音源Sの位置での∠SROを ϕ とする。

4．f_1' を，$f_0, T, v, V, \phi, \theta$ の中から必要なものを用いてしるせ。

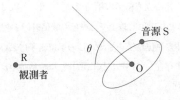

図3

化　学

問題を解くにあたって，必要ならば次の値を用いよ。

気体定数：　$R = 8.31 \times 10^3$ Pa・L/(K・mol)

ファラデー定数：　$F = 9.65 \times 10^4$ C/mol

原子量：　H＝1.0，O＝16.0，S＝32.0，Cu＝64，Ag＝108，Pb＝207

◀化・生命理学科▶

(75分)

Ⅰ. 次の文を読み，下記の設問1～5に答えよ。解答は，解答用紙の所定欄にしるせ。

　銅の単体は，赤みをおびた光沢をもつ金属で，展性，延性に富む。銅の結晶構造は，面心立方格子である。アルゴンは低温で結晶となり，その結晶構造は，面心立方格子と同等である。ただし，結晶中で原子同士を結び付けている力は，銅の場合は（　ア　）結合による結合力であるのに対し，アルゴンの場合は（　イ　）である。面心立方格子の結晶では，結晶中の各原子は（　ウ　）個の最隣接原子と結合している。結晶中で各原子が結合している最隣接原子の個数は，配位数と呼ばれる。配位数は，六方最密充塡構造の結晶の場合は（　エ　）であり，体心立方格子の結晶では（　オ　）である。

　銅は，空気中で酸化すると，1000 ℃以上では赤色の酸化銅(Ⅰ)を生成する。酸化銅(Ⅰ)の結晶は，図に示した立方体の単位格子をもつ。この単位格子において，O^{2-} は立方体の各頂点および立方体の中心に存在している。図に示した単位格子中に，Cu^+ は（　カ　）個，O^{2-} は（　キ　）個含まれる。

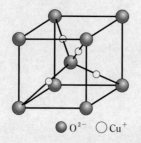

●O^{2-}　○Cu^+

　銅は希硫酸には溶けないが，<u>熱濃硫酸には気体を発生して溶け，硫酸銅(Ⅱ)を生成する。</u>硫酸銅(Ⅱ)の水溶液から結晶を析出させると，硫酸銅(Ⅱ)五水和物の結晶が得られる。硫酸銅(Ⅱ)の水に対する溶解度（溶媒100gに溶ける溶質の最大質量(g)の値）は，無水物として20℃で20である。よって，20℃において水100gに溶かすことができる硫酸銅(Ⅱ)五水和物の質量の最大値は，＜　A　＞gである。

1．文中の空所(ア)～(キ)それぞれにあてはまるもっとも適当な語句や数値をしるせ。

2．銅の結晶の密度 (g/cm³) を C_1，酸化銅(Ⅰ)の結晶の密度を C_2 とする。銅の結晶中の Cu－Cu の結合距離（原子の中心間の距離）を r_1，酸化銅(Ⅰ)の結晶中の Cu^+－O^{2-} 間の結合距離（イオンの中心間の距離）を r_2 とし，この設問に限り銅と酸素の原子量をそれぞれ M_1, M_2 として，C_1 の C_2 に対する比 ($\frac{C_1}{C_2}$) を r_1, r_2, M_1, M_2 で表せ。平方根（$\sqrt{2}$ など）は，そのまま用いてよい。

3．下線部の反応により，1.6gの銅が完全に溶解したとき，発生した気体の，①27℃，1.0×10^5 Pa における体積 (L)，および②質量 (g) を，それぞれ有効数字2桁でしるせ。

4．文中の空所〈A〉にあてはまる数値を，有効数字2桁でしるせ。

5．濃度が未知の硫酸銅(Ⅱ)水溶液があるとき，そのモル濃度 (mol/L) を求める方法を考案し，その方法について5行以内で説明せよ。

Ⅱ. 次の文を読み，下記の設問1〜5に答えよ。解答は解答用紙の所定欄にしるせ。

　酸化還元反応を利用して化学エネルギーを電気エネルギーに変換する装置を電池という。2種類の金属を電極として用いる場合，イオン化傾向の（　ア　）金属が負極となる。電極間の電位差の最大値を（　イ　）という。

　電池のうち，充電できない電池は一次電池とよばれる。例としてマンガン乾電池やアルカリマンガン乾電池が挙げられ，いずれも亜鉛を負極活物質に用いている。一方，充電できる電池は二次電池とよばれ，その代表例である鉛蓄電池は，希硫酸に鉛と酸化鉛(Ⅳ)を浸した構造をしている。これが放電するとき，希硫酸の濃度は（　ウ　）する。

1. 文中の空所(ア)〜(ウ)それぞれにあてはまるもっとも適当な語句をしるせ。

2. 文中の下線部1)に関して，亜鉛に関する次のa〜dの記述のうち，正しいものを1つ選び，その記号をマークせよ。
　a. 鉄に亜鉛をメッキしたものはブリキとよばれる。
　b. 水酸化亜鉛は過剰のアンモニア水に溶ける。
　c. 酸化亜鉛の粉末は黒色である。
　d. 亜鉛イオンを含む水溶液に塩基性で硫化水素水を加えると黒色沈殿を生じる。

3. 文中の下線部2)に関して，次の問ⅰ・ⅱに答えよ。
　ⅰ. 放電時に負極と正極で起こる反応の電子e^-を含む反応式をそれぞれしるせ。
　ⅱ. なぜ鉛蓄電池は二次電池として利用できるのか，ⅰ.の反応式を踏まえて2行以内で説明せよ。

4. 文中の下線部3)に関して，鉛蓄電池を電流値5.0 Aで9分39秒放電した。これに伴う負極および正極の質量変化を，次の例にならって有効数字2桁でそれぞれ求めよ。
　（例）5.0 g 増加する，2.5 g 減少する

5. 鉛蓄電池と白金電極を用いて硝酸銀水溶液の電気分解を行った。電気分解後に2.70 gの銀が析出したとき，電気分解後の鉛蓄電池の希硫酸の質量パーセント濃度を有効数字3桁で求めよ。計算過程もしるせ。放電前の希硫酸の質量パーセント濃度を30.0 %，質量を50.0 gとする。

Ⅲ. 6個の炭素原子からなる環式炭化水素A，B，Cがある。A，B，Cいずれにおいても，6個の炭素原子は環状に結合し，炭素－炭素二重結合は連続しないものとする。Aでは分子内のすべての原子が同一平面上に存在する。Bでは分子内に炭素－炭素二重結合が1つ，Cでは分子内に炭素－炭素二重結合が2つ存在する。次の実験1から実験5に関する記述を読み，下記の設問1〜5に答えよ。解答は解答用紙の所定欄にしるせ。

実験1．Aに塩化鉄(Ⅲ)の無水物を用いて塩素を作用させると（　ア　）反応が起こり，Dが得られた。

実験2．Aに紫外線を当てながら塩素を作用させると（　イ　）反応が起こり，Eが得られた。

実験3．Bに過マンガン酸カリウム水溶液を酸性条件で作用させると，式1のような酸化反応が起こり，カルボン酸Fが得られた。

実験4．Fとヘキサメチレンジアミンの混合物を加熱すると（　ウ　）重合が起こり，（　エ　）とよばれる合成繊維が得られた。

実験5．1molのCに過マンガン酸カリウム水溶液を酸性条件で作用させ，式1のような酸化反応が完全に進行すると，2molのカルボン酸Gが得られた。

$$
\begin{array}{c}
R^1 \quad\quad R^2 \\
C = C \\
H \quad\quad H
\end{array}
\xrightarrow[\text{酸性条件}]{\text{KMnO}_4}
\begin{array}{c}
R^1 \\
C = O \\
HO
\end{array}
+
\begin{array}{c}
R^2 \\
O = C \\
OH
\end{array}
\quad (式1)
$$

1．文中の空所（ア）〜（ウ）それぞれにあてはまる語句の組み合わせとして，もっとも適当なものを，次のa〜hから選び，その記号をしるせ。

　　a．（ア）付加　（イ）付加　（ウ）縮合
　　b．（ア）付加　（イ）置換　（ウ）縮合
　　c．（ア）置換　（イ）付加　（ウ）縮合
　　d．（ア）置換　（イ）置換　（ウ）縮合
　　e．（ア）付加　（イ）付加　（ウ）付加
　　f．（ア）付加　（イ）置換　（ウ）付加
　　g．（ア）置換　（イ）付加　（ウ）付加
　　h．（ア）置換　（イ）置換　（ウ）付加

2．文中の空所(エ)にあてはまるもっとも適当な語句をしるせ。

3．Dに高温・高圧条件で水酸化ナトリウム水溶液を作用させて得られる化合物は何か。
その構造式を例にならってしるせ。

4．1分子のEに含まれる塩素原子の数を答えよ。

5．FとGの構造式を例にならってしるせ。

(例)

$$CH_3-CH(CH_3)-C(=O)-CH_2-CH_3$$

◀数 学 科▶

(75分)

Ⅰ. 次の文を読み，下記の設問1〜5に答えよ。解答は，解答用紙の所定欄にしるせ。

　銅の単体は，赤みをおびた光沢をもつ金属で，展性，延性に富む。銅の結晶構造は，面心立方格子である。アルゴンは低温で結晶となり，その結晶構造は，面心立方格子と同等である。ただし，結晶中で原子同士を結び付けている力は，銅の場合は（　ア　）結合による結合力であるのに対し，アルゴンの場合は（　イ　）である。面心立方格子の結晶では，結晶中の各原子は（　ウ　）個の最隣接原子と結合している。

　銅は，空気中で酸化すると，1000℃以上では赤色の酸化銅(Ⅰ)を生成する。酸化銅(Ⅰ)の結晶は，図に示した立方体の単位格子をもつ。この単位格子において，O^{2-} は立方体の各頂点および立方体の中心に存在している。図に示した単位格子中に，Cu^+ は（　エ　）個，O^{2-} は（　オ　）個含まれる。

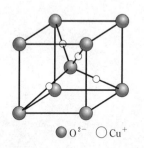

　　　　　　　●O^{2-}　○Cu^+

　銅は希硫酸には溶けないが，熱濃硫酸には気体を発生して溶け，硫酸銅(Ⅱ)を生成する。硫酸銅(Ⅱ)の水溶液から結晶を析出させると，硫酸銅(Ⅱ)五水和物の結晶が得られる。硫酸銅(Ⅱ)の水に対する溶解度（溶媒100gに溶ける溶質の最大質量(g)の値）は，無水物として20℃で20である。よって，20℃において水100gに溶かすことができる硫酸銅(Ⅱ)五水和物の質量の最大値は，＜　A　＞gである。

1. 文中の空所(ア)〜(オ)それぞれにあてはまるもっとも適当な語句や数値をしるせ。

2．銅の結晶の密度（g/cm^3）を C_1，酸化銅（Ⅰ）の結晶の密度を C_2 とする。銅の結晶中の Cu − Cu の結合距離（原子の中心間の距離）を r_1，酸化銅（Ⅰ）の結晶中の $Cu^+ − O^{2-}$ 間の結合距離（イオンの中心間の距離）を r_2 とし，この設問に限り銅と酸素の原子量をそれぞれ M_1，M_2 として，C_1 の C_2 に対する比 $\left(\dfrac{C_1}{C_2}\right)$ を r_1，r_2，M_1，M_2 で表せ。平方根（$\sqrt{2}$ など）は，そのまま用いてよい。

3．下線部の反応により，1.6 g の銅が完全に溶解したとき，発生した気体の，① 27 ℃，1.0×10^5 Pa における体積（L），および②質量（g）を，それぞれ有効数字 2 桁でしるせ。

4．文中の空所〈A〉にあてはまる数値を，有効数字 2 桁でしるせ。

5．濃度が未知の硫酸銅（Ⅱ）水溶液があるとき，そのモル濃度（mol/L）を求める方法を考案し，その方法について 5 行以内で説明せよ。

Ⅱ．◀化・生命理学科▶のⅡに同じ。

Ⅲ．◀化・生命理学科▶のⅢに同じ。

生　物

（75 分）

Ⅰ．下記の設問 1 ～ 6 に答えよ。解答は解答用紙の所定欄にしるせ。

1．動物細胞は，隣の細胞または基底層と結合している。このような結合を細胞接着とい
い，生物体内の組織形成，発育，機能維持に重要である。細胞接着の種類は，密着結合，
固定結合，ギャップ結合に大きく分類することができる。細胞接着に関する次の問 ⅰ・ⅱ
に答えよ。

ⅰ．密着結合とギャップ結合の説明文としてもっとも適当なものを，次の a ～ e からそ
れぞれ 1 つずつ選び，その記号をマークせよ。

　a．隣り合った細胞の細胞膜がタンパク質によって切れ目なく結合したもので，細胞
同士の強固な結合の形成に関与する。

　b．結合部位を介して細胞内の小胞同士をつなぎ合わせる結合で，主に物質の輸送に
関与する。

　c．細胞分裂時に一時的に形成される結合で，細胞質分裂に関与する。

　d．血液中の細胞で見られる細胞間の結合で，免疫応答に関与する。

　e．細胞間の物質の直接の移動を可能にする結合で，隣同士の細胞の情報伝達に関与
する。

ⅱ．接着結合は固定結合の 1 つであるが，この結合に関係するものを，次の a ～ e から
2 つ選び，その記号をしるせ。

　a．カドヘリン　　　　　b．インテグリン　　　　c．アクチンフィラメント

　d．微小管　　　　　　e．中間径フィラメント

2．ある遺伝子産物Xを
緑色蛍光タンパク質の
GFPと融合させて動物
細胞で発現させるための
プラスミドを作成する方
法を図に示した。

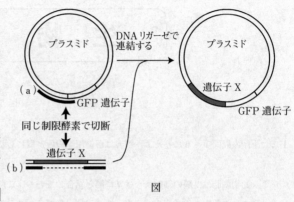

図

図中の(a)の太い実線
の部分のプラスミドの塩
基配列は次の通りであ
る。枠をつけた ATG
GTG はGFPのアミノ酸を指定している。

（a）

```
5′-GAG CTC AAG CTT CGA ATT CTG CAG TCG ACG GTA CCG CGG GCC CGG GAT
3′-CTC GAG TTC GAA GCT TAA GAC GTC AGC TGC CAT GGC GCC CGG GCC CTA
```

```
                    *
CCA CCG GTC ATG GTG - 3′
GGT GGC CAG TAC CAC - 5′
```

（注）　＊はGFPの開始コドンを示す。

図中の遺伝子Xを含むDNA断片は，遺伝子Xの開始コドンの前に制限酵素の
*Hind*Ⅲで切断される塩基配列を，遺伝子Xの終止コドンの代わりに制限酵素の
*Bam*HⅠ，*Eco*RⅠ，*Kpn*Ⅰで切断される塩基を追加したものである。図中の(b)の太
い実線の部分の塩基配列は次の通りである。途中の塩基配列は点線で示した。なお，枠
をつけた3個の塩基は遺伝子Xのコドンである。

（b）

```
               #
5′-AGC AAG CTT ATG ACC ATG ATT ····TGT CAA AAA GAA TTC GGG TAC CAG
3′-TCG TTC GAA TAC TGG TAC TAA ····ACA GTT TTT CTT AAG CCC ATG GTC
```

```
GAT CCT GTC GAC TGC - 3′
CTA GGA CAG CTG ACG - 5′
```

（注）　＃は遺伝子Xの開始コドンを示す。

次のa〜dのうち2種類の制限酵素を使い，プラスミドと遺伝子Xを含むDNA断片
を切断した。その後，DNAリガーゼによってDNA断片どうしを連結させて作られた
プラスミドを細胞に導入した。すると，遺伝子Xから作られるタンパク質とGFPが融
合したタンパク質が検出された。このとき用いた制限酵素を，a〜dから2つ選び，そ
の記号をしるせ。ただし，それぞれの制限酵素で切れる場所は図中の(a)と(b)の太い
実線部分以外にはないとする。なお，それぞれの制限酵素が認識し，切断する塩基配列
は次の通りである。線で示したところで切断される。

```
a. BamHI      5'-G GATCC-3'
              3'-CCTAG G-5'

b. EcoRI      5'-G AATTC-3'
              3'-CTTAA G-5'

c. HindⅢ      5'-A AGCTT-3'
              3'-TTCGA A-5'

d. KpnI       5'-GGTAC C-3'
              3'-C CATGG-5'
```

3．染色体の数は生物によって異なる。スギゴケは $2n = 14$，イヌワラビは $2n = 80$，イチョウは $2n = 24$ の染色体を持つ。次の a ～ c それぞれの細胞の G_1 期における染色体数をしるせ。

　　a．スギゴケの胞子体　　　b．イヌワラビの前葉体　　　c．イチョウの胚

4．ある植物の種子の色は，対立遺伝子 A と a で決まり，遺伝子型 AA, Aa, aa の種子の色はそれぞれ，紫色，薄紫色，白色となる。ハーディ・ワインベルグの法則が成り立つ 1000 個体の集団において，それぞれの色の種子の数は理想的にはどうなるか。表の空所(イ)・(ロ)それぞれにあてはまる数字をしるせ。

種子の色	紫色	薄紫色	白色
個体数	(イ)	(ロ)	160

表

5．酵素に関する記述として適当なものを，次の a ～ e からすべて選び，その記号をしるせ。

　　a．酵素は一般的に酸性条件下で最もはたらくものが多い。

　　b．一般的に酵素は基質と活性部位で結合して，酵素–基質複合体を形成する。

　　c．酵素の活性部位以外に特定の分子が結合して活性が調節されることがある。

　　d．酵素は触媒する化学反応の活性化エネルギーを増大させることで，反応速度を速めている。

　　e．酵素の反応速度は酵素と基質分子との衝突に依存するので，0℃，40℃，80℃の条件では，一般的に 80℃において最も反応速度が速まる。

6．次の文の空所(イ)～(ホ)それぞれにあてはまるもっとも適当な語句をしるせ。

　　ヒトの網膜には，光を敏感に感じる視細胞が並んでいる。視細胞には，色覚に関与する（　イ　）細胞と，色覚に関与しない（　ロ　）細胞がある。（　イ　）細胞には，3種類あり，それぞれ異なる範囲の波長にもっとも反応する視物質を持っている。このような視物質を（　ハ　）と呼ぶ。一方，（　ロ　）細胞の視物質は特に（　ニ　）と呼ばれる。光が当たると，視物質に含まれる（　ホ　）が構造変化を起こすことで，視細胞は光を感知することができる。

Ⅱ.　次の文を読み，下記の設問1～7に答えよ。解答は解答用紙の所定欄にしるせ。

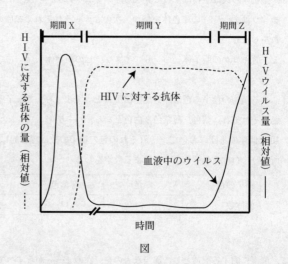

図

　　ヒト免疫不全ウイルス（HIV）感染後の血液中のHIVに対する抗体量とHIVウイルス量の時間経過にともなう変化を図に示した。期間Xの感染初期では，HIVのウイルス量は急激に上昇するが，生体に備わる生体防御によってウイルス量は急速に低下する。しかし，完全に除去できずに一部のウイルスが生体に残ってしまう。期間Xの終わりから期間Yにかけて，HIVに対する抗体が上昇し，期間Yの間は高い抗体量を示す。期間ZではHIVウイルス量が再び上昇し，生体に重篤な影響をおよぼす。

　　次に，ウイルス感染に対する生体の防御を調べるために，系統Ⅰと系統Ⅱのマウスを使って，次のような実験を行った。なお，この実験では一般的なウイルスAを使用した。また，同じ系統のマウスは同じMHC分子を持っている。

【実験1】
　　系統Ⅰマウスと系統ⅡマウスにウイルスAを感染させた後，このマウスからからウイルスAと反応するキラーT細胞（系統ⅠからはT細胞Ⅰ^V，系統ⅡからはT細胞Ⅱ^V）と

ウイルス A と反応する抗体(系統 I からは抗体 I^V,系統 II からは抗体 II^V)を得た。

【実験 2】

系統 I と系統 II のマウスで,ウイルス A を感染させていないマウスと,ウイルス A を感染させたマウスからそれぞれ細胞を単離した。系統 I マウス,系統 II マウス,ウイルス A 感染の系統 I マウス,ウイルス A 感染の系統 II マウスから得た細胞を,それぞれ細胞 I^{V-},細胞 II^{V-},細胞 I^{V+},細胞 II^{V+} とする。

【実験 3】

実験 1 で得られた T 細胞 I^V と実験 2 で得られた細胞 I^{V-},細胞 II^{V-},細胞 I^{V+},細胞 II^{V+} をそれぞれ一緒にして培養したところ,T 細胞 I^V は細胞 I^{V+} だけを攻撃した。

1. HIV 感染後の血液中の i)すべてのヘルパー T 細胞の数の経時的変化(グラフ中の太い実線)と ii)HIV と反応するキラー T 細胞の数の経時的変化(グラフ中の太い実線)を表すグラフとしてもっとも適当なものを,次のグラフ a 〜 d からそれぞれ 1 つずつ選び,その記号をマークせよ。

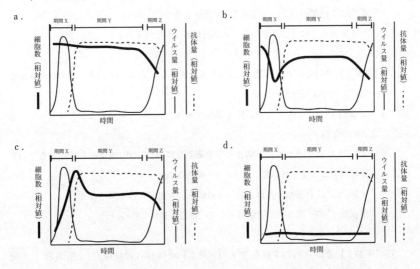

2. 図で示した期間 X において,HIV に感染した細胞が除去されるため血液中のウイルス量が急速に低下する。期間 X で HIV 感染細胞の除去にもっとも効果的な細胞を,次

のa～eから1つ選び，その記号をマークせよ。

- a．マクロファージ
- b．好中球
- c．樹状細胞
- d．NK細胞（ナチュラルキラー細胞）
- e．マスト細胞

3．図で示した期間Xにおいて，HIVに対する適応（獲得）免疫を開始させるための抗
原提示を行う上でもっとも重要である細胞を，次のa～eから1つ選び，その記号をマ
ークせよ。

- a．マクロファージ
- b．好中球
- c．樹状細胞
- d．NK細胞（ナチュラルキラー細胞）
- e．マスト細胞

4．図の期間Xにおいて，細胞はToll様受容体などのパターン認識受容体でHIVなどの
病原体を異物として認識する。パターン認識受容体に関する記述として正しいものを，
次のa～dから1つ選び，その記号をマークせよ。

- a．パターン認識受容体は病原体の成分と結合する。
- b．全てのパターン認識受容体は細胞表面にある。
- c．細胞は1種類のパターン認識受容体だけを持つ。
- d．サイトカインの受容体はパターン認識受容体の1つである。

5．【実験1】で得られたT細胞I^vに関する記述として正しいものを，次のa～dから
1つ選び，その記号をマークせよ。

- a．T細胞I^vはウイルスAが直接T細胞受容体（TCR）と結合したことによって活性
 化された細胞である。
- b．T細胞I^vはウイルスAと結合するT細胞受容体（TCR）を1個の細胞あたり複数
 の種類持つことで，効率的にウイルスの排除を行う。
- c．T細胞I^vはB細胞が抗体を産生する細胞に分化するのを助ける。
- d．T細胞I^vの一部は記憶細胞（メモリー細胞）として残る。

6．【実験1】で得られたT細胞II^vと【実験2】で得られた細胞I^{v-}，細胞II^{v-}，細胞
I^{v+}，細胞II^{v+}をそれぞれ一緒にして培養した時，T細胞II^vが攻撃する細胞は，次のa
～dのどの細胞か。攻撃される細胞を1つ選び，その記号をマークせよ。

- a．細胞I^{v-}
- b．細胞II^{v-}
- c．細胞I^{v+}
- d．細胞II^{v+}

7. 胸腺のないマウス（ヌードマウス）にウイルスAを感染させた。この時に，ウイルスAと反応するキラーT細胞数とウイルスAに対する抗体量は，【実験1】で得られた結果と比較して，どのように変わるか。もっとも適当なものを，次のa～iから1つ選び，その記号をマークせよ。

a. キラーT細胞数は変化しなかった。抗体量も変化しなかった。

b. キラーT細胞数は変化しなかった。抗体量は著しく増加した。

c. キラーT細胞数は変化しなかった。抗体量は少なく，検出不可能であった。

d. キラーT細胞数は著しく増加した。抗体量は変化しなかった。

e. キラーT細胞数は著しく増加した。抗体量も著しく増加した。

f. キラーT細胞数は著しく増加した。抗体量は少なく，検出不可能であった。

g. キラーT細胞数は少なく，検出不可能であった。抗体量は変化しなかった。

h. キラーT細胞数は少なく，検出不可能であった。抗体量は著しく増加した。

i. キラーT細胞数は少なく，検出不可能であった。抗体量も少なく，検出不可能であった。

III. 次の文を読み，下記の設問1～6に答えよ。解答は解答用紙の所定欄にしるせ。

葉緑体は植物の細胞質に存在する，通常，直径（ イ ）の円盤状の細胞小器官である。葉緑体では光エネルギーを用いて CO_2 と H_2O から有機物が合成される。その過程は，葉緑体内の（ ロ ）における光が直接関係する過程と，葉緑体内の（ ハ ）における光が直接関係しない過程に分けられる。

（ ロ ）膜に存在する光合成色素は，光エネルギーを吸収して活性化される。光化学系IIで H_2O から電子が引き抜かれ，O_2 が発生する。光化学系Iでは電子は受容体に伝達され，[①] が生成される。一方，電子の移動とともに，H^+ は（ ハ ）側から（ ロ ）の内部に運ばれ，生じた H^+ の濃度勾配を利用して ATP が産生される。このような反応を（ ニ ）という。

被子植物では，（ ホ ）を通じて取り込んだ CO_2 は（ ハ ）で炭素数< a >の化合物であるリブロースビスリン酸と反応し，炭素数< b >の化合物である（ ヘ ）が2分子できる。この反応は，ルビスコと呼ばれる酵素によって触媒される。（ ヘ ）は ATP のエネルギーと [①] の還元作用によって，（ ト ）となる。（ ト ）の多くはいくつかの反応を経てリブロースビスリン酸へともどるため，反応が回路状になっている。この反応経路を発見した科学者の名前に由来し，（ チ ）回路と

呼ばれる。（　ト　）の一部は（　チ　）回路から離れ，スクロース，デンプンなどの有機物合成に用いられる。このように，取り込んだCO_2を固定し，最初に炭素数＜　b　＞の化合物を作る植物は，C＜　b　＞植物と呼ばれている。一方で，ある環境に適応した植物の中にはCO_2を固定する別のしくみをもつものが知られている。[2] そのうちの1つはCO_2を炭素数＜　c　＞の化合物として細胞内で変化させることから，C＜　c　＞植物と呼ばれる。植物は環境に適応して効率よく光合成を行っている。

1．文中の空所（イ）にあてはまるものを，次のa〜eから1つ選び，その記号をマークせよ。

　　a．5〜10 nm　　　　　　　　　b．50〜100 nm

　　c．5〜10 μm　　　　　　　　　d．50〜100 μm

　　e．5〜10 mm

2．文中の空所（ロ）〜（チ）それぞれにあてはまるもっとも適当な語句をしるせ。

3．文中の空所[①]にあてはまるもっとも適当な分子を，次のa〜fから1つ選び，その記号をマークせよ。

　　a．FAD　　　　　　　　　　　　b．$FADH_2$

　　c．$NADP^+$　　　　　　　　　　d．NADPH

　　e．NAD^+　　　　　　　　　　f．NADH

4．文中の空所〈a〉〜〈c〉それぞれにあてはまる数字をしるせ。

5．次の文を読んで，下記の問i・iiに答えよ。

　　問題文の下線部　　1）には複数の種類があり，植物種によってその種類と量が異なる場合がある。光合成色素はクロマトグラフィーという方法で分離することができる。図1は4種類の植物の光合成色素をクロマトグラフィーで分離した結果である。4種類の植物をすりつぶした後，ジエチルエーテルを加えて色素抽出液を作製する。この抽出液を薄層プレート（以後，プレートと示す）の下端側に引いた線上につけて原点とする。このプレートを下端側から石油エーテルとトルエンからなる展開液に浸し，展開液がプレートの薄層上を上端近くに達するまで展開させる。光合成色素は展開液の移動とともに上端側へと移動するが，光合成色素の種類によって固有の移動度を示す。その移動度の違いを利用して光合成色素を同定することができる。プレート1〜4ではそれぞれ植物A（プレート1），植物B（プレート2），植物C（プレート3），植物D（プレート

４）を試料として用いた。

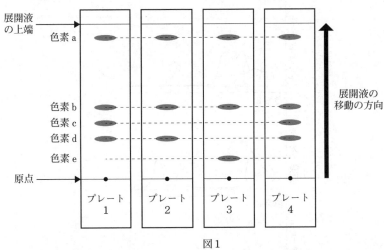

図1

i．色素 a と色素 b はプレート 1 〜 4 のいずれの植物にも含まれており，それぞれオレンジ色と青緑色であった。色素 b としてもっとも適当な名称をしるせ。

ii．図 2 は植物 A の色素 a 〜 c のそれぞれの吸収スペクトルと光合成の作用スペクトルを示したものである。赤色光（波長が 680 nm 付近の光）を照射した際に，もっとも光合成に有効な色素を a 〜 c から 1 つ選び，その記号をマークせよ。

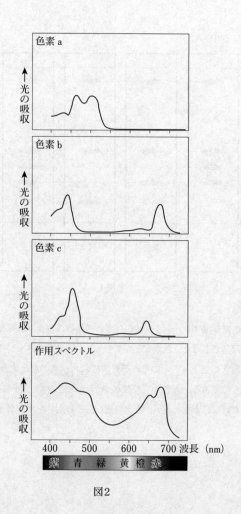

図2

6. 問題文の下線部＿＿2)のように植物は様々な環境に適応している。図3は植物E・F
を異なる光（白色光）の強さ，温度で育てた場合の時間あたりの光合成速度を示したグ
ラフである。この時，変化させた条件以外の栽培条件は同じである。これらの結果から
植物Eは植物Fと比較して，どのような環境に適応していると考えられるか，20字以
内でしるせ。

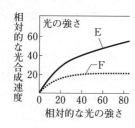
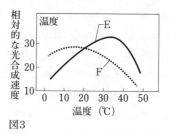

図3

Ⅳ. 次の文を読み，下記の設問1～4に答えよ。解答は解答用紙の所定欄にしるせ。

　ショウジョウバエの成虫の翅（図1a）は，幼虫内にある翅原基（図1b）とよばれる組織から発生する。翅には，前後方向にそれぞれ異なる翅脈（L2～L5，図1a）が作られるが，その運命は翅原基の時期に決定される。前後方向に異なる翅脈の運命が順番通りに決定されるためには，L4の翅脈になる予定領域（L4，図1b）に沿って帯状（斜線部分）に発現する分泌性のシグナルタンパク質Aが重要な役割を果たす。例えば，タンパク質AをL5の翅脈の後方（図1dの灰色の点線部分）で強制的にはたらかせると，そこから発生した翅ではタンパク質Aをはたらかせた部分を中心に新たな翅脈が形成される（図1c）。このような分泌性シグナルタンパク質は，細胞の表面にある受容体を介して細胞内に情報を伝える。

　分泌性シグナルタンパク質が組織内に秩序よく運命を決定する方法には，おもに「濃度勾配方式」（図2a）と「リレー方式」（図2b）の2つが考えられている。図2では，図1bの四角で囲んだ領域iの断面図を模式的に示した。四角は個々の細胞を表し，タンパク質Aを発現している細胞を#1，そこから離れるにしたがって#2，#3，#4，#5，#6という順番で番号をつけた。<u>タンパク質Aが正常に発現すると，#2，#3，#4，#5，#6の細胞は，それぞれⅠ，Ⅱ，Ⅲ，Ⅳ，Ⅴの運命に決定された。タンパク質Aの発現を抑制すると，#1～#6のすべて細胞は，Ⅴの運命になった。</u>タンパク質Aは受容体Rを介して，受容体を発現している細胞内に情報を伝え，細胞の運命決定に関与する。ただし，タンパク質Aを発現する細胞の運命は常にXになるものとする。

【濃度勾配方式】（図2a）
#1の細胞から分泌されたタンパク質Aが翅原基内を拡散し，#1から#6に向かって濃度がうすくなるような勾配をもって分布する。細胞外のタンパク質Aの濃度に応じた強さのシグナルが細胞内に伝えられる。最も強いシグナルは，Ⅰの運命を誘導し，徐々にシグ

ナル強度が低くなるにしたがって，Ⅱ，Ⅲ，Ⅳの運命が誘導される。細胞内にシグナルが
伝えられなかった場合，Ⅴの運命に決定される。

【リレー方式】（図2ｂ）
＃1の細胞から分泌されたタンパク質Aは，隣接する＃2の細胞にシグナルを伝え，Ⅰの
運命を誘導する。Ⅰの運命に決定された細胞は，タンパク質Bを発現し，タンパク質Bは
隣接する＃3の細胞にシグナルを伝え，Ⅱの運命を誘導する。Ⅱの運命に決定された細胞
は，タンパク質Cを発現し，タンパク質Cは隣接する＃4の細胞にシグナルを伝え，Ⅲの
運命を誘導する。Ⅲの運命に決定された細胞は，タンパク質Dを発現し，タンパク質Dは
隣接する＃5の細胞にシグナルを伝え，Ⅳの運命を誘導する。このとき，いったん，いず
れかの運命に決定された細胞は，他の運命に変更されることはない。また，リレー方式の
場合，それぞれのタンパク質は隣り合う両側の細胞だけにシグナルを送ることができる。
＃6の細胞のように，細胞内にシグナルが伝えられなかった場合は，その細胞はⅤの運命
に決定される。細胞の運命を決定するすべてのシグナルタンパク質は，同じ受容体Rを介
してシグナルを伝えているとする。

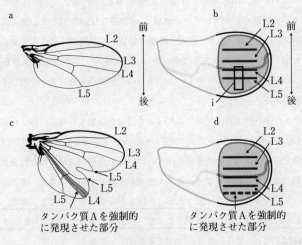

図1

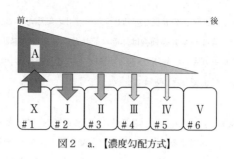

図２　a.【濃度勾配方式】

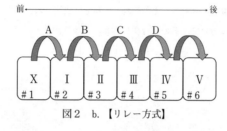

図２　b.【リレー方式】

1．下線部の結果だけでは，＃６の細胞にタンパク質Ａが運命Ⅰ〜Ⅳを誘導するのに充
　分な量は届いていない（濃度勾配方式），またはタンパク質Ｄによって誘導されるシグ
　ナルタンパク質がない（リレー方式）可能性（a）と＃６の細胞には受容体Ｒが発現し
　ていない可能性（b）が区別できない。いずれの可能性が正しいかを明らかにするために，
　＃１の細胞でタンパク質Ａの発現を抑制したうえで，＃５の細胞でタンパク質Ａを強
　制的に発現させた。その際，強制的に発現させたタンパク質Ａの量は，本来の＃１の
　細胞で発現するタンパク質Ａの量と同じとする。その結果，＃６の細胞にはⅤ以外の
　運命が決定された。この結果から，（a）と（b）のいずれの可能性が正しいと結論できる
　か，（a）または（b）いずれかの記号をしるせ。さらに，この実験では＃６の細胞はⅠ〜
　Ⅳ，Ⅹのいずれの運命に決定されたか，Ⅰ〜Ⅳ，Ⅹの中からひとつ選び，その記号をし
　るせ。

2．＃１の細胞でタンパク質Ａの発現を抑制したうえで，＃３の細胞でタンパク質Ａを強
　制的に発現させた。その際，強制的に発現させたタンパク質Ａの量は，本来の＃１の細
　胞で発現するタンパク質Ａの量と同じとする。＃１〜＃６の細胞は，それぞれどの運命
　に決定されたかを，「濃度勾配方式」と「リレー方式」に分けて，その記号をしるせ。

3. ＃1の細胞でタンパク質Ａの発現を抑制せずに，＃3の細胞だけで受容体Ｒがはたら
   かないようにした。＃1～＃6の細胞は，それぞれどの運命に決定されたかを，「濃度
   勾配方式」と「リレー方式」に分けて，その記号をしるせ。受容体Ｒはシグナルタンパ
   ク質の拡散や分布には影響しないとする。

4. 受容体Ｒを改変し，シグナルタンパク質がなくても細胞内にもっとも強いシグナルを
   細胞内につたえることができるように変異させた受容体Ｒ[CA]を作成した。＃1の細
   胞でタンパク質Ａの発現を抑制したうえで，＃3の細胞で受容体Ｒ[CA]を強制的に発
   現させた。＃1～＃6の細胞は，それぞれどの運命に決定されたかを，「濃度勾配方式」
   と「リレー方式」に分けて，その記号をしるせ。

解 答 編

数 学

◀数 学 科▶

Ⅰ　**解答**　(ⅰ)**ア.** 3^n-1　**イ.** 728　(ⅱ)**ウ.** $\sqrt{2}$

(ⅲ)**エ.** $\dfrac{1}{2}\left(e^2+\dfrac{1}{e^4}\right)$　(ⅳ)**オ.** $\dfrac{15}{46}$　(ⅴ)**カ.** 23

=== 解説 ===

《小問5問》

(ⅰ)　与えられた漸化式を変形すると

$$a_{n+1}+1=3(a_n+1)$$

したがって，数列 $\{a_n+1\}$ は初項 $a_1+1=3$，公比 3 の等比数列だから

$$a_n+1=3\cdot3^{n-1}$$

$\therefore\ a_n=3^n-1$　（→ア）

この一般項を用いて項を求めていくと

$$a_2=8=4\cdot2,\ a_3=26,\ a_4=80=4\cdot20,\ a_5=242,\ a_6=728=4\cdot182$$

となるから，求める項の値は　　728　（→イ）

参考　後半はあてもなく具体化しているのではなく，$3^2=9=4\cdot2+1$ より

$$a_{2m}=9^m-1=(4\cdot2+1)^m-1\equiv1^m-1=0\quad(mod\,4)$$

という見通しを立てながらの計算である。

(ⅱ)　真数は正より

$$x-1>0\quad かつ\quad x+1>0\quad かつ\quad x>0$$

すなわち　　$x>1$　……①

また

$$\log_{\sqrt{2}} x = \frac{\log_2 x}{\log_2 \sqrt{2}} = 2\log_2 x = \log_2 x^2$$

したがって，与えられた方程式は

$$\log_2 (x-1)(x+1)x^2 = \log_2 2$$

すなわち　　$(x-1)(x+1)x^2 = 2$

整理して　　$(x^2+1)(x^2-2) = 0$

①より

$$x = \sqrt{2} \quad (\rightarrow ウ)$$

(iii)　$y = |e^{2x}-1|$ のグラフは，$y = e^{2x}-1$ のグラフの $y<0$ の部分を x 軸に関して折り返したもの。$y = e^{2x}-1$ のグラフは，$y = e^{2x}$ のグラフを y 軸方向に -1 だけ平行移動したものである。

与えられた定積分は右図の網かけ部分の
面積を表すから

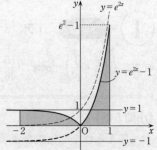

$$\int_{-2}^{0} \{-(e^{2x}-1)\}\,dx + \int_{0}^{1} (e^{2x}-1)\,dx$$

$$= \left[-\frac{1}{2}e^{2x}+x\right]_{-2}^{0} + \left[\frac{1}{2}e^{2x}-x\right]_{0}^{1}$$

$$= \frac{1}{2}\left(e^2 + \frac{1}{e^4}\right) \quad (\rightarrow エ)$$

(iv)　3個のうち少なくとも1個は赤玉である取り出し方は，すべての取り出し方から3個とも白玉である取り出し方を引いて

$$(_8C_3 - _5C_3) \text{ 通り}$$

3個中2個が赤玉，1個が白玉である取り出し方は

$$_3C_2 \times _5C_1 \text{ 通り}$$

よって，求める条件付き確率は

$$\frac{_3C_2 \times _5C_1}{_8C_3 - _5C_3} = \frac{15}{46} \quad (\rightarrow オ)$$

(v)　20個の得点データの中央値は

$$\frac{(10番目の得点) + (11番目の得点)}{2}$$

で求められる。10番目，11番目の得点の可能性はそれぞれ20点または30点だから，中央値が25となるのは

$$(10番目の得点) = 20, \quad (11番目の得点) = 30$$

の場合のみである。

よって，$a=5$，$b=7$ がわかるから，得点の平均値は

$$\frac{1}{20}(0\times3+10\times2+20\times5+30\times7+40\times2+50\times1)=23 \quad (\rightarrow \text{カ})$$

Ⅱ ┤解答├ (i)ア．$(1-t)$ イ．t

(ii) (i)より

$$\overrightarrow{\text{AF}}=(1-t)\overrightarrow{\text{AB}}+t\left(\frac{2}{3}\overrightarrow{\text{AC}}\right) \quad \cdots\cdots①$$

$$=(1-t)\left(\frac{3}{2}\overrightarrow{\text{AD}}\right)+\frac{2}{3}t\overrightarrow{\text{AC}}$$

$$=\frac{3}{2}(1-t)\overrightarrow{\text{AD}}+\frac{2}{3}t\overrightarrow{\text{AC}}$$

点 F は線分 CD 上にあるから

$$\frac{3}{2}(1-t)+\frac{2}{3}t=1$$

これを解いて　　$t=\frac{3}{5}$　　$\cdots\cdots$（答）

①より

$$\overrightarrow{\text{AF}}=\frac{2}{5}\overrightarrow{\text{AB}}+\frac{2}{5}\overrightarrow{\text{AC}}$$

$$\therefore \quad x=\frac{2}{5}, \quad y=\frac{2}{5} \quad \cdots\cdots（答）$$

(iii) (ii)の結果より

$$\overrightarrow{\text{OF}}=\overrightarrow{\text{OA}}+\overrightarrow{\text{AF}}$$

$$=\vec{a}+\frac{2}{5}(\vec{b}-\vec{a})+\frac{2}{5}(\vec{c}-\vec{a})$$

$$=\frac{1}{5}\vec{a}+\frac{2}{5}\vec{b}+\frac{2}{5}\vec{c}$$

∴ $p=\dfrac{1}{5}$, $q=\dfrac{2}{5}$, $r=\dfrac{2}{5}$ ……(答)

(iv) $\overrightarrow{OF}$ が平面 ABC に垂直であるとき，$\overrightarrow{OF}\perp\overrightarrow{AB}$ かつ $\overrightarrow{OF}\perp\overrightarrow{AC}$ である。
よって
$$\overrightarrow{OF}\cdot\overrightarrow{AB}=0 \iff (\vec{a}+2\vec{b}+2\vec{c})\cdot(\vec{b}-\vec{a})=0 \quad\text{……②}$$
かつ
$$\overrightarrow{OF}\cdot\overrightarrow{AC}=0 \iff (\vec{a}+2\vec{b}+2\vec{c})\cdot(\vec{c}-\vec{a})=0 \quad\text{……③}$$
$|\vec{a}|=|\vec{b}|=|\vec{c}|=1$, ∠BOC は直角より $\vec{b}\cdot\vec{c}=0$ である。これらを用いて
②を整理すると
$$\vec{a}\cdot\vec{b}+2\vec{a}\cdot\vec{c}=1 \quad\text{……④}$$
また，③を整理すると
$$2\vec{a}\cdot\vec{b}+\vec{a}\cdot\vec{c}=1 \quad\text{……⑤}$$
④，⑤を解いて
$$\vec{a}\cdot\vec{b}=\dfrac{1}{3}, \vec{a}\cdot\vec{c}=\dfrac{1}{3} \quad\text{……(答)}$$

(v) (iv)の結果より
$$AB^2=|\vec{b}-\vec{a}|^2=|\vec{b}|^2-2\vec{a}\cdot\vec{b}+|\vec{a}|^2=\dfrac{4}{3}$$
AB>0 より $\quad AB=\dfrac{2}{\sqrt{3}}=\dfrac{2\sqrt{3}}{3}$ ……(答)
$$AC^2=|\vec{c}-\vec{a}|^2=|\vec{c}|^2-2\vec{a}\cdot\vec{c}+|\vec{a}|^2=\dfrac{4}{3}$$
AC>0 より $\quad AC=\dfrac{2}{\sqrt{3}}=\dfrac{2\sqrt{3}}{3}$ ……(答)

=== 解　説 ===

《四面体 OABC の計量，内積の計算》
　誘導に沿って基本的な計算を進めればよい。
　本問は(ii)の結果を(iii)，(iv)，(v)に利用することになる。最後まで正しく解き切るためには，(ii)を慎重に計算しなければならない。

(i) $\quad\overrightarrow{AF}=\dfrac{(1-t)\overrightarrow{AB}+t\overrightarrow{AE}}{t+(1-t)}=(1-t)\overrightarrow{AB}+t\overrightarrow{AE}$

(iii) 点 F が平面 ABC 上の点であることから $p+q+r=1$ である。p, q, r を求めた後，確かにたして 1 となっていることを確認したい。

(iv)　直線と平面の垂直条件が問われている。直線 OF が平面 ABC 上の平行でない 2 直線 AB, AC と垂直になる。すなわち，$\overrightarrow{OF}\perp\overrightarrow{AB}$ かつ $\overrightarrow{OF}\perp\overrightarrow{AC}$ が成り立つことで，直線 OF と平面 ABC が垂直であることがいえる。(ii)の結果を用いて内積の式にすると，$\vec{a}\cdot\vec{b}$ と $\vec{a}\cdot\vec{c}$ を未知数とする連立方程式になる。

 **解 答** 　(i)　$f'(x)=\log x+1$

x	0	$\cdots$	$\dfrac{1}{e}$	$\cdots$
$f'(x)$		$-$	0	$+$
$f(x)$		$\searrow$	$-\dfrac{1}{e}$	$\nearrow$

(ii)　$-\dfrac{1}{e}$

(iii)　$g'(x)=-(\log x+1)\sin(x\log x)$

(iv)

x	0	$\cdots$	$\dfrac{1}{e}$	$\cdots$	1	$\cdots$	e
$g'(x)$		$-$	0	$+$	0	$-$	
$g(x)$		$\searrow$	$\cos\dfrac{1}{e}$	$\nearrow$	1	$\searrow$	$\cos e$

(v)　(iv)の増減表と $\displaystyle\lim_{x\to+0}g(x)=\cos 0=1$ により，$0<x\leqq e$ において $g(x)$ は $x=1$ で極大かつ最大となる。

　　求める最大値は　　$g(1)=1$　……(答)

(vi)　$g\left(\dfrac{1}{e}\right)=\cos\left(-\dfrac{1}{e}\right)=\cos\dfrac{1}{e}$ である。

　　$2.7<e$ より　　$\dfrac{1}{e}<\dfrac{1}{2.7}=0.\dot{3}\dot{7}0$

　　したがって，$0<\dfrac{1}{e}<\dfrac{\pi}{2}$ であるから

　　　　$\cos\dfrac{1}{e}>0$

　　次に $g(e)=\cos e$ について，$2.7<e<2.8$ より $\dfrac{\pi}{2}<e<\pi$ であるから

　　　　$\cos e<0$

また，$g(\sqrt{e}) = \cos\dfrac{\sqrt{e}}{2}$ である。

$2.7 < e < 2.8$，および $1.6^2 = 2.56$，$1.7^2 = 2.89$ より

$$1.6^2 < e < 1.7^2 \iff 1.6 < \sqrt{e} < 1.7 \iff 0.8 < \dfrac{\sqrt{e}}{2} < 0.85$$

がわかり，したがって $0 < \dfrac{1}{e} < \dfrac{\sqrt{e}}{2} < \dfrac{\pi}{2}$ であるから

$$\cos\dfrac{1}{e} > \cos\dfrac{\sqrt{e}}{2} > 0$$

以上より，4つの実数 0, $g\left(\dfrac{1}{e}\right)$, $g(\sqrt{e})$, $g(e)$ を小さい順に左から並べると

$$g(e), \ 0, \ g(\sqrt{e}), \ g\left(\dfrac{1}{e}\right) \quad \cdots\cdots (答)$$

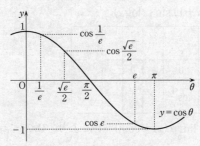

━━━━━ 解 説 ━━━━━

《$f(x) = x\log x$, $g(x) = \cos(f(x))$ の増減，最大・最小，関数の値の大小比較》

(i) $f'(x) = \log x + x \cdot \dfrac{1}{x} = \log x + 1$

$f'(x) = 0$ を解くと $x = \dfrac{1}{e}$

よって，$f(x)$ の増減表は右のようになる。

x	0	$\cdots$	$\dfrac{1}{e}$	$\cdots$
$f'(x)$		$-$	0	$+$
$f(x)$		$\searrow$	極小 $-\dfrac{1}{e}$	$\nearrow$

(ii) (i)の増減表より，$f(x)$ は $x = \dfrac{1}{e}$ で極小かつ最小となる。

求める最小値は $f\left(\dfrac{1}{e}\right) = -\dfrac{1}{e}$

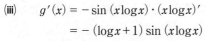

(ⅳ) (ⅰ)の増減表と $\lim_{x \to +0} f(x) = 0$, $f(e) = e$ より，$0 < x \leqq e$ においては

$$-\frac{1}{e} \leqq f(x) \leqq e$$

したがって，$g'(x) = -f'(x) \sin(f(x))$ について，次図より

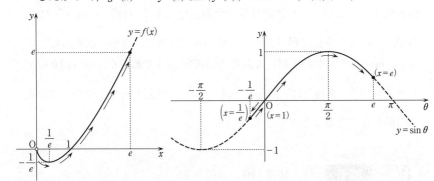

・$g'(x) = 0$ となるのは $f'(x) = 0$ または $f(x) = 0$ となるときで

$$x = \frac{1}{e}, \ 1$$

・$0 < x < \dfrac{1}{e}$ のときは，$f'(x) < 0$, $\sin(f(x)) < 0$ より　　$g'(x) < 0$

・$\dfrac{1}{e} < x < 1$ のときは，$f'(x) > 0$, $\sin(f(x)) < 0$ より　　$g'(x) > 0$

・$1 < x \leqq e$ のときは，$f'(x) > 0$, $\sin(f(x)) > 0$ より　　$g'(x) < 0$

となるから，$0 < x \leqq e$ における $g(x)$ の増減表は次のようになる。

x	0	$\cdots$	$\dfrac{1}{e}$	$\cdots$	1	$\cdots$	e
$g'(x)$		$-$	0	$+$	0	$-$	
$g(x)$		$\searrow$	極小 $\cos\dfrac{1}{e}$	$\nearrow$	極大 1	$\searrow$	$\cos e$

(ⅳ)でポイントとなるのは，$\sin(x \log x)$ の符号の変化である。$\sin(f(x))$ だから，$y = f(x)$ のグラフ，および $y = \sin\theta$ のグラフ（θ 軸上に $f(x)$ の変化を表したもの）を用いるのがわかりやすいと思われる。そ

して, (i)での $f'(x)$ の符号と合わせて考え, $g'(x)$ の符号の変化をとらえるのである。

(v)・(vi)　(iv)の増減表が正しく書けたら(v)も同時に正解でき, (vi)の $g\left(\dfrac{1}{e}\right)$ の意味もわかる。極小値 $g\left(\dfrac{1}{e}\right)=\cos\dfrac{1}{e}$, 区間の右端の値 $g(e)=\cos e$, そして極大値 1 から $g(e)$ へと単調に減少する途中にある $g(\sqrt{e})=\cos\dfrac{\sqrt{e}}{2}$ であるが, これらの正負は増減表からはわからないので, 改めて求めることになる。cos の角の中に e が含まれるのは非常に稀であるが, $y=\cos\theta$ のグラフにおいて, θ 軸上に $\dfrac{1}{e}$, $\dfrac{\sqrt{e}}{2}$, e をとると, 与えられた4つの実数の大小関係をとらえることができる。

Ⅳ　解答　　(i)　実部：0　虚部：1

(ii)　$z=\dfrac{-w-1}{w-1}$

(iii)　z が満たす条件は
$$|z|=1 \quad\text{かつ}\quad z\neq -1$$
(ii)の結果を代入すると
$$\left|\dfrac{-w-1}{w-1}\right|=1 \quad\text{かつ}\quad w\neq 1$$
$$\Longleftrightarrow |w+1|=|w-1|$$
よって, 点 w が描く図形は, 2点 -1, 1 を結ぶ線分の垂直二等分線, すなわち虚軸である。 ……(答)

(iv)　z が満たす条件は
$$|z|=2 \quad(\text{このとき, }z\neq -1\text{ は満たされている})$$
(ii)の結果を代入すると
$$\left|\dfrac{-w-1}{w-1}\right|=2 \quad\text{かつ}\quad w\neq 1$$
$$\Longleftrightarrow |w+1|=2|w-1|$$
両辺を2乗して

$$(w+1)\overline{(w+1)} = 4(w-1)\overline{(w-1)}$$
$$(w+1)(\overline{w}+1) = 4(w-1)(\overline{w}-1)$$

展開して整理すると

$$w\overline{w} - \frac{5}{3}w - \frac{5}{3}\overline{w} + 1 = 0$$

$$\left(w - \frac{5}{3}\right)\left(\overline{w} - \frac{5}{3}\right) = \frac{16}{9}$$

$$\left|w - \frac{5}{3}\right|^2 = \frac{16}{9}$$

$\left|w - \dfrac{5}{3}\right| \geqq 0$ より

$$\left|w - \frac{5}{3}\right| = \frac{4}{3}$$

よって，点 w は点 $\dfrac{5}{3}$ を中心とする半径 $\dfrac{4}{3}$ の円を描くから

$$\alpha = \frac{5}{3}, \ r = \frac{4}{3} \quad \cdots\cdots(答)$$

(v) z の実部は $\dfrac{z + \overline{z}}{2}$ と表され，これが常に 1 であることから，z が満たす条件は

$$z + \overline{z} = 2 \quad (このとき，z \neq -1 は満たされている)$$

(ii)の結果を代入すると

$$\frac{-w-1}{w-1} + \frac{-\overline{w}-1}{\overline{w}-1} = 2 \quad かつ \quad w \neq 1$$

$$\iff \frac{-w\overline{w}+1}{(w-1)(\overline{w}-1)} = 1 \quad かつ \quad w \neq 1$$

$$\iff w\overline{w} - \frac{1}{2}w - \frac{1}{2}\overline{w} = 0 \quad かつ \quad w \neq 1$$

$$\iff \left|w - \frac{1}{2}\right| = \frac{1}{2} \quad かつ \quad w \neq 1$$

よって，点 w は点 $\dfrac{1}{2}$ を中心とする半径 $\dfrac{1}{2}$ の円（ただし点 1 を除く）を描く。

右図より，w の虚部は，$w=\dfrac{1}{2}+\dfrac{1}{2}i$ のとき最大

値 $\dfrac{1}{2}$，$w=\dfrac{1}{2}-\dfrac{1}{2}i$ のとき最小値 $-\dfrac{1}{2}$ をとる。

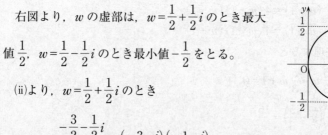

(ii)より，$w=\dfrac{1}{2}+\dfrac{1}{2}i$ のとき

$$z=\frac{-\dfrac{3}{2}-\dfrac{1}{2}i}{-\dfrac{1}{2}+\dfrac{1}{2}i}=\frac{(-3-i)(-1-i)}{(-1+i)(-1-i)}=1+2i$$

$w=\dfrac{1}{2}-\dfrac{1}{2}i$ のとき

$$z=\frac{-\dfrac{3}{2}+\dfrac{1}{2}i}{-\dfrac{1}{2}-\dfrac{1}{2}i}=\frac{(-3+i)(-1+i)}{(-1-i)(-1+i)}=1-2i$$

以上より，w の虚部は

　　最大値 $\dfrac{1}{2}$　$(z=1+2i)$，最小値 $-\dfrac{1}{2}$　$(z=1-2i)$　……(答)

別解　z の実部が常に1であることから，$z=1+yi$（y は実数）と表せる。
このとき

$$w=\frac{yi}{2+yi}=\frac{yi(2-yi)}{(2+yi)(2-yi)}=\frac{y^2+2yi}{y^2+4}$$

したがって，w の虚部は $\dfrac{2y}{y^2+4}$ となり，これを $f(y)$ とおいて増減を
調べる。

$$f'(y)=\frac{2(y^2+4)-2y\cdot 2y}{(y^2+4)^2}=\frac{-2(y+2)(y-2)}{(y^2+4)^2}$$

$f(y)$ の増減表は次のようになる。

y	$\cdots$	-2	$\cdots$	2	$\cdots$
$f'(y)$	$-$	0	$+$	0	$-$
$f(y)$	$\searrow$	極小 $-\dfrac{1}{2}$	$\nearrow$	極大 $\dfrac{1}{2}$	$\searrow$

さらに

$$\lim_{y \to \infty} f(y) = \lim_{y \to \infty} \frac{\dfrac{2}{y}}{1 + \dfrac{4}{y^2}} = 0, \quad \lim_{y \to -\infty} f(y) = \lim_{y \to -\infty} \frac{\dfrac{2}{y}}{1 + \dfrac{4}{y^2}} = 0$$

より，$f(y)$ は $y = 2$ で極大かつ最大，$y = -2$ で極小かつ最小となり

最大値 $\dfrac{1}{2}$　$(z = 1 + 2i)$，最小値 $-\dfrac{1}{2}$　$(z = 1 - 2i)$

参考　〔別解〕の $f(y)$ の最大値，最小値については，次のように考えてもよい。まず

$$f(-y) = \frac{2 \cdot (-y)}{(-y)^2 + 4} = -\frac{2y}{y^2 + 4} = -f(y)$$

より $f(y)$ は奇関数であり，$y \geqq 0$ における変化がわかれば $y < 0$ における変化もわかる。

$f(0) = 0$ で，$y > 0$ のときは

$$f(y) = \frac{2}{y + \dfrac{4}{y}}$$

$y > 0$，$\dfrac{4}{y} > 0$ より，相加平均と相乗平均の関係から

$$y + \frac{4}{y} \geqq 2\sqrt{y \cdot \frac{4}{y}} = 4$$

等号が成り立つのは $y = \dfrac{4}{y}$ のときで，$y > 0$ より $y = 2$ のときである。

したがって，$y > 0$ のとき

$$f(y) \leqq \frac{1}{2} \quad (\text{等号は } y = 2 \text{ のとき})$$

そして $f(y)$ は奇関数より，$y < 0$ のときは

$$f(y) \geqq -\frac{1}{2} \quad (\text{等号は } y = -2 \text{ のとき})$$

よって，$f(y)$ は

最大値 $\dfrac{1}{2}$　$(z = 1 + 2i)$，最小値 $-\dfrac{1}{2}$　$(z = 1 - 2i)$

═══════════ 解 説 ═══════════

《関係式 $w = \dfrac{z-1}{z+1}$ で表される 2 つの複素数 z, w, 軌跡》

(i)　$z = i$ のとき

$$w = \frac{i-1}{i+1} = \frac{(-1+i)(1-i)}{(1+i)(1-i)} = i$$

よって

　　実部は 0, 虚部は 1

(ii)　$w = \dfrac{z-1}{z+1}$ より

　　$wz + w = z - 1$

　　$(w-1)z = -w-1$

ここで $w = 1$ のときは, 左辺は $0 \cdot z = 0$, 右辺は -2 となるから等式が成り立たない。

よって, $w \neq 1$ で

$$z = \frac{-w-1}{w-1}$$

(iii)・(iv)　複素数に関するこのような問題では $|z|^2 = z \cdot \bar{z}$ の利用が有効である。(iii)については $|z| = 1$ すなわち $\left|\dfrac{-w-1}{w-1}\right| = 1$ より $|w+1| = |w-1|$ として, (iv)については $|z| = 2$ すなわち $\left|\dfrac{-w-1}{w-1}\right| = 2$ より $|w+1| = 2|w-1|$ として上記の式を利用する。

　　また, 絶対値の性質を活用することも大切で, (iii)は 2 点 -1, 1 を結ぶ線分の垂直二等分線, (iv)は 2 点 -1, 1 からの距離の比が 2 : 1 である点の軌跡 (アポロニウスの円) が読みとれる。

(v)　z の実部を x, 虚部を y として, $z = x + yi$, $\bar{z} = x - yi$ から $x = \dfrac{z+\bar{z}}{2}$ と表されることを用いた。計算を進めると点 w の描く図形が円であることがわかり, w の虚部の最大値と最小値が視覚的にとらえられる。

　　しかし, $z = 1 + yi$ とおいた人が多数派だと思われるため, その解答を〔別解〕に示した。点 w が円を描くことはほぼ見えなくなるため, 虚部を y の関数とみて増減を調べることになる。このとき, 増減表に加えて

$\lim\limits_{y\to\infty}f(y)$, $\lim\limits_{y\to-\infty}f(y)$ も調べる必要がある。これがないと,極大値 $\dfrac{1}{2}$ が最

大値,極小値 $-\dfrac{1}{2}$ が最小値であることがいえない。

2024年度 2月9日

数学

◀物理・化・生命理学科▶

（Ⅰ）◀数学科▶のⅠに同じ。

（Ⅱ）◀数学科▶のⅡに同じ。

（Ⅲ）◀数学科▶のⅢに同じ。

講 評

　数学科は試験時間90分でⅠ～Ⅳの4題，物理・化・生命理学科は試験時間75分でⅠ～Ⅲの3題の出題である。2024年度も素直な良問ばかりで，実力が確実に反映される内容である。典型的な設問で構成され計算力が重視されてきたが，ここ数年は典型的でない小問もいくつか混じっている。難易度は，Ⅰが2023年度と同様やや軽いのに対してⅢが重たく，全体としては2023年度並みといえる。なお，2月6日実施分との内容的な重複は条件付き確率のみである。

　Ⅰ　小問5問で構成され，いずれも答えのみを書かせる形式なので，計算ミスがないよう細心の注意を払いたい。教科書でいえば(i)，(ii)，(iv)は節末問題レベル，(iii)，(v)は章末問題レベルである。(iii)は，0以上の値をとる関数の定積分なので面積に結びつけられる。(v)は中央値25がどのように出てくるかということやa，bについて何らかの情報を得るために，20人の得点分布を把握する必要がある。どちらの設問も答えのみを書く問題とはいえ，図を利用することが正答に大きく寄与する。

　Ⅱ　与えられた四面体OABCの計量に関する空間ベクトルの問題。基礎基本に忠実に計算すればよい。

　Ⅲ　$f(x)=x\log x$，$g(x)=\cos(f(x))$の増減に関する，微分法の総合問題。(iv)は答えのみを書く問題であるが，$g'(x)$の符号の判断は簡単ではない。そして(vi)は，eや$\dfrac{1}{e}$，$\dfrac{\sqrt{e}}{2}$といった角としては馴染みのない値を$\dfrac{\pi}{2}$やπと比較することが要求されており，処理が煩雑で時間もかかりそうである。

　Ⅳ　$w=\dfrac{z-1}{z+1}$で関係づけられた2つの複素数z，wが複素数平面上で描く図形に関する問題。(ii)は1次分数関数の逆関数を求めるときの変形と全く同様。(iii)，(iv)は教科書にも書かれている見方や式変形であり，確実に正答したい。(v)も，与えられたzの条件を式で表すところで迷うかもしれないが，選択した方法で解き切りたいものである。

　時間がかかりそうな問題はⅢの(iv)，(vi)，Ⅳの(v)で，落ち着いて最初か

ら順番通りに解いていけばよいであろう。しかし，最初のほうに時間の
かかる問題がきていたり，誘導に乗るまでに思わぬ時間を費やしたりす
る場合もあり得るので，全体を見渡してから解答を始める心がけは常に
大切である。

物　理

$\textbf{I}$　**解答**　**あ.** $L-\dfrac{2mg\sin\theta}{k}$　**い.** $-v_0\sqrt{\dfrac{2m}{k}}$　**う.** $2\pi\sqrt{\dfrac{2m}{k}}$

え. $g\sin\theta\sqrt{\dfrac{2m}{k}}$

=========================== **解説** ===========================

《斜面上のばねに乗せられた 2 物体の運動》

あ. 斜面平行方向の小物体 A, B のつり合いの式は, B が A を押す力の大きさを R とおき, ばねの自然長からの縮みを d とおくと

$$\begin{cases} \text{A}：0=kd-mg\sin\theta-R \\ \text{B}：0=R-mg\sin\theta \end{cases}$$

これらから R を消去すると

$$0=kd-2mg\sin\theta \quad \therefore \quad d=\frac{2mg\sin\theta}{k}$$

よって, 求めるばねの長さは

$$L-d=L-\frac{2mg\sin\theta}{k}$$

い. この小物体 A, B は一体となって単振動をし, その振動中心はつり合いの位置 $x=0$ である。最下端に来たときの座標を求めるには, この単振動の振幅を求めればよい。振幅を A とおくと, 単振動のエネルギー保存則より

$$\frac{1}{2}\cdot 2mv_0{}^2=\frac{1}{2}kA^2 \quad \therefore \quad A=v_0\sqrt{\frac{2m}{k}}$$

よって, この振幅 A だけつり合いの位置 $x=0$ の点から縮んでいるので, 求める座標は

$$x=-A=-v_0\sqrt{\frac{2m}{k}}$$

参考　振幅 A について, 力学的エネルギー保存則より, 重力による位置エネルギーの基準をばねが自然長になるときの物体の位置にとると

$$\frac{1}{2} \cdot 2mv_0{}^2 + \frac{1}{2} kd^2 - 2mgd \sin\theta = \frac{1}{2} k(d+A)^2 - 2mg(d+A) \sin\theta$$

$$mv_0{}^2 = \frac{1}{2} k(2dA + A^2) - 2mgA \sin\theta$$

$$= \frac{1}{2} kA^2 + k \cdot \frac{2mg \sin\theta}{k} A - 2mgA \sin\theta$$

$$= \frac{1}{2} kA^2$$

$$\therefore \quad A = v_0 \sqrt{\frac{2m}{k}}$$

う. 小物体の座標が x のときの小物体の加速度を a とおいて，運動方程式を書くと

$$\begin{cases} \text{A} : ma = k(d-x) - mg \sin\theta - R \\ \text{B} : ma = R - mg \sin\theta \end{cases}$$

これらの 2 式より，R を消去すると

$$2ma = k(d-x) - 2mg \sin\theta$$

$$= -kx + k \cdot \frac{2mg \sin\theta}{k} - 2mg \sin\theta$$

$$\therefore \quad 2ma = -kx$$

単振動の角振動数を ω とおくと，$a = -\omega^2 x$ の式と比較して

$$\omega = \sqrt{\frac{k}{2m}}$$

単振動の周期を T とおくと

$$T = \frac{2\pi}{\omega} = 2\pi \sqrt{\frac{2m}{k}}$$

え. 小物体Bが A から離れるのは，$R = 0$ となったときである。う．で求めた運動方程式より a を消去すると

$$0 = k(d-x) - 2R$$

$$2R = k(d-x)$$

よって，$R = 0$ となるのは，$x = d = \dfrac{2mg \sin\theta}{k}$，つまり自然長のときである。

したがって，い．で求めた振幅を考えると，$A \geqq d$ のときといえる。よ

って，小物体の初速 $v_0 = v_1$ のときに，$A = d$ となるので

$$d = v_1\sqrt{\frac{2m}{k}}$$

$$\therefore \quad v_1 = \frac{2mg\sin\theta}{k}\sqrt{\frac{k}{2m}} = g\sin\theta\sqrt{\frac{2m}{k}}$$

Ⅱ ─**解答** 1．**あ.** $\left(\dfrac{V_0}{V_1}\right)^{\gamma}$　**い.** $\left(\dfrac{V_0}{V_1}\right)^{\gamma-1}$

2．**う.** $\dfrac{(P_1-P_0)S}{g}$　3．**え.** $\dfrac{T_0}{T_1}$

══════════════ 解説 ══════════════

《おもりを乗せたピストンで密閉された気体の状態変化》

1．あ. 断熱変化では，ポアソンの式 $PV^{\gamma} =$（一定）が成り立つ。

$$P_0 V_0{}^{\gamma} = P_1 V_1{}^{\gamma} \qquad \therefore \quad \frac{P_1}{P_0} = \left(\frac{V_0}{V_1}\right)^{\gamma}$$

い. 理想気体の状態方程式を用いる。気体定数を R，封入された気体の物質量を n とおくと，断熱変化の前後での理想気体の状態方程式は

変化前：$P_0 V_0 = nRT_0$

変化後：$P_1 V_1 = nRT_1$

あ. で求めた式を変形して，P_0, P_1 を消去すると

$$\frac{nRT_0}{V_0}V_0{}^{\gamma} = \frac{nRT_1}{V_1}V_1{}^{\gamma} \qquad \therefore \quad \frac{T_1}{T_0} = \left(\frac{V_0}{V_1}\right)^{\gamma-1}$$

2．う. ピストンについてのつり合いの式は，求めるおもりの質量を M とおくと

$$0 = P_1 S - P_0 S - Mg$$

$$\therefore \quad M = \frac{(P_1-P_0)S}{g}$$

3．え. 定圧変化であるため，ボイル・シャルルの法則より

$$\frac{P_1 V_1}{T_1} = \frac{P_1 V_2}{T_0} \qquad \therefore \quad \frac{V_2}{V_1} = \frac{T_0}{T_1}$$

Ⅲ　**解答**　**1．あ.** $E_p - W + eV_0$　**2．い.** $B_0 L \sqrt{\dfrac{2E_0}{m}}$

3．う. $\sqrt{2mE_0}$　**え.** $\dfrac{h}{\sqrt{2mE_0}}$　**4．お.** $\dfrac{h}{2d\sqrt{2mE_0}}$

=========================== 解説 ===========================

《光電子を用いたブラッグの実験》

1．あ. 入射した光子のエネルギー E_p が，原子から電子を飛び出させるために必要なエネルギー（仕事関数）W と飛び出した後の光電子の運動エネルギーに変換される。また飛び出した光電子は，電極 P と電極 S1 との間にある電圧により再加速されるので，エネルギー保存則より

$$E_p + eV_0 = W + E_0$$
$$\therefore\ E_0 = E_p - W + eV_0$$

2．い. 入射した光電子の速さを v_0 とおくと

$$E_0 = \frac{1}{2}mv_0{}^2　\therefore\ v_0 = \sqrt{\frac{2E_0}{m}}$$

また，電極内の電位差は $V_1 - (-V_1) = 2V_1$ であり，このときの電場の強さを E_1 とおくと

$$E_1 = \frac{2V_1}{2L} = \frac{V_1}{L}$$

この電極内では，エネルギー E_0 を持つ光電子は，電場による力とローレンツ力とがつり合って等速度運動をしているので

$$0 = eE_1 - ev_0 B_0$$
$$\frac{V_1}{L} = B_0 \sqrt{\frac{2E_0}{m}}$$
$$\therefore\ V_1 = B_0 L \sqrt{\frac{2E_0}{m}}$$

3．う. 求める運動量の大きさを p_0 とおくと

$$p_0 = mv_0 = m\sqrt{\frac{2E_0}{m}} = \sqrt{2mE_0}$$

え. 求める物質波の波長を λ_0 とおくと

$$\lambda_0 = \frac{h}{p_0} = \frac{h}{\sqrt{2mE_0}}$$

4．お. ブラッグの条件は，自然数 n を用いて，以下の式で与えられる。

$$2d\sin\theta = n\lambda_0$$

ここで，初めて条件を満たしたことから $n=1$ になるので

$$\sin\theta = \frac{\lambda_0}{2d} = \frac{h}{2d\sqrt{2mE_0}}$$

 **解答**　イ. 3　ロ. 0　ハ. 4　ニ. 0　ホ. 2　ヘ. 0
ト. 1　チ. 2

━━━━━━━━━━ 解説 ━━━━━━━━━━

《コンデンサーを含む直流回路》

イ・ロ. 2.0Ω の抵抗と並列に接続されているコンデンサー両端の電圧を V_1〔V〕とおく。また，4.0Ω，2.0Ω の抵抗を流れる電流をそれぞれ I_1〔A〕，I_2〔A〕とおくと，スイッチ S_1 を閉じたときのキルヒホッフの第二法則より，コンデンサーを含む閉回路とコンデンサーを含まない閉回路ではそれぞれ，以下の式が成り立つ。

$$\begin{cases} 12.0 = 4.0I_1 + V_1 & \cdots\cdots① \\ 12.0 = 4.0I_1 + 2.0I_2 & \cdots\cdots② \end{cases}$$

ここで，スイッチ S_1 を閉じた直後では，コンデンサーは充電されていないため式①において $V_1=0$ であるから

$$I_1 = 3.0〔A〕$$

ハ・ニ. 十分時間が経った後では，コンデンサーに電流が流れ込まないため，式②より $I_1 = I_2 = 2.0$A となる。

また，6.0Ω の抵抗と直列に接続されているコンデンサー両端の電圧を V_2〔V〕とおく。6.0Ω の抵抗を流れる電流を I_3〔A〕とおくと，キルヒホッフの第二法則より

$$12.0 = 6.0I_3 + V_2 \quad \cdots\cdots③$$

スイッチ S_2 を閉じた直後では，$V_2=0$V であるから，$I_3=2.0$A となる。よって，スイッチ S_1 を流れる電流は

$$I_1 + I_3 = 4.0〔A〕$$

ホ・ヘ. 十分時間が経った後は，コンデンサーに電流が流れ込まないため，$I_3=0$A，$I_1=I_2$ となる。よって，式 ①，②，③ から，$V_1=4.0$V，$V_2=12.0$V である。ここで，スイッチ S_2 を開いたのちスイッチ S_1 を開くと，閉回路は 2.0Ω の抵抗とこれに並列に接続されているコンデンサーのみと

なる。よって

$$V_1 = 2.0 I_2 \qquad \therefore \quad I_2 = 2.0 \,(\mathrm{A})$$

ト・チ. 十分時間が経つと，$2.0\,\Omega$ の抵抗と並列に接続されているコンデンサーが放電するため，$V_1 = 0\,\mathrm{V}$ となる。この後，スイッチ S_2 を閉じると，閉回路は 3 個の抵抗，2 個のコンデンサーからなる 2 つの閉回路となる。ここで，スイッチ S_2 を閉じた直後は $V_1 = 0\,\mathrm{V}$ なので，キルヒホッフの第二法則より

$$\begin{cases} 0 = 4.0 I_1 + 6.0 I_3 + V_1 + V_2 \\ 0 = 4.0 I_1 + 2.0 I_2 + 6.0 I_3 + V_2 \end{cases}$$

$V_1 = 0\,\mathrm{V}$，$V_2 = 12.0\,\mathrm{V}$ を代入すると

$$I_3 = I_1 = -1.2 \,(\mathrm{A})$$

よって，$6.0\,\Omega$ の抵抗には，これまでとは逆向きの図中右向きに $1.2\,\mathrm{A}$ の電流が流れる。

Ⓥ　**解答**　**1.あ.** $\sqrt{\dfrac{2qEx_1}{m}}$

2.い. $\dfrac{2mv_{0x}}{qE}$　**う.** $\dfrac{mv_{0y}}{qB}$　**え.** $\dfrac{qB}{m}$

3.お. $v_{0x}t - \dfrac{qE}{2m}t^2$

4.か. $R\sin\omega t$　**き.** $R - R\cos\omega t$

5.く. $\sqrt{v_{0x}{}^2 - \dfrac{2qEx_1}{m}}$

6.け. $\dfrac{x_2 - x_1}{v_{1x}}$　**こ.** $\dfrac{x_2 - x_1}{v_{1x}}\sqrt{v_{1x}{}^2 + v_{0y}{}^2}$

━━━━━━━━━━━━━━━━ 解 説 ━━━━━━━━━━━━━━━━

《ローレンツ力による荷電粒子のらせん運動》

1.あ. 磁場の向きが x 軸正の向きのため，x 軸方向にはローレンツ力ははたらかない。よって x 軸方向には電場による力のみを考えればよい。荷電粒子にはたらく電場からの力は $-qE$ である。x 軸方向で考えると，v_{0x} のときに荷電粒子が $x = x_1$ にたどり着くので，力学的エネルギー保存則より

$$\frac{1}{2}mv_{0x}^2 = qEx_1 \quad \therefore \quad v_{0x} = \sqrt{\frac{2qEx_1}{m}}$$

2. い. x 軸方向の運動方程式を考える。荷電粒子の加速度を a_x とおくと

$$ma_x = -qE \quad \therefore \quad a_x = -\frac{qE}{m}$$

x 軸方向は，この加速度で等加速度直線運動をするので

$$0 = v_{0x}t - \frac{1}{2} \cdot \frac{qE}{m}t^2$$

$t \neq 0$ より

$$t = \frac{2mv_{0x}}{qE}$$

う. この間，yz 平面方向には，ローレンツ力がはたらく。yz 平面に注目すると，初速度は z 成分が 0 なので，速さが v_{0y} の等速円運動をする。運動方程式は，このときの半径を R とおくと

$$m\frac{v_{0y}^2}{R} = qv_{0y}B \quad \therefore \quad R = \frac{mv_{0y}}{qB}$$

え. 求める角速度は

$$v_{0y} = r\omega \quad \therefore \quad \omega = \frac{qB}{m}$$

3. お. **い.** と同様に考えて，時刻 t における x 座標は

$$x = v_{0x}t - \frac{qE}{2m}t^2$$

4. か・き. yz 平面の射影で考えると，荷電粒子は，$t=0$ では原点にあり，半径 R の円運動をしている。また，このときのローレンツ力は，z 軸正の向きにはたらくので，その軌跡は

$$\begin{cases} y = R\sin\omega t \\ z = R - R\cos\omega t \end{cases}$$

5. く. **あ.** と同様に考えて，力学的エネルギー保存則より

$$\frac{1}{2}mv_{0x}^2 = qEx_1 + \frac{1}{2}mv_x^2$$

$$\therefore \quad v_x = \sqrt{v_{0x}^2 - \frac{2qEx_1}{m}}$$

6. け. $x > x_1$ の領域では，x 軸方向には荷電粒子に力がはたらかないので，等速度運動とみなせる。$x = x_1$ での荷電粒子の速度の x 成分は v_{1x} なので，求める時間を t_1 とおくと

$$t_1 = \frac{x_2 - x_1}{v_{1x}}$$

こ. この間の yz 平面での等速円運動の軌跡の長さは $v_{0y}t_1$，x 方向の軌跡の長さは $x_2 - x_1$ なので，三平方の定理より，求める軌跡の長さを L とおくと

$$L = \sqrt{(x_2 - x_1)^2 + (v_{0y}t_1)^2}$$
$$= \sqrt{(x_2 - x_1)^2 + \left(v_{0y}\frac{x_2 - x_1}{v_{1x}}\right)^2}$$
$$= \frac{x_2 - x_1}{v_{1x}}\sqrt{v_{1x}^2 + v_{0y}^2}$$

 **解 答**　**1.** $\dfrac{V}{V - v}f_0$　**2.** f_0　**3.** $\dfrac{V}{V + v\cos\phi}f_0$

4. $\dfrac{V}{V - v\cos\phi\sin\theta}f_0$

==================== **解 説** ====================

《観測者に対して斜めに運動している音源のドップラー効果》

1. 音源が観測者に対して v で近づいているとみなせるので

$$f' = \frac{V}{V - v}f_0$$

2. $f_1 > f_3$ より，$t = \dfrac{1}{4}T$ のときに観測者に近づいている。つまり，$t = 0$ のとき音源は点Oに対して観測者と反対側にいたことがわかる。よって，$t = \dfrac{1}{2}T$ のときは，音源の速度の向きが観測者に対して垂直なので

$$f_2 = f_0$$

3. $t = \dfrac{3}{4}T$ のときは，音源の速度の向きが観測者に対して ϕ で遠ざかっているので

$$f_3 = \frac{V}{V + v\cos\phi}f_0$$

4. $t=\dfrac{1}{4}T$ のときは，観測者に対しての音源の速度成分は $v\cos\phi\sin\theta$ で近づいているので

$$f_1{}' = \frac{V}{V - v\cos\phi\sin\theta} f_0$$

講 評

　基本的な出題が多く，ほとんどの問題が教科書をきちんと理解できていれば解答できるレベルである。大問によって小問の数にばらつきがあり，後半にやや思考力を必要とする問題が含まれている大問もある。

　Ⅰ　単振動としては，標準レベルの問題集には必ずと言っていいほどよく掲載されているタイプの問題であるが，小問数が少なく，その分誘導が少ないため，解ききるには単振動についてのしっかりとした理解が必要であったかもしれない。い．については，単振動のエネルギー保存を知っておくと，重力による効果を考えなくてよいので簡単に解けるが，力学的エネルギー保存則を用いても解くことができる。

　Ⅱ　断熱変化のポアソンの式は，問題文で与えられることが多いが，教科書に記載されていることから覚えておくべき式である。状態方程式と指数の処理ができれば十分に完答できる。

　Ⅲ　光子が持つエネルギー $h\gamma$ と光電効果のエネルギー保存の考え方，電場による力とローレンツ力とのつり合い，ブラッグの条件式と，内容的には盛りだくさんの問題。難易度としてはそれぞれが単体で基本的なことを問うているだけなので，完答は十分に可能である。

　Ⅳ　コンデンサーが接続されている場合の，スイッチの開閉の直後と十分に時間が経過した後の状況は，不得意と感じている受験生も多く，差がつきやすい問題でもある。「コンデンサーに電気は急には溜まらないし，無くならない」ため，コンデンサー両端の電圧は，スイッチ開閉の直前と直後で変わらないという基本的なことを理解したい。

　Ⅴ　今回の出題の中で最も小問数が多い大問で，その分深いところまで問うている。はじめは力学的エネルギー保存則やローレンツ力による等速円運動の問題であるため，基本的・標準的な問題集であればたいて

い含まれている典型的なものである。磁場の向きと平行な方向にはローレンツ力がはたらかないことから，x 軸方向と yz 平面に分けて考えることも，このような問題の典型的な解法である。

　VI　斜め方向のドップラー効果の問題で，これも標準的なレベルの問題集には掲載されているものである。最後の問題のみ，空間把握能力を必要とするため，難しかったかもしれない。

化　学

◀化・生命理学科▶

Ⅰ 解答

1. (ア)金属　(イ)分子間力（ファンデルワールス力）
(ウ)12　(エ)12　(オ)8　(カ)4　(キ)2

2. $\dfrac{32\sqrt{6}\,M_1 r_2{}^3}{9\,(2M_1+M_2)\,r_1{}^3}$

3. ① 0.62L　② 1.6g

4. 35

5. 硫酸銅(Ⅱ)水溶液を正確にはかり取り，塩化バリウム水溶液を加えて生じた硫酸バリウムの沈殿の質量から物質量を求める。この物質量は硫酸銅(Ⅱ)の物質量と同じであり，はかり取った水溶液の体積から水溶液1Lあたりに含まれる硫酸銅(Ⅱ)の物質量を求めることで，モル濃度を求めることができる。（5行以内）

――――――――― 解説 ―――――――――

《化学結合，結晶格子，固体の溶解度》

1. 銅Cuの単体は金属結合で多数のCuが結びついた金属結晶であり，アルゴンArは分子間力（ファンデルワールス力）で結びついた分子結晶である。いずれも単位格子は面心立方格子であり，配位数は12である。また，面心立方格子は立方最密構造ともいい，六方最密充填構造とともに最密構造なので，六方最密充填構造の配位数は12であり，体心立方格子の配位数は面心立方格子とは異なり，8である。

酸化銅(Ⅰ)Cu_2Oの結晶の単位格子において，Cu^+は4個含まれ，O^{2-}は，立方体の中心に1個，頂点部分に$\dfrac{1}{8}$の大きさが8個あるので，

$1+\dfrac{1}{8}\times 8=2$個含まれる。

2. 銅Cuの結晶について：

次図のようにCuの単位格子の一辺の長さをl，原子間距離をr_1とする

と，Cu の結晶の単位格子は面心立方格子なので，次の関係が成り立つ。

$$\sqrt{2}\,l = 2r_1 \qquad l = \sqrt{2}\,r_1$$

したがって，Cu の結晶の密度 C_1 は，アボガドロ定数を $N_A\,[\mathrm{mol^{-1}}]$，原子量を M_1 とすると

$$C_1 = \frac{M_1 \times 4}{N_A \times l^3} = \frac{4M_1}{N_A \times (\sqrt{2}\,r_1)^3} = \frac{\sqrt{2}\,M_1}{N_A \times r_1{}^3}$$

Cu_2O について：

Cu_2O の単位格子の一辺の長さを L，Cu^+-O^{2-} 間の結合距離を r_2 とすると，単位格子の左下手前の $\frac{1}{8}$ の小立方体は左下図，その小立方体の断面 ABCD の断面図は右下図となる。

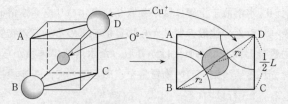

右上図の AB は $\frac{1}{2}L$，BD は $\frac{\sqrt{3}}{2}L$ となる。したがって，L と r_2 の関係式は

$$\frac{\sqrt{3}}{2}L = 2r_2$$

$$L = \frac{4}{\sqrt{3}}r_2$$

したがって，Cu_2O の結晶の密度 C_2 は，Cu の原子量を M_1，O の原子量を M_2，アボガドロ定数を $N_A\,[\mathrm{mol^{-1}}]$ とすると

$$C_2 = \frac{4M_1 + 2M_2}{N_A \times L^3} = \frac{2\,(2M_1 + M_2)}{N_A \times \left(\dfrac{4}{\sqrt{3}}r_2\right)^3} = \frac{2\,(2M_1 + M_2)}{N_A \times \dfrac{4^3}{3\sqrt{3}}r_2{}^3} = \frac{3\sqrt{3}\,(2M_1 + M_2)}{32N_A r_2{}^3}$$

以上から

$$\frac{C_1}{C_2} = \frac{\dfrac{\sqrt{2}M_1}{N_A \times r_1{}^3}}{\dfrac{3\sqrt{3}\,(2M_1+M_2)}{32N_Ar_2{}^3}} = \frac{32\sqrt{6}\,M_1r_2{}^3}{9\,(2M_1+M_2)\,r_1{}^3}$$

3. 銅に熱濃硫酸を加えたときの反応は次式で表される。

$$Cu + 2H_2SO_4 \longrightarrow CuSO_4 + 2H_2O + SO_2$$

反応した Cu の物質量と発生する SO_2 の物質量は等しいので，1.6 g の Cu が反応したときの SO_2 の物質量は

$$\frac{1.6}{64} = 2.5 \times 10^{-2}\,[mol]$$

① 体積：$\dfrac{2.5 \times 10^{-2} \times 8.31 \times 10^3 \times (27+273)}{1.0 \times 10^5} = 0.623 \fallingdotseq 0.62\,[L]$

② 質量：$64 \times 2.5 \times 10^{-2} = 1.6\,[g]$

4. 20℃の水 100 g に溶かすことができる $CuSO_4 \cdot 5H_2O$（式量 250）の質量を $x\,[g]$ とすると，$CuSO_4$ の式量が 160 であることを用いて

$$\frac{溶質の質量}{溶液の質量} = \frac{x \times \dfrac{160}{250}}{100+x} = \frac{20}{100+20}$$

$$x = 35.2 \fallingdotseq 35\,[g]$$

5. 実験に用いた $CuSO_4$ 水溶液のモル濃度を $x\,[mol/L]$，はかり取った体積を $V\,[L]$ とすると，$CuSO_4$ の物質量は，$xV\,[mol]$ となる。この水溶液に $BaCl_2$ 水溶液を加えると次の反応が起こる。

$$CuSO_4 + BaCl_2 \longrightarrow CuCl_2 + BaSO_4$$

上式より，$BaCl_2$ を過剰に加えたとき，生成する $BaSO_4$ の物質量は xV [mol] となる。

したがって，$CuSO_4$ のモル濃度は次のように求めることができる。

$$\frac{xV}{V} = x\,[mol/L]$$

 **1.** (ア)大きい　(イ)起電力　(ウ)減少

2 ─ b

3. i. 負極：$Pb + SO_4{}^{2-} \longrightarrow PbSO_4 + 2e^-$

　　　　正極：$PbO_2 + 4H^+ + SO_4{}^{2-} + 2e^- \longrightarrow PbSO_4 + 2H_2O$

ii. PbSO₄ は難溶性の塩であり，放電時に電極に付着する。充電時には，i の逆反応が起こるので，放電時には元の状態に戻るから。（2 行以内）

4. 負極：1.4g 増加する。　正極：0.96g 増加する。

5. AgNO₃ 水溶液を電気分解して陰極では Ag が析出する。

$$Ag^+ + e^- \longrightarrow Ag$$

2.70g の Ag が析出したことより，流れた電子の物質量は，析出した Ag の物質量と等しく

$$\frac{2.70}{108} = 2.50 \times 10^{-2}\,[\text{mol}]$$

鉛蓄電池の放電時の電池全体の反応は

$$Pb + PbO_2 + 2H_2SO_4 \longrightarrow 2PbSO_4 + 2H_2O$$

上の反応より，2mol の電子が流れると，電解液中の H₂SO₄ が 2mol 減少し，H₂O が 2mol 生成する。

したがって，2.50×10^{-2} mol の電子が流れると，電解液中の H₂SO₄ と H₂O の質量変化は

H₂SO₄：$98 \times 2.50 \times 10^{-2} = 2.45\,[\text{g}]$ 減少する

H₂O：$18 \times 2.50 \times 10^{-2} = 0.45\,[\text{g}]$ 増加する

電解液：$-2.45 + 0.45 = -2.00\,[\text{g}]$

また，放電前の H₂SO₄ の質量は

$$50.0 \times \frac{30.0}{100} = 15.0\,[\text{g}]$$

以上から，放電後の希硫酸の質量パーセント濃度は

$$\frac{15.0 - 2.45}{50.0 - 2.00} \times 100 = 26.14 \doteqdot 26.1\,[\%] \quad \cdots\cdots(\text{答})$$

══════════════ 解　説 ══════════════

《金属の性質，鉛蓄電池，水溶液の電気分解》

1. 電池で，2種類の金属を電極として用いる場合，イオン化傾向の大きい金属が負極となり，酸化反応が起こる。また，イオン化傾向が小さい金属が正極となり，還元反応が起こる。電極間の電位差を起電力という。

鉛蓄電池は，放電時に電池全体では次の反応が起こる。

$$Pb + PbO_2 + 2H_2SO_4 \longrightarrow 2PbSO_4 + 2H_2O$$

したがって，電解液中の H₂SO₄ を反応で使い，H₂O が生成するので電

解液の希硫酸の濃度は減少する。

2．a．誤文。鉄に亜鉛をメッキしたものはトタンとよばれる。

b．正文。水酸化亜鉛 $Zn(OH)_2$ は過剰の NH_3 水に溶解する。

$$Zn(OH)_2 + 4NH_3 \longrightarrow [Zn(NH_3)_4]^{2+} + 2OH^-$$

c．誤文。酸化亜鉛 ZnO の粉末は白色であり，亜鉛華などとよばれる。

d．誤文。Zn^{2+} を含む塩基性の溶液に H_2S を通じると ZnS の白色沈殿が生じる。

3．i．鉛蓄電池の放電時に負極と正極で起こる反応はそれぞれ次式で表される。

$$負極：Pb + SO_4{}^{2-} \longrightarrow PbSO_4 + 2e^-$$

$$正極：PbO_2 + 4H^+ + SO_4{}^{2-} + 2e^- \longrightarrow PbSO_4 + 2H_2O$$

ii．放電時に生成した $PbSO_4$ が正極，負極の電極に付着しており，また気体の発生もないので，充電時には放電時の逆反応が起こり，放電前と同じ状態に戻すことができる。

4．放電時に流れた電子の物質量は

$$\frac{5.0 \times (9 \times 60 + 39)}{9.65 \times 10^4} = 3.0 \times 10^{-2} \,[mol]$$

負極は，2mol の電子が流れると負極の質量は 96.0g 増加するので

$$\frac{96.0}{2} \times 3.0 \times 10^{-2} = 1.44 \,[g]$$

正極は，2mol の電子が流れると正極の質量は 64.0g 増加するので

$$\frac{64.0}{2} \times 3.0 \times 10^{-2} = 0.96 \,[g]$$

Ⅲ ━ 解 答

1 ― c

2．ナイロン 66

3．

4．6 個

5．F．$HO-\underset{\underset{O}{\|}}{C}{-}(CH_2)_4{-}\underset{\underset{O}{\|}}{C}-OH$ 　　G．$HO-\underset{\underset{O}{\|}}{C}{-}CH_2{-}\underset{\underset{O}{\|}}{C}-OH$

━━━━━━━━━━　**解 説**　━━━━━━━━━━

《環式炭化水素の反応》

　炭素数 6 の環式炭化水素で，炭素原子 6 個で環状構造を形成している化合物 **A**，**B**，**C** について

　A は，分子内のすべての原子が同一平面上に存在することから，ベンゼン C_6H_6 と決まる。

　B は，炭素-炭素二重結合が 1 つ存在するので，シクロヘキセン C_6H_{10} と決まる。

　C は，炭素-炭素二重結合が 2 つ存在するので，シクロヘキサジエン C_6H_8（二重結合の位置は実験 5 で詳細説明）。

実験 1 ：**A**（ベンゼン）に塩素 Cl_2 を作用させると，置換反応が起こり，**D**（クロロベンゼン）が得られる。

　また，**D** に高温・高圧条件下で NaOH 水溶液を作用させると，ナトリウムフェノキシドが得られる。

実験 2 ：**A**（ベンゼン）に紫外線を照射しながら Cl_2 を作用させると，付加反応が起こり，**E**（1,2,3,4,5,6-ヘキサクロロシクロヘキサン）が得られる。

　E に含まれる Cl 原子の数は 6 個である。

実験 3 ：**B**（シクロヘキセン）を過マンガン酸カリウムで酸化すると，**F**（アジピン酸）が得られる。

実験4：**F**（アジピン酸）とヘキサメチレンジアミンを縮合重合させると，ナイロン66が得られる。

実験5：1 mol の**C**（シクロヘキサジエン）を過マンガン酸カリウムで酸化したときに2 mol の**G**が得られたので，**C**に2つの炭素-炭素二重結合が分子内で対称に存在している。したがって，**C**は次の構造と決まり，**G**（マロン酸）は次の構造と決まる。

◀数　学　科▶

Ⅰ　**解答**　1. (ア)金属　(イ)分子間力（ファンデルワールス力）
(ウ)12　(エ)4　(オ)2

2. ◀化・生命理学科▶のⅠ. 2に同じ。

3. ◀化・生命理学科▶のⅠ. 3に同じ。

4. ◀化・生命理学科▶のⅠ. 4に同じ。

5. ◀化・生命理学科▶のⅠ. 5に同じ。

━━━━ 解　説 ━━━━

《化学結合，結晶格子，固体の溶解度》

1. 銅 Cu の単体は金属結合で多数の Cu が結びついた金属結晶であり，アルゴン Ar は分子間力（ファンデルワールス力）で結びついた分子結晶である。いずれも単位格子は面心立方格子であり，配位数は 12 である。

酸化銅（Ⅰ）Cu_2O の結晶の単位格子において，Cu^+ は 4 個含まれ，O^{2-} は，立方体の中心に 1 個，頂点部分に $\frac{1}{8}$ の大きさが 8 個あるので，

$1+\frac{1}{8}\times8=2$ 個含まれる。

2. ◀化・生命理学科▶のⅠ. 2に同じ。

3. ◀化・生命理学科▶のⅠ. 3に同じ。

4. ◀化・生命理学科▶のⅠ. 4に同じ。

5. ◀化・生命理学科▶のⅠ. 5に同じ。

◀化・生命理学科▶のⅡに同じ。

  ◀化・生命理学科▶のⅢに同じ。

2024年度

2月9日

化学

講　評

　試験時間は 75 分，大問数は 3 題で，基本～標準問題の出題であり，時間的に余裕があった。また，論述問題では，日頃の勉強で疑問に感じる点が問われており，化学への興味，関心を確認する良問であった。

　Ⅰ　金属結晶，イオン結晶の結晶格子に関する出題であった。2 の結晶の密度を比較する問題では，それぞれの単位格子の一辺の長さを別の文字などを用いて簡単な文字式で表すと，正答へたどり着きやすいだろう。

　Ⅱ　金属の性質と鉛蓄電池に関する問題であった。2 は，亜鉛の基本的な性質を問う問題であった。鉛蓄電池の計算問題は典型的な問題であったが，鉛蓄電池が二次電池として利用できる理由を説明する問題は解答しにくかったであろう。

　Ⅲ　環式炭化水素の反応と芳香族化合物の反応に関する問題であった。ベンゼンの付加反応と置換反応，シクロヘキセン，シクロヘキサジエンの酸化反応の問題ではあるが，問題文で **A**，**B**，**C** は分子式が異なることを読み取り解答していく必要があり，少し手間取った受験生も多いと考えられる。分子式の違いを読み取ることができれば解答しやすい問題であった。

生　物

I　解答

1. i . 密着結合：a　ギャップ結合：e
ii ─ a，c

2 ─ a，c

3. a. 14　**b.** 40　**c.** 24

4. (イ) 360　(ロ) 480

5 ─ b，c

6. イ. 錐体　**ロ.** 桿体　**ハ.** フォトプシン　**ニ.** ロドプシン
ホ. レチナール

━━━━━━━━━━━━━━ 解説 ━━━━━━━━━━━━━━

《小問6問》

2. 各制限酵素が認識する配列は，以下のように存在している。

(b)
```
         HindⅢ      #                                    EcoR I      Kpn I
5'- AGC AAG CTT ATG ACC ATG ATT----TGT CAA AAA GAA TTC GGG TAC CAG
3'- TCG TTC GAA TAC TGG TAC TAA----ACA GTT TTT CTT AAG CCC ATG GTC

GAT CCT GTC GAC TGC- 3'
CTA GGA CAG CTG AGC- 5'
BamH I
```

(a)
```
          HindⅢ    EcoR I                     Kpn I                    BamH I
5'- GAG CTC AAG CTT CGA ATT CTG CAG TCG ACG GTA CCG CGG GCC CGG GAT
3'- CTC GAG TTC GAA GCT TAA GAC GTC AGC TGC CAT GGC GCC CGG GCC CTA

        *
CCA CCG GTC ATG GTG- 3'
GGT GGC CAG TAC CAC- 5'
```

　問題文に「遺伝子Xの開始コドンの前に制限酵素の *Hin*dⅢで切断される塩基配列を」とあるので，用いる制限酵素の1つはcの *Hin*dⅢである。もう1つの制限酵素は，つないだ後の読み枠に注意して選択する必要がある。

　*Hin*dⅢと *Bam*H I を用いると，以下のような配列になり，切断後（b）と（a）をつないでも，（b）の読み枠のまま（a）の読み枠も正しく読め，遺伝子Xから作られるタンパク質とGFPが融合したタンパク質を得ることができる。

生物

（b）

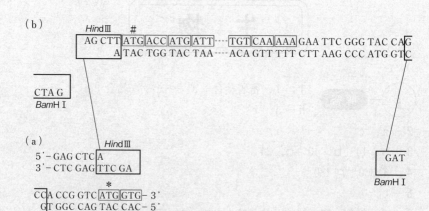

3. a. コケ植物の胞子体は受精卵から形成され，核相は $2n$ である。

b. シダ植物の前葉体は胞子が発芽してできた配偶体であり，核相は n である。

c. イチョウの胚は受精卵から形成された胞子体であり，核相は $2n$ である。

4. 遺伝子Aの頻度を p，遺伝子 a の頻度を q，$p+q=1$ とすると

	pA	qa
pA	p^2AA	pqAa
qa	pqAa	q^2aa

より，この集団の各遺伝子型の頻度は以下のようになる。

$$\text{AA : Aa : aa} = p^2 : 2pq : q^2$$

白色（aa）が 1000 個体中 160 個体存在するので

$$（白色の頻度）= q^2 = \frac{160}{1000}$$

より

$$q = \frac{4}{10}$$

$$p = 1 - q = \frac{6}{10}$$

であるので，理想的には以下のようになる

$$（紫色）=（総個体数）\times p^2 = 1000 \times \left(\frac{6}{10}\right)^2 = 360 \text{ 個体}$$

$$（薄紫色）=（総個体数）\times 2pq = 1000 \times 2 \times \frac{6}{10} \times \frac{4}{10} = 480 \text{ 個体}$$

5. a. 誤文。酵素によって最適 pH は異なっており，酸性条件下で最もはたらくものが多いというような，一般化はできない。

d. 誤文。触媒は活性化エネルギーを低下させることで，反応速度を上げる。

e. 誤文。温度を上げると一般的な化学反応と同様に，酵素反応も反応速度が速くなる。しかし，酵素の主成分はタンパク質であるので，あまりにも高温すぎると立体構造が壊れ，触媒機能が低下する。ゆえに，三つの条件では，40℃が最も反応速度が速いと考えられる。

 **解答**　**1**. ヘルパー T 細胞：b　キラー T 細胞：c
2—d　**3**—c　**4**—a　**5**—d　**6**—d　**7**—i

＝＝＝＝＝　解説　＝＝＝＝＝

《HIV 感染と免疫》

1. HIV はヘルパー T 細胞内で増殖し，最終的にヘルパー T 細胞を破壊する。血液中のウイルス量の増加とヘルパー T 細胞の破壊量の増加の間には正の相関性があると考えられる。ゆえに，期間 X と期間 Z の血液中のウイルス量が増加する期間は，ヘルパー T 細胞の総数が大幅に減少し，期間 Y の血液中のウイルス数が増加しない期間は，ヘルパー T 細胞の総数が減少しないと考えられる。

「HIV と反応するキラー T 細胞」とは，HIV 感染細胞と反応するキラー T 細胞のことであろう。期間 X の血液中のウイルス量の減少は，HIV 感染細胞の除去が進み，さらなる血液中へのウイルスの放出が抑えられたことも関与していると考えられる。この感染細胞の除去にはキラー T 細胞も関与していると考えられるので，HIV と反応するキラー T 細胞は期間 X で増加すると考えられる。その後，血液中のウイルス量が十分に少なくなると，ウイルスの増殖力，ヘルパー T 細胞によるキラー T 細胞の活性化力，キラー T 細胞による感染細胞除去力が平衡状態になり，期間 Y では，HIV に反応するキラー T 細胞の数が一定の値をとるようになると考えられる。期間 Z で，再びウイルスが増殖を始めるが，この時，ヘルパー T 細胞の数が少なくなりすぎていて，キラー T 細胞の増殖活性を上げられないので，

キラー T 細胞の数は時間が経つごとにさらに減少していくと考えられる。

2. NK 細胞は，ウイルス感染細胞やガン細胞の除去にはたらくリンパ球である。

3. T 細胞へ積極的に抗原提示をするものほど重要であると考えられる。マクロファージも抗原提示を行うが，樹状細胞のほうが抗原提示をより積極的に行う。

4. b．誤文。パターン認識受容体は細胞内部にも存在する。

c．誤文。細胞には複数種類のパターン認識受容体が存在する。

d．誤文。サイトカインはパターン認識受容体ではなく，情報伝達物質の 1 種である。

5. a．誤文。T 細胞は MHC 分子に結合した抗原情報のみを TCR で受容し，活性化される。

b．誤文。各々の T 細胞は 1 種類の TCR のみをもち，自身の TCR に対応する抗原のみを効率的に排除する。

c．誤文。B 細胞が抗体産生細胞へ分化するのを助けるのは，キラー T 細胞ではなく，ヘルパー T 細胞である。

6. キラー T 細胞は自身と同じ系統の MHC 分子にウイルスの抗原情報が存在する細胞を TCR で認識し，攻撃する。

7. 胸腺がない場合，T 細胞が成熟できないので，キラー T 細胞は検出されないと考えられる。また，ヘルパー T 細胞も存在しないので，B 細胞が活性化できず，抗体も検出されないと考えられる。

1—c

2.ロ. チラコイド　**ハ.** ストロマ　**ニ.** 光リン酸化
ホ. 気孔　**ヘ.** ホスホグリセリン酸　**ト.** グリセルアルデヒドリン酸
チ. カルビン・ベンソン

3—d

4.a. 5　**b.** 3　**c.** 4

5.i. クロロフィルa　**ii**—b

6. 強光・高温で乾燥した環境に適応している。（20字以内）

════════════════════════ 解　説 ════════════════════════

《光合成》

5．i ．色素 a と色素 b はいずれの植物にも含まれており，分離した色素 a はオレンジ色なのでカロテン，色素 b は青緑色なのでクロロフィル a であると考えられる。

ii ．赤色光（680 nm 付近）を照射した際，もっとも光合成に有効な色素は，680 nm 付近の光を他の色素よりもよく吸収していると考えられる。

6．植物 E は相対的な光の強さが大きくなっても，相対的な光合成速度が F のように一定にならず，大きくなり続けている。また，相対的な光合成速度が最大となる温度が，F は約 15℃ であるが，E は約 35℃ である。これらのことより，E は F よりも強光・高温になる環境に適応していると考えられる。E がもつこれらの性質は，日中の強光・高温時の乾燥環境への適応に役立っていると考えられる。

解　答

1．可能性：(a)　運命：Ⅰ
2．濃度勾配方式：#1 －Ⅱ　#2 －Ⅰ　#3 －Ⅹ
#4 －Ⅰ　#5 －Ⅱ　#6 －Ⅲ
リレー方式：#1 －Ⅱ　#2 －Ⅰ　#3 －Ⅹ　#4 －Ⅰ　#5 －Ⅱ
#6 －Ⅲ
3．濃度勾配方式：#1 －Ⅹ　#2 －Ⅰ　#3 －Ⅴ　#4 －Ⅲ　#5 －Ⅳ
#6 －Ⅴ
リレー方式：#1 －Ⅹ　#2 －Ⅰ　#3 －Ⅴ　#4 －Ⅴ　#5 －Ⅴ
#6 －Ⅴ
4．濃度勾配方式：#1 －Ⅴ　#2 －Ⅴ　#3 －Ⅰ　#4 －Ⅴ　#5 －Ⅴ
#6 －Ⅴ
リレー方式：#1 －Ⅲ　#2 －Ⅱ　#3 －Ⅰ　#4 －Ⅱ　#5 －Ⅲ
#6 －Ⅳ

════════════════════════ 解　説 ════════════════════════

《翅の形成モデル》

1．もし，受容体 R が存在しない場合，タンパク質 A やタンパク質 D の有無にかかわらず，#6 は Ⅴ の運命に決定されるはずである。実際には，#6 は Ⅴ 以外の運命に決定されたので，#6 には受容体 R が存在している

と考えられる。タンパク質Ａを強制発現させた#5は，正常な#1と同じ状態にある。ゆえに，タンパク質Ａを強制発現させた#5の隣の#6は，正常な#1の隣の#2と同様，Ⅰの運命に決定されると考えられる。

2. 濃度勾配方式でもリレー方式でも#3のみからタンパク質Ａが供給されたとすると，以下の図のように，#3は図２ａ，ｂの#1と，#2と#4は図２ａ，ｂの#2と，#1と#5は図２ａ，ｂの#3と，#6は図２ａ，ｂの#4とそれぞれ同じ関係になる。ゆえに，#3はX，#2と#4はⅠ，#1と#5はⅡ，#6はⅢの運命にそれぞれ決定されると考えられる。

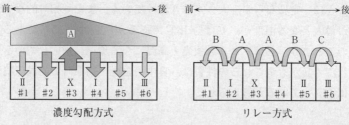

濃度勾配方式　　　　　　　　　　　　リレー方式

3. 濃度勾配方式の場合，以下の図のように，受容体Ｒがはたらかない#3のみ，本来と異なる運命に決定されるが，残りの細胞は図２ａと同じように，それぞれの運命に決定されると考えられる。受容体Ｒがはたらかない#3は，図２ａの#6の細胞と同じ状態になるので，Ｖの運命に決定されると考えられる。

　リレー方式の場合，以下の図のように，受容体Ｒがはたらかない#3以降，情報が伝わらなくなるので，図２ｂの#6と同じ状態になり，Ｖの運命に決定されると考えられる。なお，#1，#2は影響を受けないので，図２ｂと同じように，それぞれの運命に決定されると考えられる。

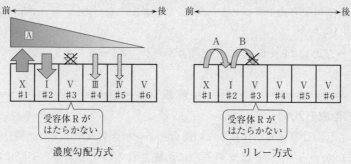

濃度勾配方式　　　　　　　　　　　　リレー方式

4. 「シグナルタンパク質がなくても細胞内にもっとも強いシグナルを細

胞内につたえることができる」ということは，図 2 a，b でもっともタンパク質 A を受容している状態，すなわち，#2 の状態になれるということである。

　濃度勾配方式の場合，以下の図のように，#3 は受容体 R[CA] をもつことで，図 2 a の #2 の状態となり，Ⅰの運命に決定されるが，この受容体をもたない他の細胞はタンパク質 A が存在しないので，図 2 a の #6 の状態となり，Ⅴに運命が決定されると考えられる。

　リレー方式の場合，以下の図のように，#3 は受容体 R[CA] をもつことで，図 2 b の #2 の状態となり，Ⅰの運命に決定され，隣の #2 と #4 に対してタンパク質 B を与える。タンパク質 B を得た #2 と #4 はⅡの運命に決定され，隣の #1 と #5 にタンパク質 C を与える。タンパク質 C を得た #1 と #5 はⅢの運命に決定され，隣の #6 にタンパク質 D を与える。タンパク質 D を得た #6 は，Ⅳの運命に決定されると考えられる。

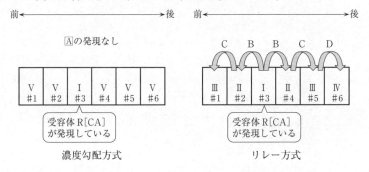

濃度勾配方式　　　　　　　リレー方式

講 評

　Ⅰ　2024 年度もさまざまな分野から小問が出題され，解答量もほぼ例年通りであったが，2023 年度の 9 問から 6 問に小問数が減った。2 はつないだ後の読み枠も考えなければならず，難しかった。

　Ⅱ　ほぼ生物基礎からの出題であったが，かなり細かい内容であり，難しかった。6 を拒絶反応の話と混同した受験生も多かったと思われる。

　Ⅲ　光合成に関する基本的な問題であった。2 のヘとトはリード文の「リブロースビスリン酸」に合わせて，PGA や GAP のような答え方は避けたほうがよいかもしれない。

Ⅳ　解答に必要なのはリード文の2段落以降の内容と図2だけで，これらを理解できれば，特に知識も必要としない問題であったが，これを理解するのが難しかっただろう。

　それぞれの難易度は標準～やや難であった。2023年度よりも問題文の長さがかなり短くなり，描図問題や複雑な計算問題が出題されなかったので，比較的解きやすかった。しかし，Ⅱは知識を基にかなり複雑な考察が必要であり，Ⅳは条件の理解に苦労したと思われるので，解答時間がかなり厳しかったと思われる。

■理学部：2月6日実施分（一般入試）

問題編

▶試験科目・配点

学科	教 科	科　　　　目	配　点
数	外国語	英語資格・検定試験のスコアまたは大学入学共通テスト「英語」を得点化	100 点
	数 学	数学 I・II・III・A・B（数列，ベクトル）	200 点
	理 科	「物理基礎，物理」，「化学基礎，化学」，「生物基礎，生物」のうちから1科目選択	100 点
物理	外国語	英語資格・検定試験のスコアまたは大学入学共通テスト「英語」を得点化	100 点
	数 学	数学 I・II・III・A・B（数列，ベクトル）	150 点
	理 科	物理基礎，物理	150 点
化	外国語	英語資格・検定試験のスコアまたは大学入学共通テスト「英語」を得点化	100 点
	数 学	数学 I・II・III・A・B（数列，ベクトル）	100 点
	理 科	化学基礎，化学	150 点
生命理	外国語	英語資格・検定試験のスコアまたは大学入学共通テスト「英語」を得点化	100 点
	数 学	数学 I・II・III・A・B（数列，ベクトル）	100 点
	理 科	「物理基礎，物理」，「化学基礎，化学」，「生物基礎，生物」のうちから1科目選択	150 点

▶利用できる英語資格・検定試験

　一般入試では，下記の英語資格・検定試験を利用することができる。いずれの資格・検定試験にも最低スコア基準の設定はない。複数の資格・検定試験のスコアを提出することも可能。また，大学入学共通テストの「外国語（『英語』）」も利用できる。

大学入学共通テスト「外国語（『英語』）」			○
英語資格・検定試験*1	ケンブリッジ英語検定*2		○
	実用英語技能検定（英検）*3	従来型	○
		英検 CBT	○
		英検 S-Interview	○
		英検 S-CBT	○
	GTEC	「GTEC」CBT タイプ	○
		「GTEC」検定版	○
		「GTEC」アセスメント版	×
	IELTS*4	Academic Module	○
		General Training Module	×
	TEAP		○
	TEAP CBT		○
	TOEFL iBT*5		○

＊１．いずれも大学の各出願期間の初日から遡って２年以内に受験し取得した４技能スコアが有効（異なる実施回の各技能のスコアを組み合わせることはできない）。英検（従来型，英検 S-Interview）については，二次試験を出願期間の初日から遡って２年以内に受験し取得したスコアが有効。

＊２．ケンブリッジ英語検定については，Linguaskill も認める。また，受験した各試験種別（ファースト（FCE）等）の合格・不合格は問わない（スコアのみを合否判定に採用）。

＊３．英検については受験した級の合格・不合格は問わない（スコアのみを合否判定に採用）。

＊４．IELTS（Academic Module）は，通常の IELTS のほか，Computer-delivered IELTS を含む。IELTS Indicator は利用できない。

＊５．TOEFL iBT については，(Special) Home Edition も有効とする。また，Test Date Scores を有効とし，MyBest™ Scores を利用することはできない。

■数学■

◀数 学 科▶

（90 分）

Ⅰ． 下記の空欄ア～オにあてはまる数を解答用紙の所定欄に記入せよ。

（ⅰ） 方程式 $2^{x+2} - 2^{2x+1} + 16 = 0$ を解くと $x = \boxed{\text{ア}}$ である。

（ⅱ） 関数 $f(t) = a\cos^3 t + \cos^2 t$ が $t = \dfrac{\pi}{4}$ で極値をとるとき，$a = \boxed{\text{イ}}$ である。

（ⅲ） 座標平面上の 2 点 O $(0,\,0)$ と P $(2023,\,1071)$ について，線分 OP 上にある点 $(x,\,y)$ で $x,\,y$ が共に整数であるものの個数は $\boxed{\text{ウ}}$ である。ただし，線分 OP は両端点を含むものとする。

（ⅳ） $-1 \leqq \alpha \leqq 1$ とする。x に関する方程式

$$x^2 - \frac{3}{2}x - \frac{9}{4} + \alpha = 0$$

が整数解を持つとき，α の値は $\boxed{\text{エ}}$ である。

（ⅴ） 表の出る確率が $\dfrac{2}{3}$，裏の出る確率が $\dfrac{1}{3}$ のコインを投げて，表が出たら $+1$ 点を加え，裏が出たら -1 点を加える，というルールのゲームを行う。0 点から始めて 5 回コインを投げ終わったとき，得点が 3 点以上となる確率は $\boxed{\text{オ}}$ である。

Ⅱ. $0 < k < 1$ および $\ell > 1$ とする。座標空間内の四面体 OABC において，線分 AC の中点を D，線分 BC の中点を E とし，線分 DE を $1:2$ に内分する点を P とする。また，線分 OP を $k:1-k$ に内分する点を Q とし，R を $\overrightarrow{CR} = \ell\,\overrightarrow{CQ}$ を満たす点とする。$\vec{a} = \overrightarrow{OA}$, $\vec{b} = \overrightarrow{OB}$, $\vec{c} = \overrightarrow{OC}$ とおいたとき，次の問（ⅰ）～（ⅳ）に答えよ。解答欄には，（ⅰ）については答えのみを，（ⅱ）～（ⅳ）については答えだけでなく途中経過も書くこと。

　　必要ならば，空間におけるどのようなベクトル $\vec{v}$ も 3 つの実数 x, y, z を用いて $\vec{v} = x\vec{a} + y\vec{b} + z\vec{c}$ の形にただ 1 通りに書けることは，証明せずに用いて良い。

（ⅰ）$\overrightarrow{OD}$, $\overrightarrow{OE}$, $\overrightarrow{OP}$ を $\vec{a}$, $\vec{b}$, $\vec{c}$ を用いて表せ。

（ⅱ）$\overrightarrow{OR}$ を $\vec{a}$, $\vec{b}$, $\vec{c}$, k, ℓ を用いて表せ。

（ⅲ）R が平面 OAB 上にあるとき，ℓ を k を用いて表せ。

（ⅳ）線分 OA の中点を F，線分 OB の中点を G とする。R が線分 FG 上にあるときの k の値を求めよ。

Ⅲ. 座標平面上の曲線 C を

$$C : y = \frac{3}{x} - 8 \quad (x > 0)$$

で定める。また，p を正の数とし，点 $\left(p, \dfrac{3}{p} - 8 \right)$ における C の接線を l とする。さらに，a を実数とし，直線 $y = ax$ を m とする。このとき，次の問（ⅰ）～（ⅴ）に答えよ。解答欄には，（ⅰ）については答えのみを，（ⅱ）～（ⅴ）については答えだけでなく途中経過も書くこと。

（ⅰ）l の方程式を求めよ。

（ⅱ）l が原点を通るとき，p の値を求めよ。

（ⅲ）C と m が異なる 2 点 P，Q を共有するとき，a の値の範囲を求めよ。

（ⅳ）（ⅲ）のとき，Q の x 座標 x_0 は P の x 座標 x_1 よりも大きいとする。$x_0 - x_1 = 1$ であるときの a の値を求めよ。

（ⅴ）（ⅳ）のとき，C と直線 m で囲まれる図形の面積 S を求めよ。

IV. 正の数列 $x_1,\ x_2,\ x_3, \cdots,\ x_n, \cdots$ は以下を満たすとする。

$$x_1 = 8,\ x_{n+1} = \sqrt{1 + x_n}\quad (n = 1, 2, 3, \cdots).$$

このとき，次の問（ⅰ）～（ⅳ）に答えよ。解答欄には，（ⅰ）については答えのみを，（ⅱ）～（ⅳ）については答えだけでなく途中経過も書くこと。

（ⅰ）　$x_2,\ x_3,\ x_4$ をそれぞれ求めよ。

（ⅱ）　すべての $n \geqq 1$ について $(x_{n+1} - \alpha)(x_{n+1} + \alpha) = x_n - \alpha$ となる定数 α で，正であるものを求めよ。

（ⅲ）　α を（ⅱ）で求めたものとする。すべての $n \geqq 1$ について $x_n > \alpha$ であることを，n に関する数学的帰納法で示せ。

（ⅳ）　極限値 $\lim_{n \to \infty} x_n$ を求めよ。

◀物理・化・生命理学科▶

（75 分）

Ⅰ. ◀数学科▶の Ⅰ に同じ。

Ⅱ. ◀数学科▶の Ⅱ に同じ。

Ⅲ. ◀数学科▶の Ⅲ に同じ。

■物理■

（75 分）

Ⅰ. 次の文を読み，下記の設問 1 〜 4 に答えよ。解答は解答用紙の所定欄にしるせ。

電子の質量を m_e，電気素量を e とする。図のように直方体の金属試料に導線をつなぎ，x 軸正の向きに電流 I が流れるように電圧を加えて，z 軸正の向きに磁束密度 B の磁場を加えた。

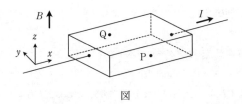

図

試料中を速さ v で x 軸負の向きに動く電子は磁場によって　あ　の大きさのローレンツ力を　い　の向きに受ける。図中の y 軸に垂直な面上の点Pと点Qの電位を比べると，　う　。

次に，はじめの金属試料と同じ形の n 型半導体の試料に置き換えて，同様の実験を行ったところ，x 軸正の向きの電流が流れた。点Pと点Qの電位について考えると，　え　。

1. 文中の空所　あ　にあてはまる数式をしるせ。
2. 文中の空所　い　にあてはまる語句を次の a 〜 f から 1 つ選び，その記号をマークせよ。

　　a. x 軸正　　　　　　　b. x 軸負　　　　　　　c. y 軸正

　　d. y 軸負　　　　　　　e. z 軸正　　　　　　　f. z 軸負

3. 文中の空所　う　にあてはまるものとしてもっとも適当なものを，次の a 〜 c から 1 つ選び，その記号をマークせよ。

　　a．点 P の電位の方が高い

　　b．点 Q の電位の方が高い

　　c．同じである

4．文中の空所 え にあてはまる文章としてもっとも適当なものを，次の a〜e か
　ら 1 つ選び，その記号をマークせよ。

　　a．この半導体のキャリアの電荷は正なので，P の電位の方が Q の電位より高い

　　b．この半導体のキャリアの電荷は正なので，Q の電位の方が P の電位より高い

　　c．この半導体のキャリアの電荷は負なので，P の電位の方が Q の電位より高い

　　d．この半導体のキャリアの電荷は負なので，Q の電位の方が P の電位より高い

　　e．この半導体のキャリアは電荷を持たないので，PQ 間には電位差は生じない

Ⅱ．次の文を読み，下記の設問 1・2 に答えよ。解答は解答用紙の所定欄にしるせ。

　　図のように，円筒容器（シリンダー）が水平な床に固定されており，その中に断面積
S の滑らかに動けるピストンで 1 mol の単原子分子理想気体が密封されている。ピスト
ンの右端には，ばね定数 k のばねがつながっている。ばねは，左端がピストンの右端と
つながっており，右端は壁に固定されている。気体が閉じ込められている容器の中には，
体積が無視できる温度調節器が含まれている。初期状態で，ばねは自然長であり，気体を
閉じ込めているピストンはシリンダーの左端から距離 L（この時の気体の体積は $S \times L$）
で静止している。容器とピストンは断熱材でできており，大気圧を P_0，気体定数を R
とする。

1．容器内の気体の温度を，文中に与えられた文字を用いて表せ。

2．次に，温度調節器を使って，容器内の気体をゆっくりと温めたところ，ばねが $3L$ だ
　け縮んだところでピストンは静止した。この時の容器内の気体の圧力 P_1 と温度 T_1 を
　次の a〜l から 1 つずつ選び，その記号をマークせよ。

　　a．$P_0 + \dfrac{kL}{S}$ 　　　　　　　b．$P_0 + \dfrac{2kL}{S}$ 　　　　　　c．$4S\left(P_0 + 2kL\right)\dfrac{L}{R}$

　　d．$4S\left(P_0 + 3kL\right)\dfrac{L}{R}$ 　　e．$P_0 + \dfrac{3kL}{S}$ 　　　　　f．$P_0 + kL$

　　g．$4S\left(P_0 + \dfrac{kL}{S}\right)\dfrac{L}{R}$ 　　h．$4S\left(P_0 + \dfrac{2kL}{S}\right)\dfrac{L}{R}$ 　　i．$4S\left(P_0 + \dfrac{3kL}{S}\right)\dfrac{L}{R}$

j ． $4S(P_0 + kL)\dfrac{L}{R}$　　　　k ． $P_0 + 2kL$　　　　l ． $P_0 + 3kL$

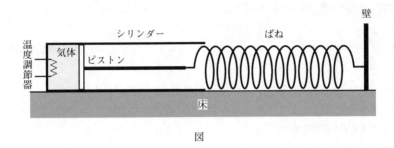

図

Ⅲ ． 次の文を読み，下記の設問 1 ～ 3 に答えよ。解答は解答用紙の所定欄にしるせ。

　図 1 のように，電気容量 C_0 のコンデンサー C，起電力 V_0 の電池 V とスイッチ S からなる電気回路がある。コンデンサーの電極は一辺の長さが L の正方形，電極の間は真空に保たれていて，その間隔は d である。ただし，真空の誘電率を ε_0 とする。

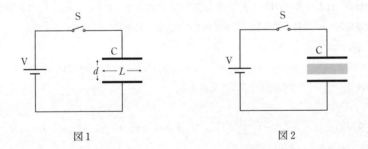

図 1　　　　　　　　　　　　　　　　図 2

　まず，スイッチを閉じてから充分に時間が経った後にスイッチを開いた。そのとき，コンデンサーには電荷 Q_0 がたまった。次に，図 2 のようにコンデンサーの電極間に一辺の長さが L の正方形で厚さが $\dfrac{d}{2}$ の金属板を，電極に触れないよう挿入した。このときのコンデンサーの電気容量は　あ　，電極間の電圧は　い　となった。

　次に，金属板を取り出し，金属板と同じ形状をした比誘電率 ε_r の誘電体を電極に触れないよう電極間に挿入した。この時のコンデンサーの電気容量は　う　となった。

次に，誘電体を極板間から完全に抜き図1の状態に戻し，極板の間隔を Δd だけ拡げた。コンデンサーの静電エネルギーは，極板の間隔を拡げる前と比べて　え　だけ増加した。このとき，極板間に働く力の大きさは　お　であった。ただし，$d \sim d + \Delta d$ の間で極板間に働く力は一定であるとする。

1．文中の空所　あ　・　い　にあてはまる数式を，C_0，V_0 の中から必要なものを用いて表せ。

2．文中の空所　う　にあてはまる数式を，ε_r と C_0 を用いて表せ。

3．文中の空所　え　・　お　にあてはまる数式を，ε_0，Q_0，L，d，Δd の中から必要なものを用いて表せ。

Ⅳ.

次の文を読み，下記の設問1・2に答えよ。解答は解答用紙の所定欄にしるせ。電子の質量を m_e，プランク定数を h，光速を c とする。

長さ L の1次元の直線上を動くことのできる1個の電子の様子を，ド・ブロイの物質波（ド・ブロイ波）とボーアの水素原子モデルを使って考える。この電子の物質波が，$x = 0$ と $x = L$ のところで節を持つ波のみが安定に存在できるものとすると，波長 λ_n（n は正の整数）はとびとびの値　あ　をとる。また，物質波のエネルギーは $\dfrac{p^2}{2m}$（p は粒子の運動量，m は粒子の質量）で表されるので，電子の物質波のエネルギー準位 E_n もとびとびの値　い　となる。

この電子が $n = n_1$ から $n = n_2$（$n_1 > n_2$）の準位に移るとき，準位間のエネルギーの差を波長　う　の1個の光子として放出する。

1．文中の空所　あ　〜　う　にあてはまる数式を，n，n_1，n_2，m_e，L，h，c の中から必要なものを用いて表せ。

2．$n = 1, 2, 3$ それぞれの物質波において，$x = L$ に一番近い腹の位置を L を用いて表せ。

V.

次の文A・Bを読み，下記の設問1～5に答えよ。解答は解答用紙の所定欄にしるせ。

A. 図のように，一部分PQ間だけ摩擦があり，他の部分はなめらかな平面がある。質量 M の物体Sがそのなめらかな部分に置かれて静止している。物体Sの中心を通る水平線に沿って大きさの無視できる質量 m の弾丸Rを物体Sに撃ち込んだところ，一体となってPQ間に侵入する前に速さ V で一定となった。ただし，重力加速度を g，PQ間の距離を d，動摩擦係数を μ' とする。

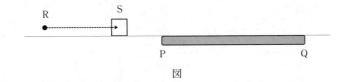

図

1. 衝突直前の弾丸Rの速さを求めよ。
2. 物体Sと弾丸Rの運動エネルギーの和は衝突前に比べ，どれだけ減少したか。
3. 弾丸Rが物体Sにくいこんでいく際にはたらく抵抗力の大きさが F で一定であったと仮定して，弾丸Rがくいこむ距離を求めよ。

B. 上述のように弾丸Rが撃ち込まれた物体Sが速さ V でPQ間に侵入するとき，これ以降の問では物体Sの大きさは無視できるものとする。

4. 弾丸Rが撃ち込まれた物体SがQに達するために必要な速さ V の最小値 $V_{\min}$ を求めよ。
5. $V > V_{\min}$ のとき，PQ間の摩擦によって変化する運動量の大きさを次のa～hから1つ選び，その記号をマークせよ。

a. MV

b. $(m+M)V$

c. $(m+M)V_{\min}$

d. $\left(1+\dfrac{M}{m}\right)MV$

e. $\left(1+\dfrac{M}{m}\right)MV_{\min}$

f. $\left(1+\dfrac{M}{m}\right)M\sqrt{V^2-V_{\min}^2}$

g. $(m+M)\left(V-\sqrt{V^2-V_{\min}^2}\right)$

h. $\left(1+\dfrac{M}{m}\right)M\left(V-\sqrt{V^2-V_{\min}^2}\right)$

Ⅵ．次の文を読み，下記の設問1～3に答えよ。解答は解答用紙の所定欄にしるせ。

　図のように，音源S，反射板R，観測者Oが一直線上に等速で運動する状況について考える。音源Sは振動数 f〔Hz〕の音を常に発している。音速は V〔m/s〕とする。それぞれの速さを，音源Sは a〔m/s〕，反射板Rは b〔m/s〕，観測者Oは c〔m/s〕，風速は d〔m/s〕とし，それぞれの向きは図に示した向きのみを考えることにする。速さ a, b, c, d は，音速 V よりも十分に小さいとする。

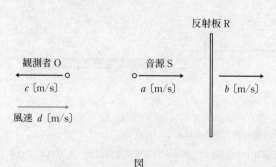

図

　はじめに，音源S，観測者O，反射板Rが全て静止しており（$a=0$，$b=0$，$c=0$），風のない（$d=0$）状況を考える。この場合の観測者Oに聞こえる1秒あたりの「うなり」の個数は あ 個となる。ただし，「うなり」は，観測者Oに届く2つの振動数を f_1 と $f_2 (f_2 > f_1)$ とした時に，$f_2 - f_1$ 個として定義されるものとする。次に，風のない（$d=0$）状況かつ観測者Oが静止している（$c=0$）状況で，音源Sと反射板Rは運動している場合（$b \geqq a > 0$）を考える。この時，観測者Oに聞こえる「うなり」の数は，$\dfrac{い}{(V+a)(V-a)(V+b)}f$ 個となる。この時，「うなり」の個数が0個になるための条件を a と b で表すと， う になる。

　風のない（$d=0$）状況のまま，音源Sと反射板Rに加えて，観測者Oも運動している場合（$b \geqq a > 0$，$c > 0$）を考える。この場合，観測者Oに聞こえるうなりの数は，$\dfrac{え}{(V+a)(V-a)(V+b)}f$ となる。この時，「うなり」の個数が0個になるための条件を a と b で表すと， お になる。

　音源Sの速さ a と同じ風速の風がある状況（$d=a$）で，反射板Rも音源Sと同じ速さで運動しており（$a=b$），観測者Oは速さ c（$c>0$）で運動している場合を考え

る。この時，観測者 O が音源 S から聞こえる音の振動数は，$\dfrac{\boxed{か}}{V}f$ となり，反射板 R から反射してくる音の周波数は $\dfrac{\boxed{き}}{V}f$ となる。この状態で，観測者 O の速さ c と音源 S の速さ a が同じになると，観測者 O が音源 S から聞こえる音の振動数は，$\dfrac{\boxed{く}}{V}f$ となる。

1．文中の空所 $\boxed{あ}$ ～ $\boxed{お}$ にあてはまる数式または数値をしるせ。ただし，数式の場合は V，a，b，c の中から必要なものを用いて表せ。

2．文中の空所 $\boxed{か}$・$\boxed{き}$ にあてはまる数式を，V，a，c の中から必要なものを用いて表せ。

3．文中の空所 $\boxed{く}$ にあてはまる数式を，V，a の中から必要なものを用いて表せ。

■化学■

問題を解くにあたって，必要ならば次の値を用いよ。

気体定数：　$R = 8.31 \times 10^3 \, \mathrm{Pa \cdot L/(K \cdot mol)}$

ファラデー定数：　$F = 9.65 \times 10^4 \, \mathrm{C/mol}$

アボガドロ定数：　$N_A = 6.02 \times 10^{23} \, \mathrm{/mol}$

原子量：　H=1.0,　C=12,　N=14,　O=16

$\log_{10} 2 = 0.30$,　$\log_{10} 3 = 0.48$,　$\log_{10} 5 = 0.70$,　$\log_{10} 7 = 0.85$

◀化・生命理学科▶

(75 分)

Ⅰ．次の設問 1 〜 3 に答えよ。解答は，それぞれに与えられた a 〜 e から 1 つずつ選び，そ
の記号を解答用紙の所定欄にマークせよ。

1．次の水溶液のうち，沸点がもっとも高いものはどれか。ただし，水溶液中の電解質は
すべて電離しているものとする。

　a．0.10 mol/kg の塩化ナトリウム水溶液

　b．0.20 mol/kg の塩化ナトリウム水溶液

　c．0.10 mol/kg の塩化カルシウム水溶液

　d．0.20 mol/kg のグルコース水溶液

　e．0.20 mol/kg の尿素水溶液

2．次のイ〜ニのうち酸化還元反応であるものにおいて，その下線部①と②の酸素原子の
酸化数として正しいものはどれか。

イ．$\mathrm{Mg\underset{①}{O} + 2\,HCl \rightarrow MgCl_2 + H_2\underset{②}{O}}$

ロ．$\mathrm{Cu\underset{①}{(O}H)_2 \rightarrow Cu\underset{②}{O} + H_2O}$

ハ．$\mathrm{2\,Ag^+ + 2\,\underset{①}{O}H^- \rightarrow Ag_2\underset{②}{O} + H_2O}$

ニ．$\mathrm{2\,H_2\underset{①}{O}_2 \rightarrow 2\,H_2\underset{②}{O} + O_2}$

a. ① -2, ② -1　　b. ① -1, ② 0　　c. ① 0, ② -2

d. ① -1, ② -2　　e. ① 0, ② -1

3. 次の糖類のなかで, その水溶液が還元性を示さないものはどれか。

a. マルトース　　　　　b. ラクトース　　　　　c. フルクトース

d. スクロース　　　　　e. ガラクトース

II. 次の文を読み, 下記の設問1～5に答えよ。解答は解答用紙の所定欄にしるせ。

　19世紀の終わり頃, ヨーロッパでは近い将来に増加する人口に食糧生産が追いつかなく
なり, 飢餓状態になることが懸念されていた。食糧生産量を増加させるためには肥料の増
産が必要だが, 肥料を構成する主要な三元素である窒素, リン, カリウムのうち, 特に窒
素が不足していた。フリッツ・ハーバーは, 触媒を用いて窒素と水素からアンモニアを生
成する反応 [式(1)] の平衡と反応速度について詳細な研究を行った。その後, カール・
ボッシュが, 高圧に耐えられ, 安全に連続運転できる反応装置を開発したことによって,
アンモニアの工業的な大量生産が可能となった。現在では, このアンモニア合成方法はハ
ーバー・ボッシュ法とよばれている。アンモニアの製造に必要な水素は, 主に天然ガス (主
成分はメタン) の改質法 [式(2)] と水性ガスシフト反応 [式(3)] で製造されている。
ハーバー・ボッシュ法によるアンモニア製造では二酸化炭素が生成するため, 自然環境に
配慮した二酸化炭素を排出しないアンモニアの製造方法の開発が求められている。

　自然界ではマメ科植物の根に存在する根粒菌がもっているニトロゲナーゼという酵素が,
空気中の窒素分子をアンモニアに変換している。この反応にはアデノシン三リン酸 (ATP)
などが関与しているが, 単純化するため, それらを省略した電子を含むイオン反応式(4)
を示す。現在は, 触媒を使って式(4)の反応を人工的に再現することを目指した研究が行
われている。

$$N_2 + 3H_2 \rightleftarrows 2NH_3 \qquad\qquad (1)$$

$$CH_4 + H_2O \rightarrow 3H_2 + CO \qquad\qquad (2)$$

$$CO + H_2O \rightarrow H_2 + CO_2 \qquad\qquad (3)$$

$$N_2 + 8H^+ + 8e^- \rightarrow 2NH_3 + H_2 \qquad\qquad (4)$$

1．式（1）の反応は，発熱反応であるが触媒を必要とする。式（1）の反応における触媒の役割として，正しいものを次の a ～ e から 1 つ選び，その記号をマークせよ。

　　a．反応の平衡を右へ偏らせる。

　　b．反応の平衡を左へ偏らせる。

　　c．反応が平衡状態に達するまでの時間を短くする。

　　d．反応熱を低下させる。

　　e．正反応のみの反応速度を上げる。

2．式（1）～式（3）のすべての反応が完全に右側へ進行するものとしたとき，1.0 kg のアンモニアの製造に伴って生成する二酸化炭素は何 kg かを求め，その値を有効数字 2 桁でしるせ。ただし，式（2）の反応で生成するすべての一酸化炭素は式（3）の反応に，式（2）と式（3）で生成したすべての水素は式（1）の反応に用いられることとする。

3．実験室では塩化アンモニウムと水酸化カルシウムを混合し，加熱するとアンモニアを得ることができる。この化学反応式をしるせ。

4．25℃ において，0.35 mol/L のアンモニア水 500 mL と 0.35 mol/L の塩酸 500 mL を混合して，1.0 L の水溶液 A を調製した。水溶液 A の pH を求め，その値を小数第一位までしるせ。ただし，アンモニアの電離定数は $K_b = 1.75 \times 10^{-5}$ mol/L，水のイオン積は $K_w = 1.00 \times 10^{-14}$ (mol/L)^2 とする。

5．文中の下線部について，次のような実験を行った。電解質を含む窒素飽和水溶液に，式（4）の反応を促進する触媒を加え，電気分解を行った。その結果，陰極でアンモニアの生成が確認された。10 A で 1.0 時間の電気分解を行ったとき，流れた電気量の 60 % が式（4）の反応に使用された。残り 40 % の電気量は，副反応である水の還元反応に使用され，水素が発生した。生成したアンモニアと水素はそれぞれ何 g か求め，それらの値を有効数字 2 桁でしるせ。ただし，陽極の反応は陰極に影響を与えないものとする。

Ⅲ. 次の文を読み，下記の設問 1 ～ 5 に答えよ。解答は解答用紙の所定欄にしるせ。

　　水分子は，1個の酸素原子と2個の水素原子からなる。酸素原子には，（　ア　）個の価電子があり，そのうちの2個の不対電子と，2つの水素原子の不対電子が，電子対を1組ずつつくって結合する。このような電子対を（　イ　）という。この他，酸素原子の価電子には結合に使われない電子対があり，（　ウ　）という。物質としての水は，地球上のあらゆる場所に気体，液体，固体として存在し，生命にとって欠かすことのできない物質である。そのため，水の性質を理解することは日常生活においても重要である。

　　水は，他の16族元素の水素化合物よりも高い沸点を示す。これは，酸素原子と水素原子の間の電気陰性度の差が大きく，水分子間に（　エ　）が形成されるためである。さらに，氷は水に浮くことがよく知られており，これは，氷の密度が水の密度に比べて低いためである。
　　1)　　　　　　　　　　　　　　　　　　　　　　　　　2)

1．文中の空所(ア)～(エ)それぞれにあてはまるもっとも適当な語句や数値をしるせ。

2．表に水素分子のH-H結合，酸素分子のO=O結合，水分子のO-H結合の結合エネルギーの値を示した。表の値を使用し，H_2O(気)の生成熱〔kJ/mol〕を求め，その値を有効数字3桁でしるせ。また，計算過程もしるすこと。

表. 結合と結合エネルギー

結合	結合エネルギー〔kJ/mol〕
水素分子のH-H	432
酸素分子のO=O	494
水分子のO-H	459

3．水の気液平衡について考える。容積が変化できる空の容器に水素 1.00 mol と酸素 2.00 mol を入れ，水素を完全燃焼させた。その後，容器内の圧力を 1.00×10^5 Pa，温度を 60℃に保ち，気液平衡状態とした。容器内の酸素の分圧〔Pa〕を求め，その値を有効数字2桁でしるせ。ただし，60℃における水の飽和蒸気圧は 2.00×10^4 Pa とし，酸素の水への溶解は無視できるものとする。

4．文中の下線部1）について，結合の極性と分子の極性について考える。炭素原子と酸素原子の間の電気陰性度の差は大きいが，二酸化炭素は無極性分子である。二酸化炭素が無極性分子であり，水が極性分子である理由を7行以内で説明せよ。

5．文中の下線部2）について，固体の水(氷)について考える。様々な氷の結晶構造が知られており，そのなかの1つである立方体の単位格子をとる結晶構造を下図に示す。この単位格子の一辺を $0.64\,\mathrm{nm}$（$0.64 \times 10^{-9}\,\mathrm{m}$）としたときの氷の密度〔$\mathrm{g/cm^3}$〕を求め，その値を有効数字2桁でしるせ。ただし，下図は，単位格子中にある水分子中の酸素原子の位置のみを示している。

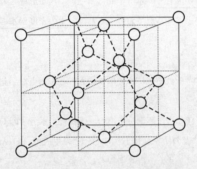

図．氷の結晶構造（水素原子は省略した）。◯は水分子の酸素原子を示し，太点線は最も近い距離にある酸素原子間を結んだものである。

IV. 分子式 $C_5H_{10}O$ で表されるカルボニル化合物について，次の設問 1 ～ 4 に答えよ。解答
　は解答用紙の所定欄にしるせ。ただし，構造式は例にならってしるせ。

1. 還元すると不斉炭素原子をもたない第二級アルコールとなる構造異性体の構造式をし
　るせ。

2. 不斉炭素原子をもつ構造異性体の構造式をしるせ。

3. 構造異性体のうち，ヨウ素と水酸化ナトリウム水溶液を加えて温めると，特有の臭気
　をもつ黄色沈殿が生じるものはいくつあるか。

4. 構造異性体のうち，アンモニア性硝酸銀水溶液に加えて穏やかに加熱すると銀が析出
　するものについて，次の問 i・ii に答えよ。
　i. 該当する構造異性体はいくつあるか。
　ii. 該当する構造異性体の中には，硫酸水銀(Ⅱ)などを触媒として不飽和炭化水素に水を
　　付加させて得られるものがある。それらのうち，沸点がもっとも低いと考えられる構
　　造異性体を与える不飽和炭化水素の構造式をしるせ。

　(例)

◀数　学　科▶

（75 分）

Ⅰ. ◀化・生命理学科▶のⅠに同じ。

Ⅱ. 次の文を読み，下記の設問 1 ～ 4 に答えよ。解答は解答用紙の所定欄にしるせ。

　　19 世紀の終わり頃，ヨーロッパでは近い将来に増加する人口に食糧生産が追いつかなくなり，飢餓状態になることが懸念されていた。食糧生産量を増加させるためには肥料の増産が必要だが，肥料を構成する主要な三元素である窒素，リン，カリウムのうち，特に窒素が不足していた。フリッツ・ハーバーは，触媒を用いて窒素と水素からアンモニアを生成する反応 ［式(1)］ の平衡と反応速度について詳細な研究を行った。その後，カール・ボッシュが，高圧に耐えられ，安全に連続運転できる反応装置を開発したことによって，アンモニアの工業的な大量生産が可能となった。現在では，このアンモニア合成方法はハーバー・ボッシュ法とよばれている。アンモニアの製造に必要な水素は，主に天然ガス（主成分はメタン）の改質法 ［式(2)］ と水性ガスシフト反応 ［式(3)］ で製造されている。ハーバー・ボッシュ法によるアンモニア製造では二酸化炭素が生成するため，自然環境に配慮した二酸化炭素を排出しないアンモニアの製造方法の開発が求められている。

$$N_2 + 3H_2 \rightleftarrows 2NH_3 \qquad\qquad (1)$$
$$CH_4 + H_2O \rightarrow 3H_2 + CO \qquad\qquad (2)$$
$$CO + H_2O \rightarrow H_2 + CO_2 \qquad\qquad (3)$$

1. 式(1)の反応は，発熱反応であるが触媒を必要とする。式(1)の反応における触媒の役割として，正しいものを次の a ～ e から 1 つ選び，その記号をマークせよ。

　a. 反応の平衡を右へ偏らせる。

　b. 反応の平衡を左へ偏らせる。

　c. 反応が平衡状態に達するまでの時間を短くする。

　d. 反応熱を低下させる。

　　e．正反応のみの反応速度を上げる。

2．式（1）〜式（3）のすべての反応が完全に右側へ進行するものとしたとき，1.0 kg
　　のアンモニアの製造に伴って生成する二酸化炭素は何 kg かを求め，その値を有効数字
　　2 桁でしるせ。ただし，式（2）の反応で生成するすべての一酸化炭素は式（3）の反
　　応に，式（2）と式（3）で生成したすべての水素は式（1）の反応に用いられること
　　とする。

3．実験室では塩化アンモニウムと水酸化カルシウムを混合し，加熱するとアンモニアを
　　得ることができる。この化学反応式をしるせ。

4．25 ℃において，0.35 mol/L のアンモニア水 500 mL と 0.35 mol/L の塩酸 500 mL
　　を混合して，1.0 L の水溶液 A を調製した。水溶液 A の pH を求め，その値を小数第一
　　位までしるせ。ただし，アンモニアの電離定数は $K_b = 1.75 \times 10^{-5}$ mol/L，水のイオン
　　積は $K_w = 1.00 \times 10^{-14} (\text{mol/L})^2$ とする。

Ⅲ． ◀化・生命理学科▶のⅢに同じ。

Ⅳ． ◀化・生命理学科▶のⅣに同じ。

■生物■

(75 分)

I. 下記の設問 1〜10 に答えよ。解答は解答用紙の所定欄にしるせ。

1．タンパク質を構成するアミノ酸に共通して含まれる元素として，炭素，水素，酸素および窒素が挙げられる。アミノ酸の性質は側鎖の違いにより決まる。アミノ酸の側鎖には疎水性や親水性のものがあり，正や負の電荷を持つものもある。中性の溶液中で正の電荷を持つ側鎖のアミノ酸を含むペプチドを，次の a〜e からすべて選び，その記号をしるせ。

　　a．バリン—プロリン—グリシン—セリン

　　b．アスパラギン—トレオニン—アラニン—リシン

　　c．アスパラギン酸—アルギニン—イソロイシン—フェニルアラニン

　　d．プロリン—グルタミン酸—ロイシン—グルタミン

　　e．システイン—メチオニン—トリプトファン—グリシン

2．動物の発生に関する記述として正しいものを，次の a〜e から 1 つ選び，その記号をマークせよ。

　　a．ウニの卵の卵黄は植物極側に偏って分布している。

　　b．ショウジョウバエの胚の前後軸は胚発生期に決まる。

　　c．カエルの発生では，受精時に精子の侵入した位置に灰色三日月環が形成される。

　　d．カエルの発生では，神経は内胚葉から作られる。

　　e．ウニの発生では原口が肛門となる。

3．次の化学式の呼吸商をしるせ。ただし，必要であれば，四捨五入により小数第 2 位でしるせ。

$$2\,C_5H_{11}O_2N + 12\,O_2 \rightarrow 10\,CO_2 + 8\,H_2O + 2\,NH_3$$

4．生物の生存曲線は図1のような3つの型に大別される。次の問 i ・ ii に答えよ。

 i ．曲線Aのような生存曲線を示す生物としてもっとも適当なものを，次のa〜eから
　　1つ選び，その記号をマークせよ。

　　a．ミミナグサ　　　　b．セイヨウミツバチ　　　c．ヒドラ

　　d．マイワシ　　　　　e．ペンギン

ii ．曲線Aのような生存曲線を示す生物の生活様式の説明としてもっとも適当なものを，
　　次のa〜eから1つ選び，その記号をマークせよ。

　　a．初期の死亡率が低い。

　　b．初期の死亡率が高い。

　　c．生殖期以後の死亡率が高い。

　　d．生涯にわたって死亡率がほぼ一定
　　　である。

　　e．発育初期に親の保護を受ける。

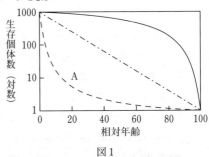

図1

5．図2はある昆虫のグループにおける DNA の塩基配列情報に基づいて作られた分子系
　統樹とその昆虫の脚のトゲに関する形質をまとめたものである。化石情報に基づいて，
　このグループの祖先の脚にはトゲはなかっ
　たと推定される。このグループ内の進化で
　おきた形質の変化の回数が最小であったと
　すると，形質の変化がどのようにおきたと
　考えたらよいか。図中の記号①〜⑨を用い
　て説明した，次のa〜fの文の中からもっ
　とも適当なものを1つ選び，その記号をマ
　ークせよ。ただし，トゲの獲得と喪失の起
　こりやすさは同程度と仮定する。

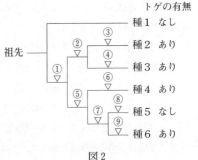

図2

　a．③と⑦でトゲの獲得がおこった。

　b．②，⑥，⑨でトゲの獲得がおこった。

　c．④と⑦でトゲの獲得がおこった。

　d．①でトゲの獲得がおこり，⑧でトゲの喪失がおこった。

　e．②と⑤でトゲの獲得が起こり，⑧でトゲの喪失がおこった。

　f．⑤でトゲの獲得がおこり，⑨でトゲの喪失が起こった。

6．次の文の空所（イ）・（ロ）それぞれにあてはまるもっとも適当な数字をしるせ。ただし，
（イ）は1以上10未満の数字を四捨五入により小数第1位までで，（ロ）は整数でしるせ。

　　酵母の培養液1mL中の細胞数を調べたい。縦と横それぞれ0.05mm，深さ0.1mmの
碁盤の目をもつスライドグラス上に，100倍に薄めた酵母の培養液0.05mLを加えて，
顕微鏡で観察した。50個の碁盤の目に存在する細胞の数を数えたところ，碁盤の目1個
あたり平均4.3個であった。酵母の培養液の原液1mL中の細胞数は（　イ　）×10の
（　ロ　）乗個である。

7．動物の個体群の大きさ（個体群全体の個体数）を調べる際に，動きが激しく見つけに
くい動物や行動範囲が広い動物の場合に採用される方法として標識再捕法があり，次の
ように行う。①調査対象の生物種の個体を個体群から複数匹捕獲（1回目の捕獲）し，
標識をつけて個体群に戻す。②標識された個体が個体群内で他の個体と十分に混ざり合
うことができる時間が経ってから2回目の捕獲を行う。③2回目に捕獲した複数匹の個
体の中に標識された個体が何匹いるのかを数えることにより，1回目の捕獲時の個体群
全体の個体数を推定する。この方法では，いくつかの条件を満たさないと個体数を正し
く推定することができない。推定した個体数が真の個体数（1回目の捕獲時の個体群全
体の個体数）よりも明らかに多くなってしまう条件として適当なものを，次のa～fか
らすべて選び，その記号をしるせ。なお，1回目の捕獲から2回目の捕獲の間の期間を
調査期間と呼ぶこととする。

　a．調査期間中に，個体群中の個体の一部が死亡する。

　b．調査期間中に，別の生物種の個体が調査対象地に侵入する。

　c．調査期間中に，標識が個体からはずれる。

　d．標識することにより，個体の死亡率が増加する。

　e．標識することにより，個体の運動能力が低下する。

　f．1回目の捕獲個体数に比べて，2回目の捕獲個体数が少ない。

8．翻訳の過程において，mRNA上の連続した塩基3つの並び（コドン）が1つのアミ
ノ酸を指定する。コドンとアミノ酸の対応関係は，以下に述べる人工的に合成した
mRNAを用いた実験をはじめとする多くの実験によって明らかになった。ニーレンバ
ーグらによる発見によれば，大腸菌をすりつぶして得た抽出液（リボソーム，各種の酵
素，アミノ酸，tRNAなどタンパク質合成に必要なものがすべて含まれる）に塩基とし
てウラシルのみを含む人工的に合成したmRNA（UUUU…）を加えると，フェニルア
ラニンだけが多数結合したポリペプチドが合成される。この結果から，UUUのコドン

はフェニルアラニンを指定すると考えられた。これと同様の実験を，加える人工
mRNA を次のように変更して行った。

【実験1】
　AAUAAU…(AAU の繰り返し) の塩基配列を持つ人工 mRNA から合成されたポリ
ペプチドに含まれるアミノ酸の種類を調べた。

【実験2】
　AUAUAU…(AU の繰り返し) の塩基配列を持つ人工 mRNA から合成されたポリペ
プチドに含まれるアミノ酸の種類を調べた。

実験1・実験2のそれぞれから得られる結果を図3のコドン表から推定した上で，実
験1・実験2の結果のみから導き出せる結論として正しいものを，次のa〜gからすべ
て選び，その記号をしるせ。なお，mRNA の塩基配列の3塩基ずつの区切り方は3通
り考えられるが，人工 mRNA を用いたポリペプチドの合成反応では，3通りの反応が
同じ効率で同時に進行するものとする。

コドン表

		U		C		A		G			
					コドンの2番目の塩基						
		U		C		A		G			
コドンの1番目の塩基	U	UUU	フェニルアラニン	UCU	セリン	UAU	チロシン	UGU	システイン	U	コドンの3番目の塩基
		UUC		UCC		UAC		UGC		C	
		UUA	ロイシン	UCA		UAA	終止コドン	UGA	終止コドン	A	
		UUG		UCG		UAG		UGG	トリプトファン	G	
	C	CUU	ロイシン	CCU	プロリン	CAU	ヒスチジン	CGU	アルギニン	U	
		CUC		CCC		CAC		CGC		C	
		CUA		CCA		CAA	グルタミン	CGA		A	
		CUG		CCG		CAG		CGG		G	
	A	AUU	イソロイシン	ACU	トレオニン	AAU	アスパラギン	AGU	セリン	U	
		AUC		ACC		AAC		AGC		C	
		AUA		ACA		AAA	リシン	AGA	アルギニン	A	
		AUG	メチオニン	ACG		AAG		AGG		G	
	G	GUU	バリン	GCU	アラニン	GAU	アスパラギン酸	GGU	グリシン	U	
		GUC		GCC		GAC		GGC		C	
		GUA		GCA		GAA	グルタミン酸	GGA		A	
		GUG		GCG		GAG		GGG		G	

図3

　a．AAA はリシンのコドンである。

　b．AAU はアスパラギンのコドンである。

　c．AUA はイソロイシンのコドンである。

　　d．AUU はイソロイシンのコドンである。

　　e．UAA はアミノ酸を指定しないコドン（終止コドン）である。

　　f．UAU はチロシンのコドンである。

　　g．UUA はロイシンのコドンである。

9．次の文の空所(イ)〜(ニ)それぞれにあてはまるもっとも適当な語句をしるせ。ただし、
　(ハ)・(ニ)は、下記の語群からそれぞれ 1 つ選び、しるせ。

　　被子植物では、花粉がめしべの柱頭に付着すると、胚のう内の（　イ　）から分泌さ
　れる誘引物質の作用により、花粉から花粉管が胚珠に向かって伸長する。花粉管内では
　雄原細胞が 1 回分裂し 2 個の精細胞になる。生じた精細胞の 1 個は卵細胞と合体して受
　精卵になり、もう 1 つの精細胞は胚のう内の（　ロ　）と合体して胚乳細胞ができる。
　このように、2 か所でほぼ同時に受精が行われることを重複受精という。一方、裸子植
　物では、重複受精はみられず、胚乳は受精を介さず胚のう内の細胞が増殖して形成され
　る。したがって、胚乳の細胞の核相は、被子植物は（　ハ　）であるが、裸子植物は
　（　ニ　）である。

　　【語群】　n, $2n$, $3n$, $4n$, $5n$

10．植物は、動物による食害に対して応答するしくみを持っている。昆虫によって食害を
　　受けたトマトの葉は、ポリペプチドでできた植物ホルモンであるシステミンをつくる。
　　システミンは、食害情報の伝達物質として働く植物ホルモン A の合成を誘導する。植物
　　ホルモン A は、食害部位および食害部位から離れた部位において、昆虫の消化液に含ま
　　れるタンパク質分解酵素の阻害物質の合成を促し、植物を食べた昆虫に摂食障害を起こ
　　す。文章中の植物ホルモン A の名称をしるせ。

Ⅱ. 次の文を読み，下記の設問 1 ～ 5 に答えよ。解答は解答用紙の所定欄にしるせ。

　真核細胞の細胞質基質にはタンパク質からなる繊維状の構造が張り巡らされ，細胞の形の保持や運動などに関与している。これらの構造は，（　イ　）と呼ばれ，太さと構成するタンパク質の種類から 3 つに分類される。微小管は，鞭毛の運動，細胞分裂の際の（　ロ　）の移動，細胞小器官の移動に関係する。（　ハ　）フィラメントは，細胞の形や核の形を保つのに役立っている。（　ニ　）フィラメントは，原形質流動（細胞質流動）や筋収縮，細胞分裂の際の細胞質分裂に関係する。

1. 文中の空所（イ）～（ニ）それぞれにあてはまるもっとも適当な語句をしるせ。ただし，漢字で表記できるものはすべて正しい漢字でしるせ。

2. 下線部 1）についての説明として適当なものを，次の a ～ j からすべて選び，その記号をしるせ。
 a. 2 本のタンパク質の鎖が平行に結合した構造
 b. 3 本のタンパク質の鎖がらせん状に巻き付いた構造
 c. 球状のタンパク質が多数結合した波型の構造
 d. 棒状のタンパク質が多数結合した棒状の構造
 e. 球状のタンパク質が多数結合した管状の構造
 f. 太さが 5 ～ 9 nm
 g. 太さが 24 ～ 25 nm
 h. 太さが 36 ～ 38 nm
 i. ケラチンが結合してできた繊維
 j. チューブリンが結合してできた繊維

3. 下線部 2）に関する次の文章を読み，下記の問 i・ii に答えよ。
　鞭毛を輪切りにすると，規則正しい構造がみられる。この構造は，周辺部の二連微小管と中心部の中心微小管からなる。二連微小管を形成する一方の微小管からは，隣の二連微小管に向かってモータータンパク質が腕のように出て結合している。モータータンパク質が隣の二連微小管との間の滑り運動を引き起こすことで，鞭毛の屈曲運動が起きる。
 i. 鞭毛あたりの二連微小管の数をしるせ。

ⅱ．モータータンパク質の名前をしるせ。

4．下線部＿＿3）を担うモータータンパク質は，微小管の方向性に従って移動する。その微小管が持つ方向性は，微小管の両側の末端の特徴により決まる。一方は比較的安定な末端である。もう一方の末端の特徴を1行でしるせ。

5．下線部＿＿4）に関する次の文章を読み，下記の問ⅰ～ⅲに答えよ。

　　脊椎動物の骨格筋は，多数のひと続きの長細い細胞が束になってできている。この細胞の細胞質には，筋原繊維とよばれる，エネルギーを利用して収縮する繊維が多数みられる。図1のように，筋原繊維では，細いフィラメント①と太いフィラメント②が交互に規則正しく配列し，Z膜で区切られたサルコメアという基本構造を繰り返している。

図1

　　図2は，サルコメアの長さと筋肉で生じる張力の関係を示している。グラフにおける相対張力は，フィラメント①とフィラメント②の重なりが多いほど増加し，フィラメント①同士が重なる場合は減少する。最大の相対張力を示すサルコメアの長さには一定の幅があり，サルコメアの長さ D_2 から D_3 のグラフは傾きがマイナス1の直線とする。また，Z膜の幅は無視できるものとする。

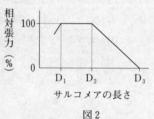

図2

ⅰ．下線部＿＿の骨格筋の細胞の，核の特徴を簡潔にしるせ。

ⅱ．図1のフィラメント②の長さを図2で用いた記号であらわせ。

ⅲ．次のサルコメアの長さのときの相対張力の値をそれぞれしるせ。

　a）$\dfrac{1}{2}(D_2 - D_1) + D_1$

　b）$\dfrac{1}{4}D_3 + \dfrac{3}{4}D_2$

Ⅲ. タンパク質に関する次の文（A）・（B）を読み，下記の設問 1 ～ 5 に答えよ。解答は解答
　　用紙の所定欄にしるせ。

（A）

　　細胞では，細胞内外の環境の変化に対応して，タンパク質の存在量が変化することがあ
　る。その変化の原因として，①タンパク質の遺伝子から mRNA が合成される速度（転写速
　度）の変化，②タンパク質の mRNA からタンパク質が合成される速度（翻訳速度）の変化，
　③タンパク質の mRNA が分解される速度の変化，④タンパク質が分解される速度の変化が
　考えられる。

　　ある細胞において，タンパク質 X のタンパク質量は酸素濃度が低下すると急速に増加す
　る。図 1 はその様子を調べた結果であり，観察を始めて 1 時間後に酸素濃度を低下させた
　場合のタンパク質 X のタンパク質量の変化を示している。この急速なタンパク質量の増加
　の原因を調べるために，タンパク質 X の mRNA の量と，タンパク質 X の合成速度の時間変化
　を調べたところ，それぞれ図 2，図 3 に示した結果になった。

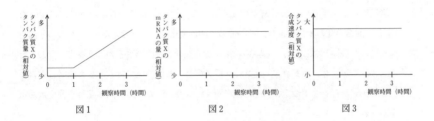

図1　　　　　　　　　　　　　図2　　　　　　　　　　　　　図3

　1. タンパク質 X の実験の結果は，「酸素が十分に存在する条件では（　イ　）が，酸素濃
　　　度が低下すると（　ロ　）」と説明することができる。空所（イ）・（ロ）の組み合わせとし
　　　て正しいものを次の a ～ f からすべて選び，その記号をしるせ。
　　　a．イ：タンパク質 X の分解を行う酵素 P が機能している。
　　　　　ロ：酵素 P の活性が阻害される。
　　　b．イ：タンパク質 X の分解を行う酵素 P が不活性型である。
　　　　　ロ：酵素 P の活性が活性化する。
　　　c．イ：タンパク質 X の分解を行う酵素 P が機能している。
　　　　　ロ：酵素 P が速やかに分解される。
　　　d．イ：タンパク質 X の分解を行う酵素 P の遺伝子の発現が抑制されている。
　　　　　ロ：酵素 P の遺伝子の発現がおこるようになる。

e．イ：タンパク質Xの遺伝子のプロモーター付近に調節タンパク質Qが結合して，タ
　　　ンパク質Xの遺伝子の転写を抑制している。

　　ロ：調節タンパク質Qがプロモーター付近からはずれる。

f．イ：タンパク質Xの遺伝子のプロモーター付近に調節タンパク質Rが結合して，タ
　　　ンパク質Xの遺伝子の転写を促進している。

　　ロ：調節タンパク質Rがプロモーター付近からはずれる。

2．タンパク質Xとは異なる，タンパク質Yとタンパク質Zも，酸素濃度が低下すると図
　1のようにそのタンパク質量が急速に増加する。タンパク質Yとタンパク質Zの急速な
　タンパク質量の増加の原因を調べるために，それぞれのタンパク質に関して，細胞当た
　りの（ⅰ）mRNAの量，（ⅱ）mRNAの合成速度，（ⅲ）タンパク質の合成速度について調べ
　た。その結果，タンパク質Yのタンパク質量の増加は，「酸素が十分に存在する条件で
　はタンパク質YのmRNAの翻訳が強く抑制されているが，酸素濃度が低下するとその
　翻訳抑制が解除されること」が原因であり，また，タンパク質Zのタンパク質量の増
　加は，「酸素が十分に存在する条件ではタンパク質ZのmRNAがすぐに分解されるが，
　酸素濃度が低下するとその分解が抑えられること」が原因であるという結論に至った
　（なお，酸素濃度の変化により，その他の反応は変化しないと考える）。これらの結論を
　導き出した根拠となる（ⅰ）～（ⅲ）の結果を示すグラフの概形はどのようなものであると
　考えられるか，タンパク質Y，タンパク質Zそれぞれについて，もっとも適当なものを
　次のa～cから1つずつ選び，その記号をマークせよ。ただし，同じ記号を何度選んで
　もかまわない。

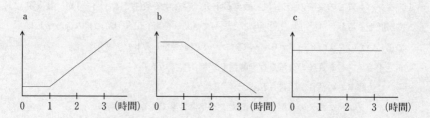

選択肢の脚注：グラフの縦軸は，mRNA量，mRNAの合成速度，タンパク質の合成速度いずれかの
　　　　　　相対値を示し，上ほど値が大きいことを示す。横軸は観察時間を示す。

（B）

　ブタの肝臓に含まれる酵素 E は，基質 F から反応生成物 G を生じる反応を触媒する。この酵素 E の性質を調べるために以下のような手順で試料を作製した。低温条件下で，ブタの肝臓を緩衝液中ですりつぶしたのち，ろ過して固形物を取り除いた。ろ液を 3 等分して，以下の処理を行った。1 つ目の試料は，半透膜の袋に入れ低温の緩衝液中に放置した。数時間ごとに 3 回，緩衝液を交換した後で，半透膜の袋の中の試料を取り出した。これを試料 I とする。2 つ目の試料は，ガラス管に移し，水分が蒸発しないように配慮しながら，95 ℃で 5 分間加熱した。これを試料 II とする。3 つ目の試料には特別な処理は加えず，低温に置いた。これを試料 III とする。これら 3 つの試料を用いて以下の実験 1・2 を行った。

【実験 1】

　3 つの試料から一定量の液を取り出し，それぞれに同じ量の基質 F を加えて酵素 E の至適温度である 37 ℃に保温した。その結果，試料 III を用いた場合のみ反応生成物 G が検出された。

【実験 2】

　試料 I と試料 II を 1：1 で混合した液を用いて【実験 1】と同様の反応を行った。その結果，反応生成物 G が検出された。

　なお，低温条件下では，酵素 E の活性は低下せず，また酵素 E は半透膜を透過しないものとする。

3．【実験 1】において，試料 I を用いた場合には反応生成物 G は検出されなかった。この結果から考えられる酵素 E の性質を 1 行でしるせ。

4．【実験 1】の結果だけでなく，【実験 2】の結果も合わせて考えてはじめてわかることを 1 行でしるせ。

5．試料 III を用いて，基質 F の濃度と反応生成物 G の生成速度との関係を調べたところ，図 4 のような結果が得られた。【実験 2】の下線部の試料を，試料 III の実験と同じ量を用いて同様の実験を行った場合，反応生成物 G の期待される最大の生成速度と基質 F の濃度の関係を解答用紙に図示せよ。解答用紙には図 4 のグラフが示してある。なお，試料 I・II を得るための操作により試料の体積は変化しないとする。

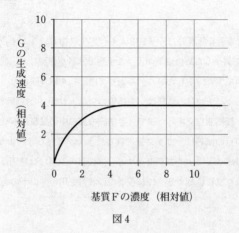

基質 F の濃度（相対値）

図 4

Ⅳ. 次の文を読み，下記の設問 1 〜 4 に答えよ。解答は解答用紙の所定欄にしるせ。

　植物の種子は，水や温度，酸素などの環境条件が整えば発芽する。発芽は植物ホルモン
によって制御される。発芽を促進する植物ホルモンである（　イ　）は様々な酵素の合成
を誘導する。（　イ　）によって発現が誘導される酵素である（　ロ　）は種子に含まれる
デンプンの分解を促進して，発芽のエネルギー源である糖を供給する。一方，種子は生育
に不利な環境条件下では，発芽を抑制する植物ホルモンである（　ハ　）の作用により休
眠する。光が発芽に影響する種子もある。
　　　　　　　1)
　発芽後，植物は地上部では茎を伸長させるとともに葉を茂らせ，地下部では根を伸ばし
て成長する。この成長は，分裂組織での細胞分裂によって支えられている。植物の地上部
　　　　　　　　　　　　2)
は横からの光を受容すると，茎が光の方向に屈曲する。これは光の刺激に対する応答であ
り，（　ニ　）と呼ばれる。この光の受容は光受容体である（　ホ　）によって感知されて
いる。
　植物の花芽形成は温度や光によって制御される。限界暗期が 10 時間の長日植物がある。
この長日植物に，6 時間の明期と暗期を交互に与えると花芽は＜　あ　＞。この長日植物
を，明期を 12 時間，暗期を 12 時間の条件で栽培した場合，花芽は＜　い　＞。この長日
植物を，明期 12 時間，暗期 12 時間で栽培するが，12 時間の暗期開始後，6 時間の時点で
10 分の光照射を行った場合，花芽は＜　う　＞。このような明期と暗期の長さに対して反
応する性質を（　へ　）という。

1．文中の空所(イ)〜(ヘ)それぞれにあてはまるもっとも適当な語句をしるせ。

2．下線部1)について，ある種子に異なる条件の光を照射して培養したところ，発芽率は図のようになった。ただし，実験のため発芽率は 0 ％または 100 ％にはならない。次の問ⅰ〜ⅲに答えよ。

  ⅰ．この種子では光がどのように発芽に影響しているか，図から読み取れる事象が 3 つある。その内の 2 つに関して，次の文の空所①・②にあてはまるもっとも適当な語句をしるせ。

    「この種子の発芽は　①　によって促進され，　②　によって抑制される。」

  ⅱ．図の条件 f と条件 g を比較して，光の影響に関して読み取れる残りの 1 つの事象について，1 行でしるせ。

  ⅲ．図のような発芽に関わる光受容体の名称をしるせ。

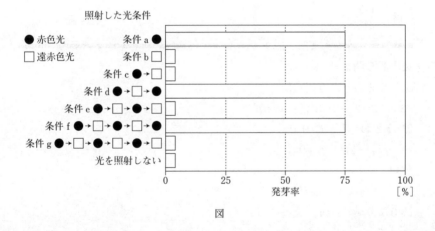

図

3．下線部2)について，茎や根を太く成長させるのに関与する分裂組織として，もっとも適当な名称をしるせ。

4．文中の空所〈あ〉〜〈う〉には，「形成される」または「形成されない」のどちらかがあてはまる。「形成される」があてはまる場合は○を，「形成されない」があてはまる場合は×をしるせ。

解答編

■数学■

◀数 学 科▶

Ⅰ　**解答**　(i)ア．2　(ii)イ．$-\dfrac{2\sqrt{2}}{3}$　(iii)ウ．120　(iv)エ．$-\dfrac{1}{4}$

(v)オ．$\dfrac{112}{243}$

━━━━◀解　説▶━━━━━━

≪小問 5 問≫

(i)　与えられた方程式は

$$2^2 \cdot 2^x - 2 \cdot (2^x)^2 + 16 = 0$$

$2^x = t$ とおくと，$t > 0$ で

$$4t - 2t^2 + 16 = 0$$

整理して

$$(t+2)(t-4) = 0$$

$t > 0$ より　　$t = 4$

よって

$$2^x = 2^2$$

すなわち　　$x = 2$　（→ア）

(ii)　$f'(t) = 3a\cos^2 t \cdot (-\sin t) + 2\cos t \cdot (-\sin t)$

$\qquad\qquad = -\sin t \cos t (3a\cos t + 2)$

$f(t)$ は $t = \dfrac{\pi}{4}$ で微分可能だから，$f(t)$ が $t = \dfrac{\pi}{4}$ で極値をとるとき

$$f'\left(\frac{\pi}{4}\right) = 0$$

すなわち

$$-\sin\frac{\pi}{4}\cos\frac{\pi}{4}\left(3a\cos\frac{\pi}{4}+2\right)=-\frac{1}{2}\left(\frac{3}{\sqrt{2}}a+2\right)=0$$

$$\therefore\quad a=-\frac{2\sqrt{2}}{3}\quad(\rightarrow \text{イ})$$

参考　本問は「$t=\dfrac{\pi}{4}$ で極値をとる（確定）。このときの a の値を求めよ」

という問い方なので，記述式の問題であったとしても〔解説〕のように書

けばよい。しかし，「$t=\dfrac{\pi}{4}$ で極値をとるような a の値を求めよ」という問

い方では，$a=-\dfrac{2\sqrt{2}}{3}$ を $f'(t)$ に代入し，増減表を描いて，$f(t)$ が $t=\dfrac{\pi}{4}$

で極値をとることを確かめる必要がある。$f'\left(\dfrac{\pi}{4}\right)=0$ だけでは，$t=\dfrac{\pi}{4}$ の前

後で $f'(t)$ の符号が変化するかどうかがわからないためである。

(iii)　線分 OP は

$$y=\frac{1071}{2023}x\quad(0\le x\le2023)$$

すなわち

$$1071x=2023y\quad(0\le x\le2023)$$

と表され，これを満たす整数 $(x,\ y)$ の個数を考える。

係数をより小さくするために，ユークリッドの互除法によって 1071 と

2023 の最大公約数を求めると

$$2023=1\times1071+952$$
$$1071=1\times952+119$$
$$952=8\times119$$

ゆえに，その最大公約数は　　　119

したがって

$$1071x=2023y\qquad 9x=17y$$

$9x=17y$ を満たす整数 $x,\ y$ について，9 と 17 は互いに素だから

$$x=17k\quad(k \text{ は整数})$$

と表せる。このとき

$$y=9k$$

$0 \leq 17k \leq 2023$ を解いて

$$0 \leq k \leq 119$$

よって，整数 k は $119-0+1=120$ 個あるから，求める個数は

$$120 \quad (\to ウ)$$

(iv)　題意の整数解は

$$\alpha = -x^2 + \frac{3}{2}x + \frac{9}{4}$$

を満たすから，直線 $y=\alpha$ と放物線

$y=-x^2+\dfrac{3}{2}x+\dfrac{9}{4}$ の共有点の x 座標として

考えられる。

$-1 \leq \alpha \leq 1$ より　　$-1 \leq -x^2 + \dfrac{3}{2}x + \dfrac{9}{4} \leq 1$

で，これを満たす整数 x は右図より $x=-1$ のみである。よって

$$\alpha = -1 - \frac{3}{2} + \frac{9}{4} = -\frac{1}{4} \quad (\to エ)$$

(v)　5回コインを投げて表が x 回，裏が $(5-x)$ 回とすると，投げ終わっ
たときの得点は

$$1 \times x + (-1) \times (5-x) = 2x-5$$

この得点が3点以上となるのは

$$2x-5 \geq 3$$

すなわち　　$x \geq 4$

したがって，得点が3点以上となるのは表が4回または5回出た場合であ
り，これらの事象は互いに排反だから，求める確率は

$$_5C_4\left(\frac{2}{3}\right)^4 \cdot \frac{1}{3} + \left(\frac{2}{3}\right)^5 = \left(\frac{2}{3}\right)^4\left(\frac{5}{3} + \frac{2}{3}\right) = \frac{112}{243} \quad (\to オ)$$

Ⅱ　**解答**　(i)　$\overrightarrow{OD} = \dfrac{1}{2}\vec{a} + \dfrac{1}{2}\vec{c}$

$\overrightarrow{OE} = \dfrac{1}{2}\vec{b} + \dfrac{1}{2}\vec{c}$

$\overrightarrow{OP} = \dfrac{1}{3}\vec{a} + \dfrac{1}{6}\vec{b} + \dfrac{1}{2}\vec{c}$

(ii)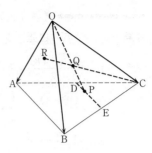

$$\begin{aligned}\overrightarrow{OR} &= \overrightarrow{OC} + \overrightarrow{CR} \\ &= \overrightarrow{OC} + l\,\overrightarrow{CQ} \\ &= \overrightarrow{OC} + l\left(\overrightarrow{OQ} - \overrightarrow{OC}\right) \\ &= kl\,\overrightarrow{OP} + (1-l)\,\overrightarrow{OC} \\ &\qquad\left(\because\ \overrightarrow{OQ} = k\overrightarrow{OP}\right) \\ &= kl\left(\frac{1}{3}\vec{a} + \frac{1}{6}\vec{b} + \frac{1}{2}\vec{c}\right) + (1-l)\vec{c} \\ &= \frac{kl}{3}\vec{a} + \frac{kl}{6}\vec{b} + \left(\frac{kl}{2} - l + 1\right)\vec{c}\ \ \cdots\cdots\text{(答)}\end{aligned}$$

(iii)　$\overrightarrow{OR}$ は(ii)のように表される。一方，R が平面 OAB 上にあるとき，実数 x，y を用いて $\overrightarrow{OR} = x\vec{a} + y\vec{b}$ の形に表される。$\overrightarrow{OR}$ は $\vec{a}$，$\vec{b}$，$\vec{c}$ によってただ 1 通りに表されるから

$$\frac{kl}{2} - l + 1 = 0$$

整理して　　$(2-k)\,l = 2$

$0 < k < 1$ より $2-k > 0$ であり，$2-k \neq 0$ より

$$l = \frac{2}{2-k}\ \ \cdots\cdots\text{(答)}$$

(iv)　(iii)の結果より，R が平面 OAB 上にあるとき

$$\overrightarrow{OR} = \frac{2k}{3(2-k)}\vec{a} + \frac{k}{3(2-k)}\vec{b}$$

と表される。この R が線分 FG 上にある条件を考える。

$\overrightarrow{OF} = \dfrac{1}{2}\vec{a}$, $\overrightarrow{OG} = \dfrac{1}{2}\vec{b}$ より

$$\begin{aligned}\overrightarrow{OR} &= \frac{2k}{3(2-k)}\left(2\overrightarrow{OF}\right) + \frac{k}{3(2-k)}\left(2\overrightarrow{OG}\right) \\ &= \frac{4k}{3(2-k)}\overrightarrow{OF} + \frac{2k}{3(2-k)}\overrightarrow{OG}\end{aligned}$$

となるから，R が線分 FG 上にある条件は

$$\frac{4k}{3(2-k)} + \frac{2k}{3(2-k)} = 1\ \ \text{かつ}\ \ \frac{4k}{3(2-k)} \geq 0\ \ \text{かつ}\ \ \frac{2k}{3(2-k)} \geq 0$$

これを解いて

$$k = \frac{2}{3}\ (0 < k < 1\ \text{を満たす})\ \ \cdots\cdots\text{(答)}$$

◀━━━━◀解 説▶━━━━▶

≪線分の内分点の位置ベクトル，点が四面体の面上にある条件≫

(i) $\overrightarrow{OD} = \dfrac{\overrightarrow{OA} + \overrightarrow{OC}}{2} = \dfrac{1}{2}\vec{a} + \dfrac{1}{2}\vec{c}$

$\overrightarrow{OE} = \dfrac{\overrightarrow{OB} + \overrightarrow{OC}}{2} = \dfrac{1}{2}\vec{b} + \dfrac{1}{2}\vec{c}$

$\overrightarrow{OP} = \dfrac{2\overrightarrow{OD} + \overrightarrow{OE}}{3} = \dfrac{2}{3}\left(\dfrac{1}{2}\vec{a} + \dfrac{1}{2}\vec{c}\right) + \dfrac{1}{3}\left(\dfrac{1}{2}\vec{b} + \dfrac{1}{2}\vec{c}\right) = \dfrac{1}{3}\vec{a} + \dfrac{1}{6}\vec{b} + \dfrac{1}{2}\vec{c}$

(iii) Rが平面 OAB 上にあるとき，$\overrightarrow{OR}$ は平面 OAB 上のベクトルであり，$\vec{a}$ と $\vec{b}$ を用いてただ 1 通りに表される。これと(ii)の結果を照らし合わせると，$\vec{c}$ の項は含まれない（$\vec{c}$ の係数は 0）ことになる。

(iv) Rが線分 FG 上にある条件は，実数 s, t を用いて

$\overrightarrow{OR} = s\overrightarrow{OF} + t\overrightarrow{OG}, \quad s+t=1, \quad s \geqq 0, \quad t \geqq 0$

と表されることである。そこで，まず $\vec{a}$ と $\vec{b}$ の式を $\overrightarrow{OF}$ と $\overrightarrow{OG}$ の式に書き換え，続いて s, t の条件を記した。$0 < k < 1$ より $\dfrac{4k}{3(2-k)} \geqq 0$ と

$\dfrac{2k}{3(2-k)} \geqq 0$ は満たされているから，$\dfrac{4k}{3(2-k)} + \dfrac{2k}{3(2-k)} = 1$ を解けばよい。

Ⅲ 解答

(i) $y = -\dfrac{3}{p^2}x + \dfrac{6}{p} - 8$

(ii) l が原点を通るとき，(i)の結果に $x=0$, $y=0$ を代入して

$\dfrac{6}{p} - 8 = 0 \qquad \therefore \quad p = \dfrac{3}{4} \quad \cdots\cdots(答)$

(iii) $\begin{cases} y = \dfrac{3}{x} - 8 \\ y = ax \end{cases}$

から y を消去して

$\dfrac{3}{x} - 8 = ax$

整理して

$ax^2 + 8x - 3 = 0 \quad \cdots\cdots①$

C と m が $x>0$ で異なる 2 点を共有するための条件は，①から求められる共有点の x 座標が異なる 2 つの正の値となることである。

まず，①が 2 次方程式となることが必要だから $a \neq 0$ で，このとき①の判別式を D とすると $D>0$，すなわち

$$\frac{D}{4}=16+3a>0$$

$$a>-\frac{16}{3}$$

さらに，①が 2 つの正の解を持つ条件は，解と係数の関係より，2 解の和 $-\dfrac{8}{a}$ と 2 解の積 $-\dfrac{3}{a}$ について

$$-\frac{8}{a}>0 \text{ かつ } -\frac{3}{a}>0$$

すなわち　　$a<0$

よって，求める a の値の範囲は

$$-\frac{16}{3}<a<0 \quad \cdots\cdots (答)$$

(iv)　x_0, x_1 は①の異なる 2 つの正の解だから，解と係数の関係より

$$x_0+x_1=-\frac{8}{a}, \quad x_0 x_1=-\frac{3}{a}$$

与えられた条件は $x_0-x_1=1$，すなわち $(x_0-x_1)^2=1$ より

$$(x_0+x_1)^2-4x_0 x_1=1$$

$$\frac{64}{a^2}+\frac{12}{a}=1$$

整理して

$$(a+4)(a-16)=0$$

(iii)の結果より　　$a=-4$ 　$\cdots\cdots$(答)

(v)　$a=-4$ のとき，①を解くと

$$-4x^2+8x-3=0$$

$$(2x-1)(2x-3)=0$$

$$x=\frac{1}{2}, \ \frac{3}{2}$$

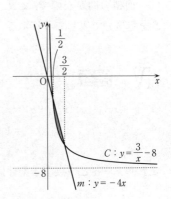

$\dfrac{1}{2}<x<\dfrac{3}{2}$ においては m が C よりも上側に

あるから，求める面積 S は

$$S = \int_{\frac{1}{2}}^{\frac{3}{2}} \left\{ -4x - \left(\frac{3}{x} - 8 \right) \right\} dx$$

$$= \left[-2x^2 + 8x - 3\log x \right]_{\frac{1}{2}}^{\frac{3}{2}}$$

$$= 4 - 3\log 3 \quad \cdots\cdots (答)$$

━━━━◀解　説▶━━━━

≪接線の方程式，曲線と直線が異なる 2 点を共有する条件，面積≫

(i)　$y = \dfrac{3}{x} - 8$ について，$y' = -\dfrac{3}{x^2}$ より，l の方程式は

$$y - \left(\frac{3}{p} - 8 \right) = -\frac{3}{p^2}(x - p)$$

すなわち

$$y = -\frac{3}{p^2}x + \frac{6}{p} - 8$$

(iii)・(iv)　方程式 $ax^2 + 8x - 3 = 0$ は最高次の係数が文字なので，2 次方程式だと決め込まないように注意。$a = 0$ のときは 1 次方程式 $8x - 3 = 0$ になるが，異なる 2 つの実数解 x_0，x_1 を持つことから 2 次方程式でなければならない。次に，判別式を用いて考えると $a > -\dfrac{16}{3}$ かつ $a \neq 0$ となるが，C（双曲線の片方である）は $x > 0$ の領域にしか存在しないから，$x_0 > x_1 > 0$ となることにも注意しなければならない。2 つの解がともに正となる条件を付け加える必要があり，それが解と係数の関係を用いた部分である。

(v)　面積の問題なので，C と m を図示し，その位置関係を把握してから S を定積分で表して計算する。

Ⅳ　解答　(i)　$x_2 = 3$，$x_3 = 2$，$x_4 = \sqrt{3}$

(ii)　$(x_{n+1} - \alpha)(x_{n+1} + \alpha) = x_{n+1}{}^2 - \alpha^2$

$$= 1 + x_n - \alpha^2$$

$$= x_n - (\alpha^2 - 1)$$

これが $x_n - \alpha$ と一致する条件は

$$\alpha^2 - 1 = \alpha$$
$$\alpha^2 - \alpha - 1 = 0$$

$\alpha > 0$ より $\quad \alpha = \dfrac{1 + \sqrt{5}}{2} \quad \cdots\cdots(答)$

(iii) 「$x_n > \alpha$」を(A)とする。

[1] $n = 1$ のとき

$$x_1 - \alpha = 8 - \frac{1 + \sqrt{5}}{2} = \frac{15 - \sqrt{5}}{2} > 0$$

すなわち $\quad x_1 > \alpha$

よって，$n = 1$ のとき，(A)は成り立つ。

[2] $n = k$ のとき(A)が成り立つと仮定すると

$$x_k > \alpha$$

このとき，(ii)の式より

$$(x_{k+1} - \alpha)(x_{k+1} + \alpha) = x_k - \alpha$$

$x_k - \alpha > 0$, $x_{k+1} + \alpha = \sqrt{1 + x_k} + \alpha > 0$ より

$$x_{k+1} - \alpha > 0$$

すなわち $\quad x_{k+1} > \alpha$

よって，$n = k + 1$ のときにも(A)は成り立つ。

[1]，[2] から，すべての自然数 n について(A)は成り立つ。

(証明終)

(iv) (ii)の式より

$$x_{n+1} - \alpha = \frac{1}{x_{n+1} + \alpha}(x_n - \alpha) \quad \cdots\cdots①$$

ここで

$$x_{n+1} + \alpha = \sqrt{1 + x_n} + \alpha \geqq \alpha = \frac{1 + \sqrt{5}}{2} > \frac{1 + 2}{2} = \frac{3}{2}$$

$$(\because \quad \sqrt{1 + x_n} \geqq 0, \ \sqrt{5} > 2)$$

となるから

$$x_{n+1} + \alpha > \frac{3}{2} \text{ すなわち } 0 < \frac{1}{x_{n+1} + \alpha} < \frac{2}{3}$$

さらに，(iii)より $x_n - \alpha > 0$, $x_{n+1} - \alpha > 0$ であること，および①より

$$x_{n+1} - \alpha < \frac{2}{3}(x_n - \alpha) \quad \cdots\cdots②$$

②を繰り返し用いると，十分大きい n に対して

$$x_n - \alpha < \frac{2}{3}(x_{n-1} - \alpha) < \frac{2}{3} \cdot \frac{2}{3}(x_{n-2} - \alpha) < \frac{2}{3} \cdot \frac{2}{3} \cdot \frac{2}{3}(x_{n-3} - \alpha)$$

$$< \cdots < \left(\frac{2}{3}\right)^{n-1}(x_1 - \alpha)$$

これと $x_n - \alpha > 0$ より

$$0 < x_n - \alpha < \frac{15 - \sqrt{5}}{2}\left(\frac{2}{3}\right)^{n-1}$$

$0 < \dfrac{2}{3} < 1$ より

$$\lim_{n \to \infty} \frac{15 - \sqrt{5}}{2}\left(\frac{2}{3}\right)^{n-1} = 0$$

はさみうちの原理より

$$\lim_{n \to \infty}(x_n - \alpha) = 0$$

よって　　$\displaystyle\lim_{n \to \infty} x_n = \alpha = \dfrac{1 + \sqrt{5}}{2}$　……(答)

参考 　(iv)の前半部分について，〔解答〕では $\sqrt{1 + x_n} \geqq 0$ と $\sqrt{5} > 2$ を用いて $x_{n+1} + \alpha > \dfrac{3}{2}$ を導いたが，この右辺は $\dfrac{3}{2}$ である必要はなく，次のように考えてもよい。

「初項 $x_1 = 8$ と与えられた漸化式より $x_n > 0$」と述べてから

$$x_{n+1} + \alpha = \sqrt{1 + x_n} + \alpha > 1 + \alpha = \frac{3 + \sqrt{5}}{2} > \frac{3 + 2}{2} = \frac{5}{2}$$

$$x_{n+1} + \alpha > \frac{5}{2}$$

すなわち

$$0 < \frac{1}{x_{n+1} + \alpha} < \frac{2}{5}$$

$x_n - \alpha > 0$，$x_{n+1} - \alpha > 0$ であることと①より

$$x_{n+1} - \alpha < \frac{2}{5}(x_n - \alpha) \quad \cdots\cdots ②'$$

あるいは，$\sqrt{5}$ が含まれていても差し支えないので

$$x_{n+1} + \alpha = \sqrt{1 + x_n} + \alpha \geqq \alpha = \frac{1 + \sqrt{5}}{2}$$

$$x_{n+1}+\alpha \geqq \frac{1+\sqrt{5}}{2}$$

すなわち

$$0<\frac{1}{x_{n+1}+\alpha}\leqq \frac{2}{\sqrt{5}+1}=\frac{\sqrt{5}-1}{2}$$

$x_n-\alpha>0$, $x_{n+1}-\alpha>0$ であることと①より

$$x_{n+1}-\alpha \leqq \frac{\sqrt{5}-1}{2}(x_n-\alpha) \quad \cdots\cdots ②''$$

$\dfrac{2}{3}$, $\dfrac{2}{5}$, $\dfrac{\sqrt{5}-1}{2}$ など，いずれにせよ，1 より小さい正の値が出てくるように工夫すればよい。

■■■■■ ◀解　説▶ ■■■■■

≪漸化式，数学的帰納法，はさみうちの原理≫

与えられた漸化式は解けないタイプなので，x_n を求めてから $\lim\limits_{n\to\infty}x_n$ を考えることはできない。それゆえ，残る手段としてははさみうちの原理の利用で，(ii)と(iii)が(iv)ではさみうちの不等式を導くための誘導になっている。

(iv)では，まず $\dfrac{1}{x_{n+1}+\alpha}$ を定数で置き換えることを考える。置き換え方は 1 通りではなく，〔解答〕や〔参考〕はその中の一例である。

そして，導かれた②は不等式なので，x_n の情報にするには一工夫必要である。$x_{n-1}-\alpha<\dfrac{2}{3}(x_{n-2}-\alpha)$, $x_{n-2}-\alpha<\dfrac{2}{3}(x_{n-3}-\alpha)$, $\cdots$, $x_2-\alpha<\dfrac{2}{3}(x_1-\alpha)$ を順次代入していくことによって，$x_n-\alpha$ についてのはさみうちの不等式になる。

◀物理・化・生命理学科▶

I　◀数学科▶のⅠに同じ。

Ⅱ　◀数学科▶のⅡに同じ。

Ⅲ　◀数学科▶のⅢに同じ。

❖講　評

　数学科は試験時間 90 分で Ⅰ 〜 Ⅳ の 4 題，物理・化・生命理学科は試験時間 75 分で Ⅰ 〜 Ⅲ の 3 題の出題である。2023 年度も素直な良問ばかりで，実力が確実に反映される内容である。典型的な設問が多く，計算力が重視されることは過去 2 年と同様で，記述量は 2022 年度並みである。難易度は，2022 年度にやや重たくなった Ⅰ が同程度のレベルで，全体としても 2022 年度並みといえる。

　Ⅰ　小問 5 問の構成。いずれも答えのみを書かせる形式なので，計算ミスがないよう細心の注意を払いたい。教科書でいえば，(ⅰ)，(ⅱ)，(ⅴ)は節末問題レベル，(ⅲ)，(ⅳ)は章末問題を超えるレベルである。(ⅲ)は問題集に類題が見当たらない問題で，2 つの 4 桁の数をどのように扱うべきか迷う。また，(ⅳ)は〔解答〕のように図を用いると早いが，2 次方程式の整数解を視覚的に考える経験が少ないと，煩雑な計算に走って結局正答に至らないというケースも起こり得るだろう。

　Ⅱ　四面体 OABC に関する，頂点 O を基準点とした位置ベクトルの計算問題。(ⅲ)，(ⅳ)では，空間ベクトル $\overrightarrow{OR}$ がいつの間にか平面 OAB 上の平面ベクトル扱いになるので，思考を空間から平面に切り替え，落ち着いて確実に解答したい。

　Ⅲ　与えられた曲線（双曲線の片方）について，接線の方程式，曲線と直線 $y = ax$ が異なる 2 点を共有するための条件，曲線と直線で囲まれた部分の面積を問う微・積分法の総合問題。曲線が $x > 0$ の領域にしか存在しないことに注意して，(ⅲ)の a の条件を正しく求められたかどうかで差がついたと思われる。

　Ⅳ　はさみうちの原理を利用して数列 $\{x_n\}$ の極限値を求める問題。本問は解けない漸化式と数列の極限に関する問題の典型例であり，他の類題よりは親切な誘導が付いているが，それでも(ⅳ)は初見では厳しく，経験の有無がものを言うであろう。

　時間がかかりそうな問題は Ⅰ の(ⅲ)，(ⅳ)と Ⅲ の(ⅲ)，Ⅳ の(ⅳ)で，落ち着いて最初から順番通りに解いていけばよいであろう。しかし，最初のほうに時間のかかる問題が来ていたり，誘導に乗るまでに思わぬ時間を費やしたりする場合もあり得るので，全体を見渡してから解答を始める心がけは常に大切である。

物理

I 解答 1. evB　2－d　3－b　4－d

◀解　説▶

≪ホール効果，半導体≫

3．ローレンツ力によって自由電子は点Pのある面に集まり，点Pのある面は負に，点Qのある面は正に帯電する。よって，点Qの電位の方が点Pの電位より高い。

4．n型半導体のキャリアは電子である。金属試料と同様に，点Qの電位の方が点Pの電位より高い。

II 解答 1. $\dfrac{P_0SL}{R}$　2. P_1：e　T_1：i

◀解　説▶

≪ばねがついたピストン≫

1．初期状態で，ばねは自然長であるから，容器内の気体の圧力は大気圧と等しく，P_0である。容器内の気体の温度を T_0 とする。体積は SL であり，状態方程式を用いて

$$P_0(SL) = RT_0 \qquad \therefore \quad T_0 = \frac{P_0SL}{R}$$

2．ばねの縮みは $3L$ であり，弾性力は $3kL$ となる。ピストンにはたらく力のつり合いから

$$P_1S = P_0S + 3kL \qquad \therefore \quad P_1 = P_0 + \frac{3kL}{S}$$

容器内の気体の体積は $4SL$ であり，状態方程式を用いて

$$P_1(4SL) = RT_1$$

$$\therefore \quad T_1 = 4SP_1 \cdot \frac{L}{R} = 4S\left(P_0 + \frac{3kL}{S}\right)\frac{L}{R}$$

Ⅲ 解答

1．あ．$2C_0$　い．$\dfrac{V_0}{2}$　2．う．$\dfrac{2\varepsilon_r}{1+\varepsilon_r}C_0$

3．え．$\dfrac{Q_0{}^2 \varDelta d}{2\varepsilon_0 L^2}$　お．$\dfrac{Q_0{}^2}{2\varepsilon_0 L^2}$

◀解　説▶

≪金属板と誘電体の挿入，極板間に働く力≫

1．あ．金属板を入れると，その厚さの分だけ極板間隔
が狭くなったとみなせる。よって，右図のような2つの
コンデンサーが，直列に接続されているとみなせる。コ
ンデンサーの電気容量は，電極の間隔に反比例するので，

電気容量はそれぞれ $\dfrac{d}{d_1}C_0$，$\dfrac{d}{d_2}C_0$ となる。これら2つ

の合成容量を C_1 とすると

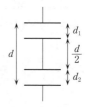

$$\frac{1}{C_1} = \frac{d_1}{dC_0} + \frac{d_2}{dC_0} = \frac{d_1 + d_2}{dC_0}$$

$$= \frac{d - \dfrac{d}{2}}{dC_0} = \frac{1}{2C_0}$$

∴　$C_1 = 2C_0$

い．電極間の電圧 V_1 は，$Q_0 = C_0 V_0$ を用いて

$$V_1 = \frac{Q_0}{C_1} = \frac{C_0 V_0}{2C_0} = \frac{V_0}{2}$$

2．う．誘電体を挿入したコンデンサーは，真空，誘電
体，真空の3つに分解し，それらの直列接続とみなせる
（右図）。誘電体がある部分の電気容量は

$$\varepsilon_r \frac{d}{\left(\dfrac{d}{2}\right)} C_0 = 2\varepsilon_r C_0$$

これら3つの合成容量を C_2 とすると

$$\frac{1}{C_2} = \frac{d_1}{dC_0} + \frac{1}{2\varepsilon_r C_0} + \frac{d_2}{dC_0}$$

$$= \left(\frac{d_1}{dC_0} + \frac{d_2}{dC_0}\right) + \frac{1}{2\varepsilon_r C_0}$$

$$= \frac{1}{2C_0} + \frac{1}{2\varepsilon_r C_0} = \frac{1+\varepsilon_r}{2\varepsilon_r C_0}$$

$$\therefore \quad C_2 = \frac{2\varepsilon_r}{1+\varepsilon_r} C_0$$

3．え．図1の状態に戻したときの静電エネルギー U は

$$U = \frac{Q_0{}^2}{2C_0}$$

極板の間隔を拡げたときのコンデンサーの電気容量 C_3，静電エネルギー U' は

$$C_3 = \frac{d}{d+\Delta d} C_0$$

$$U' = \frac{Q_0{}^2}{2C_3} = \frac{Q_0{}^2(d+\Delta d)}{2C_0 d}$$

静電エネルギーの増加量は，$C_0 = \varepsilon_0 \dfrac{L^2}{d}$ を用いて

$$U' - U = \frac{Q_0{}^2(d+\Delta d)}{2C_0 d} - \frac{Q_0{}^2}{2C_0}$$

$$= \frac{Q_0{}^2 \Delta d}{2C_0 d} = \frac{Q_0{}^2 \Delta d}{2\varepsilon_0 L^2}$$

お．極板間に働く力の大きさを F とする。間隔を拡げる大きさ F の外力がする仕事 $F\Delta d$ は，静電エネルギーの増加分 $U' - U$ に等しい。

$$F\Delta d = U' - U = \frac{Q_0{}^2 \Delta d}{2\varepsilon_0 L^2}$$

$$\therefore \quad F = \frac{Q_0{}^2}{2\varepsilon_0 L^2}$$

Ⅳ 解答

1．あ．$\dfrac{2L}{n}$　い．$\dfrac{h^2}{8m_e L^2}n^2$　う．$\dfrac{8m_e L^2 c}{h(n_1{}^2 - n_2{}^2)}$

2．$n=1 : \dfrac{L}{2}$　$n=2 : \dfrac{3L}{4}$　$n=3 : \dfrac{5L}{6}$

◀解　説▶

≪電子の物質波≫

1．あ．この問題は，弦の固有振動のモデルに対応させることができる。弦の長さを L とすると，定常波の腹が n 個あるときの波長 λ_n は

$$L = n \cdot \frac{\lambda_n}{2} \quad \therefore \quad \lambda_n = \frac{2L}{n}$$

い．電子の物質波の波長が λ_n のときの運動量 p_n は

$$p_n = \frac{h}{\lambda_n} = \frac{h}{2L} n$$

電子の物質波のエネルギー準位 E_n は

$$E_n = \frac{p_n^2}{2m_e} = \frac{1}{2m_e}\left(\frac{h}{2L}n\right)^2$$

$$= \frac{h^2}{8m_e L^2} n^2$$

う．光子の波長を λ とする。ボーアの水素原子モデルの振動数条件より

$$\frac{hc}{\lambda} = E_{n_1} - E_{n_2} = \frac{h^2}{8m_e L^2} n_1^2 - \frac{h^2}{8m_e L^2} n_2^2$$

$$\therefore \quad \lambda = \frac{8m_e L^2 c}{h(n_1^2 - n_2^2)}$$

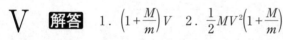

2．$x = L$ に一番近い腹の位置は，図の P_1，P_2，P_3 である。

V 解答

1．$\left(1 + \dfrac{M}{m}\right)V$　　2．$\dfrac{1}{2}MV^2\left(1 + \dfrac{M}{m}\right)$

3．$\dfrac{1}{2F}MV^2\left(1 + \dfrac{M}{m}\right)$　　4．$\sqrt{2\mu' gd}$　　5―g

◀解　説▶

≪合体とエネルギー，動摩擦力と仕事≫

1．衝突直前の弾丸Rの速さを v とする。運動量保存の法則より

$$mv = (m + M)V$$

$$\therefore \quad v = \left(1 + \frac{M}{m}\right)V$$

2．運動エネルギーの和の減少量は

$$\frac{1}{2}mv^2 - \frac{1}{2}(m + M)V^2$$

$$= \frac{1}{2}m\left(1 + \frac{M}{m}\right)^2 V^2 - \frac{1}{2}(m + M)V^2$$

$$= \frac{1}{2} MV^2 \left(1 + \frac{M}{m}\right)$$

3. 弾丸Rがくいこむ距離を s とする。抵抗力のする仕事の量だけ，運動エネルギーの和が減少するから

$$\frac{1}{2} MV^2 \left(1 + \frac{M}{m}\right) = Fs$$

$$\therefore \quad s = \frac{1}{2F} MV^2 \left(1 + \frac{M}{m}\right)$$

4. 弾丸Rが撃ち込まれた物体Sが受ける垂直抗力は $(m+M)g$ なので，動摩擦力の大きさは $\mu'(m+M)g$ である。$V = V_{\min}$ のとき，この物体がQで静止する。動摩擦力がする仕事の分だけ，運動エネルギーが変化する。

$$0 - \frac{1}{2} (m+M) V_{\min}^2 = -\mu'(m+M) g \cdot d \quad \cdots\cdots ①$$

$$\therefore \quad V_{\min} = \sqrt{2\mu' g d}$$

5. $V > V_{\min}$ のとき，この物体がQを通過する速さを V_Q とする。動摩擦力がする仕事の分だけ，運動エネルギーが変化する。

$$\frac{1}{2} (m+M) V_Q^2 - \frac{1}{2} (m+M) V^2 = -\mu'(m+M) g \cdot d$$

式①を代入して

$$\frac{1}{2} (m+M) V_Q^2 - \frac{1}{2} (m+M) V^2 = -\frac{1}{2} (m+M) V_{\min}^2$$

$$V_Q = \sqrt{V^2 - V_{\min}^2}$$

PQ 間の摩擦によって，運動量が減少する。その大きさは

$$(m+M) V - (m+M) V_Q = (m+M) (V - \sqrt{V^2 - V_{\min}^2})$$

Ⅵ 解答

1. あ. 0　い. $2(b-a) V^2$　う. $a=b$
え. $2(b-a) V(V-c)$　お. $a=b$

2. か. $V-a-c$　き. $V-a-c$　3. く. $V-2a$

◀解　説▶

≪風がある場合のドップラー効果≫

1. い. 観測者Oが音源Sから聞こえる音の振動数を f_3 とすると

$$f_3 = \frac{V}{V+a} f$$

反射板 R が受ける音の振動数を f_4，観測者 O が反射板 R から聞こえる音の振動数を f_5 とすると

$$f_4 = \frac{V-b}{V-a}f$$

$$f_5 = \frac{V}{V+b}f_4 = \frac{V(V-b)}{(V+b)(V-a)}f$$

観測者 O に聞こえる「うなり」の数は，$b \geqq a > 0$ を用いて

$$|f_3 - f_5| = \left| \frac{V}{V+a}f - \frac{V(V-b)}{(V+b)(V-a)}f \right|$$

$$= \frac{2(b-a)V^2}{(V+a)(V-a)(V+b)}f \quad \cdots\cdots①$$

う．式①より，「うなり」の個数が 0 個になる条件は　　$a = b$

え．観測者 O が音源 S から聞こえる音の振動数を f_6，観測者 O が反射板 R から聞こえる音の振動数を f_7 とすると

$$f_6 = \frac{V-c}{V+a}f$$

$$f_7 = \frac{V-c}{V+b}f_4 = \frac{(V-c)(V-b)}{(V+b)(V-a)}f$$

観測者 O に聞こえる「うなり」の数は，$b \geqq a > 0$ を用いて

$$|f_6 - f_7| = \left| \frac{V-c}{V+a}f - \frac{(V-c)(V-b)}{(V+b)(V-a)}f \right|$$

$$= \frac{2(b-a)V(V-c)}{(V+a)(V-a)(V+b)}f \quad \cdots\cdots②$$

お．式②より，「うなり」の個数が 0 個になる条件は　　$a = b$

2．か．観測者 O が音源 S から聞こえる音の振動数を f_8 とすると，$d = a$ を用いて

$$f_8 = \frac{(V-d)-c}{(V-d)+a}f = \frac{V-a-c}{V}f \quad \cdots\cdots③$$

き．反射板 R が受ける音の振動数を f_9，観測者 O が反射板 R から聞こえる音の振動数を f_{10} とすると，$d = a$, $a = b$ を用いて

$$f_9 = \frac{(V+d)-b}{(V+d)-a}f = f$$

$$f_{10} = \frac{(V-d)-c}{(V-d)+b}f_9 = \frac{V-a-c}{V}f$$

3．く．$c=a$ における振動数を f_{11} とすると，③より

$$f_{11} = \frac{V - 2a}{V} f$$

❖講　評

　全体として基本的な問題で構成されている。教科書レベルの問題を確実に解くことが求められている。

　Ⅰ　ホール効果についての問題である。前半の金属試料については，教科書の本文に記載されている。後半は n 型半導体の試料に置き換えている。電子がキャリアであるから，前半の金属試料と同様に扱うことができる。

　Ⅱ　円筒容器中にある，ばねがついたピストンについての問題である。力のつり合い，理想気体の状態方程式から求める基本問題である。

　Ⅲ　コンデンサーに金属板や誘電体を挿入する典型的な問題。極板間に働く力の大きさは，静電エネルギーの変化から求める。

　Ⅳ　電子の物質波について，あまり見ないタイプの問題である。問題文中の限られた条件から，誘導に沿って立式して，波長などを求めていく。

　Ⅴ　A．合体とエネルギーの標準的な問題。B．運動エネルギーの変化と仕事の関係を用いて，物体の速度を求める。動摩擦力は一定なので，等加速度運動の公式を用いてもよい。

　Ⅵ　反射板や風がある場合のドップラー効果を考える問題である。直接届く音と反射板を経由する音の振動数を，条件を整理して手際よく求められるようにしたい。

■化学■

◀化・生命理学科▶

I 解答 1 — b 2 — d 3 — d

━━━━◀解 説▶━━━━

≪沸点上昇, 酸化還元反応, 糖類の還元性≫

1. 沸点上昇度は, 溶質粒子の質量モル濃度に比例するので, 電解質の水溶液の場合は, 電離により生じるイオンの数を考慮する必要がある。
NaCl 水溶液では

$$NaCl \longrightarrow Na^+ + Cl^-$$

より, 1mol の NaCl から 2mol のイオンが生じる。
CaCl₂ 水溶液では

$$CaCl_2 \longrightarrow Ca^+ + 2Cl^-$$

より, 1mol の CaCl₂ から 3mol のイオンが生じる。これらをふまえると, 各水溶液の溶質粒子の質量モル濃度は次のようになる。

　a. $0.10 \times 2 = 0.20$ 〔mol/kg〕　　b. $0.20 \times 2 = 0.40$ 〔mol/kg〕
　c. $0.10 \times 3 = 0.30$ 〔mol/kg〕　　d. 0.20 mol/kg　　e. 0.20 mol/kg

よって, 沸点がもっとも高いものはbである。

2. 酸化還元反応では, 反応の前後で酸化数が変化している原子がある。イ, ロ, ハは酸化還元反応ではなく, O原子の酸化数はすべて−2である。ニは酸化還元反応であり, H_2O_2 のO原子の酸化数は−1, H_2O のO原子の酸化数は−2である。なお, この反応の H_2O_2 は酸化剤と還元剤の両方のはたらきをしている。

3. 分子内にヘミアセタール構造 $>C<^{O-}_{OH}$ をもつ単糖類と二糖類は, 水溶液中で一部が開環することで還元性を示す。スクロースは, α-グルコースのヘミアセタール構造の−OHと, β-フルクトースのヘミアセタール

構造の－OH が結合しているため，開環することができず，水溶液は還元性を示さない。

ヘミアセタール構造

α-グルコース *β*-フルクトース スクロース

II 解答 1 － c
2．0.97 kg

3．$2NH_4Cl + Ca(OH)_2 \longrightarrow 2NH_3 + 2H_2O + CaCl_2$

4．5.0

5．アンモニア：0.95 g 水素：0.21 g

━━━━◀解 説▶━━━━

≪アンモニアの工業製法と実験室的製法，塩の加水分解と pH，電気分解≫

1．触媒は，反応の前後で変化せず，活性化エネルギーを小さくすることで，反応速度を大きくする作用をもつ。よって，平衡に達するまでの時間が短くなる。

a・b・d．誤文。触媒は平衡の移動には関与せず，反応熱も変化させない。

e．誤文。触媒を加えると，正反応の速度も逆反応の速度も大きくなる。

2．生成する CO_2 を x〔mol〕とすると，式⑶の反応で生成する H_2 と，反応する CO はともに x〔mol〕である。よって，式⑵の反応で生成する CO は x〔mol〕，H_2 は $3x$〔mol〕となるから，式⑴の反応で用いられる H_2 の物質量は

$$x + 3x = 4x \text{〔mol〕}$$

である。1.0 kg の NH_3 を製造するときに用いられる H_2 の物質量は，式⑴より

$$\frac{1.0 \times 10^3}{17} \times \frac{3}{2} = \frac{3.0 \times 10^3}{34} \text{〔mol〕}$$

であるから

$$4x = \frac{3.0 \times 10^3}{34} \qquad \therefore \quad x = \frac{3.0 \times 10^3}{136} \text{〔mol〕}$$

したがって，求める CO_2 の質量は

$$44 \times \frac{3.0 \times 10^3}{136} \times 10^{-3} = 0.970 \fallingdotseq 0.97 \text{〔kg〕}$$

3．弱塩基の遊離反応が起こっている。

4．混合前の水溶液中の NH_3 と HCl の物質量はともに

$$0.35 \times \frac{500}{1000} = 0.175 \text{〔mol〕}$$

であり，水溶液を混合することで起こる中和反応は次の反応式で表される。

$$NH_3 + HCl \longrightarrow NH_4Cl$$

よって，NH_3 と HCl は過不足なく反応し，NH_4Cl が $0.175\,mol$ 生成する。水溶液の体積は $1.0L$ なので，水溶液Aは $0.175\,mol/L$ の NH_4Cl 水溶液となる。

水溶液中では NH_4Cl は完全に電離して NH_4^+ が $0.175\,mol$ 生成する。

$$NH_4Cl \longrightarrow NH_4^+ + Cl^-$$

NH_4^+ は一部が加水分解して，H_3O^+ が生じる。

$$NH_4^+ + H_2O \rightleftharpoons NH_3 + H_3O^+ \quad \cdots\cdots ①$$

NH_3 の電離定数の式

$$K_b = \frac{[NH_4^+][OH^-]}{[NH_3]}$$

の分母と分子に $[H^+]$ をかけると，$[H^+][OH^-] = K_w$ より

$$K_b = \frac{[NH_4^+][OH^-][H^+]}{[NH_3][H^+]} = \frac{[NH_4^+]K_w}{[NH_3][H^+]}$$

$[H^+] = [H_3O^+]$ であることと①より，$[NH_3] = [H^+]$ であるから

$$K_b = \frac{[NH_4^+]K_w}{[H^+]^2}$$

よって

$$[H^+] = \sqrt{\frac{[NH_4^+]K_w}{K_b}}$$

となる。加水分解する NH_4^+ はごくわずかであり，$[NH_4^+] \fallingdotseq 0.175$ 〔mol/L〕と近似できるから

$$[H^+] = \sqrt{\frac{0.175 \times 1.00 \times 10^{-14}}{1.75 \times 10^{-5}}} = 1.00 \times 10^{-5} \,[\text{mol/L}]$$

したがって，求める pH は 5.0 である。

5．流れた電気量は

$$10 \times 1.0 \times 3600 = 3.6 \times 10^4 \,[C]$$

であるから，式(4)の反応に使用された電気量は

$$3.6 \times 10^4 \times \frac{60}{100} = 2.16 \times 10^4 \,[C]$$

であり，水の還元反応に使用された電気量は

$$3.6 \times 10^4 - 2.16 \times 10^4 = 1.44 \times 10^4 \,[C]$$

よって，式(4)より，生成した NH_3 の質量は

$$17 \times \frac{2.16 \times 10^4}{9.65 \times 10^4} \times \frac{2}{8} = 0.951 \fallingdotseq 0.95 \,[g]$$

水の還元反応のイオン反応式は

$$2H_2O + 2e^- \longrightarrow H_2 + 2OH^-$$

と表される。H_2 は，式(4)の反応と，水の還元反応の両方で生成するので，その質量は

$$2.0 \times \left(\frac{2.16 \times 10^4}{9.65 \times 10^4} \times \frac{1}{8} + \frac{1.44 \times 10^4}{9.65 \times 10^4} \times \frac{1}{2} \right) = 0.205 \fallingdotseq 0.21 \,[g]$$

Ⅲ　解答

1．ア．6　イ．共有電子対　ウ．非共有電子対
エ．水素結合

2．H_2O（気）の生成熱を $Q\,[\text{kJ/mol}]$ とすると，H_2O（気）の生成反応の熱化学方程式は

$$H_2 \,(\text{気}) + \frac{1}{2}O_2 \,(\text{気}) = H_2O \,(\text{気}) + Q\,[\text{kJ}]$$

となる。「反応熱＝生成物の結合エネルギーの和－反応物の結合エネルギーの和」から

$$Q = 459 \times 2 - \left(432 + \frac{1}{2} \times 494 \right)$$

$$= 239 = 2.39 \times 10^2 \,[\text{kJ/mol}] \quad \cdots\cdots(\text{答})$$

3．$8.0 \times 10^4 \,\text{Pa}$

4．二酸化炭素分子は直線形であり，2 つの C=O 結合の極性が打ち消さ

れるため，無極性分子となる。一方，水分子は折れ線形であり，2つの
H−O 結合の極性が打ち消されないため，極性分子となる。(7 行以内)

5．$9.1 \times 10^{-1} \, g/cm^3$

■■■■■■■■　◀解　説▶　■■■■■■■■

≪化学結合，結合エネルギー，混合気体の圧力，氷の結晶構造≫

2．H_2O には O−H 結合が 2 つあることに注意する。

3．H_2 の完全燃焼と，それによる各物質の物質量変化は次のようになる。

$$2H_2 \; + \; O_2 \; \longrightarrow \; 2H_2O$$

	$2H_2$	O_2	$2H_2O$	
反応前	1.00	2.00	0	〔mol〕
反応量	−1.00	−0.500	+1.00	〔mol〕
反応後	0	1.50	1.00	〔mol〕

よって，反応後の容器内には O_2 と H_2O が存在し，H_2O は気液平衡の状態
であるから，水蒸気の圧力は飽和蒸気圧の $2.00 \times 10^4 \, Pa$ になっている。
したがって，O_2 の分圧は

$$1.00 \times 10^5 - 2.00 \times 10^4 = 8.00 \times 10^4 \fallingdotseq 8.0 \times 10^4 \, 〔Pa〕$$

4．分子の形状の違いと，極性が分子全体で打ち消されるか否かの 2 点に
触れる。

5．単位格子中にある水分子の個数は

$$\frac{1}{2} \times 6 + \frac{1}{8} \times 8 + 1 \times 4 = 8 \text{ 個}$$

また，単位格子の一辺の長さは $0.64 \, nm = 6.4 \times 10^{-8} \, cm$ であるから，求め
る氷の密度は

$$\frac{\text{単位格子中の水分子の質量}}{\text{単位格子の体積}} = \frac{\dfrac{18}{6.02 \times 10^{23}} \times 8}{(6.4 \times 10^{-8})^3}$$

$$= 0.912 \fallingdotseq 9.1 \times 10^{-1} \, 〔g/cm^3〕$$

Ⅳ 解答

1．$CH_3-CH_2-\overset{\overset{\displaystyle O}{\|}}{C}-CH_2-CH_3$

2．$CH_3-CH_2-\underset{\underset{\displaystyle CH_3}{|}}{CH}-\overset{\overset{\displaystyle O}{\|}}{C}-H$

3．2 個

4．ⅰ．4 個　ⅱ．$CH_3-\underset{\underset{\displaystyle CH_3}{|}}{CH}-C\equiv C-H$

◀━━━━━━━ ◆解　説▶ ━━━━━━━▶

≪分子式 $C_5H_{10}O$ のカルボニル化合物≫

1．分子式 $C_5H_{10}O$ のカルボニル化合物（アルデヒドまたはケトン）を還元すると，分子式 $C_5H_{12}O$ のアルコールとなる。分子式が $C_5H_{12}O$ で，不斉炭素原子をもたない第二級アルコールは 3-ペンタノールであるから，3-ペンタノールを酸化したケトンが答えとなる。

$$CH_3-CH_2-\underset{\underset{\text{3-ペンタノール}}{OH}}{CH}-CH_2-CH_3 \overset{\text{酸化}}{\underset{\text{還元}}{\rightleftharpoons}} CH_3-CH_2-\underset{O}{C}-CH_2-CH_3$$

3．ヨードホルム反応を示すカルボニル化合物であるから，$CH_3-\underset{O}{C}-$ の構造をもつケトンの構造異性体を考える。

$$CH_3-\underset{O}{C}-CH_2-CH_2-CH_3 \qquad CH_3-\underset{O}{C}-\underset{CH_3}{CH}-CH_3$$

4．ｉ．銀鏡反応を示すカルボニル化合物であるから，アルデヒドの構造異性体を考える。

①$CH_3-CH_2-CH_2-CH_2-\underset{O}{C}-H$ ②$CH_3-CH_2-\underset{CH_3}{CH}-\underset{O}{C}-H$

③$CH_3-\underset{CH_3}{CH}-CH_2-\underset{O}{C}-H$ ④$CH_3-\underset{\underset{H_3C}{C}}{\overset{CH_3}{C}}-\underset{O}{C}-H$

ⅱ．三重結合が炭素鎖の末端にあるアルキンに水を付加すると，二重結合している C 原子にヒドロキシ基が結合した不安定な中間生成物を経て，アルデヒドが得られる。R を炭化水素基として

$$R-C≡C-H \xrightarrow{+H_2O} R-CH=CH-OH \longrightarrow R-CH_2-\underset{O}{C}-H$$

なお，水が付加する際，H 原子はより多くの H 原子が結合している C 原子に付加しやすい（マルコフニコフ則）ので，次に示すように主生成物はケトンであり，アルデヒドは副生成物であるが，本問ではアルデヒドのみを考える。

$$R-C{\equiv}C-H \xrightarrow{+H_2O} \underset{\underset{OH}{|}}{R-CH{=}CH_2} \longrightarrow \underset{\underset{O}{\|}}{R-C-CH_3}$$

ⅰで示した4個のアルデヒドのうち，アルキンに水を付加したときに得られるものは，①と③である。

$$CH_3-CH_2-CH_2-C{\equiv}C-H \xrightarrow{+H_2O} CH_3-CH_2-CH_2-CH_2-\underset{\underset{O}{\|}}{C}-H$$

①

$$\underset{\underset{CH_3}{|}}{CH_3-CH-C{\equiv}C-H} \xrightarrow{+H_2O} \underset{\underset{CH_3}{|}}{CH_3-CH}-CH_2-\underset{\underset{O}{\|}}{C}-H$$

③

炭素数が同じアルキンでは，枝分かれしたもののほうが，直鎖状のものよりも分子間力が弱くなり，沸点が低くなる。よって，水を付加したときに③ができるアルキンが答えとなる。

◀数 学 科▶

I   ◀化・生命理学科▶の I に同じ。

II ◀化・生命理学科▶の II 1〜4 に同じ。

III ◀化・生命理学科▶の III に同じ。

IV ◀化・生命理学科▶の IV に同じ。

❖講　評

　試験時間は 75 分。大問数は 4 題で，全体として基本〜標準問題で構成されており，日頃の学習の成果が試される良問であったと言える。

　Ⅰ　理論と有機の小問集合。1 では電解質の電離を考慮して，溶質粒子の質量モル濃度を求める必要があるので注意が必要。2 と 3 はそれぞれ酸化還元反応，糖類の基本問題であり，落とせない。

　Ⅱ　アンモニアの製法を題材とした理論と無機の融合問題。2，4，5 の計算問題で差がついたと思われる。2 は，CO_2 の物質量を文字で表すところからスタートして，式(1)〜(3)の反応物と生成物の物質量を順に文字で表していけばよい。4 は典型問題ではあるが，適切な近似を用いて［H^+］を求める必要があり，類題の経験の有無で差がついたであろう。［H^+］を求める式を覚えていた受験生もいたかもしれない。5 は，H_2 が式(4)と水の還元反応の両方で生成することに注意が必要。また，計算ミスも起こりやすいので，慎重に計算を進めたい。

　Ⅲ　水を題材とした理論の総合問題。計算問題を含め，受験生であれば必ず一度は解いたことがあるはずの問題ばかりであるから，できるだけ完答を目指したい。差がつくとすれば，4 の説明問題と 5 の計算問題であろう。5 は，立式は容易であるが，計算が煩雑なので，落ち着いて取り組みたい。

　Ⅳ　$C_5H_{10}O$ のカルボニル化合物の構造異性体に関する問題。与えられた条件を満たす異性体を考えるが，ケトンかアルデヒドに限られるので，そこまで時間をかけずに解答することが可能である。ただ，4 の ii は少し難しかったかもしれない。アセチレンに水を付加したときにアセトアルデヒドが生成することを想起したい。

■ 生物 ■

Ⅰ **解答** 1−b，c　2−e　3. 0.83
4. ⅰ−d　ⅱ−b　5−d

6. イ. 1.7　ロ. 9　7−c，d　8−c，f

9. イ. 助細胞　ロ. 中央細胞　ハ. $3n$　ニ. n　10. ジャスモン酸

◀ 解　説 ▶

≪小問 10 問≫

1. 中性の溶液中で正の電荷を持つ側鎖のアミノ酸，すなわち，塩基性アミノ酸はリシン，ヒスチジン，アルギニンである。これらを含むポリペプチドを選ぶ。

2. a. 誤文。ウニの卵の卵黄は卵全体に均等に分布している。

b. 誤文。ショウジョウバエの胚の前後軸は，卵形成時に蓄積される母性因子の分布の違いで決まる。

c. 誤文。カエルの発生では，受精時に精子の侵入した位置の反対側に灰色三日月環が形成される。

d. 誤文。カエル胚では，神経は外胚葉から形成される。

3. （呼吸商）$= \dfrac{(CO_2 の係数)}{(O_2 の係数)} = \dfrac{10}{12} = 0.833 ≒ 0.83$

4. ⅰ. 曲線Aは早死型であるので，選択肢の中では魚類を選ぶ。

5. a. 誤文。種3，種4にトゲがあり，種5にトゲがないことが説明できない。

b・e. 誤文。形質の変化の回数が3回であり，dの2回よりも多いので，形質の変化の回数が最小ではない。

c. 誤文。種2，種4にトゲがあり，種5にトゲがないことが説明できない。

f. 誤文。種2，種3，種6にトゲがあり，種5にトゲがないことが説明できない。

6. スライドグラスの碁盤の目に存在する細胞数の密度は

$$\frac{4.3個}{0.05\,\text{mm} \times 0.05\,\text{mm} \times 0.1\,\text{mm}}$$

$$= \frac{4.3個}{0.05 \times 10^{-3}\text{m} \times 0.05 \times 10^{-3}\text{m} \times 0.1 \times 10^{-3}\text{m}}$$

$$= \frac{4.3個}{25 \times 10^{-14}\text{m}^3} \quad \cdots\cdots①$$

である。

$$1\,\text{mL} = 1\,\text{cm}^3 = (1\,\text{cm})^3 = (1 \times 10^{-2}\text{m})^3 = 1 \times 10^{-6}\text{m}^3$$

であり

$$1\text{m}^3 = 1 \times 10^6\,\text{mL}$$

であるので，①は

$$\frac{4.3個}{25 \times 10^{-14}\text{m}^3} = \frac{4.3個}{25 \times 10^{-14} \times 10^6\text{mL}} = \frac{4.3個}{25 \times 10^{-8}\text{mL}} = \frac{43}{25} \times 10^7\,個/\text{mL}$$

$$= 1.72 \times 10^7\,個/\text{mL} \quad \cdots\cdots②$$

と変形できる。②は 100 倍希釈した時の細胞数であるので，培養液の原液 1 mL に含まれる細胞数は，②を 100 倍した値である。

7．標識再捕法で推定される数は

（推定数）

$$= \frac{(1回目の捕獲時に標識した個体数) \times (2回目に捕獲した全個体数)}{(2回目に捕獲した標識された個体数)}$$

で得られる。この式の分母が小さくなったり，分子が大きくなったりすると，推定される個体数が真の個体数よりも多くなる。

8．実験 1 で行われる翻訳は，AAU，AUA，UAA のいずれかの読み枠の繰り返しで行われる。実験 2 で行われる翻訳は，AUA－UAU の並びの読み枠の繰り返しで行われる。実験 1 と実験 2 で合成されているポリペプチドに共通に含まれるアミノ酸は，共通に含まれる AUA が指定したものである。また，実験 2 で合成されたポリペプチドに含まれる，AUA が指定するものとは異なるもう 1 つのアミノ酸は，実験 2 だけに含まれる UAU が指定するものである。今回の実験だけでは，これらの 2 つのコドン以外，指定する内容を決定できない。

9．ハ・ニ．被子植物の胚乳核は，中央細胞の 2 個の極核（*n*, *n*）と 1 個の精細胞（*n*）が融合したものであるので，核相は 3*n* である。一方，裸子植物の胚乳核は，精細胞と受精することなく形成されるので，核相は

n である。

II **解答** 1．イ．細胞骨格　ロ．染色体　ハ．中間径
ニ．アクチン

2．e，g，j　3．i．9個　ii．ダイニン

4．伸長と短縮が盛んに行われる末端である。

5．i．多核の細胞である。

ii．D_3-D_1　iii．a．100　b．75

━━━━━━━◀解　説▶━━━━━━━

≪細胞骨格とモータータンパク質≫

5．ii．図2のD_1，D_2，D_3のサルコメアの状態を図示すると，次のよう
になる。①はアクチンフィラメント，②はミオシンフィラメント（暗帯），
③はミオシン頭部をそれぞれ示しており，③と①が接するほど強い張力が
生じる。

D_1は2本のフィラメント①を合わせた長さであり，D_3は2本のフィラメ
ント①とフィラメント②を合わせた長さであるので，D_3-D_1でフィラメ
ント②の長さが求まる。

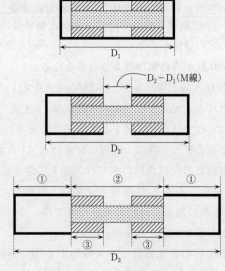

iii．a．D_2-D_1の長さはミオシンフィラメントのうち，ミオシン頭部を

もたない部分（M 線）の長さである。D_1 はミオシン頭部がすべてアクチンフィラメントに触れており，張力 100 ％の状態であるが，この状態から D_2-D_1（M 線）の半分の長さ分，アクチンフィラメントをサルコメアの中心から外側へ移動させても，ミオシン頭部がすべてアクチンフィラメントに触れているので，張力は 100 ％のままである。

b．前ページの図を参考に考えると

$$D_3 = ① \times 2 + ③ \times 2 + （M線）$$

$$D_2 = ① \times 2 + （M線）$$

であるので

$$\frac{1}{4}D_3 + \frac{3}{4}D_2 = \frac{1}{4} \times \{① \times 2 + ③ \times 2 + （M線）\} + \frac{3}{4} \times \{① \times 2 + （M線）\}$$

$$= ① \times 2 + ③ \times \frac{1}{2} + （M線）$$

であり，右図のようになっている。この条件の場合，ミオシン頭部（③）の $\frac{3}{4}$ がアクチンフィラメントに触れているので，張力も $\frac{3}{4}$ の 75 ％ が生じる。

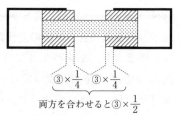

またこの問題は，図 2 を利用して考えることもできる。

a．$\frac{1}{2}(D_2 - D_1) + D_1$ は，右図の矢印のサルコメアの長さを表すので，グラフの縦軸を読むと相対張力は 100 ％となる。

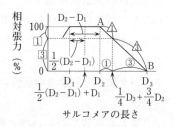

b．$\frac{1}{4}D_3 + \frac{3}{4}D_2 = \frac{1 \cdot D_3 + 3D_2}{3+1}$

と表せることから，これは D_3D_2 を 3：1 に内分するサルコメアの長さを示すので，上図の AB を 1：3 に内分する点の縦軸を読むと

$100 \times \frac{3}{4} = 75$ ％ となる。

III　**解答**　1 — a，c
　　　　　　2．タンパク質 Y：(i) — c　(ii) — c　(iii) — a

タンパク質 Z：(i) — a　(ii) — c　(iii) — a

3．活性を得るには，半透膜内の大きな成分と半透膜外の小さな成分の両方が必要である。

4．活性を得るには，熱に強い成分と弱い成分の両方が必要である。

5．

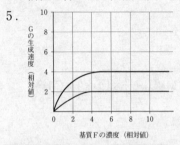

━━━━━━━━◀解　説▶━━━━━━━━

≪タンパク質の合成速度の変化≫

1．図 2 より，タンパク質 X の mRNA 量が常に一定であるので，転写速度と mRNA の分解速度は常に一定である。図 3 より，タンパク質 X の合成速度が常に大きいので，タンパク質 X の質量は増加し続けるはずだが，実際には酸素濃度が低下するまで増加していない（図 1）。ゆえに，作られたタンパク質 X は何らかの酵素によって速やかに分解されており，この酵素によるタンパク質 X の分解は酸素濃度が低下したときに抑制されると考えられる。したがって，タンパク質 X の分解機構の抑制のしくみとして，タンパク質 X 分解酵素の活性の阻害やタンパク質 X 分解酵素の分解が考えられる。

2．タンパク質 Y のタンパク質量の増加は，「酸素が十分に存在する条件ではタンパク質 Y の mRNA の翻訳が強く抑制されているが，酸素濃度が低下するとその翻訳抑制が解除されること」が原因であり，タンパク質 Y の mRNA の合成速度は酸素濃度の影響を受けないので，(ii)は常に一定の c を選択する。また，常に mRNA が合成され続けるので，(i)はタンパク質 X と同じく c を選択する。mRNA が存在しても，酸素濃度が高ければ翻訳が阻害されるので，(iii)は酸素濃度が低下する 1 時間目以降から増加している a を選択する。

タンパク質Ｚのタンパク質量の増加は,「酸素が十分に存在する条件では
タンパク質Ｚの mRNA がすぐに分解されるが, 酸素濃度が低下するとそ
の分解が抑えられること」が原因であり, タンパク質Ｚの mRNA の合成
速度は酸素濃度の影響を受けないので, (ⅱ)は常に一定のｃを選択する。常
に mRNA が合成されているが, 酸素が存在すれば分解されてしまうので,
(ⅰ)は酸素濃度が低下する１時間目以降増加しているａを選択する。タンパ
ク質の合成速度は mRNA 量に依存していると考えられるので, (ⅲ)は酸素
濃度が低下する１時間目以降から増加しているａを選択する。

３．透析は透析膜の穴のサイズよりも小さな分子と大きな分子を分離する
操作である。

４．試料Ⅰには熱に弱い酵素タンパク質が, 試料Ⅱには熱に強い補酵素が
含まれていたと考えられる。

５．体積が変化していないので, 試料Ⅰ, Ⅱには試料Ⅲと同じ濃度の酵素
タンパク質と補酵素の一方のみがそれぞれに含まれている。両者を１：１
で混合した場合, 混合液の酵素タンパク質と補酵素の濃度は, 試料Ⅲの濃
度の半分になるので, 図４の各基質濃度でのＧの生成速度も半分になる。

Ⅳ　解答

1．イ．ジベレリン　ロ．アミラーゼ
ハ．アブシシン酸　ニ．正の光屈性
ホ．フォトトロピン　ヘ．光周性
2．ⅰ．①赤色光　②遠赤色光
ⅱ．最後に受容した光で発芽の有無が決定する。
ⅲ．フィトクロム
3．形成層
4．あ―○　い―×　う―○

◀解　説▶

≪植物の光周性≫

４．長日植物は経験している最長の連続暗期が, 限界暗期よりも短ければ
花芽を形成し, 長ければ花芽を形成しない。経験している最長の連続暗期
が, 〈あ〉は６時間, 〈い〉は 12 時間, 〈う〉は６時間であるので, 限界暗期
が 10 時間である長日植物は, 〈あ〉, 〈う〉では花芽が形成されるが, 〈い〉
では形成されない。

❖講　評

　Ⅰ　さまざまな分野からの小問が 10 問出題されている。1 はアミノ酸の側鎖について細かい知識が問われた。5 は最節約法が出題されたが，選択肢の内容を確認するように丁寧に図を見れば解けるようになっている。

　Ⅱ　2 ～ 4 は細胞骨格とモータータンパク質のかなり細かい知識問題であり，解答が難しかったであろう。5 はよく見る問題であるが，ⅲ の難易度がかなり高く，小問 2 問を時間内に解くのは難しかったと思われる。

　Ⅲ　(A)は現象の合理的な順番を考える問題であり，時間的に難しかったであろう。2 はセントラルドグマに従い，(ⅱ)→(ⅰ)→(ⅲ)の順に考える問題。(B)はテーマとしてはよく見る問題であるが，5 の描図問題は試料を混合した後の酵素タンパク質と補酵素の濃度を考える必要があり，難易度が高かった。

　Ⅳ　全般的に標準的な問題であり，確実に正解したい。2 の ⅱ は光の影響のみが問われているので，フィトクロムなどの語句は使わずに，最後に受容した光で発芽するかどうかが決まることだけ述べる。

　それぞれの問題の難易度は標準～やや高であったが，解答時間が 75 分であることを考慮すると，全体的に難易度が高い。描図問題も出題された。例年通り，基本的な用語，図，考え方に関する問題をとりこぼさないことが重要。論述問題はいずれも字数制限のない知識問題であったが，細かい知識が必要な問題もあり，難易度は高い。じっくり考えなければ解答できない問題が多く，時間配分も難しかったと思われる。

■理学部：2 月 9 日実施分（一般入試）

問題編

▶試験科目・配点

学科	教　科	科　　目	配　点
数	外国語	英語資格・検定試験のスコアまたは大学入学共通テスト「英語」を得点化	100 点
	数　学	数学 I・II・III・A・B（数列，ベクトル）	200 点
	理　科	「物理基礎，物理」，「化学基礎，化学」，「生物基礎，生物」のうちから 1 科目選択	100 点
物理	外国語	英語資格・検定試験のスコアまたは大学入学共通テスト「英語」を得点化	100 点
	数　学	数学 I・II・III・A・B（数列，ベクトル）	150 点
	理　科	物理基礎，物理	150 点
化	外国語	英語資格・検定試験のスコアまたは大学入学共通テスト「英語」を得点化	100 点
	数　学	数学 I・II・III・A・B（数列，ベクトル）	100 点
	理　科	化学基礎，化学	150 点
生命理	外国語	英語資格・検定試験のスコアまたは大学入学共通テスト「英語」を得点化	100 点
	数　学	数学 I・II・III・A・B（数列，ベクトル）	100 点
	理　科	「物理基礎，物理」，「化学基礎，化学」，「生物基礎，生物」のうちから 1 科目選択	150 点

▶利用できる英語資格・検定試験

　一般入試では，下記の英語資格・検定試験を利用することができる。いずれの資格・検定試験にも最低スコア基準の設定はない。複数の資格・検定試験のスコアを提出することも可能。また，大学入学共通テストの「外国語（『英語』）」も利用できる。

英語資格・検定試験*1			
大学入学共通テスト「外国語（『英語』）」			○
	ケンブリッジ英語検定*2		○
	実用英語技能検定（英検）*3	従来型	○
		英検 CBT	○
		英検 S-Interview	○
		英検 S-CBT	○
	GTEC	「GTEC」CBT タイプ	○
		「GTEC」検定版	○
		「GTEC」アセスメント版	×
	IELTS*4	Academic Module	○
		General Training Module	×
	TEAP		○
	TEAP CBT		○
	TOEFL iBT*5		○

＊1．いずれも大学の各出願期間の初日から遡って 2 年以内に受験し取得した 4 技能スコアが有効（異なる実施回の各技能のスコアを組み合わせることはできない）。英検（従来型，英検 S-Interview）については，二次試験を出願期間の初日から遡って 2 年以内に受験し取得したスコアが有効。

＊2．ケンブリッジ英語検定については，Linguaskill も認める。また，受験した各試験種別（ファースト（FCE）等）の合格・不合格は問わない（スコアのみを合否判定に採用）。

＊3．英検については受験した級の合格・不合格は問わない（スコアのみを合否判定に採用）。

＊4．IELTS（Academic Module）は，通常の IELTS のほか，Computer-delivered IELTS を含む。IELTS Indicator は利用できない。

＊5．TOEFL iBT については，(Special) Home Edition も有効とする。また，Test Date Scores を有効とし，MyBest™ Scores を利用することはできない。

数学

◀数 学 科▶

(90 分)

I. 下記の空欄ア〜クにあてはまる数を解答用紙の所定欄に記入せよ。

(ⅰ) 2次関数 $f(x) = ax^2 + bx + c$ が $x = 1$ で最小値 3 をとり，$f(0) = 5$ となる
とき $a = \boxed{\text{ア}}$，$b = \boxed{\text{イ}}$，$c = \boxed{\text{ウ}}$ である。

(ⅱ) 数列 $\{a_n\}$ の初項から第 n 項までの和が $S_n = n^3 + 3n^2 + 2n$ であるとする。こ
のとき $\displaystyle\sum_{n=1}^{\infty} \frac{1}{a_n} = \boxed{\text{エ}}$ である。

(ⅲ) $0 \leqq t \leqq \dfrac{\pi}{2}$ の範囲で，関数 $f(t) = \sin 2t + 2\sin t$ は $t = \boxed{\text{オ}}$ で最大値
$\boxed{\text{カ}}$ をとる。

(ⅳ) $z = 2 + i$ とおく。複素数平面上の 3 点 $\mathrm{O}(0)$，$\mathrm{A}(z)$，$\mathrm{B}(z^{-1})$ を頂点とする
三角形 OAB の面積は $\boxed{\text{キ}}$ である。ただし，i は虚数単位とする。

(ⅴ) さいころを1個投げて，1の目または2の目が出れば持ち点が3増え，3の目また
は4の目が出れば持ち点が1減る。5の目または6の目が出れば，持ち点が2減
る。持ち点が0以下になったときにはそれ以降さいころを投げることはできない。
最初に持ち点が3点与えられたとき，さいころを3回投げられて，かつ，さいころを
3回投げた後に，持ち点が1点以上残る確率は $\boxed{\text{ク}}$ である。

II. 関数 $f(x) = e^{2x} + e^{-2x} - 4$，$g(x) = e^x + e^{-x}$ に対して，2つの曲線 C_1，C_2 を

$$C_1 : y = f(x),\ C_2 : y = g(x)$$

とする。このとき，次の問（ⅰ）～（ⅴ）に答えよ。解答欄には，（ⅱ）については答えのみを，（ⅰ），（ⅲ）～（ⅴ）については答えだけでなく途中経過も書くこと。

（ⅰ）　$g(x)$ の最小値を求めよ。

（ⅱ）　$t = e^x + e^{-x}$ とおくとき，$f(x)$ を t を用いて表せ。

（ⅲ）　C_1 と C_2 の共有点の y 座標を求めよ。

（ⅳ）　$f(x) \leqq g(x)$ となる x の値の範囲を求めよ。

（ⅴ）　C_1 と C_2 で囲まれた図形の面積 S を求めよ。

III. 座標平面上の3点 $O(0, 0)$，$A(1, 0)$，Bに対し，三角形OABは正三角形である。ただし，Bの y 座標は正であるとする。さらに点CはOABの重心とする。Oを中心としてOABを反時計回りに角度 α 回転させたときの三角形をOA′B′ とする。さらに点C′はOA′B′ の重心とする。ただし，$0 \leqq \alpha \leqq \dfrac{2\pi}{3}$ とする。このとき，次の問（ⅰ）～（ⅴ）に答えよ。解答欄には，（ⅰ），（ⅱ），（ⅳ）については答えのみを，（ⅲ），（ⅴ）については答えだけでなく途中経過も書くこと。

（ⅰ）　BおよびCの座標をそれぞれ求めよ。

（ⅱ）　B′ およびC′ の座標をそれぞれ $\cos\alpha$，$\sin\alpha$ を用いて表せ。

（ⅲ）　線分B′C′ の中点をPとし，Pの y 座標を $f(\alpha)$ とする。$0 \leqq \alpha \leqq \dfrac{2\pi}{3}$ の範囲における $f(\alpha)$ の最大値を求めよ。

（ⅳ）　線分B′C′ が x 軸と平行になるときの α の値を α_0 とする。α_0 を求めよ。

（ⅴ）　α が0から（ⅳ）で求めた α_0 まで動くとき，B′C′ が通過する領域を D とする。D の面積 S を求めよ。

IV. $A = \dfrac{10^{40} - 3^{10}}{9997}$, $B = \dfrac{10^{36} - 3^{9}}{9997}$ とする。このとき, 次の問 (i) ～ (v) に答えよ。解答欄には, 答えだけでなく途中経過も書くこと。

(i) a, b, N を自然数とし, $a \neq b$ とする。$a^N \displaystyle\sum_{n=0}^{N} \left(\dfrac{b}{a}\right)^n = \dfrac{C}{a-b}$ とおくとき, C を a, b, N を用いて表せ。ただし, 総和記号 $\sum$ を用いてはならない。

(ii) A と B が整数であることを示せ。

(iii) A の 1 の位の数字を求めよ。

(iv) $A - 3B$ を素因数分解せよ。

(v) A と B の最大公約数を求めよ。

◀物理・化・生命理学科▶

(75 分)

Ⅰ. ◀数学科▶の Ⅰ に同じ。

Ⅱ. ◀数学科▶の Ⅱ に同じ。

Ⅲ. ◀数学科▶の Ⅲ に同じ。

物理

（75 分）

I．次の文を読み，下記の設問1〜3に答えよ。解答は解答用紙の所定欄にしるせ。万有引力定数を G，地球の質量を M，地球を半径 R の一様な球，人工衛星の質量を m_s とし，空気抵抗は無視できるものとする。

　地表近くから水平方向に打ち出した人工衛星が円運動をしてもとの場所に戻ってくる速さ V_1 は　あ　である。この速さで地球の周回軌道を回っている人工衛星が，進行方向と逆方向に質量 $m_0 (< m_s)$ の物体を噴射した。物体の速さは物体噴射直後の衛星から見て v_0 だった。物体噴射直後の人工衛星の速さは　い　であった。

1．文中の空所　あ　にあてはまる数式を，R，G，M を用いて表せ。

2．文中の空所　い　にあてはまる数式を，V_1，v_0，m_0，m_s を用いて表せ。

3．物体噴射後の人工衛星が地球から無限遠の距離まで飛んでいくのに必要な最小の速さは V_1 の何倍か。有効数字2桁でしるせ。

II. 次の文を読み，下記の設問1〜3に答えよ。解答は解答用紙の所定欄にしるせ。

　　ある媒質中を正弦波が伝わっており，波の伝わる方向を x 軸とする。媒質の両端 $x = 0$〔m〕と $x = L$〔m〕で波の反射が起こり，その結果両端の間で定常波ができている。波の伝わる速さ v〔m/s〕は一定であるとする。

A.　$x = 0$〔m〕が自由端で $x = L$〔m〕が固定端であるとき，定常波の振動の周期のうち一番長いのは　あ　〔s〕であり，$x = L$〔m〕以外に節が一つあるとき $x = 0$〔m〕以外の腹の位置は $x =$　い　〔m〕である。

B.　x 軸の負の向きに伝わる進行波の変位 y_1〔m〕と正の向きに伝わる進行波の変位 y_2〔m〕は A〔m〕を振幅，T〔s〕を周期，t〔s〕を時刻として

$$y_1 = A \sin\left[\frac{2\pi}{T}\left(\boxed{\text{う}}\right)\right], \ y_2 = A \sin\left[\frac{2\pi}{T}\left(\boxed{\text{え}}\right)\right]$$

で与えられる。なお，$x = 0$〔m〕における変位 y_1〔m〕と y_2〔m〕がともに負から正の向きに 0〔m〕を通過する時刻を $t = 0$〔s〕とする。

　　$x = 0$〔m〕が自由端で $x = L$〔m〕が固定端であるときの定常波では，振動の周期の一番長いものから順に $n = 0, 1, 2, \cdots$ と番号をつけると，固定端 $x = L$〔m〕では，定常波の変位 $y = y_1 + y_2$ が常に 0 である。このとき，負の向きと正の向きに伝わる進行波の位相差の大きさは　お　（$n = 0, 1, 2, \cdots$）である。したがって，定常波の振動の周期は $T =$　か　〔s〕（$n = 0, 1, 2, \cdots$）となる。

1. 文中の空所　あ　・　い　にあてはまる数式を次の a〜l から1つずつ選び，その記号をマークせよ。

　a. $\dfrac{L}{v}$　　　b. $\dfrac{2L}{v}$　　　c. $\dfrac{3L}{v}$　　　d. $\dfrac{L}{6}$　　　e. $\dfrac{L}{4}$　　　f. $\dfrac{L}{3}$

　g. $\dfrac{4L}{v}$　　　h. $\dfrac{L}{2v}$　　　i. $\dfrac{L}{3v}$　　　j. $\dfrac{L}{2}$　　　k. $\dfrac{2L}{3}$　　　l. $\dfrac{3L}{4}$

2. 文中の空所　う　・　え　にあてはまる数式をしるせ。

3. 文中の空所　お　・　か　にあてはまる数式を次の a〜l から1つずつ選び，その記号をマークせよ。

　a. $(n + 1)\pi$　　　b. $(n + 2)\pi$　　　c. $(2n + 1)\pi$　　　d. $\dfrac{4L}{v}\dfrac{1}{n+1}$

e ． $\dfrac{4L}{v}\dfrac{1}{n+2}$　　　　f ． $\dfrac{4L}{v}\dfrac{1}{2n+1}$　　　　g ． $(n+1)\dfrac{\pi}{2}$　　　　h ． $(n+2)\dfrac{\pi}{2}$

i ． $(2n+1)\dfrac{\pi}{2}$　　　j ． $\dfrac{8L}{v}\dfrac{1}{n+1}$　　　k ． $\dfrac{8L}{v}\dfrac{1}{n+2}$　　　l ． $\dfrac{8L}{v}\dfrac{1}{2n+1}$

III. 次の文を読み，下記の設問 1 ～ 3 に答えよ。解答は解答用紙の所定欄にしるせ。

　　n を 2 以上の自然数とする。n 個の質量 M_i の物体 A_i（$i = 1, 2, \cdots, n$）を用意する。物体の質量の間には $0 < a < 1$ として，$M_{i+1} = aM_i$（$i = 1, 2, \cdots, n-1$）の関係がある。図のように水平で滑らかな床に沿って x 軸を取り，用意した n 個の物体を重い順に x 軸正の向きに 1 列に並べた。物体 A_1 に正の速度 V_1 を与えると，その後物体の間で次々と衝突が起こり，物体 A_n が動き出した後はそれ以上衝突は起こらなかった。すべての物体の大きさは無視でき，物体間の衝突は弾性衝突であるとする。また運動は常に同一直線上にあるとする。

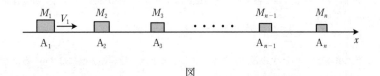

図

　　最初に起こる物体 A_1 と A_2 の衝突において，衝突直後の A_1 の速度は あ であり，衝突直後の A_2 の速度は い である。全ての衝突が終わった後の物体 A_n の速度は う で与えられる。

　　全衝突終了後の物体 A_i（$i = 1, 2, \cdots, n$）が持つ運動エネルギーを K_i とするとき，全ての物体に対する運動エネルギーの総和

$$K_1 + K_2 + \cdots + K_n$$

は え となる。

1 ．文中の空所 あ ・ い にあてはまる数式としてもっとも適当なものを，次の a ～ h から 1 つずつ選び，その記号をマークせよ。

a ． 0　　　　　　　　b ． V_1　　　　　　c ． $-\dfrac{2a}{1+a}V_1$　　　d ． $\dfrac{2a}{1+a}V_1$

e ． $-\dfrac{2}{1+a}V_1$　　f ． $\dfrac{2}{1+a}V_1$　　g ． $-\dfrac{1-a}{1+a}V_1$　　h ． $\dfrac{1-a}{1+a}V_1$

2．文中の空所 　う　 にあてはまる数式としてもっとも適当なものを，次の a〜h から
1 つ選び，その記号をマークせよ。

$$a.\ 0 \qquad b.\ V_1 \qquad c.\ \left(-\frac{2a}{1+a}\right)^{n-1}V_1$$

$$d.\ \left(\frac{2a}{1+a}\right)^{n-1}V_1 \qquad e.\ \left(-\frac{2}{1+a}\right)^{n-1}V_1 \qquad f.\ \left(\frac{2}{1+a}\right)^{n-1}V_1$$

$$g.\ \left(-\frac{1-a}{1+a}\right)^{n-1}V_1 \qquad h.\ \left(\frac{1-a}{1+a}\right)^{n-1}V_1$$

3．文中の空所 　え　 にあてはまる数式を，$M_1,\ V_1,\ n,\ a$ の中で必要なものを用い
て表せ。

Ⅳ．次の文を読み，下記の設問 1〜3 に答えよ。解答は解答用紙の所定欄にしるせ。

　地球は太陽から放射エネルギーを受けて自然環境が保たれている。そのエネルギーの大
きさと発生のしくみについて考える。光の速さは $c = 3.00 \times 10^8\,\mathrm{m/s}$ とする。答えは有
効数字 2 桁で答えよ。

1．大気の影響がないとすると，太陽が天頂にあるとき，地球の表面には $1\,\mathrm{m^2}$ あたり
1 秒間に $1.4 \times 10^3\,\mathrm{J}$ のエネルギーが到達している。地球に届いたエネルギーは太陽が
放出するエネルギーの一部であり，実際には地球と太陽の間の距離 $1.5 \times 10^{11}\,\mathrm{m}$ を半
径とする球面全体に等方的に放出されている。1 秒当たりに太陽から放出されている総
エネルギーは何 J か求めよ。ただし，太陽と地球の間でのエネルギー吸収は考えないも
のとする。

2．太陽で発生するエネルギーは，以下のように 4 個の水素原子核（$^1_1\mathrm{H}$）がいくつかの
段階をへて，1 個のヘリウム原子核（$^4_2\mathrm{He}$）が生成されるときに生まれると考えられて
いる。

$$4\,^1_1\mathrm{H} + 2\mathrm{e}^- \rightarrow\ ^4_2\mathrm{He}$$

　この時に生じる質量の減少は何 kg か求めよ。ただし，e^- は電子である。なお質量
は，水素原子核が $1.00728\,\mathrm{u}$，ヘリウム原子核が $4.00151\,\mathrm{u}$，電子が $0.00055\,\mathrm{u}$ とする。
u は原子質量単位であり，$1\,\mathrm{u} = 1.66 \times 10^{-27}\,\mathrm{kg}$ である。

3．太陽の質量は毎秒何 kg 減少しているか求めよ。ただし，太陽から放出されているエ
ネルギーは全て核融合反応によるものとする。

V. 次の文を読み，下記の設問 1〜4 に答えよ。解答は解答用紙の所定欄にしるせ。

　　図のように，磁束密度 B の鉛直上向きの一様な磁場の中に，長さ l の導体の棒 OP と円形導体 A が水平に置かれている状況を考える。導体 OP の O 端と A の間には，スイッチ S と抵抗値 R の抵抗が接続されている。スイッチを開いた状態で，導体 OP は O 端を中心として上から見て反時計回りに回転している。回転中は P 端は常に A に接していて，角速度 ω は一定とする。導体 OP の回転に伴う摩擦抵抗は無視できるとする。

　　このとき，導体 OP 中の電子は OP とともに回転するので，磁場からのローレンツ力を受ける。O 端から距離 r の点 Q にある電子（電荷 $-e$）が磁場から受ける力の大きさ f_B は，　あ　とかける。この力により，電子は移動し，導体 OP の両端は帯電し，O と P の間に電位差が発生する。O，P の電位は，　い　の方が高くなる。

　　導体 OP の帯電により，導体 OP 内に電場が作られる。点 Q における電場の強さ E を r の関数として求めると，　う　となる。導体 OP 間の電位差は，　え　と得られる。

　　次に，スイッチ S を閉じる。外力を働かせて導体 OP を反時計周りに一定の角速度 ω で回転させる。この回転に必要な外力の仕事率は，　お　となる。この時に流れる電流の向きを正とする。

　　次に，磁束密度 B の向きを，鉛直方向上向きから，鉛直方向下向きに変更すると，流れる電流は，　か　となった。

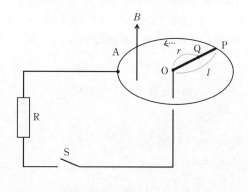

図

1．文中の空所　あ　にあてはまる数式を，e, r, ω, B を用いて表せ。
2．文中の空所　い　を，O または P を用いて表せ。

3．文中の空所　う　～　お　にあてはまる数式を，r, ω, B, l, R の中から必要なものを用いて表せ。

4．文中の空所　か　にあてはまる数式を，符号も含めて，r, ω, B, l, R の中から必要なものを用いて表せ。

Ⅵ. 次の文を読み，下記の設問 1 ～ 6 に答えよ。解答は解答用紙の所定欄にしるせ。

次のような可逆的な熱機関について考える。サイクル中の状態の変化は充分にゆっくりであるとする。n〔mol〕の単原子分子理想気体がはじめ，体積 V_A，温度 T_1 の状態Aにあるとする。この状態から気体を断熱的に膨張させ，体積 V_B，温度 T_2 の状態Bに変化させる。次に温度を保ったまま体積 V_C の状態Cに圧縮させ，その後温度が再び T_1 になるまで断熱的に圧縮して体積 V_D の状態Dにする。最後に状態Dから状態Aまで温度を保ったまま膨張させる。気体定数を R とする。

断熱膨張A→Bにおいて，気体が外部にする仕事は　あ　である。可逆的な断熱変化では $TV^{\gamma-1}$（T は気体の温度，V は気体の体積）が一定であるというポアソンの法則が成り立つ。ここで γ は気体の比熱比であり，単原子分子理想気体に対しては，$\gamma=$　い　である。ポアソンの法則を用いると，体積の間には $V_D=$　う　の関係式が成り立つ。

等温膨張D→Aでは内部エネルギーは変化しないので，気体が吸収した熱量は気体が外部にする仕事に等しい。この過程で気体が吸収する熱量を Q_{in} とする。同様に，等温圧縮B→Cでは気体は熱を放出するので，放出熱量を Q_{out} とする。これらの熱量はそれぞれ

$$Q_{in} = nRT_1 \log\frac{V_A}{V_D}, \quad Q_{out} = nRT_2 \log\frac{V_B}{V_C}$$

で与えられる。

サイクル全体で気体が外部にする仕事は　え　である。したがって，この熱機関の熱効率は　お　で与えられる。

1．この熱機関の状態変化について，縦軸に圧力，横軸に体積を取って図示したときに，概形としてもっとも適当なものを，図(a)～(f)から 1 つ選び，その記号をマークせよ。

2．文中の空所 ［あ］ にあてはまる数式をしるせ。

3．文中の空所 ［い］ にあてはまる値をしるせ。

4．文中の空所 ［う］ にあてはまる数式を，V_A，V_B，V_C を用いて表せ。

5．文中の空所 ［え］ にあてはまる数式を，n，R，T_1，T_2，V_A，V_B，V_C，V_D の中から必要なものを用いて表せ。

6．文中の空所 ［お］ にあてはまる数式を，T_1，T_2 を用いて表せ。

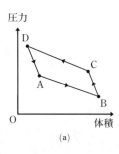
(a)

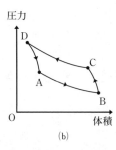
(b)

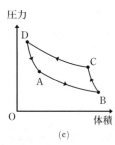
(c)

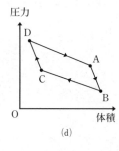
(d)

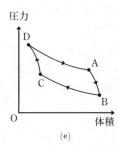
(e)

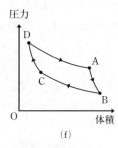
(f)

図

■■■ ■化学■ ■■■

問題を解くにあたって，必要ならば次の値を用いよ。

気体定数：　$R = 8.31 \times 10^3 \, \text{Pa} \cdot \text{L}/(\text{K} \cdot \text{mol}) = 8.31 \, \text{J}/(\text{K} \cdot \text{mol})$

ファラデー定数：　$F = 9.65 \times 10^4 \, \text{C/mol}$

アボガドロ定数：　$N_A = 6.02 \times 10^{23} \, /\text{mol}$

$\log_{10} 2 = 0.30$, $\log_{10} 3 = 0.48$, $\log_{10} 5 = 0.70$, $\log_{10} 7 = 0.85$

◀化・生命理学科▶

（75 分）

Ⅰ．次の設問 1 ～ 3 に答えよ。解答は，それぞれに与えられた a ～ e から 1 つずつ選び，その記号を解答用紙の所定欄にマークせよ。

1．次のイ～ニのうち，正しくない記述はいくつあるか。

イ．純粋な水は全く電離していない。

ロ．氷の密度は，液体の水の密度よりも小さい。

ハ．25℃において，水の飽和蒸気圧はエタノールの飽和蒸気圧よりも低い。

ニ．水には超臨界状態がない。

　a．0 個　　　　b．1 個　　　　c．2 個　　　　d．3 個　　　　e．4 個

2．ハロゲンに関する以下の記述のうち，正しいものはどれか。

a．ハロゲン原子の電気陰性度の大きさは，F < Cl < Br < I である。

b．ハロゲン化水素の沸点の高さは，HF < HCl < HBr < HI である。

c．ハロゲン化水素の水溶液中における酸としての強さは，HF > HBr > HCl > HI である。

d．ハロゲンの単体の酸化力の大きさは，$F_2 > Cl_2 > Br_2 > I_2$ である。

e．ハロゲン化物イオンのイオン半径の大きさは，$F^- > Br^- > Cl^- > I^-$ である。

3．アミノ酸に関する以下の記述のうち，正しいものはどれか。

a．ニンヒドリン反応は，アミノ酸のカルボキシ基を検出する反応である。

b．チロシン，アラニン，セリンの各1分子からなる鎖状トリペプチドには，3種類の構造異性体が存在する。

c．グルタミン酸は，酸性側に等電点をもつ。

d．グリシンには，鏡像異性体が存在する。

e．フェニルアラニンは，無水酢酸を作用させると酸としての性質を失う。

Ⅱ. 次の文を読み，下記の設問1〜5に答えよ。解答は解答用紙の所定欄にしるせ。

　　硫黄は地殻中に鉱物として広く分布しており，単体には斜方硫黄，単斜硫黄，ゴム状硫黄などの（　ア　）が存在する。もっとも単純な化合物である硫化水素は火山ガスや温泉水に含まれ，無色，腐卵臭のある有毒な気体である。硫化水素の沸点は $-60\,^\circ\mathrm{C}$ であり，硫黄と同族である酸素の水素化物である水に比べて著しく低い。[1] 水溶液中の硫化水素には，式(1)と式(2)で表される二段階の電離平衡が存在し，水溶液は弱酸性を示す。式(1)の電離定数を $K_1 = 9.6 \times 10^{-8}$ mol/L，式(2)の電離定数を $K_2 = 1.3 \times 10^{-14}$ mol/L とすると，式(3)の電離定数 K は（　イ　）$(\mathrm{mol/L})^2$ となる。Zn^{2+} を含む水溶液に硫化水素を吹き込むと，塩基性溶液では白色の沈殿が生じるが，[2] 強酸性溶液では沈殿は生じない。Fe^{3+} を含む水溶液に硫化水素を吹き込むと，塩基性溶液では黒色の沈殿と淡黄色の沈殿が[3] 生じ，酸性溶液では黒色の沈殿は生じず，淡黄色の沈殿のみが生じる。[3] 硫黄の燃焼によって得られた二酸化硫黄を，さらに酸化バナジウム(V)を触媒として酸化したのち，濃硫酸中で水と反応させると，重要な工業原料である硫酸が最終的に得られる。

$$\mathrm{H_2S \rightleftarrows HS^- + H^+} \qquad (1)$$
$$\mathrm{HS^- \rightleftarrows S^{2-} + H^+} \qquad (2)$$
$$\mathrm{H_2S \rightleftarrows S^{2-} + 2H^+} \qquad (3)$$

1．文中の空所(ア)・(イ)それぞれにあてはまるもっとも適当な語句または数値をしるせ。数値は有効数字2桁でしるせ。

2．文中の下線部1)の理由を，「電気陰性度」という語句を使用して，4行以内で説明せよ。

3．文中の下線部 2）と下線部 3）の物質名を，それぞれしるせ。

4．1.0×10^{-2} mol/L の Zn^{2+} を含む水溶液に硫化水素を十分に吹き込んでも沈殿が生じな
　　いとき，その水溶液の最も大きな pH を求め，その値を小数第一位までしるせ。この沈
　　殿の溶解度積を $K_{sp} = 2.0 \times 10^{-18}$ (mol/L)^2，硫化水素を十分に吹き込み電離平衡に達
　　した水溶液中の硫化水素の濃度を 1.0×10^{-1} mol/L とする。ただし，式（3）の電離定
　　数は，設問 1（イ）で求めた有効数字 2 桁の数値をそのまま用いてよいものとする。

5．濃硫酸に関する次の a 〜 e の記述から，正しいものをすべて選び，その記号をしるせ。

　a．濃硫酸は濃度 35 ％程度の水溶液である。

　b．濃硫酸を安全に希釈するには，ビーカーに入れた濃硫酸へ駒込ピペットで水をゆっ
　　　くりと加えるとよい。

　c．濃硫酸は沸点が高く，不揮発性の酸である。

　d．酢酸とメタノールの混合物に少量の濃硫酸を加えて加熱すると，アセトンが生成す
　　　る。

　e．少量の水蒸気を含む塩化水素を濃硫酸に通すと，水分を取り除くことが出来る。

Ⅲ．次の文を読み，下記の設問 1 〜 4 に答えよ。解答は解答用紙の所定欄にしるせ。

　　　分子 X（気）から分子 Y（気）が生じる化学反応

$$X（気） \overset{k}{\rightarrow} Y（気）$$

の反応速度定数を k とする。温度 300 K で反応物 X および生成物 Y の分圧の時間変化を
測定すると表の結果が得られた。その結果から，この反応の反応速度 v〔mol/(L・s)〕は
反応速度式（1）にしたがって進行することがわかった。

$$v = k \frac{P_X}{RT} \qquad (1)$$

P_X は X の分圧〔Pa〕，R は気体定数（8.31×10^3 Pa・L/(K・mol)），T は絶対温度〔K〕
である。また，図にこの反応の進行にともなうエネルギー変化を示す。反応はエネルギー
の高い（　ア　）を経由して進む。この反応が進行するのに必要な最小限のエネルギー E_a
は，（　イ　）といい，図中の X と Y のエネルギー差 Q は，この反応の（　ウ　）に相当
する。

表. 反応時間 t と X および Y の分圧の変化

時間 t〔s〕	0	5	10	15
X の分圧〔$\times 10^4$ Pa〕	10.0	8.96	8.03	7.19
Y の分圧〔$\times 10^4$ Pa〕	0.00	1.04	1.97	2.81

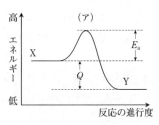

図. 反応の進行にともなうエネルギー変化

　一般に，化学反応は，反応温度を上げたり，触媒を用いたりすると，反応速度が大きくなる。スウェーデンの化学者アレニウスらは，反応速度定数 k と温度 T〔K〕の関係について調べ，式(2)の関係が成り立つことを発見した。

$$k = Ae^{-\frac{E_a}{RT}} \qquad (2)$$

A は比例定数，e は定数（$e = 2.718\cdots$）である。E_a の単位は J/mol であるため，この式では気体定数として $R = 8.31 \, \text{J/(K·mol)}$ を用いる。ここで A と E_a は温度によらない。この式の両辺の常用対数をとると，近似的に式(3)のように表される。

$$\log_{10} k = -\frac{E_a}{2.3RT} + \log_{10} A \qquad (3)$$

　上記の反応を 400 K から 500 K に温度を上げて反応速度を測定したところ，反応速度定数は 10,000 倍に増加した。

1．文中の空所(ア)〜(ウ)それぞれにあてはまるもっとも適当な語句をしるせ。

2．文中の下線部1)に関して，表のとなりあう時間（例えば 5 s と 10 s）の測定結果から反応速度定数 k を求め，その値を有効数字 2 桁で単位とともにしるせ。

3．文中の下線部2)に関して，次の問 i，ii に答えよ。
　i．反応温度を上げると反応速度が大きくなる理由を「運動エネルギー」という語句を使用して 4 行以内で簡潔に説明せよ。
　ii．化学反応に触媒を用いた場合，E_a と Q はどのように変化するか，正しい記述を次の a〜g から 1 つ選び，その記号をマークせよ。
　　a．E_a と Q は，両方とも減少する。　　b．E_a は減少し，Q は変わらない。
　　c．E_a は減少し，Q は増加する。　　d．E_a は増加し，Q は減少する。

e．E_a は増加し，Q は変わらない。　　　f．E_a と Q は，両方とも増加する。

g．E_a と Q は，両方とも変わらない。

4．文中の下線部 3）のとき，この反応の E_a を求め，その値を有効数字 2 桁で単位ととも
にしるせ。また，計算過程もしるすこと。ただし，$R = 8.31\,J/(K \cdot mol)$ を用いること。

IV. 次の文を読み，下記の設問 1 〜 4 に答えよ。解答は解答用紙の所定欄にしるせ。

　分子式 C_6H_{12} で表される不飽和炭化水素Aに臭素を付加させたところ，生成物Bが得
られた。Aに適切な触媒を用いて水を付加させたところ，マルコフニコフの法則[注1]に従い，
生成物Cが主に得られた。Bは 2 つの不斉炭素原子をもち，Cは不斉炭素原子をもたない。
Aをオゾン分解[注2]すると生成物Dと生成物Eが生成した。DとEはいずれもカルボニル化
合物であり，分子量はDよりもEの方が大きかった。

（注1）分子構造が二重結合に対して対称でないアルケンにHX型の分子が付加するとき，アルケンの二
　　　重結合を形成している炭素のうち，結合している水素原子が多い方の炭素原子にHが，結合し
　　　ている水素原子が少ない方の炭素原子にXが付加しやすいという経験則

（注2）オゾンをアルケンに作用させると，アルケンの二重結合が完全に切れてカルボニル化合物が得ら
　　　れる反応

1．BとCの構造式を例にならってしるせ。

2．Aの構造異性体のなかで，下線部のどちらの反応を行っても不斉炭素原子をもたない
　生成物をあたえるものはいくつあるか。

3．DとEのそれぞれを，ヨウ素と水酸化ナトリウムを含む水溶液に加えて温めたときの
　記述として，正しいものはどれか。次の a 〜 d から 1 つ選び，その記号をしるせ。
　a．DとEのどちらからも黄色沈殿が析出した。
　b．Dからは黄色沈殿が析出し，Eは反応しなかった。
　c．Dは反応しなかったが，Eからは黄色沈殿が析出した。
　d．DとEのどちらも反応しなかった。

4．DとEのそれぞれを，アンモニア性硝酸銀水溶液に加えて温めたときの記述として，

正しいものはどれか。次のa～dから1つ選び，その記号をしるせ。

a．DとEのどちらからも銀が析出した。

b．Dからは銀が析出し，Eは反応しなかった。

c．Dは反応しなかったが，Eからは銀が析出した。

d．DとEのどちらも反応しなかった。

(例)

$$CH_3-CH_2-\overset{\displaystyle H}{\underset{}{C}}=\overset{\displaystyle CH_2-CH_3}{\underset{\displaystyle H}{C}} \qquad CH_3-\overset{\displaystyle O}{\overset{\|}{C}}-O-H$$

（o-トルイジン：ベンゼン環に CH_3 と $-NH_2$(N に H 二つ)）

$$\left[-C_6H_4-O-\overset{\displaystyle CH_3}{\underset{\displaystyle CH_3}{C}}-O-\overset{\displaystyle }{\underset{\displaystyle O}{C}}- \right]_n$$

◆数　学　科▶

(75 分)

Ⅰ. ◆化・生命理学科▶のⅠに同じ。

Ⅱ. ◆化・生命理学科▶のⅡに同じ。

Ⅲ. ◆化・生命理学科▶のⅢに同じ。

Ⅳ. 次の文を読み，下記の設問 1 ～ 4 に答えよ。解答は解答用紙の所定欄にしるせ。

　　分子式 C_6H_{12} で表される不飽和炭化水素Aに臭素を付加させたところ，生成物Bが得られた。Aに適切な触媒を用いて水を付加させたところ，マルコフニコフの法則[注1]に従い，生成物Cが主に得られた。Bは 2 つの不斉炭素原子をもち，Cは不斉炭素原子をもたない。Aをオゾン分解[注2]すると生成物Dと生成物Eが生成した。DとEはいずれもカルボニル化合物であり，分子量はDよりもEの方が大きかった。

(注 1) 分子構造が二重結合に対して対称でないアルケンに HX 型の分子が付加するとき，アルケンの二重結合を形成している炭素のうち，結合している水素原子が多い方の炭素原子に H が，結合している水素原子が少ない方の炭素原子に X が付加しやすいという経験則

(注 2) オゾンをアルケンに作用させると，アルケンの二重結合が完全に切れてカルボニル化合物が得られる反応

1．BとCの構造式を例にならってしるせ。

2．Aの構造異性体のなかで，下線部のどちらの反応を行っても不斉炭素原子をもたない

生成物をあたえるものはいくつあるか。次のa〜eから1つ選び，その記号をしるせ。

　a．0個　　　b．1個　　　c．2個　　　d．3個　　　e．4個

3．DとEのそれぞれを，ヨウ素と水酸化ナトリウムを含む水溶液に加えて温めたときの
　記述として，正しいものはどれか。次のa〜dから1つ選び，その記号をしるせ。
　a．DとEのどちらからも黄色沈殿が析出した。
　b．Dからは黄色沈殿が析出し，Eは反応しなかった。
　c．Dは反応しなかったが，Eからは黄色沈殿が析出した。
　d．DとEのどちらも反応しなかった。

4．DとEのそれぞれを，アンモニア性硝酸銀水溶液に加えて温めたときの記述として，
　正しいものはどれか。次のa〜dから1つ選び，その記号をしるせ。
　a．DとEのどちらからも銀が析出した。
　b．Dからは銀が析出し，Eは反応しなかった。
　c．Dは反応しなかったが，Eからは銀が析出した。
　d．DとEのどちらも反応しなかった。

（例）

生物

(75 分)

Ⅰ. 下記の設問 1 ～ 9 に答えよ。解答は解答用紙の所定欄にしるせ。

1. ある植物の花色は対立遺伝子 A と a とで決定される。遺伝子型が AA の場合の花色は赤，Aa の場合の花色はピンク，aa の場合の花色は白となる。ある島にこの植物の赤色株を 2 個体，ピンク色株を 2 個体，白色株を 1 個体持ち込んだ。時間経過とともに，この植物が繁殖して大きな集団を形成するようになった。子孫集団の対立遺伝子 a の遺伝子頻度 q の値をしるせ。ただし，この集団ではハーディ・ワインベルグの法則が成り立つものとする。

2. 動物細胞の細胞周期において，M 期は核や細胞の形態変化などに基づいて，さらに 4 つの期間（前期，中期，後期，終期）に分けられる。4 つの期間それぞれを表すものとしてもっとも適当なものを次の a ～ e から 1 つずつ選び，その記号をマークせよ。
   a. 各染色体は 2 つに分離し，細胞の両極に移動する。
   b. 凝縮した棒状の染色体が細胞の赤道面に並ぶ。
   c. 赤道面の細胞膜が中心に向かってくびれ込み，細胞質が二分される。
   d. 核内に分散していた染色体が凝縮してひも状の染色体が現れる。
   e. 複製により染色体の DNA が 2 倍になる。

3. ニューロンに生じた活動電位の大きさは，閾値以上の刺激であれば，刺激を強くしても大きくならず，一定である。つまり，興奮することができるニューロンは，刺激を受けると興奮するかしないかのいずれかを示す。これを何と呼ぶか，その名称をしるせ。

4. 次の a ～ g のうち，DNA ポリメラーゼと RNA ポリメラーゼのどちらに関しても正しい性質であるものをすべて選び，その記号をしるせ。
   a. 酵素活性を示すために，プライマーを必要とする。
   b. 酵素活性を示すために，ATP の加水分解により生じるエネルギーを必要とする。

　　ｃ．この酵素の作用により合成されるヌクレオチド鎖は 3′ 側から 5′ 側の方向へ伸長する。

　　ｄ．この酵素の作用によりヌクレオチドが 1 つずつ連結されるが，その際に 2 つのリン
　　　　酸がはずれる。

　　ｅ．この酵素が作用する際には，DNA の 2 本のヌクレオチド鎖が 1 本鎖に開裂する。

　　ｆ．真核細胞の細胞周期の G_1 期では，酵素活性を示さない。

　　ｇ．真核細胞の場合，細胞質基質で機能する。

5．植物の光の利用の仕方は植物の種類によって異なっており，日当たりのよい環境でよ
　　く生育する植物と日陰の環境で生育する植物とがある。これら 2 種類の植物（A，B）
　　の二酸化炭素の吸収速度を図 1 に示した。図 1 の縦軸は相対的な二酸化炭素の吸収速度
　　を，横軸は光の強さを示す。

　　ⅰ．下線部の日当たりのよい環境でよく生育
　　　　する植物のもっとも適当な総称をしるせ。

　　ⅱ．日当たりのよい場所でよく生育する植物
　　　　を示す線を図 1 から選び，その光飽和点で
　　　　光合成により吸収された二酸化炭素の吸収
　　　　速度をしるせ。

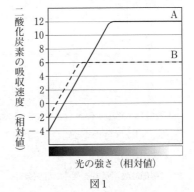

図1

6．異なる生物が密接なつながりをもって生活している時，双方に利益がある生物同士の
　　関係を示す語句としてもっとも適当なものを，次の a ～ f から 1 つ選び，その記号をマ
　　ークせよ。また，双方に利益がある生物同士の組み合わせの例としてもっとも適当なも
　　のを，次の g ～ l から 1 つ選び，その記号をマークせよ。

　　＜生物同士の関係の選択肢＞

　　ａ．相利共生　　ｂ．捕食　　ｃ．寄生　　ｄ．共進化　　ｅ．競争　　ｆ．片利共生

　　＜生物同士の組み合わせの選択肢＞

　　ｇ．ゾウリムシ ― ヒメゾウリムシ　　ｈ．ハダニ ― カブリダニ

　　ｉ．トドマツ ― エゾマツ　　　　　　ｊ．アリ ― アブラムシ

　　ｋ．ナマコ ― カクレウオ　　　　　　ｌ．モンシロチョウ ― アオムシコマユバチ

7．光合成では，光化学系 Ⅱ での水の分解や，電子伝達系における H^+ の輸送によって，
　　チラコイド膜をはさんで H^+ の濃度勾配が形成される。この濃度勾配を解消するように，

H$^+$ は ATP 合成酵素を通ってストロマへ拡散し，これに伴って ATP が合成される。この
ATP の合成過程の名称をしるせ。

8．陸上生態系での窒素循環を示した次の図2について，空所①にあてはまる生物の総称
をしるせ。

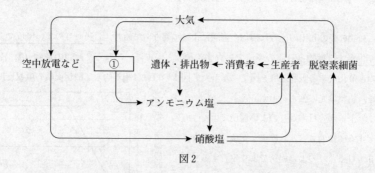

図 2

9．次の文の空所（イ）〜（ニ）それぞれにあてはまる直線としてもっとも適当なものを，図3
のa〜hから1つずつ選び，その記号をマークせよ。ただし，同じ記号を何度選んでも
かまわない。

　酵母は酸素がある条件（好気条件）でも酸素がない条件（嫌気条件）でも生育するこ
とができる生物である。好気条件で生育している酵母は呼吸とアルコール発酵の両方を
行うが，嫌気条件ではアルコール発酵のみを行う。培地にグルコースを加え，嫌気条件
で酵母を培養したところ，培養開始から2時間後には培地中のグルコース量が半分になっ
た。培養前に加えたグルコースの分子の数を1とした場合，グルコースを基質にした
アルコール発酵により生じる培地中のエタノールの量的変化は図3の（　イ　）で表さ
れる直線になり，発生する二酸化炭素の量的変化は図3の（　ロ　）で表される直線に
なる。

次に，同じ培地を用いて，酸素を供給しながら酵母を培養したところ，嫌気条件の場合と同様に，培養開始から 2 時間後には培地中のグルコース量が半分になった。この場合，消費されたグルコースの半分がアルコール発酵，半分が呼吸に使われたと仮定すると，培地中のエタノールの量的変化は図 3 の（　ハ　）で表される直線になり，発生する二酸化炭素の量的変化は図 3 の（　ニ　）で表される直線になる。なお，消費されたグルコースはすべてエタノールまたは二酸化炭素にまで変化するものとする。

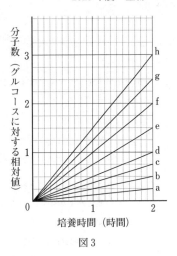

図 3

Ⅱ. 次の文を読み，下記の設問 1 〜 4 に答えよ。解答は解答用紙の所定欄にしるせ。

真核細胞は，細胞膜によって外界から仕切られている。細胞膜は，（　イ　）の二重層にタンパク質が組み込まれた構造をしている。細胞膜や他の生体膜に存在するタンパク質は，膜タンパク質と呼ばれ，（　イ　）の二重層の中に（　ロ　）状に分布しており，膜の中を水平方向に（　ハ　）したり回転したり出来る。膜タンパク質には様々な種類があり，<u>細胞膜を介した情報伝達に関与するもの</u>[1]，<u>細胞同士の密着に関与するもの</u>[2]，<u>細胞内外の物質の輸送に関係するもの</u>[3]などがある。

1．文中の空所(イ)〜(ハ)それぞれにあてはまるもっとも適当な語句をしるせ。

2．下線部___1)に関する次の文を読み，下記の問ⅰ〜ⅲに答えよ。

多細胞動物において，細胞間で情報を伝達することは，細胞同士が協調して働く上で欠くことができない。細胞間の情報伝達の多くは，細胞膜に存在する受容体と呼ばれる膜タンパク質が他の細胞からのシグナル分子を受容して行われる。受容体は，イオンチャネル型，酵素型，Ｇタンパク質共役型に大別される。

ⅰ．文中に示した受容体に特異的に結合するシグナル分子の総称をしるせ。

ⅱ．酵素型の受容体の説明としてもっとも適当なものを，次の a 〜 e から 1 つ選び，そ

の記号をマークせよ。

　a．シグナル分子が結合すると受容体の構造が変化して特定の物質が細胞膜を透過で
　　きるようになる。

　b．シグナル分子が結合すると受容体の構造が変化して特定の物質が細胞から排出で
　　きるようになる。

　c．シグナル分子が結合すると受容体の細胞内の部分が活性化して特定のタンパク質
　　をリン酸化できるようになる。

　d．シグナル分子が結合すると受容体の細胞内の部分が活性化して特定の物質を安定
　　に結合できるようになる。

　e．シグナル分子が結合すると受容体の細胞外の部分が活性化して特定のタンパク質
　　を遊離できるようになる。

ⅲ．Gタンパク質共役型の受容体は，シグナル分子が結合するとGタンパク質と呼ばれ
　　るGTPまたはGDPを結合するタンパク質を介して，特定のイオンチャネルや酵素を
　　活性化する。Gタンパク質に結合しているヌクレオチドにおいて，受容体による活性
　　化に伴って起きる変化を1行でしるせ。

3．下線部＿＿2）に関する次の文を読み，下記の問ⅰ・ⅱに答えよ。

　　多細胞生物のからだを作る細胞は，細胞同士が直接連結したり，細胞が分泌した細胞
　外物質と結合したりしている。動物の上皮組織にみられる結合は，その機能や関係する
　膜タンパク質の種類などから，密着結合，ギャップ結合，固定結合に分けられる。

　ⅰ．文中の下線部＿＿を表す名称を漢字でしるせ。

　ⅱ．3種類の結合の中でギャップ結合の説明として適当なものを，次のa〜gからすべ
　　て選び，その記号をしるせ。

　a．イオンや糖質，アミノ酸などの低分子を直接隣の細胞に伝えることのできる結合

　b．カドヘリンと呼ばれる膜タンパク質などが隣り合う細胞を切れ目なくつなげる結
　　合

　c．細胞間から物質が漏れ出ることを防ぐ結合

　d．コネクソンと呼ばれる管状の膜タンパク質が互いに連結した構造

　e．コラーゲンなどからなる基底層との結合

　f．ケラチンフィラメントが円盤状の形をしたタンパク質に連結した構造を細胞内に
　　持つ結合

　g．機械的な強度が高い結合

4．下線部＿＿＿3）に関する次の文を読み，下記の問 i〜ivに答えよ。

　　細胞は，必要なものを吸収し，不要なものを排出するためのしくみを持っている。細胞膜の特定の膜タンパク質は，エネルギーを使用して細胞内外の物質を（　ニ　）的に輸送したり，拡散によって透過させたりする孔の役割を担っている。このような膜タンパク質は，特定の物質のみを通す（　ホ　）と呼ばれる性質に大きく寄与している。

　　細胞膜は基本的には半透性の性質を示すが，植物細胞の細胞壁は全透性である。細胞内と異なる濃度の液体に細胞を浸すと，浸透圧の差に応じて水が細胞内外に移動し，細胞の体積が変化する。細胞を浸した際に，見かけの水の動きがなく細胞体積の変化がみられない溶液を，等張液と呼ぶ。等張液より溶質の濃度が低い溶液に植物細胞を浸すと，吸水により細胞体積が増加し細胞壁を押す力である膨圧が生じる。図は，ある植物細胞を様々なショ糖溶液に十分に浸したときの浸透圧および膨圧の細胞体積に対する関係を示したグラフである。

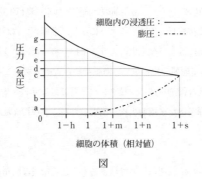

図

i．空所(ニ)・(ホ)それぞれにあてはまるもっとも適当な語句を，漢字でしるせ。

ii．等張液の浸透圧を示す記号を，図の a〜g から１つ選び，その記号をマークせよ。

iii．図より，蒸留水に植物細胞を浸したときの細胞の体積をしるせ。

iv．図より，細胞体積が１＋nのときの吸水力（細胞内に水が入る力）をしるせ。

Ⅲ. 次の文を読み，下記の設問1〜7に答えよ。解答は解答用紙の所定欄にしるせ。

　　地球誕生後，長い時間をかけて，当初は存在しなかった生物を構成する有機物が合成さ<u>れる</u>ようになったとする説がある。このような生命誕生以前に生物を構成する有機物が合成された過程を（　イ　）という。（　イ　）を経て，最初に出現した生物は単細胞の（　ロ　）生物であったと考えられている。初期の（　ロ　）生物は呼吸や光合成を行えなかったが，のちに，呼吸や光合成を行える（　ロ　）生物が出現した。光合成を行う（　ロ　）生物として誕生した＜　あ　＞は生息域を著しく拡大し，ストロマトライトと呼ばれるおよそ　①　億年前頃の化石として，世界各地から発見される。そのはたらきにより，大きく地球環境が変化した。祖先の生物に＜　い　＞が取り込まれて，ミトコンドリアとなり，大型で細胞内の構造が複雑な真核生物が成立した。その子孫の一部が＜　あ　＞を取り込んで葉緑体を持つ植物の祖先となった。このような事象を細胞内共生という。

　　真核生物が出現したのは約　②　億年前頃と推測される。真核生物の細胞は約　③　億年前までには集合して接着して生活するようになり，多細胞生物が成立した。動物の多細胞生物の祖先となったのはえり鞭毛虫のような生物であったという説が唱えられている。えり鞭毛虫はDNAの塩基配列の比較から，海綿動物と近縁であることが示されており，動物の組織の結合に重要な役割をはたす膜タンパク質であるカドヘリンに似た遺伝子を持っている。その後，多種多様な多細胞生物が出現したが，大規模な地球環境の変化によって，その多くが絶滅した。

1．文中の空所(イ)・(ロ)それぞれにあてはまるもっとも適当な語句をしるせ。

2．文中の空所〈あ〉・〈い〉のそれぞれにあてはまるもっとも適当な生物を，次のa〜fから1つずつ選び，その記号をマークせよ。

　　a．メタン産生菌　　　　　b．大腸菌

　　c．好気性細菌　　　　　　d．シアノバクテリア

　　e．乳酸菌　　　　　　　　f．嫌気性細菌

3．文中の空所①〜③それぞれに入るもっとも適当な数字を，次のa〜gから1つずつ選び，その記号をマークせよ。

　　a．37　　　　　b．32　　　　　c．27　　　　　d．20

　　e．15　　　　　f．10　　　　　g．7

4．下線部1）について，タンパク質を構成するアミノ酸に共通に含まれる元素を，次のa
　～fからすべて選び，その記号をしるせ。
　　a．ヨウ素　b．酸素　c．フッ素　　d．イオウ　e．ホウ素　f．窒素

5．下線部2）の説明として適当でないものを，次のa～fから2つ選び，その記号を左欄
　と右欄に1つずつマークせよ。ただし，順序は問わない。
　　a．光合成ではたらく色素はクロロフィルだけではない。
　　b．海洋で光合成が行われるようになったのは褐藻などの大型藻類が出現してからであ
　　　る。
　　c．光合成ではたらく色素はチラコイドに含まれる。
　　d．光合成で発生する酸素は二酸化炭素から作られる。
　　e．光合成で発生する酸素は水から作られる。
　　f．有機物はストロマで合成される。

6．下線部3）でおきた環境変化により，酸素分子が増加した。その結果，生物相がどの
　ように変化したかを1行でしるせ。

7．下線部4）によって成立した細胞小器官の特徴を1つあげ，1行でしるせ。

Ⅳ. 次の文を読み，下記の設問 1 ～ 4 に答えよ。解答は解答用紙の所定欄にしるせ。

　　一般的な細菌の染色体 DNA は環状であり，その複製は，染色体上のある定まった 1 箇所（複製起点）から両方向に進む。染色体 DNA の複製が終わると，細胞分裂が起こり，2 つの娘細胞が生まれる。その過程を図 1 a に示す。図 1 a に示した DNA 複製過程を，染色体 DNA を 1 本の直線，複製起点を直線の左端，複製の終了点を右端として表現したものを図 1 b に示す。図 1 b において，直線の左端の黒丸（●）は染色体 DNA の複製がちょうど開始されたことを，それ以外の黒丸はその部位で染色体 DNA の複製が進行していることを，直線の右端の白丸（○）は染色体 DNA の複製がちょうど終了したことを示す。

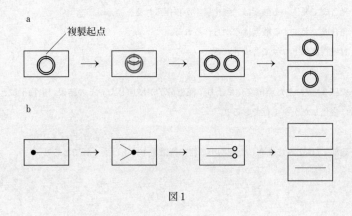

図1

　　細菌の増殖速度は世代時間，すなわち細胞数が 2 倍になるためにかかる時間で表される。世代時間が短いほど増殖速度は速い。細菌の増殖速度には次の 2 つの時間，A と B が関わる。

　　　A：細菌の染色体 DNA の複製が始まり，染色体全体が複製されるまでの時間

　　　B：染色体 DNA の複製が完了したときから細胞分裂が終了するまでの時間

　　栄養が比較的豊富な条件における大腸菌の増殖では，A はおよそ 40 分，B はおよそ 20 分である。図 2 に，世代時間 60 分で増殖している大腸菌の染色体 DNA の複製と細胞分裂の様子を培養開始後 120 分までの 20 分ごとに模式的に示す。1 本の染色体 DNA が複製により 40 分かけて 2 倍になり，その後の 20 分で細胞が 2 つに分裂し，分裂終了後すぐに染色体 DNA の複製が再び開始する。図 3 に，世代時間 60 分で増殖している大腸菌における，1 細胞あたりの染色体 DNA の量の時間変化（2 周期分）を示す。

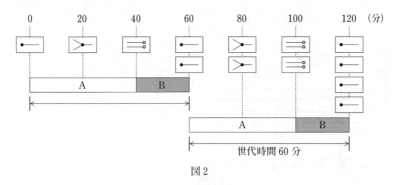

図 2

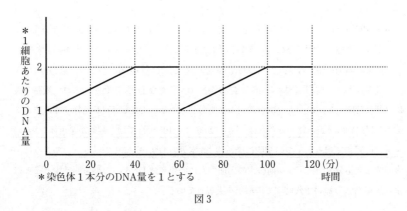

＊染色体 1 本分のDNA量を 1 とする

図 3

1．世代時間 60 分で増殖している大腸菌の培養液に，図 3 のグラフの 20 分の時点で，次の（ア）〜（ウ）それぞれを加えた場合について，1 細胞あたりの染色体 DNA の量の 0 分から 120 分までの時間変化をしるせ。ただし，解答欄には，図 3 のグラフを破線で示してある。なお，薬剤は培養液に加えた直後から作用を示し，また染色体 DNA の複製が終了しないと細胞分裂は起こらないものとする。

（ア）　DNA 複製におけるヌクレオチドの重合のみを阻害する薬剤

（イ）　DNA 複製の開始段階のみを阻害する薬剤

（ウ）　細胞分裂のみを阻害し，染色体 DNA の複製開始には影響を与えない薬剤

〔解答欄〕(ア)・(イ)・(ウ)いずれも同じ。

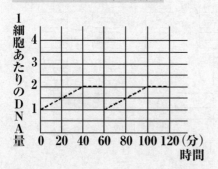

　世代時間 40 分で増殖している大腸菌を考えよう。A ＋ B の 1 周期の長さが 60 分なのに，どうやって 40 分で増殖するのだろうか？図 4 に示すように，A ＋ B の 1 周期が終了する 20 分前に次の周期を始めれば，世代時間は 40 分になることがわかる。つまり，染色体 DNA の複製が終わった時点（図 4 の 40 分や 80 分）で，新たな DNA 複製が始まり，細胞分裂に必要な時間（B）の間も，次の周期の細胞分裂のための DNA 複製が進行するのである。その結果，<u>細胞分裂が終わった直後（図 4 の 60 分や 100 分）では，複製が染色体 DNA の半分の位置まで進み，1 つの細胞は染色体 1.5 本分の DNA を持っている。</u>このように，大腸菌は細胞分裂が終了する前に次の周期のための染色体 DNA の複製を開始することにより，60 分より短い世代時間での増殖を実現している。

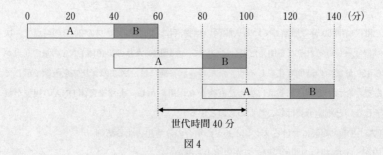

図 4

2．下線部に関して，図 4 に示した世代時間 40 分で増殖している大腸菌の増殖過程の 60 分や 100 分の時点の分裂直後の細胞は模式的に □>─■ と表せる。70 分の時点，90 分の時点，それぞれの細胞を模式的に表すものとしてもっとも適当なものを次の a 〜 h から 1 つずつ選び，その記号をしるせ。

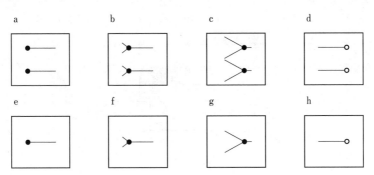

3．世代時間 40 分で増殖している大腸菌に関して，図 4 に示した 60 分から 140 分までの
　1 細胞当たりの染色体 DNA 量の時間変化のグラフを解答用紙にしるせ。なお，60 分に
　おいては，分裂直後の細胞を考えること。

〔解答欄〕

4．世代時間 30 分で増殖している大腸菌の増殖の周期を図 5 に示した。60 分の時点の分
　裂直後の細胞では，染色体 DNA の複製が開始されてから 30 分経っていることから，染
　色体 DNA の 4 分の 3 の部分が 2 倍になっており，また次の周期の DNA 複製が開始さ
　れたところである。これらを考慮すると，60 分の時点の分裂直後の細胞は ⟩─▶─⟩ と表
　せ，1 細胞中に DNA 複製が 3 か所で進行していることがわかる。世代時間 30 分で増殖
　している大腸菌に関して，図 5 に示した 60 分から 120 分までの 1 細胞当たりの染色体
　DNA 量の時間変化を表すグラフとしてもっとも適当なものを次の a ～ h から 1 つ選び，
　その記号をしるせ。なお，60 分においては，分裂直後の細胞を考えること。

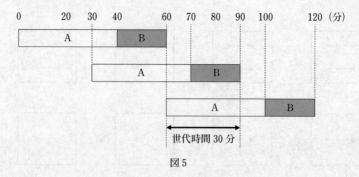

図 5

a

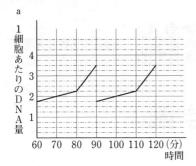

b

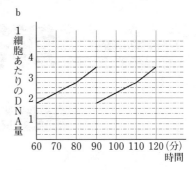

c

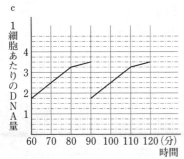

d

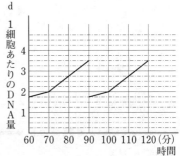

e

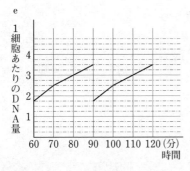

f

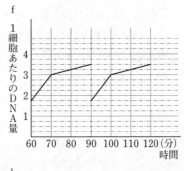

g

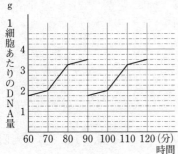

h

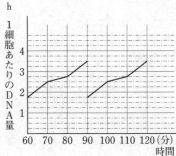

解答編

■数学■

◆数 学 科▶

I　**解答**　(i)ア. 2　イ. -4　ウ. 5　(ii)エ. $\dfrac{1}{3}$　(iii)オ. $\dfrac{\pi}{3}$

カ. $\dfrac{3\sqrt{3}}{2}$　(iv)キ. $\dfrac{2}{5}$　(v)ク. $\dfrac{16}{27}$

◀解　説▶

≪小問5問≫

(i)　$f(x)$ が $x=1$ で最小値 3 をとることから

$$f(x) = a(x-1)^2 + 3 \ (a>0)$$

と表せる。$f(0)=5$ より

$$a+3=5$$

$$\therefore \ a=2 \ (a>0 \text{ を満たす})\quad(\to \text{ア})$$

よって

$$f(x) = 2(x-1)^2 + 3$$
$$= 2x^2 - 4x + 5$$

$$\therefore \ b=-4, \ c=5\quad(\to \text{イ，ウ})$$

(ii)　$a_1 = S_1 = 6$

$n\geqq2$ のとき

$$a_n = S_n - S_{n-1}$$
$$= n^3 + 3n^2 + 2n - \{(n-1)^3 + 3(n-1)^2 + 2(n-1)\}$$
$$= 3n^2 + 3n$$

$a_1=6$ より，この式は $n=1$ のときも成り立つ。よって，与えられた無限級数の第 n 項までの部分和は

$$\sum_{k=1}^{n}\frac{1}{a_k}=\sum_{k=1}^{n}\frac{1}{3k(k+1)}$$

$$=\frac{1}{3}\sum_{k=1}^{n}\left(\frac{1}{k}-\frac{1}{k+1}\right)$$

$$=\frac{1}{3}\left(1-\frac{1}{n+1}\right)$$

となるから

$$\sum_{n=1}^{\infty}\frac{1}{a_n}=\lim_{n\to\infty}\frac{1}{3}\left(1-\frac{1}{n+1}\right)=\frac{1}{3}\quad(\to\mathrm{エ})$$

(iii)　　$f'(t)=2\cos 2t+2\cos t$

$$=2(2\cos^2 t-1+\cos t)$$

$$=2(2\cos t-1)(\cos t+1)$$

$f'(t)=0$ とすると，$0\le t\le\dfrac{\pi}{2}$ においては

$$t=\frac{\pi}{3}$$

よって，$0\le t\le\dfrac{\pi}{2}$ における $f(t)$ の増減は
右のようになる。

t	0	$\cdots$	$\dfrac{\pi}{3}$	$\cdots$	$\dfrac{\pi}{2}$
$f'(t)$		$+$	0	$-$	
$f(t)$	0	$\nearrow$	極大 $\dfrac{3\sqrt{3}}{2}$	$\searrow$	2

増減表より，$0\le t\le\dfrac{\pi}{2}$ において $f(t)$ は，$t=\dfrac{\pi}{3}$ で最大値 $\dfrac{3\sqrt{3}}{2}$ をとる。
（→オ，カ）

(iv)　求める面積は

$$\frac{1}{2}\mathrm{OA}\cdot\mathrm{OB}\cdot\sin\angle\mathrm{BOA}=\frac{1}{2}|z|\cdot\left|\frac{1}{z}\right|\sin\angle\mathrm{BOA}$$

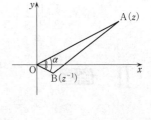

$$=\frac{1}{2}\left|z\cdot\frac{1}{z}\right|\sin\angle\mathrm{BOA}$$

$$=\frac{1}{2}\sin\angle\mathrm{BOA}$$

ここで

$$\angle\mathrm{BOA}=\arg z-\arg z^{-1}$$

$$=\arg\frac{z}{z^{-1}}$$

$$=\arg z^2$$

$$= \arg (3+4i) \quad \left(\because \quad (2+i)^2 = 4+4i+i^2 = 3+4i \right)$$

$$= \arg \{5(\cos\alpha + i\sin\alpha)\}$$

$$= \alpha$$

$\left(\because \quad |3+4i| = \sqrt{3^2+4^2} = 5, \ \alpha \text{ は } \cos\alpha = \dfrac{3}{5}, \ \sin\alpha = \dfrac{4}{5} \text{ を満たす鋭角} \right)$

よって，求める面積は

$$\frac{1}{2}\sin\alpha = \frac{1}{2}\cdot\frac{4}{5} = \frac{2}{5} \quad (\to \text{キ})$$

別解 $z^{-1} = \dfrac{1}{2+i} = \dfrac{2-i}{(2+i)(2-i)} = \dfrac{2-i}{5}$

より，座標平面上では点 A は点 $(2, 1)$ に，点 B は点 $\left(\dfrac{2}{5}, -\dfrac{1}{5} \right)$ に相当する。よって，求める面積は

$$\frac{1}{2}\left| 2\cdot\left(-\frac{1}{5} \right) - 1\cdot\frac{2}{5} \right| = \frac{1}{2}\left| -\frac{4}{5} \right| = \frac{2}{5}$$

(v) 持ち点が 3 増えることを +3，1 減ることを -1，2 減ることを -2 と表し，さいころを 3 回投げられて持ち点が 1 点以上残る場合をすべて書き上げると右図のようになる。

1 回目	2 回目	3 回目
+3 ——— 何でもよい ——— 何でもよい		
-1 ⟨	-1 ——— +3	
	+3 ——— 何でもよい	
-2 ——— +3 ——— 何でもよい		

これらの事象は排反だから，求める確率は

$$\frac{1}{3}\cdot 1\cdot 1 + \frac{1}{3}\left(\frac{1}{3}\cdot\frac{1}{3} + \frac{1}{3}\cdot 1 \right) + \frac{1}{3}\cdot\frac{1}{3}\cdot 1 = \frac{16}{27} \quad (\to \text{ク})$$

II **解答** (i) $e^x > 0$, $e^{-x} > 0$ より，相加平均と相乗平均の関係から

$$e^x + e^{-x} \geqq 2\sqrt{e^x \cdot e^{-x}} = 2$$

等号が成り立つのは $e^x = e^{-x}$ のときで，すなわち $x = -x$ より $x = 0$ のときである。

よって，求める $g(x)$ の最小値は，$x = 0$ のときで 2 ……(答)

(ii) $f(x) = t^2 - 6$

(iii) (i)，(ii)の結果より，求める共有点の y 座標は

$$t^2-6=t \quad かつ \quad t \geqq 2$$

を満たす t のときの y 座標である。整理して

$$(t+2)(t-3)=0$$

$t \geqq 2$ より　　$t=3$

であり，このときの y 座標は

$$t^2-6=t=3 \quad \cdots\cdots (答)$$

(iv)　$f(x) \leqq g(x)$ より

$$t^2-6 \leqq t \quad かつ \quad t \geqq 2$$

すなわち

$$(t+2)(t-3) \leqq 0 \quad かつ \quad t \geqq 2$$

これを解いて　　$2 \leqq t \leqq 3$

(i)より，$2 \leqq t$ となる x はすべての実数だから，$t \leqq 3$ となる x の値の範囲を求めればよい。

$e^x + e^{-x} \leqq 3$ より

$$(e^x)^2 - 3e^x + 1 \leqq 0 \quad かつ \quad e^x > 0$$

これを e^x について解くと

$$\frac{3-\sqrt{5}}{2} \leqq e^x \leqq \frac{3+\sqrt{5}}{2}$$

底 e は 1 より大きいから

$$\log\frac{3-\sqrt{5}}{2} \leqq x \leqq \log\frac{3+\sqrt{5}}{2} \quad \cdots\cdots (答)$$

(v)　$f(x),\ g(x)$ は $f(-x)=f(x),\ g(-x)=g(x)$ を満たすから，グラフは y 軸に関して対称である。したがって，C_1 と C_2 で囲まれた図形も y 軸に関して対称であり，求める面積は $x \geqq 0$ の部分の面積の 2 倍である。

$$S = 2\int_0^{\log\frac{3+\sqrt{5}}{2}} \{g(x)-f(x)\}\,dx$$

$$= 2\int_0^{\log\frac{3+\sqrt{5}}{2}} (e^x + e^{-x} - e^{2x} - e^{-2x} + 4)\,dx$$

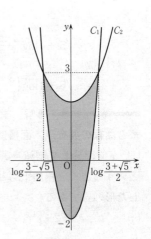

$$= 2\left[e^x - e^{-x} - \frac{1}{2}e^{2x} + \frac{1}{2}e^{-2x} + 4x\right]_0^{\log\frac{3+\sqrt{5}}{2}}$$

$$= 2\left[\left(\frac{3+\sqrt{5}}{2} - 1\right) - \left(\frac{2}{3+\sqrt{5}} - 1\right) - \frac{1}{2}\left\{\left(\frac{3+\sqrt{5}}{2}\right)^2 - 1\right\}\right.$$

$$\left. + \frac{1}{2}\left\{\left(\frac{2}{3+\sqrt{5}}\right)^2 - 1\right\} + 4\log\frac{3+\sqrt{5}}{2}\right]$$

$$= -\sqrt{5} + 8\log\frac{3+\sqrt{5}}{2} \quad \cdots\cdots(\text{答})$$

$$\left(\because \quad x = \log\frac{3+\sqrt{5}}{2} \text{ のとき} \quad e^x = \frac{3+\sqrt{5}}{2}, \ e^{-x} = \frac{2}{3+\sqrt{5}}\right)$$

参考　面積 S の計算について，図形の y 軸に関する対称性に着目しなかった場合は，次のような計算になる。

$$S = \int_{\log\frac{3-\sqrt{5}}{2}}^{\log\frac{3+\sqrt{5}}{2}} (e^x + e^{-x} - e^{2x} - e^{-2x} + 4)\, dx$$

$$= \left[e^x - e^{-x} - \frac{1}{2}e^{2x} + \frac{1}{2}e^{-2x} + 4x\right]_{\log\frac{3-\sqrt{5}}{2}}^{\log\frac{3+\sqrt{5}}{2}}$$

$$= \left(\frac{3+\sqrt{5}}{2} - \frac{3-\sqrt{5}}{2}\right) - \left(\frac{2}{3+\sqrt{5}} - \frac{2}{3-\sqrt{5}}\right)$$

$$- \frac{1}{2}\left\{\left(\frac{3+\sqrt{5}}{2}\right)^2 - \left(\frac{3-\sqrt{5}}{2}\right)^2\right\} + \frac{1}{2}\left\{\left(\frac{2}{3+\sqrt{5}}\right)^2 - \left(\frac{2}{3-\sqrt{5}}\right)^2\right\}$$

$$+ 4\left(\log\frac{3+\sqrt{5}}{2} - \log\frac{3-\sqrt{5}}{2}\right)$$

$$= -\sqrt{5} + 4\log\frac{3+\sqrt{5}}{3-\sqrt{5}} = -\sqrt{5} + 4\log\frac{(3+\sqrt{5})^2}{4}$$

$$= -\sqrt{5} + 4\log\left(\frac{3+\sqrt{5}}{2}\right)^2 = -\sqrt{5} + 8\log\frac{3+\sqrt{5}}{2}$$

◀解　説▶

≪2曲線の共有点，面積≫

(i) x で微分して増減を調べるのもよいが，正の数 e^x とその逆数 e^{-x} の和ということで，相加平均と相乗平均の関係を用いて最小値を求めるのに適した形の式である。

(ii) $t^2 = e^{2x} + 2 + e^{-2x}$

より

$$f(x) = t^2 - 2 - 4 = t^2 - 6$$

(v)　面積の問題なので，２曲線を図示して位置関係を把握してから計算に入る。$f(x)$, $g(x)$ はいずれも偶関数で，グラフが y 軸対称であることから，２曲線の共有点の x 座標 $\log\dfrac{3+\sqrt{5}}{2}$, $\log\dfrac{3-\sqrt{5}}{2}$ も実は x 軸上で y 軸対称になっている。

$$\log\frac{3+\sqrt{5}}{2} + \log\frac{3-\sqrt{5}}{2} = \log\frac{(3+\sqrt{5})(3-\sqrt{5})}{4} = \log 1 = 0$$

となることから理解できる。対称性に着目しないと，〔参考〕のように S の計算はより煩雑になる。

Ⅲ　解答　(i)　$\text{B}\left(\dfrac{1}{2},\ \dfrac{\sqrt{3}}{2}\right)$, $\text{C}\left(\dfrac{1}{2},\ \dfrac{\sqrt{3}}{6}\right)$

(ii)　$\text{B}'\left(\dfrac{1}{2}\cos\alpha - \dfrac{\sqrt{3}}{2}\sin\alpha,\ \dfrac{\sqrt{3}}{2}\cos\alpha + \dfrac{1}{2}\sin\alpha\right)$,

　　　$\text{C}'\left(\dfrac{1}{2}\cos\alpha - \dfrac{\sqrt{3}}{6}\sin\alpha,\ \dfrac{1}{2}\sin\alpha + \dfrac{\sqrt{3}}{6}\cos\alpha\right)$

(iii)　(ii)の結果より

$$\text{P}\left(\frac{\dfrac{1}{2}\cos\alpha - \dfrac{\sqrt{3}}{2}\sin\alpha + \dfrac{1}{2}\cos\alpha - \dfrac{\sqrt{3}}{6}\sin\alpha}{2},\ \frac{\dfrac{\sqrt{3}}{2}\cos\alpha + \dfrac{1}{2}\sin\alpha + \dfrac{1}{2}\sin\alpha + \dfrac{\sqrt{3}}{6}\cos\alpha}{2}\right)$$

すなわち　　$\text{P}\left(\dfrac{1}{2}\cos\alpha - \dfrac{\sqrt{3}}{3}\sin\alpha,\ \dfrac{1}{2}\sin\alpha + \dfrac{\sqrt{3}}{3}\cos\alpha\right)$

したがって

$$f(\alpha) = \frac{1}{2}\sin\alpha + \frac{\sqrt{3}}{3}\cos\alpha = \frac{1}{6}(3\sin\alpha + 2\sqrt{3}\cos\alpha) = \frac{\sqrt{21}}{6}\sin(\alpha + \beta)$$

$\left(\text{ただし，角}\beta\text{は}\cos\beta = \sqrt{\dfrac{3}{7}},\ \sin\beta = \dfrac{2}{\sqrt{7}}\text{を満たす鋭角とする}\right)$

$0 \le \alpha \le \dfrac{2}{3}\pi$ のとき $\beta \le \alpha + \beta \le \dfrac{2}{3}\pi + \beta$ より，$f(\alpha)$ は $\alpha + \beta = \dfrac{\pi}{2}$ のとき，最

大値　　$\dfrac{\sqrt{21}}{6}$　……(答)

(iv)　$\alpha_0 = \dfrac{\pi}{2}$

(v)　$\alpha = \alpha_0$ のときの B', C' をそれぞれ B_0',
C_0' とすると, 領域 D は右図の網かけ部分
になる。ただし, 境界線を含む。

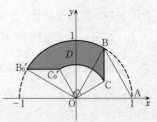

$\mathrm{OC} = \mathrm{BC} = \dfrac{\sqrt{3}}{3}$, また $\triangle \mathrm{OCB} \equiv \triangle \mathrm{OC}_0'\mathrm{B}_0'$

より, 求める面積 S は

$$S = \triangle \mathrm{OCB} + 扇形\ \mathrm{OBB}_0' - 扇形\ \mathrm{OCC}_0' - \triangle \mathrm{OC}_0'\mathrm{B}_0'$$

$$= 扇形\ \mathrm{OBB}_0' - 扇形\ \mathrm{OCC}_0'$$

$$= \dfrac{1}{2} \cdot 1^2 \cdot \dfrac{\pi}{2} - \dfrac{1}{2} \cdot \left(\dfrac{\sqrt{3}}{3}\right)^2 \cdot \dfrac{\pi}{2} = \dfrac{\pi}{6} \quad \cdots\cdots(答)$$

◀解　説▶

≪正三角形の1点を中心とした回転, 線分が通過する領域の面積≫

(i)　$\mathrm{OB} = 1$, $\angle \mathrm{AOB} = \dfrac{\pi}{3}$ より　　$\mathrm{B}\left(\cos\dfrac{\pi}{3},\ \sin\dfrac{\pi}{3}\right)$

すなわち　　$\mathrm{B}\left(\dfrac{1}{2},\ \dfrac{\sqrt{3}}{2}\right)$

また, $\mathrm{E}\left(\dfrac{1}{2},\ 0\right)$ とすると $\mathrm{BC} : \mathrm{CE} = 2 : 1$ より, C の y 座標は $\dfrac{\sqrt{3}}{2} \times \dfrac{1}{3}$

$= \dfrac{\sqrt{3}}{6}$ となるから　　$\mathrm{C}\left(\dfrac{1}{2},\ \dfrac{\sqrt{3}}{6}\right)$

(ii)　$\mathrm{OA} = \mathrm{OB} = 1$ より A, B は単位円上にあるから, A', B' も単位円上
にある。

B は x 軸方向から $\dfrac{\pi}{3}$ だけ回った点だから, B' は x 軸方向から $\dfrac{\pi}{3} + \alpha$ だけ
回った点であり

$$\mathrm{B}'\left(\cos\left(\dfrac{\pi}{3} + \alpha\right),\ \sin\left(\dfrac{\pi}{3} + \alpha\right)\right)$$

すなわち　　$\mathrm{B}'\left(\dfrac{1}{2}\cos\alpha - \dfrac{\sqrt{3}}{2}\sin\alpha,\ \dfrac{\sqrt{3}}{2}\cos\alpha + \dfrac{1}{2}\sin\alpha\right)$

また, $\mathrm{A}'(\cos\alpha,\ \sin\alpha)$ より

$$\text{C}'\left(\frac{0+\cos\alpha+\frac{1}{2}\cos\alpha-\frac{\sqrt{3}}{2}\sin\alpha}{3},\ \frac{0+\sin\alpha+\frac{\sqrt{3}}{2}\cos\alpha+\frac{1}{2}\sin\alpha}{3}\right)$$

すなわち　　　$\text{C}'\left(\frac{1}{2}\cos\alpha-\frac{\sqrt{3}}{6}\sin\alpha,\ \frac{1}{2}\sin\alpha+\frac{\sqrt{3}}{6}\cos\alpha\right)$

(iii)　$f(\alpha)$ は $\sin\alpha$ と $\cos\alpha$ の 1 次式なので，三角関数の合成を行う。合成に用いた角が有名角にならない場合（〔解答〕の角 β）は，それがどのような角であるかのただし書きを付けておく。

また，$f(\alpha)=\frac{\sqrt{21}}{6}\sin(\alpha+\beta)$ となったからといって，最大値が $\frac{\sqrt{21}}{6}$ になるとは限らない。$\sin(\alpha+\beta)=1$ となる場合があることに言及しなければならない。

(iv)　$\overrightarrow{\text{B}'\text{C}'}=\left(\frac{\sqrt{3}}{3}\sin\alpha,\ -\frac{\sqrt{3}}{3}\cos\alpha\right)$ より，線分 B′C′ が x 軸と平行になるとき

$$-\frac{\sqrt{3}}{3}\cos\alpha=0$$

$0\leqq\alpha\leqq\frac{2}{3}\pi$ より　　　$\alpha=\frac{\pi}{2}$

よって　　　$\alpha_0=\frac{\pi}{2}$

(v)　定積分などを持ち出すと難しいことになる。まず B′C′ の通過領域をきちんと図示し，B′ と C′ の軌跡がそれぞれ円弧であることから，「扇形」に着目したい。

IV　解答　
(i)　$\sum\limits_{n=0}^{N}\left(\frac{b}{a}\right)^{n}$ は初項 $\left(\frac{b}{a}\right)^{0}=1$，公比 $\frac{b}{a}$（$\neq1$）の等比数列の，初項から第 $(N+1)$ 項までの和だから

$$a^{N}\sum_{n=0}^{N}\left(\frac{b}{a}\right)^{n}=a^{N}\cdot\frac{1-\left(\frac{b}{a}\right)^{N+1}}{1-\frac{b}{a}}=a^{N}\cdot\frac{a^{N+1}-b^{N+1}}{a^{N+1}}\cdot\frac{a}{a-b}=\frac{a^{N+1}-b^{N+1}}{a-b}$$

よって

$$C = a^{N+1} - b^{N+1} \quad \cdots\cdots (\text{答})$$

(ii) $\quad A = \dfrac{(10^4)^{10} - 3^{10}}{9997} = \dfrac{(10^4)^{10} - 3^{10}}{10^4 - 3}$

より，(i)の式において $a = 10^4$，$b = 3$，$N = 9$ とおいたものが A で

$$A = (10^4)^9 \left\{ 1 + \frac{3}{10^4} + \left(\frac{3}{10^4}\right)^2 + \cdots + \left(\frac{3}{10^4}\right)^8 + \left(\frac{3}{10^4}\right)^9 \right\}$$

$$= 10^{36} + 3 \cdot 10^{32} + 3^2 \cdot 10^{28} + \cdots + 3^8 \cdot 10^4 + 3^9$$

よって，A は整数である。

また，$B = \dfrac{(10^4)^9 - 3^9}{10^4 - 3}$ より

$$B = (10^4)^8 \left\{ 1 + \frac{3}{10^4} + \left(\frac{3}{10^4}\right)^2 + \cdots + \left(\frac{3}{10^4}\right)^7 + \left(\frac{3}{10^4}\right)^8 \right\}$$

$$= 10^{32} + 3 \cdot 10^{28} + 3^2 \cdot 10^{24} + \cdots + 3^7 \cdot 10^4 + 3^8$$

よって，B は整数である。　　　　　　　　　　　　　　　（証明終）

(iii) $\quad 10^{36} + 3 \cdot 10^{32} + 3^2 \cdot 10^{28} + \cdots + 3^8 \cdot 10^4$ は 10 の倍数だから，1 の位の数字は 0 である。したがって，A の 1 の位の数字は 3^9 の 1 の位の数字と一致する。

$$3^9 = 3 \cdot (3^4)^2 = 19683$$

より，求める数字は　　3　　$\cdots\cdots$（答）

(iv) $\quad A = 10^{36} + 3 \cdot 10^{32} + 3^2 \cdot 10^{28} + \cdots + 3^8 \cdot 10^4 + 3^9$

$\qquad 3B = \qquad\quad 3 \cdot 10^{32} + 3^2 \cdot 10^{28} + \cdots + 3^8 \cdot 10^4 + 3^9$

これらを辺々引くと

$$A - 3B = 10^{36} = 2^{36} \cdot 5^{36} \quad \cdots\cdots (\text{答})$$

(v) 求める最大公約数を $g\ (\geqq 1)$ とすると

$$A = A'g, \quad B = B'g \quad (A', \ B' \text{ は正の整数で互いに素})$$

と表せるから

$$A - 3B = A'g - 3B'g = (A' - 3B')g$$

$A' - 3B'$ は整数だから，(iv)の結果より g は $2^{36} \cdot 5^{36}$ の正の約数である。ここで，A は奇数であり，B も 10 の倍数に $3^8 = 6561$ を加えたものだから奇数である。したがって，g は A と B の最大公約数であることから奇数であり，g の素因数に 2 は含まれない。

また，A の 1 の位の数字は 3，B の 1 の位の数字は 1 であることから，A，

B はいずれも 5 の倍数ではなく，g の素因数に 5 は含まれない。

以上のことから　　　$g=1$　……(答)

■■■■■■　◀解　説▶　■■■■■■

≪分数と指数で表された 2 整数の性質≫

(i)　$n=0$ の項が初項だから，$n=N$ の項は第 $(N+1)$ 項であることに注意。また，等比数列の和は（公比）$\neq 1$ の場合と（公比）$=1$ の場合とで式が異なるから，公比 $\dfrac{b}{a}$ が 1 でないことに触れるべきである。

(ii)　A について，$10^{40}-3^{10}=(10^4)^{10}-3^{10}$ と 10 乗で揃えて 10^4 と 3 が見えたら，意味がありそうだった 9997 は 10^4-3 だとわかる。B についても同様であり，A も B も (i) の式の右辺 $\dfrac{a^{N+1}-b^{N+1}}{a-b}$ の形をしているから，$a=10^4$，$b=3$ とおき，N を 9，8 とおいて，(i) の式の右辺を計算してみるのである。

なお，本問は (i) の誘導がついたが，n を自然数として

$$a^n-b^n=(a-b)(a^{n-1}+a^{n-2}b+a^{n-3}b^2+\cdots+a^2b^{n-3}+ab^{n-2}+b^{n-1})$$

はぜひ持っておきたい知識である。

(iii)　10 を含む部分は 10 の倍数であり，さらにいえば 10^4 でくくることができるから 10000 の倍数である。したがって，A の下 4 桁は $3^9=19683$ と一致して 9683，B の下 4 桁は $3^8=6561$ と一致して 6561 であることがわかる。

なお，〔解答〕では 3^8 や 3^9 を計算したが，計算が不可能なくらい大きい数に対しては $3^1=3$，$3^2=9$，$3^3=27$，$3^4=81$，$3^5=243$，$3^6=729$，… により，1 の位の数字が 3，9，7，1 を繰り返すことを用いる。

(v)　本格的な整数問題で，(iii) や (iv) の情報をどのように活用するかがポイントである。(iii) は「A は奇数で，5 の倍数ではない」という情報で，同様に B についての情報を得ればよい。(iv) は「求める最大公約数の素因数は 2，5 以外はない」という情報である。

◀物理・化・生命理学科▶

I ◀数学科▶の I に同じ。

II ◀数学科▶の II に同じ。

III ◀数学科▶の III に同じ。

❖講　評

数学科は試験時間 90 分で I〜IV の 4 題，物理・化・生命理学科は試験時間 75 分で I〜III の 3 題の出題である。2023 年度も素直な良問ばかりで，実力が確実に反映される内容である。典型的な設問で構成され計算力が重視されてきたが，ここ数年は典型的でない小問が増えている。難易度は，I が 2021・2022 年度よりもやや軽くなったが，II 以降がやや重たくなったため，全体として例年並みといえる。

　I　小問 5 問で構成され，いずれも答えのみを書かせる形式なので，計算ミスがないよう細心の注意を払いたい。教科書でいえば(i)，(iii)は節末問題レベル，(ii)，(iv)，(v)は章末問題レベルである。(ii)はどの教科書にも載っている題材ではあるものの，必要な複数の手法がすべてモノになっていないと解き切れない。(iv)は∠BOA が有名角で出てこないため，それを何とか求めようとして計算にはまると辛い。(v)は計算で押すだけでなく，排反な事象を地道に書き上げて考察する力が問われている。

　II　2 曲線 $y=f(x)$，$y=g(x)$ の共有点の y 座標や位置関係を，$t=e^x+e^{-x}$ とおくことによって考える問題。(iv)で，得られた t の条件を x の条件に直す部分が大きなポイント。(v)の面積は計算力が要求される。

　III　座標平面上の三角形 OAB を O を中心として回転させることに関する問題。三角関数の基礎基本を駆使して，(iv)までは確実に解きたいところ。(v)は〔解答〕に示したように簡単な計算であるが，「線分の回転」に戸惑って領域 D の図示に苦戦するかもしれない。

　IV　分数の形で与えられた 2 つの数 A，B が実は整数であることを証明し，その上で 1 の位の数字や最大公約数を考える整数問題。(i)の $\sum_{n=0}^{N}$ の部分を「初項から第 N 項までの和」と勘違いすることなく正確に計算し，(ii)につなげたい。(v)は(iii)，(iv)の活用にかかっているが，過程が長く難しい。

　時間がかかりそうな問題は I の(ii)，(iv)，II の(v)，III の(v)，IV の(v)で，落ち着いて最初から順番通りに解いていけばよいであろう。しかし，最初の方に時間のかかる問題がきていたり，誘導に乗るまでに思わぬ時間を費やしたりする場合もあり得るので，全体を見渡してから解答を始める心がけは常に大切である。

物理

I 解答

1. $\sqrt{\dfrac{GM}{R}}$　2. $V_1 + \dfrac{m_0}{m_s} v_0$　3. 1.4 倍

◀解　説▶

≪人工衛星の速さ≫

1. 等速円運動の運動方程式は

$$m_s \frac{V_1{}^2}{R} = G \frac{M m_s}{R^2} \qquad \therefore \quad V_1 = \sqrt{\frac{GM}{R}}$$

(注)　この速度の大きさを第一宇宙速度という。

2. 物体噴射直後の人工衛星の速さを V_2 とする。人工衛星の進む向きを正の向きとすると，噴射後の人工衛星，物体の速度はそれぞれ V_2, $V_2 - v_0$ と表される。運動量保存則より

$$m_s V_1 = (m_s - m_0) V_2 + m_0 (V_2 - v_0)$$

$$\therefore \quad V_2 = V_1 + \frac{m_0}{m_s} v_0$$

3. 万有引力による位置エネルギーは，無限遠で 0 になるので，力学的エネルギー保存則より

$$\frac{1}{2} (m_s - m_0) V_2{}^2 + \left\{ - G \frac{M (m_s - m_0)}{R} \right\} = 0$$

$$V_2 = \sqrt{\frac{2GM}{R}} = \sqrt{2}\, V_1$$

$$\therefore \quad \frac{V_2}{V_1} = \sqrt{2} = 1.41 \fallingdotseq 1.4 \ 倍$$

(注)　この速度の大きさを第二宇宙速度という。

II 解答

1. あ—g　い—k　2. う. $t + \dfrac{x}{v}$　え. $t - \dfrac{x}{v}$

3. お—c　か—f

◀ 解　説 ▶

≪定常波，正弦波の式≫

1．あ．気柱の定常波における閉管に対応する。
定常波の振動の周期のうち一番長いものを T_1
〔s〕，波長を λ_1〔m〕とすると，基本振動に対
応するので

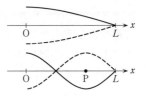

$$L = \frac{\lambda_1}{4} \quad \therefore \quad T_1 = \frac{\lambda_1}{v} = \frac{4L}{v} \text{〔s〕}$$

い．$x = L$〔m〕以外に節が一つあるものは，3 倍振動に対応する。$x = 0$
〔m〕以外の腹の位置（上図の点 P）は

$$x = \frac{2L}{3} \text{〔m〕}$$

2．う・え．まず，正の向きに進む進行波を考える。題意より，$x = 0$
〔m〕の時刻 t〔s〕における変位 y_2〔m〕は

$$y_2 = A \sin \frac{2\pi}{T} t$$

位置 x〔m〕では時間 $\frac{x}{v}$〔s〕だけ遅れて振動が伝わるので，時刻 t〔s〕

における変位は，$x = 0$〔m〕の時刻 $\left(t - \frac{x}{v}\right)$〔s〕における変位と等しい。

よって

$$y_2 = A \sin \frac{2\pi}{T} \left(t - \frac{x}{v}\right)$$

負の向きに進む進行波は，v を $-v$ に置き換えて

$$y_1 = A \sin \frac{2\pi}{T} \left(t - \frac{x}{-v}\right) = A \sin \frac{2\pi}{T} \left(t + \frac{x}{v}\right)$$

3．お．定常波の変位が常に 0 になるところでは，2 つの進行波の位相差
の大きさは，π の奇数倍，$(2n+1)\pi$　$(n = 0, 1, 2, \cdots)$ である。
か．固定端 $x = L$〔m〕では，2 つの進行波の位相差の大きさは

$$\left\{\frac{2\pi}{T}\left(t + \frac{L}{v}\right) - \frac{2\pi}{T}\left(t - \frac{L}{v}\right)\right\} = (2n+1)\pi$$

$$\therefore \quad T = \frac{4L}{v} \frac{1}{2n+1} \text{〔s〕} \quad (n = 0, 1, 2, \cdots)$$

Ⅲ　**解答**　1．あ—h　い—f　2．う—f　3．え．$\dfrac{1}{2}M_1V_1{}^2$

◀**解　説**▶

≪繰り返し衝突とエネルギー≫

1．あ・い．1回目の衝突直後の A_1, A_2 の速度を v_1, V_2 とする。運動
量保存則より

$$M_1V_1 = M_1v_1 + (aM_1)\,V_2$$
$$V_1 = v_1 + aV_2 \quad \cdots\cdots ①$$

物体間の衝突は弾性衝突であるとするから，反発係数の式より

$$1 = -\dfrac{v_1 - V_2}{V_1 - 0}$$
$$V_1 = -v_1 + V_2 \quad \cdots\cdots ②$$

式①，②より

$$v_1 = \dfrac{1-a}{1+a}V_1$$

$$V_2 = \dfrac{2}{1+a}V_1$$

2．う．2回目の衝突直後の A_2, A_3 の速度を v_2, V_3 とする。設問1の
結果を用いて

$$v_2 = \dfrac{1-a}{1+a}V_2 = \dfrac{1-a}{1+a}\cdot\dfrac{2}{1+a}V_1$$

$$V_3 = \dfrac{2}{1+a}V_2 = \left(\dfrac{2}{1+a}\right)^2 V_1$$

衝突は全部で $(n-1)$ 回起こる。$(n-1)$ 回目の衝突直後の A_{n-1}, A_n の
速度を v_{n-1}, V_n とする。

$$v_{n-1} = \dfrac{1-a}{1+a}V_{n-1} = \dfrac{1-a}{1+a}\left(\dfrac{2}{1+a}\right)^{n-2} V_1$$

$$V_n = \dfrac{2}{1+a}V_{n-1} = \left(\dfrac{2}{1+a}\right)^{n-1} V_1$$

（注）　$0 < a < 1$ より，$v_1 < v_2 < \cdots < v_{n-1}$ なので，衝突は全部で $(n-1)$ 回
である。

3．え．物体間の衝突は弾性衝突であるから，全ての衝突で運動エネルギ
ーの和は保存される。したがって，全ての物体に対する運動エネルギーの

総和は，最初に A_1 がもつ運動エネルギー $\dfrac{1}{2}M_1V_1{}^2$ に等しい。

Ⅳ 解答

1．4.0×10^{26} J　2．4.8×10^{-29} kg
3．4.4×10^9 kg

◀解　説▶

≪核融合反応と太陽≫

1．半径 r の球の表面積は $4\pi r^2$ である。1 秒当たりに太陽から放出されている総エネルギーは

$$\{4\times3.14\times(1.5\times10^{11})^2\}\times(1.4\times10^3)=3.95\times10^{26}\fallingdotseq4.0\times10^{26}\,[\text{J}]$$

2．質量の減少は，反応前後での質量の差である。

$$(4\times1.00728+2\times0.00055)-4.00151=0.02871\,[\text{u}]$$

$$0.02871\times(1.66\times10^{-27})=4.76\times10^{-29}\fallingdotseq4.8\times10^{-29}\,[\text{kg}]$$

3．質量 m とエネルギー E の関係は，$E=mc^2$ で表される。設問 1 より，1 秒当たりに減少する太陽の質量 M [kg] は

$$M=\frac{E}{c^2}=\frac{3.95\times10^{26}}{(3.00\times10^8)^2}=4.38\times10^9\fallingdotseq4.4\times10^9\,[\text{kg}]$$

Ⅴ 解答

1．あ．$er\omega B$　2．い．P　3．う．$r\omega B$

え．$\dfrac{1}{2}\omega Bl^2$　お．$\dfrac{(\omega Bl^2)^2}{4R}$　4．か．$-\dfrac{\omega Bl^2}{2R}$

◀解　説▶

≪磁場中を回転する導体棒≫

1．あ．点Qにある電子が回転する速さ v は，$v=r\omega$ と表される。ローレンツ力の大きさ f_B は

$$f_B=evB=er\omega B$$

2．い．導体 OP 中の電子が受けるローレンツ力は，フレミングの左手の法則から，P→O の向きである。電子はO側に集まるので，O，Pの電位は，Pの方が高くなる。

3．う．導体 OP の帯電により，PからOの向きに電場が生じ，電子は，ローレンツ力と電場からの静電気力を受け，これら 2 つの力がつり合う。

力のつり合いの式は

$$eE = er\omega B \quad \therefore \quad E = r\omega B$$

え．導体 OP 内の電場は場所ごとに異なる。
右図のように Δr ごとの微小区間に分けて
考えると，各区間では電場は一定とみなせ
て，微小区間での電位差は $\Delta V = E\Delta r$ とな
る。これは棒グラフの面積に相当する。全
体の電位差 V は，$\Delta r \to 0$ として，三角形
の面積で表される。

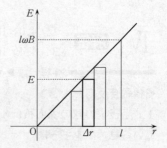

$$V = \frac{1}{2}l \cdot l\omega B = \frac{1}{2}\omega B l^2$$

別解　導体 OP の速さは場所ごとに異なり，O からの距離に比例している。
その速さは P で最大 $l\omega$，O で最小 0 である。導体 OP の電位差 V は，平
均の速さを用いて

$$V = \frac{l\omega + 0}{2} \cdot Bl = \frac{1}{2}\omega B l^2$$

お．エネルギー保存則より，外力の仕事率は抵抗 R での消費電力に等しい。

$$\frac{V^2}{R} = \frac{1}{R}\left(\frac{1}{2}\omega B l^2\right)^2 = \frac{(\omega B l^2)^2}{4R}$$

4．か．磁束密度 B の向きを逆に変更すると，流れる電流の向きも逆に
なる。導体 OP の電位差が V だから，オームの法則より

$$I = -\frac{V}{R} = -\frac{\omega B l^2}{2R}$$

Ⅵ　**解答**　1—(f)　2．$\frac{3}{2}nR(T_1 - T_2)$　3．$\frac{5}{3}$　4．$\frac{V_A V_C}{V_B}$

5．$nRT_1 \log\frac{V_A}{V_D} - nRT_2 \log\frac{V_B}{V_C}$　6．$\frac{T_1 - T_2}{T_1}$

━━━━━━━━━━◀解　説▶━━━━━━━━━━

≪気体の状態変化と熱機関≫

1．等温変化では，圧力と体積が反比例する曲線となる（ボイルの法則）。
断熱膨張では温度が低下し，断熱圧縮では温度が上昇するので，等温変化
を表す曲線より急な曲線となる。よって，概形として最も適当なものは，

図(f)である。

2．A→Bにおいて，気体が外部にする仕事を W_{AB}，内部エネルギーの変化を ΔU_{AB} とする。単原子分子理想気体では，定積モル比熱 C_v は $C_v=\dfrac{3}{2}R$ であることより

$$\Delta U_{AB}=nC_v(T_2-T_1)=\frac{3}{2}nR(T_2-T_1)\quad(<0)$$

熱力学第一法則より

$$0=\Delta U_{AB}+W_{AB}$$

$$\therefore\quad W_{AB}=-\Delta U_{AB}=\frac{3}{2}nR(T_1-T_2)$$

3．単原子分子理想気体では，$\gamma=\dfrac{5}{3}$ である。

4．断熱変化において，ポアソンの法則を用いると

$$T_1V_A{}^{\gamma-1}=T_2V_B{}^{\gamma-1}\quad\cdots\cdots①$$
$$T_2V_C{}^{\gamma-1}=T_1V_D{}^{\gamma-1}\quad\cdots\cdots②$$

式①，②より

$$\frac{T_2}{T_1}=\left(\frac{V_A}{V_B}\right)^{\gamma-1}=\left(\frac{V_D}{V_C}\right)^{\gamma-1}$$

$$\frac{V_A}{V_B}=\frac{V_D}{V_C}\quad\therefore\quad V_D=\frac{V_AV_C}{V_B}$$

5．求める仕事を $W_{正味}$ とする。1サイクルについて熱力学第一法則の式を適用する。気体の内部エネルギーの変化 ΔU は 0 なので

$$Q_{in}-Q_{out}=W_{正味}$$

$$\therefore\quad W_{正味}=Q_{in}-Q_{out}$$

$$=nRT_1\log\frac{V_A}{V_D}-nRT_2\log\frac{V_B}{V_C}$$

6．熱効率 e は

$$e=\frac{W_{正味}}{Q_{in}}$$

4 より，$\dfrac{V_B}{V_C}=\dfrac{V_A}{V_D}$ であることを用いて

$$e = \frac{nRT_1 \log \dfrac{V_A}{V_D} - nRT_2 \log \dfrac{V_B}{V_C}}{nRT_1 \log \dfrac{V_A}{V_D}} = \frac{T_1 - T_2}{T_1}$$

発展　等温膨張 D→A の過程における，気体が外部にする仕事 W_{DA} は

$$W_{DA} = \int_{V_D}^{V_A} p\,dV = \int_{V_D}^{V_A} \frac{nRT_1}{V}\,dV$$

$$= nRT_1 \int_{V_D}^{V_A} \frac{dV}{V}$$

$$= nRT_1 \Big[\log |V|\Big]_{V_D}^{V_A}$$

$$= nRT_1 (\log V_A - \log V_D)$$

$$= nRT_1 \log \frac{V_A}{V_D}$$

等温膨張 B→C の過程における，気体が外部にする仕事 W_{BC} も，同様の計算から導くことができる。この熱機関のサイクルを「カルノーサイクル」という。

❖講　評

　全体として基本的な問題が多いが，一部に設定を理解する読解力や，誘導に乗りながら数式を処理する能力が求められる問題もある。

　Ⅰ　人工衛星の速さについての問題。第一宇宙速度，空中での分裂，第二宇宙速度に関する基本問題。

　Ⅱ　A．問題の定常波は，気柱の定常波で閉管の基本音と 3 倍音の図に対応させて考える。B．正弦波の式を求める問題。さらに，進行波の位相差の計算を要求される。やや難しい問題だが，誘導に沿って解答を作成したい。

　Ⅲ　繰り返し衝突のやや難しい問題。まず，1 回目の衝突をきちんと計算する。あとはその繰り返しで，それ以降の物体の速度が求められる。運動エネルギーの総和は，等比数列の和で求めることが多い。今回はすべて弾性衝突なので，そこに気づけば一瞬で解ける。

　Ⅳ　核融合反応と太陽の問題。有効数字の計算に注意を要する。質量，個数，エネルギーを扱う際にどの条件を使うのか，落ち着いて整理する

必要がある。

　Ⅴ　磁場中を回転する導体棒の問題。ファラデーの電磁誘導の法則から求めるのが一般的である。今回は，問題の誘導に沿って，ローレンツ力と誘導起電力から理論を組み立てる。途中，電場の強さが関数になっているため，問題の難度が高くなっている。

　Ⅵ　気体の状態変化と熱機関の問題。等温変化，断熱変化について，仕事や熱量をどのように求めるのか，すぐに判断できるようにしておきたい。

■化学■

◀化・生命理学科▶

I　解答　1−c　2−d　3−c

━━━━━━━━◀解　説▶━━━━━━━━

≪水の性質，ハロゲン，アミノ酸とペプチド≫

1．イ．誤文。純粋な水も次のようにわずかに電離している。

$$H_2O \rightleftharpoons H^+ + OH^-$$

ロ．正文。氷は，水分子が方向性のある水素結合により規則的に配列しており，隙間の多い構造をしている。氷が溶けて液体の水になると，水素結合が一部切断されて隙間が少なくなり，体積が小さくなる。このため，氷の密度は液体の水の密度より小さい。

ハ．正文。水分子間の分子間力は，エタノール分子間の分子間力よりも強い。このため，同じ温度において，水の方がエタノールよりも蒸発しにくく，飽和蒸気圧が低くなる。

ニ．誤文。水にも臨界点があり，超臨界状態が存在する。

2．a．誤文。電気陰性度は，周期表で右上に存在する元素の原子ほど大きくなる傾向にある。よって，ハロゲン原子では F>Cl>Br>I である。

b．誤文。HF は分子間に水素結合を形成するため，分子量の割に沸点が異常に高くなる。HCl，HBr，HI については，分子量が大きくなるほど分子間力が強くなるため，沸点は高くなる。よって，沸点の高さは，HCl<HBr<HI<HF である。

c．誤文。水溶液中における酸としての強さは，HF<HCl<HBr<HI である。

d．正文。ハロゲンの単体の酸化力は，原子番号が小さいものほど大きい。

e．誤文。F^-，Cl^-，Br^-，I^- の最外殻はそれぞれ L 殻，M 殻，N 殻，O 殻であり，最外殻が外側にあるイオンほど半径が大きいので，

$F^-<Cl^-<Br^-<I^-$ である。

3．a．誤文。ニンヒドリン反応は，アミノ酸のアミノ基を検出する反応である。

b．誤文。チロシン，アラニン，セリンの各1分子からなる鎖状トリペプチドの構造異性体の数は，この3つのアミノ酸を一列に並べる場合の数に等しいので

$3! = 6$ 種類

c．正文。グルタミン酸は酸性アミノ酸であるから，酸性側に等電点をもつ。

d．誤文。グリシンには不斉炭素原子がないので，鏡像異性体は存在しない。

e．誤文。フェニルアラニンに無水酢酸を作用させると，アミノ基がアセチル化されて，アミド結合が形成される。このとき，カルボキシ基は反応せずに残るので，酸としての性質は失われない。

II　解答

1．(ア)同素体　(イ)$1.2×10^{-21}$

2．酸素の電気陰性度は硫黄に比べて大きく，水分子間には水素結合が形成されるのに対し，硫化水素分子間には水素結合は形成されないから。（4行以内）

3．2）硫化亜鉛　3）硫黄

4．3.1

5－c，e

◀解　説▶

≪硫黄の単体と化合物，H_2S の電離平衡，溶解度積≫

1．(イ)　K_1，K_2，K は，それぞれ次のように表される。

$$K_1=\frac{[HS^-][H^+]}{[H_2S]},\ K_2=\frac{[S^{2-}][H^+]}{[HS^-]},\ K=\frac{[S^{2-}][H^+]^2}{[H_2S]}$$

K_1 と K_2 の式をかけると

$$K_1K_2=\frac{[HS^-][H^+]}{[H_2S]}×\frac{[S^{2-}][H^+]}{[HS^-]}=\frac{[S^{2-}][H^+]^2}{[H_2S]}=K$$

となるので

$$K=K_1K_2=9.6×10^{-8}×1.3×10^{-14}$$

$$= 1.24 \times 10^{-21} \fallingdotseq 1.2 \times 10^{-21} \, (\text{mol/L})^2$$

2．電気陰性度の大小と，分子間に水素結合が形成されるか否かの 2 点に触れる。

3．2）　Zn^{2+} を含む水溶液に H_2S を吹き込むと，塩基性溶液では，ZnS の白色沈殿が生じる。

$$Zn^{2+} + S^{2-} \longrightarrow ZnS$$

3）　Fe^{3+} を含む水溶液に H_2S を吹き込むと，Fe^{3+} が酸化剤，H_2S が還元剤となって酸化還元反応がおこり，S の淡黄色沈殿が生じる。

$$2Fe^{3+} + H_2S \longrightarrow 2Fe^{2+} + 2H^+ + S$$

なお，塩基性溶液では，FeS の黒色沈殿も生じる。

$$Fe^{2+} + S^{2-} \longrightarrow FeS$$

4．ZnS の沈殿が生じないための条件は

$$[Zn^{2+}][S^{2-}] \leqq K_{sp}$$

であり，沈殿が生じないときの水溶液の最も大きな pH を求めるので

$$[Zn^{2+}][S^{2-}] = K_{sp} \quad \cdots\cdots①$$

となるときを考えればよい。式(3)の電離定数の式から

$$[S^{2-}] = \frac{K[H_2S]}{[H^+]^2}$$

となるので，これを①に代入すると

$$[Zn^{2+}] \cdot \frac{K[H_2S]}{[H^+]^2} = K_{sp}$$

$$\therefore \quad [H^+] = \sqrt{\frac{K[H_2S][Zn^{2+}]}{K_{sp}}}$$

となる。これに，与えられた値，および 1 の(イ)で求めた値を代入すると

$$[H^+] = \sqrt{\frac{1.2 \times 10^{-21} \times 1.0 \times 10^{-1} \times 1.0 \times 10^{-2}}{2.0 \times 10^{-18}}} = \sqrt{6} \times 10^{-3.5} \, (\text{mol/L})$$

よって，求める pH は

$$pH = -\log_{10}(\sqrt{6} \times 10^{-3.5})$$

$$= 3.5 - \frac{1}{2}(\log_{10}2 + \log_{10}3)$$

$$= 3.11 \fallingdotseq 3.1$$

5．a．誤文。濃硫酸の濃度は 95〜98 ％である。

b．誤文。濃硫酸は溶解熱が大きいので，濃硫酸に水を加えて希釈すると，突沸して危険である。濃硫酸を安全に希釈するには，よくかき混ぜながら，水に濃硫酸を少量ずつ加えていく必要がある。

c．正文。濃硫酸の沸点はおよそ 330℃ と非常に高い。

d．誤文。酢酸とメタノールが縮合して，酢酸メチルが生成する。このとき，濃硫酸は脱水の触媒としてはたらく。

$$CH_3COOH + CH_3OH \longrightarrow CH_3COOCH_3 + H_2O$$

e．正文。濃硫酸には吸湿性があり，乾燥剤として用いられる。

Ⅲ 解答

1．(ア)活性化状態 (イ)活性化エネルギー (ウ)反応熱

2．$2.2 \times 10^{-2} \mathrm{s}^{-1}$

3．i．反応温度を上げると，大きな運動エネルギーをもつ分子が増加し，活性化エネルギー以上のエネルギーをもつ分子の割合が大きくなるから。
（4 行以内）

ii－b

4．400 K と 500 K のときの反応速度定数をそれぞれ k_1，k_2 とすると

$$\log_{10} k_1 = -\frac{E_a}{2.3R \times 400} + \log_{10} A \quad \cdots\cdots ①$$

$$\log_{10} k_2 = -\frac{E_a}{2.3R \times 500} + \log_{10} A \quad \cdots\cdots ②$$

②－① から

$$\log_{10} k_2 - \log_{10} k_1 = \frac{E_a}{2.3R}\left(\frac{1}{400} - \frac{1}{500}\right)$$

$$\therefore \quad E_a = 4.6 \times 10^3 R \times \log_{10} \frac{k_2}{k_1}$$

$\dfrac{k_2}{k_1} = 10000$ であるから

$$\log_{10} \frac{k_2}{k_1} = \log_{10} 10000 = 4$$

したがって，求める活性化エネルギーは

$$E_a = 4.6 \times 10^3 \times 8.31 \times 4$$

$$= 1.52 \times 10^5 \fallingdotseq 1.5 \times 10^5 \,\text{〔J/mol〕} \quad \cdots\cdots（答）$$

━━━━ ◀解 説▶ ━━━━

≪化学反応のしくみと反応速度，アレニウスの式≫

2．理想気体の状態方程式より，$\dfrac{P_X}{RT}$ は X のモル濃度 [X] を表すので，反応速度式(1)は

$$v = k[\mathrm{X}]$$

と書ける。$t=5$〔s〕と $t=10$〔s〕における X の濃度はそれぞれ

$$t=5〔\mathrm{s}〕：[\mathrm{X}] = \frac{8.96 \times 10^4}{RT}〔\mathrm{mol/L}〕$$

$$t=10〔\mathrm{s}〕：[\mathrm{X}] = \frac{8.03 \times 10^4}{RT}〔\mathrm{mol/L}〕$$

であるから，この時間範囲における平均の反応速度 $\bar{v}$ は

$$\bar{v} = \frac{\dfrac{8.96 \times 10^4}{RT} - \dfrac{8.03 \times 10^4}{RT}}{10-5}$$

$$= \frac{9.30 \times 10^3}{5RT}〔\mathrm{mol/(L \cdot s)}〕$$

であり，X の平均の濃度 $\overline{[\mathrm{X}]}$ は

$$\overline{[\mathrm{X}]} = \frac{\dfrac{8.96 \times 10^4}{RT} + \dfrac{8.03 \times 10^4}{RT}}{2}$$

$$= \frac{8.495 \times 10^4}{RT}〔\mathrm{mol/L}〕$$

である。$v=k[\mathrm{X}]$ より，$\bar{v} = k\overline{[\mathrm{X}]}$ なので

$$\frac{9.30 \times 10^3}{5RT}〔\mathrm{mol/(L \cdot s)}〕 = k \times \frac{8.495 \times 10^4}{RT}〔\mathrm{mol/L}〕$$

∴ $k = 2.18 \times 10^{-2} \fallingdotseq 2.2 \times 10^{-2}$〔$\mathrm{s}^{-1}$〕

となる。単位は〔/s〕と表記してもよい。

なお，0s と 5s，もしくは 10s と 15s の測定結果を用いても，同じ結果が得られる。

3．ⅰ．分子の運動エネルギーが大きくなることと，活性化エネルギー以上のエネルギーをもつ分子の割合が増加することの 2 点に触れる。

ⅱ．触媒は，活性化エネルギーを小さくすることで反応速度を大きくするが，反応の前後で自身は変化せず，反応熱も変化させない。

IV　解答

1．**B**.
$$CH_3-CH_2-\underset{\underset{H}{|}}{\overset{\overset{Br}{|}}{C}}-\underset{\underset{CH_3}{|}}{\overset{\overset{Br}{|}}{C}}-CH_3$$
C.
$$CH_3-CH_2-\underset{\underset{CH_3}{|}}{\overset{\overset{OH}{|}}{C}}-CH_2-CH_3$$

2．2個　　3－a　　4－b

◀解　説▶

≪分子式 C_6H_{12} の不飽和炭化水素とその誘導体，オゾン分解≫

1．**A**は C_6H_{12} の不飽和炭化水素なので，アルケンであるから，**A**に水を付加させた**C**はアルコールであり，不斉炭素原子をもたないので，その構造は次のように表せる。

$$R_1-\underset{\underset{R_2}{|}}{\overset{\overset{OH}{|}}{C}}-R_1$$

炭素数が 6 であることから，R_1 と R_2 の炭素数の組合せは，$(R_1,\ R_2)$ $=(0,\ 5),\ (1,\ 3),\ (2,\ 1)$ となる。よって，**C**の構造として次の 3 種類が考えられる。

$$CH_3-CH_2-CH_2-CH_2-CH_2-CH_2-OH$$
① 1-ヘキサノール

$$CH_3-\underset{\underset{CH_3}{|}}{\overset{\overset{OH}{|}}{C}}-CH_2-CH_2-CH_3$$
② 2-メチル-2-ペンタノール

$$CH_3-CH_2-\underset{\underset{CH_3}{|}}{\overset{\overset{OH}{|}}{C}}-CH_2-CH_3$$
③ 3-メチル-3-ペンタノール

水を付加させたときに①が得られるアルケンは 1-ヘキセンであるが，これにマルコフニコフの法則に従って水を付加させると，①の 1-ヘキサノールではなく，2-ヘキサノールが得られるので，不適である。

$$CH_3-CH_2-CH_2-CH_2-CH=CH_2+H_2O$$
1-ヘキセン

$$\longrightarrow CH_3-CH_2-CH_2-CH_2-\underset{\underset{OH}{|}}{CH}-CH_3 \quad 2\text{-ヘキサノール}$$

マルコフニコフの法則に従って水を付加させたときに②，③のアルコール

が得られるアルケン，およびアルケンに臭素を付加させたときに得られる
生成物は，それぞれ次のようになる。

② $CH_2=\underset{\underset{CH_3}{|}}{C}-CH_2-CH_2-CH_3 + Br_2 \longrightarrow Br-CH_2-\underset{\underset{CH_3}{|}}{\overset{\overset{Br}{|}}{C}}-CH_2-CH_2-CH_3$

2-メチル-1-ペンテン

または

$CH_3-\underset{\underset{CH_3}{|}}{C}=CH-CH_2-CH_3 + Br_2 \longrightarrow CH_3-\underset{\underset{CH_3}{|}}{\overset{\overset{Br}{|}}{C}}-\underset{\underset{H}{|}}{\overset{\overset{Br}{|}}{C}}-CH_2-CH_3$

2-メチル-2-ペンテン

③ $CH_3-CH_2-\underset{\underset{CH_3}{|}}{C}=CH-CH_3 + Br_2 \longrightarrow CH_3-CH_2-\underset{\underset{CH_3}{|}}{\overset{\overset{Br}{|}}{C}}-\underset{\underset{H}{|}}{\overset{\overset{Br}{|}}{C}}-CH_3$

3-メチル-2-ペンテン

アルケン**A**に臭素を付加させたときの生成物**B**は，2つの不斉炭素原子を
もつので，アルコール**C**は③の3-メチル-3-ペンタノール，アルケン**A**は
3-メチル-2-ペンテンであるとわかる。

2．臭素と水のどちらを付加させても不斉炭素原子をもたない生成物をあ
たえるアルケンの構造と，生成物の構造は，次のように表せる。

$$\underset{\underset{R_1}{|}}{\overset{\overset{R_1}{|}}{C}}=\underset{\underset{R_2}{|}}{\overset{\overset{R_2}{|}}{C}} \quad \overset{+Br_2}{\longrightarrow} \quad R_1-\underset{\underset{R_1}{|}}{\overset{\overset{Br}{|}}{C}}-\underset{\underset{R_2}{|}}{\overset{\overset{Br}{|}}{C}}-R_2$$

$$\overset{+H_2O}{\longrightarrow} \quad R_1-\underset{\underset{R_1}{|}}{\overset{\overset{H}{|}}{C}}-\underset{\underset{R_2}{|}}{\overset{\overset{OH}{|}}{C}}-R_2$$

Aの炭素数が6であることから，R_1 の炭素数 $\leqq R_2$ の炭素数 とすると，R_1
と R_2 の炭素数の組合せは，$(R_1, R_2)=(0, 2)$，$(1, 1)$ となる。よって，
条件を満たす**A**の構造異性体は，次の2個である。

$$\underset{H}{\overset{H}{>}}C=C\underset{CH_2-CH_3}{\overset{CH_2-CH_3}{<}} \qquad \underset{CH_3}{\overset{CH_3}{>}}C=C\underset{CH_3}{\overset{CH_3}{<}}$$

3．アルケン**A**をオゾン分解すると，次のようにアセトアルデヒドとエチ
ルメチルケトンが得られる。分子量は**D**よりも**E**の方が大きいので，**D**が

アセトアルデヒド，**E** がエチルメチルケトンとわかる（**A** にはシス-トランス異性体があるが，シス型を示している）。

$$\underset{\textbf{A}}{\overset{\displaystyle CH_3}{\underset{\displaystyle H}{>}}C=C\underset{\displaystyle CH_2-CH_3}{\overset{\displaystyle CH_3}{<}}} \xrightarrow{+O_3} \underset{\textbf{D}}{\overset{\displaystyle CH_3}{\underset{\displaystyle H}{>}}C=O} + O=C\underset{\displaystyle CH_2-CH_3}{\overset{\displaystyle CH_3}{<}}\quad\textbf{E}$$

D と **E** はともに $CH_3-\underset{O}{\overset{\parallel}{C}}-$ の構造をもつので，どちらもヨードホルム反応を示す。

4．**D** はアルデヒドなので銀鏡反応を示すが，**E** はケトンなので銀鏡反応は示さない。

❖講　評

　試験時間は 75 分。大問数は 4 題で，基本〜標準問題が大半であるが，計算問題と有機の問題は難しく感じたかもしれない。

　Ⅰ　小問 3 問。すべて正誤問題であり，正確な知識が求められる。ただ，特に細かい知識を問うものはなく，水，ハロゲン，アミノ酸についての基礎事項をしっかり押さえておけば，迷うことなく正答が選べるはずである。

　Ⅱ　硫黄を題材とした理論と無機の融合問題。1 の(イ)は $K=K_1 K_2$ の関係式を導くことがポイントであるが，知っていた受験生は素早く解答できたであろう。3 の 3 ）の物質名は迷ったかもしれないが，H_2S が強力な還元剤であることをもとに考えればよい。4 の計算問題は溶解度積と H_2S の電離定数の式を組み合わせて pH を求める典型問題であるが，類題の演習の有無で差がついたと思われる。

　Ⅲ　化学反応のしくみと反応速度に関する問題。1，3 は基本問題であり落とせない。2 の反応速度定数を求める問題は，一般的な問題と異なり，濃度ではなく分圧の変化が示されているところが目新しい。気体定数と絶対温度を文字でおいたままで計算を進めることで，計算はだいぶ楽になる。4 はアレニウスの式を用いて活性化エネルギーを求める問題であり，問題集などでもよく見られる。方程式を立てるのは難しくないが，その後の処理では計算が楽になるような工夫をしたい。

　Ⅳ　分子式が C_6H_{12} のアルケンと，その誘導体の構造を考える問題。

C_6H_{12} のアルケンの構造異性体は全部で 13 個もあるので，全部書き出してから考えるのは得策ではない。アルコール **C** に不斉炭素原子がないことを出発点として，候補をいくつかに絞ってから考えるのがよいであろう。2 については，考え方の糸口がつかめず苦労したかもしれない。Br_2 と H_2O が付加する C 原子に，初めから同じ原子または原子団が結合していることに気付けたかどうかがポイント。

◀数　学　科▶

Ⅰ　◀化・生命理学科▶のⅠに同じ。

Ⅱ　◀化・生命理学科▶のⅡに同じ。

Ⅲ　◀化・生命理学科▶のⅢに同じ。

Ⅳ　1．◀化・生命理学科▶のⅣ.1に同じ。

2．c

3．◀化・生命理学科▶のⅣ.3に同じ。

4．◀化・生命理学科▶のⅣ.4に同じ。

■━━━━━━ ◀解　説▶ ━━━━━━■

≪分子式 C_6H_{12} の不飽和炭化水素とその誘導体，オゾン分解≫

1．◀化・生命理学科▶のⅣ.1に同じ。

2．臭素と水のどちらを付加させても不斉炭素原子をもたない生成物をあたえるアルケンの構造と，生成物の構造は，次のように表せる。

A の炭素数が 6 であることから，R_1 の炭素数 $\leqq R_2$ の炭素数 とすると，R_1 と R_2 の炭素数の組合せは，$(R_1, R_2) = (0, 2)$，$(1, 1)$ となる。よって，条件を満たす **A** の構造異性体は，次の 2 個である。

$$\begin{array}{c} H \\ H \end{array}\!\!C\!\!=\!\!C\!\!\begin{array}{c} CH_2\!-\!CH_3 \\ CH_2\!-\!CH_3 \end{array} \qquad \begin{array}{c} CH_3 \\ CH_3 \end{array}\!\!C\!\!=\!\!C\!\!\begin{array}{c} CH_3 \\ CH_3 \end{array}$$

3．◀化・生命理学科▶のⅣ.3に同じ。

4．◀化・生命理学科▶のⅣ.4に同じ。

❖講　評

　試験時間は 75 分。大問数は 4 題で，基本〜標準問題が大半であるが，計算問題と有機の問題は難しく感じたかもしれない。

　Ⅰ　◀化・生命理学科▶のⅠに同じ。

　Ⅱ　◀化・生命理学科▶のⅡに同じ。

　Ⅲ　◀化・生命理学科▶のⅢに同じ。

　Ⅳ　分子式が C_6H_{12} のアルケンと，その誘導体の構造を考える問題。

1．◀化・生命理学科▶のⅣ.1に同じ。

2．考え方の糸口がつかめず苦労したかもしれない。Br_2 と H_2O が付加する C 原子に，初めから同じ原子または原子団が結合していることに気付けたかどうかがポイント。

3．◀化・生命理学科▶のⅣ.3に同じ。

4．◀化・生命理学科▶のⅣ.4に同じ。

生物

Ⅰ 解答

1．0.4
2．前期. d　中期. b　後期. a　終期. c
3．全か無かの法則　4 － d，e
5．ⅰ．陽生植物　ⅱ．16
6．生物同士の関係：a　生物同士の組み合わせ：j
7．光リン酸化　8．窒素固定細菌
9．イ－ d　ロ－ d　ハ－ b　ニ－ f

◀解　説▶

≪小問 9 問≫

1．条件を整理すると

　　（赤色株）：（ピンク色株）：（白色株）＝ AA：Aa：aa ＝ 2：2：1

である。この集団の中に存在する A と a の割合は

　　A：a ＝（2×2＋2）：（2＋1×2）＝ 3：2

であるので

　　（a の遺伝子頻度 q）＝ $\dfrac{2}{3+2}$ ＝ 0.4

2．e は間期の S 期の説明文である。

4．a．DNA ポリメラーゼの性質である。

b・d．これらの酵素が酵素活性を示すのに，ATP のエネルギーは不要である。DNA はデオキシリボースと塩基が，RNA はリボースと塩基がそれぞれ結合したヌクレオシドに 3 つのリン酸が直列したヌクレオシド三リン酸をもとに合成される。DNA や RNA の合成はヌクレオシド三リン酸がもつエネルギーを利用して行われる。

c．いずれの酵素も，ヌクレオチド鎖を 5' 側から 3' 側の方向へ合成する。

e．いずれの酵素も開裂して現れた 1 本鎖の DNA を鋳型に，新たなヌクレオチド鎖を合成する。

f．DNA ポリメラーゼはあてはまるが，RNA ポリメラーゼはあてはまらない。

g．いずれの酵素もあてはまらない。あてはまるのは原核生物である。

5．日当たりのよい環境でよく生育するのは，陽生植物である。陽生植物は十分に光が強い環境では，陰生植物よりも見かけの光合成速度（二酸化炭素吸収速度）が大きく，呼吸速度も大きいので，図1のAを使って考える。

　　　（光合成速度）=（見かけの光合成速度）+（呼吸速度）

であり，光飽和点では最大の見かけの光合成速度が測定されるので

　　　（光飽和点での光合成速度）= 12 + 4 = 16

6．gは種間競争，hは捕食一被食の関係，kは片利共生，lは寄生の例である。iは代表的な針葉樹林を構成する樹種である。

9．嫌気条件では，アルコール発酵

　　　$C_6H_{12}O_6 \longrightarrow 2CO_2 + 2C_2H_5OH$　……①

のみが行われており，開始から2時間の間にアルコール発酵で消費したグルコースが0.5分子であった場合，生じるエタノール，二酸化炭素はともに①の係数比より

　　　$0.5 \times 2 = 1$ 分子

であるので，(イ)，(ロ)はともに2時間目に1分子が存在する図3のdを選択する。

アルコール発酵と呼吸で消費したグルコース（0.5分子）を半分（0.25分子）ずつ使った場合，2時間目にアルコール発酵で生じたエタノールは(イ)を考えたときの半分になるので，(ハ)は2時間目に0.5分子が存在する図3のbを選択する。この量のエタノールが生じたとき，

　　　0.5分子　……②

の二酸化炭素も生じている。また，呼吸の反応

　　　$C_6H_{12}O_6 + 6H_2O + 6O_2 \longrightarrow 6CO_2 + 12H_2O$　……③

より，0.5分子の半分の0.25分子のグルコースが呼吸に用いられたとき，二酸化炭素は，③の係数比より

　　　$0.25 \times 6 = 1.5$ 分子　……④

発生する。②，④より，(ニ)は2時間目に

　　　$0.5 + 1.5 = 2$ 分子

が存在する図3のfを選択する。

II　解答　1．イ．リン脂質　ロ．モザイク　ハ．流動（移動）
　　　　　　2．i．リガンド　ii－c
iii．結合していた GDP を解離し，新たな GTP を結合する。
3．i．細胞接着　ii－a，d
4．i．ニ．能動　ホ．選択（的）透過性
ii－f　iii．1+s　iv．d−b

◀解　説▶

≪細胞膜の性質≫
4．ii．問題で示されている細胞の体積とは，原形質の体積のことである。等張液に浸された植物細胞は，原形質が膨張も収縮もしていないので，細胞（原形質）の体積（相対値）は 1 になる。
iii．植物細胞を蒸留水（浸透圧 0 の液）に浸すと，植物細胞は最大限の吸水をし，体積は最大になる。
iv．（細胞の吸水力の大きさ）
　　　　＝（細胞（原形質）の浸透圧の大きさ）−（膨圧の大きさ）
である。

III　解答　1．イ．化学進化　ロ．原核　2．あ－d　い－c
　　　　　　3．①－c　②－d　③－f　4－b，f　5－b，d
6．好気性の生物が発展した。
7．独自の DNA をもつ。

◀解　説▶

≪進化≫
4．アミノ酸に共通に含まれる元素は C，H，O，N である。S はメチオニンとシステインのみに含まれる。
5．b．誤文。海洋での光合成はシアノバクテリアや小型藻類も行っていた。
d．誤文。光合成で発生する酸素は水に由来する。
6．文脈より，真核生物の出現以前の内容を答え，オゾン層形成後の陸上進出については述べない。
7．「独自の環状 DNA（リボソーム）をもつ」，「細胞内で半自律的に増殖する」，「二重膜をもつ」などを答えてもよいだろう。

IV 解答

1．（ア）

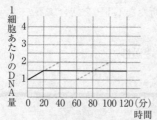

（イ）

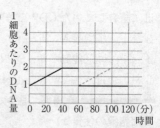

（ウ）

2．70 分：g　90 分：b

3．

4．e

━━━━━◀解　説▶━━━━━

≪細菌の増殖≫

1．（ア）DNA 量は DNA 複製においてヌクレオチドの重合が起こること
で増加する。20 分まではヌクレオチドの重合ができるので図 3 と同じで
あるが，20 分以降はヌクレオチドの重合ができないので，DNA 量が一定
のグラフになる。なお，A が完了しなければ，B に移行できないので，
DNA 量が 1 に戻ることはない。

（イ）20 分以降 DNA の複製を開始できないが，20 分以前に開始していた
分は正常に A，B を終了できる。ゆえに，60 分までは図 3 と同じになる
が，次の複製を開始できないので，60 分以降は DNA 量が 1 のままのグ

ラフになる。

(ウ) 細胞分裂のみを阻害した場合，Bができなくなるが，Aは影響を受けない。0〜60 分の間は図 3 と同じになるが，Bが起こらずに次のAが起こるので，60〜100 分の間に DNA 量がさらに 2 倍に増加する。Bが起こらないので，100〜120 分の間は DNA 量が変化しない。

2．図 4 を利用して考える。70 分の時点はBの後であるので，Aを行っているものが 1 つである e 〜 h から，90 分の時点はBの途中であるので，Aを行っているものが 2 つである a 〜 d からそれぞれ 1 つ選ぶ。図 4 より，70 分の時点はまもなくAが終了する時期であるので g を，90 分の時点はAを開始してすぐの時期であるので b をそれぞれ選択する。

3．図 4 を用いて考える。60 分の時点はAの中間点であるので，1 細胞あたりの DNA 量は 1.5 であり，80 分の時点はAの終了点であるので，1 細胞あたりの DNA 量は 2 である。この状態から次のAを開始すると，100 分の時点でAの中間点となり，1 細胞あたりの DNA 量は 3 となる。また，この時点でBが起こるので，1 細胞あたりの DNA 量は 1.5 となり，これ以降，60〜100 分の間と同じ DNA 量の変化が周期的に起こる。

4．図 5 を参考に考える。Aは 60〜70 分の間の間に行われるパターンのものと，70〜90 分の間の間に行われるパターンのものの 2 種類があるので，グラフの形状には 60〜70 分の間，70〜90 分の間の 2 段階の増加を 1 つの単位とした周期性が現れる。ゆえに，解答は d，e，f の 3 つの中のいずれかである。図 5 より，70 分の時点の 1 細胞あたりの DNA 量は

(30〜70 分の間のAの分) + (60〜70 分の間の次のAの分)

$$= 2 + 2 \times \frac{1}{4} = 2.5$$

であるので，e が正解である。

❖講 評

Ⅰ さまざまな分野からの小問が 9 問出題されている。5 は見かけの光合成速度を答えないように注意したい。9 は呼吸とアルコール発酵の化学反応式をきちんと覚えていなければ解けない。

Ⅱ 2・3 はかなり細かい知識が問われており，難しかっただろう。4 は以前様々な大学で出題されていたが，最近あまり見かけない問題で

あり，難しく感じた受験生が多かったかもしれない。

　Ⅲ　進化の標準的な問題であり，確実に正解したい。6 はリード文より，ミトコンドリアが出現する前の内容であるので，生物の陸上進出を誤って答えないようにしたい。

　Ⅳ　難易度の高い問題。高校では直接学習しない内容であったが，条件を丁寧に読み，きちんと理解すれば解ける問題であった。しかし，時間内に内容を理解し，解くのは難しかっただろう。

　2 月 6 日実施分よりも，難易度が高い問題が多く，解答時間がかなり厳しかったと思われる。難易度の高い G タンパク質の論述や描図問題が出題されていた。基本的な用語，図，考え方に関する問題をとりこぼすと，かなり厳しい状況になるだろう。じっくり考えれば解答できるが，75 分という試験時間ではかなり難しい内容であったと思われる。

2022
年度

問題と解答

■理学部：2月6日実施分（一般入試）

問題編

▶試験科目・配点

学科	教　科	科　　　　目	配　点
数	外国語	英語資格・検定試験のスコアまたは大学入学共通テスト「英語」を得点化	100 点
	数　学	数学Ⅰ・Ⅱ・Ⅲ・Ａ・Ｂ（数列，ベクトル）	200 点
	理　科	「物理基礎，物理」，「化学基礎，化学」，「生物基礎，生物」のうちから 1 科目選択	100 点
物理	外国語	英語資格・検定試験のスコアまたは大学入学共通テスト「英語」を得点化	100 点
	数　学	数学Ⅰ・Ⅱ・Ⅲ・Ａ・Ｂ（数列，ベクトル）	150 点
	理　科	物理基礎，物理	150 点
化	外国語	英語資格・検定試験のスコアまたは大学入学共通テスト「英語」を得点化	100 点
	数　学	数学Ⅰ・Ⅱ・Ⅲ・Ａ・Ｂ（数列，ベクトル）	100 点
	理　科	化学基礎，化学	150 点
生命理	外国語	英語資格・検定試験のスコアまたは大学入学共通テスト「英語」を得点化	100 点
	数　学	数学Ⅰ・Ⅱ・Ⅲ・Ａ・Ｂ（数列，ベクトル）	100 点
	理　科	「物理基礎，物理」，「化学基礎，化学」，「生物基礎，生物」のうちから 1 科目選択	150 点

▶利用できる英語資格・検定試験

一般入試では，下記の英語資格・検定試験を利用することができる。いずれの資格・検定試験にも最低スコア基準の設定はない。複数の資格・検定試験のスコアを提出することも可能。また，大学入学共通テストの「外国語（『英語』）」も利用できる。

英語資格・検定試験*1	大学入学共通テスト「外国語（『英語』）」		○
	ケンブリッジ英語検定*2		○
	実用英語技能検定（英検）*3	従来型	○
		英検 CBT	○
		英検 S-CBT	○
		英検 S-Interview	○
	GTEC	「GTEC」CBT タイプ	○
		「GTEC」検定版	○
		「GTEC」アセスメント版	×
	IELTS*4	Academic Module	○
		General Training Module	×
	TEAP		○
	TEAP CBT		○
	TOEFL iBT*5		○

＊1．いずれも大学の各出願期間の初日から遡って2年以内に受験し取得した4技能スコアが有効（異なる実施回の各技能のスコアを組み合わせることはできない）。英検（従来型，英検 S-Interview）については，二次試験を出願期間の初日から遡って2年以内に受験し取得したスコアが有効。

＊2．ケンブリッジ英語検定については，Linguaskill も認める。また，受験した各試験種別（ファースト（FCE）等）の合格・不合格は問わない（スコアのみを合否判定に採用）。

＊3．英検については受験した級の合格・不合格は問わない（スコアのみを合否判定に採用）。

＊4．IELTS（Academic Module）は，通常の IELTS のほか，Computer-delivered IELTS を含む。IELTS Indicator は利用できない。

＊5．TOEFL iBT については，(Special) Home Edition も有効とする。また，Test Date Scores を有効とし，MyBest™ Scores を利用することはできない。

■数学■

◆数　学　科▶

（90 分）

Ⅰ. 下記の空欄ア～クにあてはまる数を解答用紙の所定欄に記入せよ。

（ⅰ）　実数 x に関する方程式 $2\log(1-x) - \log(5-x) = \log 2$ を解くと，$x = \boxed{\text{ア}}$ である。

（ⅱ）　下図のように 1 から 9 までの数字が 1 つずつ記入された，9 枚のカードがある。

$$\boxed{1}\ \boxed{2}\ \boxed{3}\ \boxed{4}\ \boxed{5}\ \boxed{6}\ \boxed{7}\ \boxed{8}\ \boxed{9}$$

これら 9 枚のカードから同時に取り出した 3 枚のカードの数字の積が，10 で割り切れる確率は $\boxed{\text{イ}}$ である。

（ⅲ）　三角形 ABC において，AB = 5，AC = 6 で，角 A の大きさは $\dfrac{\pi}{3}$ であるとする。A から辺 BC に垂線 AH を下ろす。このとき，BH : CH = $\boxed{\text{ウ}}$: $\boxed{\text{エ}}$ である。

（ⅳ）　2 次方程式 $2x^2 + 4x + 1 = 0$ の解を α，β $(\alpha < \beta)$ とする。実数 p, q に対して，2 次方程式 $x^2 + px + q = 0$ の解が α^3，β^3 であるならば，$p = \boxed{\text{オ}}$，$q = \boxed{\text{カ}}$ である。

（ⅴ）　$a < b$ を満たす自然数の組 a, b の和が 119，最小公倍数が 462 であるとき，$a = \boxed{\text{キ}}$，$b = \boxed{\text{ク}}$ である。

Ⅱ. 実数 x に対し，関数 $f(x)$ を

$$f(x) = xe^{-x}$$

により定める。座標平面上の曲線 $C : y = f(x)$ に関して，次の問（ⅰ）～（ⅴ）に答えよ。解答欄には（ⅰ），（ⅱ），（ⅳ）については答えのみを，（ⅲ），（ⅴ）については答えだけでなく途中経過も書くこと。

（ⅰ）　$f(x)$ の導関数 $f'(x)$ を求め，$f(x)$ の増減表を書け。ただし，極値も増減表に記入すること。

（ⅱ）　$f(x)$ の第 2 次導関数 $f''(x)$ を求め，C の変曲点の座標を求めよ。

（ⅲ）　C の変曲点と，座標平面上の原点を通る直線を l とする。C と l で囲まれた領域の面積 S を求めよ。

（ⅳ）　a, b, c を定数とし，関数 $g(x)$ を $g(x) = (ax^2 + bx + c)e^{-2x}$ と定める。$g(x)$ の導関数 $g'(x)$ が $g'(x) = x^2e^{-2x}$ を満たすとき，a, b, c の値を求めよ。

（ⅴ）　C と（ⅲ）で定めた l で囲まれた領域を，x 軸のまわりに 1 回転してできる回転体の体積 V を求めよ。

Ⅲ. t を正の実数とする。座標平面上に放物線 $C_1 : y = x^2$ と，その上の点 $\mathrm{P}(t, t^2)$ がある。Pにおける C_1 の接線を l とし，法線を m とする。l と x 軸との交点をQとする。Pにおいて l に接し，さらに x 軸にも接する円で，中心の x 座標が t 以下であるものを C_2 とする。C_2 の中心をAとし，C_2 と x 軸の接点をBとする。このとき，次の問（ⅰ）〜（ⅴ）に答えよ。解答欄には，（ⅰ），（ⅱ）については答えのみを，（ⅲ）〜（ⅴ）については答えだけでなく途中経過も書くこと。

（ⅰ）　l の方程式を求めよ。

（ⅱ）　m の方程式を求めよ。

（ⅲ）　$\angle \mathrm{BAP} = \dfrac{\pi}{3}$ であるとき，t の値を求めよ。

（ⅳ）　（ⅲ）のとき，Aの座標を求めよ。

（ⅴ）　（ⅲ）のとき，四角形ABQPの面積 S を求めよ。

Ⅳ. 複素数

$$\alpha = \frac{\sqrt{3}\, i}{1 + \sqrt{3}\, i}$$

に対して，複素数 z_n を

$$z_n = 8\alpha^{n-1} \quad (n = 1, 2, 3, \cdots)$$

によって定める。ただし，i は虚数単位とする。複素数平面において，原点をOとし，z_n が表す点を P_n とする。このとき，次の問（ⅰ）〜（ⅴ）に答えよ。解答欄には答えだけでなく途中経過も書くこと。

（ⅰ）　α の絶対値 $|\alpha|$ と偏角 $\arg \alpha$ をそれぞれ求めよ。ただし，$0 \leqq \arg \alpha < 2\pi$ とする。

（ⅱ）　z_2，z_3 の実部と虚部をそれぞれ求めよ。

（ⅲ）　z_n の極形式を n を用いて表せ。

（ⅳ）　O，P_n，P_{n+1} を頂点とする三角形の面積 S_n を n を用いて表せ。

（ⅴ）　（ⅳ）で定めた S_n に対して，無限級数 $\displaystyle\sum_{n=1}^{\infty} S_n$ の和 S を求めよ。

◀物理・化・生命理学科▶

（75 分）

Ⅰ．◀数学科▶の Ⅰ に同じ。

Ⅱ．◀数学科▶の Ⅱ に同じ。

Ⅲ．◀数学科▶の Ⅲ に同じ。

■■■物理■■■

（75 分）

Ⅰ．次の文の空所 $\boxed{\text{あ}}$ にあてはまる数式を，解答用紙の所定欄にしるせ。ただし，音の速さを V とする。

　図のようにばね定数 k の軽いばねの一端を天井に固定し，もう一端に質量 m のスピーカーをつないだ。スピーカーは周波数 f_0 の音波を発している。つりあいの位置から真下に D だけばねを伸ばした位置から静かにスピーカーを離したところ，スピーカーは鉛直方向に単振動をした。スピーカーが単振動を始めた時に発した音波が床に達した時刻を $t = 0$ とすると，それ以降スピーカーの真下の床で聞こえる音波の周波数 f は，$f = \boxed{\text{あ}} f_0$ のように時間変化した。ただし，スピーカーは音波を発していてもいなくても同じ単振動をする。また，D はスピーカーから床までの距離に比べて充分に小さいとする。

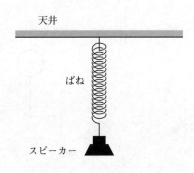

図

Ⅱ. 次の文を読み，下記の設問1・2に答えよ。解答は解答用紙の所定欄にしるせ。

図のように，陽極と陰極からなる2枚の金属極板間に直流電圧 V をかける。陽極に光を照射し，その光のエネルギーが金属中の電子が陽極から飛び出すために必要なエネルギーを超えると，陽極表面から外へ電子が飛び出す。その電子を陰極で受け止め，電流計で電流を検知することで，電子が陽極から飛び出し，陰極に達したことを確認できる。このように金属に光を照射すると電子が飛び出す現象のことを あ と呼ぶ。飛び出した電子の運動エネルギーの最大値は，この金属の仕事関数 W 及び入射した光の振動数 ν，プランク定数 h を用いて い と表せる。金属に照射する光の振動数を変化させて電流計に流れる電流を計測した。光の振動数を ν_1 にしたときに，$V \geqq V_1$ で電流値がゼロになり，また，光の振動数を ν_1 と異なる振動数 ν_2 にしたときには $V \geqq V_2$ で電流値がゼロとなった。この実験結果より，仕事関数 W が不明でも，ν_1，V_1，ν_2，V_2，及び電気素量 e を用いてプランク定数を う と求められる。

1. 文中の空所 あ にあてはまる語句をしるせ。
2. 文中の空所 い ， う にあてはまる数式をしるせ。

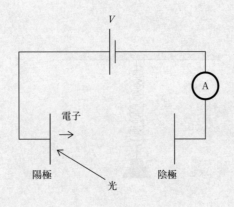

図

Ⅲ. 次の文の空所 あ ， い にあてはまる数値を，有効数字 2 桁で解答用紙の所定
欄にしるせ。

　　ポリ袋で熱気球を作って浮かべる実験を考える。標準状態（ 0 ℃，1 気圧の気体の状態）
の大気中に，質量 5.0 g で容積 22.4 L のポリ袋を浮かべたい。ポリ袋は下部だけが開いて
おり，そこから内部の空気を温める。その間，内部の圧力は大気圧に等しいものとすると，
ポリ袋が浮かぶには内部の空気の物質量が最大でも あ mol 以下になる必要がある。
そのためには，内部の温度を少なくとも い ℃以上にする必要がある。ここで，空気
は 1 mol あたり 30 g の質量をもつ理想気体とみなしてよい。また，必要であれば，標準
状態にある 1 mol の理想気体の体積は 22.4 L であることを用いてよい。

Ⅳ. シリンダーに閉じ込められた理想気体について，圧力 p_1，体積 V_1，温度 T_1 の状態
A から，図のように状態 B，C，D を経て状態 A に戻す過程を考える。この過程を解答用
紙の V–T 図に描け。解答用紙には状態 A に対応する点と $(T,\ V)$ を表す数式があらか
じめしるされている。それにならって，状態 B，C，D に対応する点にそれぞれ B，C，
D としるし，そのときの $(T,\ V)$ を表す数式を書き込むこと。

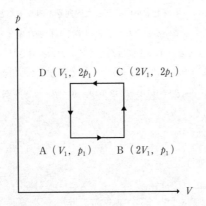

図

〔解答欄〕

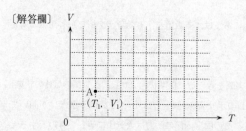

V.

次の文を読み，下記の設問 1 〜 3 に答えよ。解答は解答用紙の所定欄にしるせ。ただし，重力加速度の大きさを g とし，空気抵抗は無視できるものとする。

　図のように，ばね定数が k の軽いばねの下端に質量 m の小球 1 を取り付けた振り子を考える。ばねが自然長のとき，上端から下端までの長さは L だった。ばねの上端は机の上から高さ $2L$ の天井に自由に回転できるように取り付けられている。

　まず，ばねを自然長に保ったまま小球 1 を鉛直下方から図の角度 $\theta = \theta_0$ の位置まで引き上げ，静かに手を離した。小球 1 は落下を始め，初めて $\theta = 0$ となる時に机に置かれた質量 M の小球 2 に衝突した。

　小球 1 が小球 2 と衝突するまで，ばねは振動せずまっすぐ伸びていったものとする。衝突直前の小球 1 の運動はバネの上端を中心とした円運動とみなすことができ，その速度は水平方向の成分のみをもっているとみなすことができる特別な場合を考える。このとき，小球 1 の速さを v とすると，小球 1 にはたらく遠心力の大きさは あ である。遠心力を用いた力のつりあいから，速さ $v =$ い である。この衝突が起きるには，エネルギー保存から θ_0 が $\cos \theta_0 =$ う でかつ，$0 < \theta_0 < \dfrac{\pi}{2}$ を満たす特別な値となる条件を満たす必要がある。

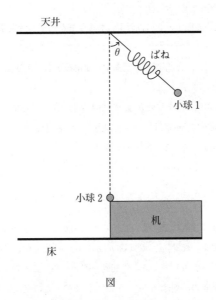

図

　次に衝突後を考える。小球 1 と小球 2 の間の反発係数が e で，床からの机の高さを h とする。衝突直後の小球 2 の速さは ［ え ］ であり，その後，衝突位置から水平方向に距離 ［ お ］ 離れた床の上に初めて落下した。

1．文中の空所 ［ あ ］ にあてはまる数式を，v を用いてしるせ。

2．文中の空所 ［ い ］ にあてはまる数式をしるせ。

3．文中の空所 ［ う ］ 〜 ［ お ］ にあてはまる数式を，v を用いてしるせ。

Ⅵ. 次の文を読み，下記の設問1・2に答えよ。解答は解答用紙の所定欄にしるせ。

電場や磁場の影響を受け，xy 平面上を運動する荷電粒子を考える。

・図1のように，y 軸方向正の向きに強さ E の一様な電場がかかっているとする。質量 m，電気量 $q\,(q > 0)$ の荷電粒子が時刻 $t = 0$ に原点 O から初速度 $\vec{v_0} = (-v,\ 0)\,(v > 0)$ で運動を開始した。時刻 t でのこの粒子の位置は

$$(x,\ y) = (\ \boxed{\text{あ}}\ ,\ \ \boxed{\text{い}}\ )$$

である。

・図2のように，xy 平面に垂直に，紙面の裏から表に向かって，磁束密度 B の一様な磁場がかかっているとする。質量 m，電気量 $q\,(q > 0)$ の荷電粒子が時刻 $t = 0$ に原点 O から初速度 $\vec{v_0} = (-v,\ 0)\,(v > 0)$ で運動を開始した。この粒子が運動開始後に最初に y 軸を通過するときの時刻は $t = \boxed{\text{う}}$ で，そのときの座標は

$$(x,\ y) = (0,\ \ \boxed{\text{え}}\ )$$

である。

・図3のように，y 軸方向正の向きに強さ E の一様な電場と，xy 平面に垂直に紙面の裏から表に向かって，磁束密度 B の一様な磁場の両方がかかっているとする。質量 m，電気量 $q\,(q > 0)$ の荷電粒子が時刻 $t = 0$ に原点 O から初速度 $\vec{v_0} = (0,\ 0)$ で運動を開始した。この粒子の x 軸方向，y 軸方向の速度をそれぞれ v_x，v_y，加速度をそれぞれ a_x，a_y とすると，運動方程式は

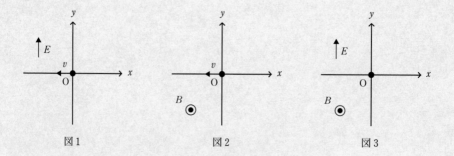

図1　　　　　　　　　図2　　　　　　　　　図3

$$ma_x = \boxed{}$$

$$ma_y = \boxed{}$$

となる。このことから，この粒子の運動は，xy 座標系に対し一定の速度

$$\vec{u} = (\ \boxed{}\ ,\ \boxed{}\ )$$

で運動する観測者から見ると円運動であることがわかる。この粒子が xy 平面上に描く軌道をCとする。また，質量 m，電気量 $-q$ の荷電粒子が原点Oから初速度 $\vec{v_0} = (0，0)$ で運動する場合の軌道を C′ とする。このとき，C′ は $\boxed{\text{A}}$ である。

1．文中の空所 $\boxed{\text{あ}}$ ～ $\boxed{\text{く}}$ にあてはまる数式をしるせ。

2．文中の空所 $\boxed{\text{A}}$ にあてはまる記述としてもっとも適当なものを，次のa～fから1つ選び，その記号をしるせ。

a．Cと同じ

b．Cを x 軸に対して反転させたもの

c．Cを y 軸に対して反転させたもの

d．Cを原点Oを中心として反時計回りに 90° 回転させたもの

e．Cを原点Oを中心として 180° 回転させたもの

f．Cを原点Oを中心として反時計回りに 270° 回転させたもの

■化学■

問題を解くにあたって，必要ならば次の値を用いよ。

気体定数：　$R = 8.31 \times 10^3 \, \mathrm{Pa \cdot L/(K \cdot mol)}$

ファラデー定数：　$F = 9.65 \times 10^4 \, \mathrm{C/mol}$

アボガドロ定数：　$N_A = 6.02 \times 10^{23} \, /\mathrm{mol}$

原子量：　H=1.0,　C=12,　N=14,　O=16,　Na=23,　S=32,
　　　　　Cl=35,　Ca=40,　Cu=64,　Br=80

◀化・生命理学科▶

（75分）

Ⅰ．次の設問1～3に答えよ。解答は，それぞれに与えられたa～eから1つずつ選び，その記号を解答用紙の所定欄にマークせよ。

1．次のイ～ニのうち，正しくない記述はいくつあるか。

イ．ナトリウムイオンを含む水溶液を電気分解しても，ナトリウムの単体は得られない。

ロ．フッ化物イオンとナトリウムイオンの電子配置は，ネオンの電子配置と同じである。

ハ．カリウム原子のイオン化エネルギーは，ナトリウム原子のイオン化エネルギーより小さい。

ニ．塩素原子の電子親和力は，塩化物イオンから電子1個を取り去って塩素原子にするのに必要なエネルギーと絶対値が等しい。

a．0個　　　b．1個　　　c．2個　　　d．3個　　　e．4個

2．次のイ～ニのうち，正しくない記述はいくつあるか。

イ．十酸化四リンは水と反応するとリン酸になる。

ロ．Cu^{2+}を含む水溶液に水酸化ナトリウム水溶液を加えて沈殿が生じているところに，さらに水酸化ナトリウム水溶液を過剰に加えると生じた沈殿は溶解する。

ハ．Ag^+を含む水溶液にクロム酸イオンを含む水溶液を加えると沈殿が生じる。

ニ．酸化銀が沈殿している水溶液に過剰のアンモニア水を加えると沈殿は溶けて無色の
　　溶液になる。

　　a．0 個　　　　b．1 個　　　　c．2 個　　　　d．3 個　　　　e．4 個

3．分子式 $C_4H_8O_2$ で表されるエステルおよびカルボン酸には，合計で何種類の構造異性
　体が存在するか。

　　a．4 種類　　　　b．5 種類　　　　c．6 種類　　　　d．7 種類　　　　e．8 種類

Ⅱ．次の文を読み，下記の設問 1 ～ 5 に答えよ。解答は解答用紙の所定欄にしるせ。

　　酢酸の電離に関する実験を，次の(1)～(6)の順番で行った。

　(1)　酢酸 0.60 g をビーカーに正確にはかり取り，メスフラスコを用いて 100 mL の酢酸
　　　水溶液を調製した。これをビーカーに移し溶液 A とする。

　(2)　溶液 A 10 mL をホールピペットでとり，メスフラスコを用いて 100 mL に希釈し
　　　た。これをビーカーに移し溶液 B とする。

　(3)　溶液 B 10 mL をホールピペットでとり，メスフラスコを用いて 100 mL に希釈し
　　　た。これをビーカーに移し溶液 C とする。

　(4)　溶液 C の pH を測定したところ，3.8 であった。

　(5)　溶液 B の pH を測定したところ，3.3 であった。

　(6)　溶液 A の pH を測定したところ，2.8 であった。

1．溶液 A の酢酸の濃度〔mol/L〕を求め，その値を有効数字 2 桁でしるせ。

2．溶液 B の電離度を求め，その値を有効数字 2 桁でしるせ。
　　ただし，$10^{-3.3} = 5.0 \times 10^{-4}$ とする。

3．酢酸の電離定数 K_a〔mol/L〕を，酢酸の濃度 c〔mol/L〕と電離度 α を用いてしるせ。

4．溶液 C の pH 測定の結果から，酢酸の電離定数 K_a〔mol/L〕を求め，その値を有効数
　字 2 桁でしるせ。ただし，$10^{-3.8} = 1.6 \times 10^{-4}$ とする。

5．溶液 C →溶液 B →溶液 A の順番に pH を測定した理由を 100 字以内でしるせ。

Ⅲ. 次の文を読み，下記の設問 1 ～ 5 に答えよ。解答は解答用紙の所定欄にしるせ。

　結晶は，それを構成している原子やイオン，分子などの粒子が三次元的に規則正しく配列してできた固体である。たとえば，金や鉄は，多数の金属原子が金属結合で結びついた金属結晶である。ダイヤモンドや二酸化ケイ素の結晶は（　ア　）結晶であり，ドライアイスやヨウ素の結晶は（　イ　）結晶である。また，塩化ナトリウム NaCl や塩化セシウム CsCl は，陽イオンと陰イオンがクーロン力（静電気的な引力）でイオン結合を形成したイオン結晶である。

　NaCl 型結晶および CsCl 型結晶の結晶構造を下図に示す。単位格子中に含まれるイオンの数は，NaCl 型結晶では陽イオンが（　ウ　）個，陰イオンが（　エ　）個であり，CsCl結晶では陽イオンが（　オ　）個，陰イオンが（　カ　）個である。イオン結晶の安定性は，構成する陽イオンと陰イオンのイオン半径の比が重要な役割をもつ。それぞれのイオンは反対符号のイオンと接していて，その数が多いほど，つまり配位数が大きい結晶ほど安定である。<u>しかしながら，陰イオンに対して陽イオンが小さくなりすぎると，陰イオンどうしが接するようになるため，イオン結晶は不安定となる。</u>

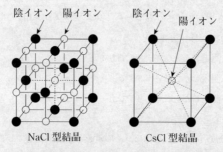

図　NaCl 型結晶および CsCl 型結晶の結晶構造

1．文中の空所(ア)～(カ)にもっとも適当な語句または数値をしるせ。

2．NaCl に濃硫酸 H_2SO_4 を加えて加熱したときの反応を化学反応式でしるせ。

3．臭化ナトリウム NaBr は，NaCl と同様の結晶構造をもつ。結晶中の Na^+ イオンおよび Br^- イオンの半径をそれぞれ 1.2×10^{-10} m および 1.8×10^{-10} m としたとき，NaBr結晶の密度〔g/cm^3〕を求め，その値を有効数字 2 桁でしるせ。

4．NaCl 型結晶であるフッ化ナトリウム NaF, NaCl, NaBr の融点は, それぞれ, 993 ℃,
801 ℃, 747 ℃である。NaF, NaCl, NaBr の順に融点が低下することの説明を 80 字
以内でしるせ。

5．下線部に関して, CsCl 型結晶の場合を考えるとき, 次の問 i・ii に答えよ。

　i．陽イオンの半径を r, 陰イオンの半径を R としたとき, 単位格子の 1 辺の長さを表
　　した式を, 次の a～f から 1 つ選び, その記号をマークせよ。

　　a．$\dfrac{\sqrt{2}}{2}(r+R)$　　　　b．$\dfrac{\sqrt{3}}{2}(r+R)$　　　　c．$\sqrt{2}(r+R)$

　　d．$\dfrac{\sqrt{2}}{3}(r+R)$　　　　e．$\dfrac{\sqrt{3}}{3}(r+R)$　　　　f．$\dfrac{2\sqrt{3}}{3}(r+R)$

　ii．陽イオンの半径を r, 陰イオンの半径を R としたとき, イオン結晶が安定な構造を
　　とる条件を示した不等式を, 次の a～f から 1 つ選び, その記号をマークせよ。

　　a．$r>\left(1-\dfrac{\sqrt{2}}{2}\right)R$　　b．$r<\left(1-\dfrac{\sqrt{2}}{2}\right)R$　　c．$r>(\sqrt{2}-1)R$

　　d．$r<(\sqrt{2}-1)R$　　e．$r>(\sqrt{3}-1)R$　　f．$r<(\sqrt{3}-1)R$

IV．次の設問 1・2 に答えよ。解答は解答用紙の所定欄にしるせ。

1．飲料容器, フェイスシールドやマスクの材料としても用いられるポリエチレンテレフ
　タラートは A と B を（　ア　）させてつくる合成樹脂の一種である。A の構造異性体で
　ある C は加熱により水 1 分子がとれて（　イ　）になる。ポリエチレンテレフタラート
　は分子中に（　ウ　）結合をもっており, また, ベンゼン環を含むため比較的強度があ
　る。

　　A から合成可能な芳香族化合物と *p*-フェニレンジアミンよりつくられるアラミド繊
　維は, 分子中に（　エ　）結合をもっており, ナイロン 66 のメチレン鎖部分〔$\{CH_2\}_n$,
　$n=4$ または 6〕をベンゼン環に置き換えた構造をもつ。アラミド繊維はナイロン 66 よ
　りも強度や耐熱性に優れており, 消防士用の防火衣, 船体の補強や縄, 航空産業などに
　用いられている。

　　次の問 i～iii に答えよ。

ⅰ．A〜Cのそれぞれの化合物の構造式をしるせ。また，下線部の繰り返し単位の構造式をしるせ。構造式は例にならってしるせ。

ⅱ．文中の空所(ア)〜(エ)それぞれにあてはまるもっとも適当な語句を，それぞれ対応する次のa〜fから1つずつ選び，その記号をしるせ。

(ア)　a．付加重合　　　b．縮合重合　　　c．共重合

　　　d．開環重合　　　e．付加縮合　　　f．架橋重合

(イ)　a．無水マレイン酸　　　b．無水安息香酸　　　c．無水フタル酸

　　　d．無水テレフタル酸　　e．無水フマル酸　　　f．無水アジピン酸

(ウ)　a．アミド　　　　b．アミノ　　　　c．ペプチド

　　　d．アルコール　 e．エーテル　　　f．エステル

(エ)　a．アミド　　　　b．アミノ　　　　c．ペプチド

　　　d．アルコール　 e．エーテル　　　f．エステル

ⅲ．ポリエチレンテレフタラートの分子量が 4.8×10^4 であるとき，ポリエチレンテレフタラート1分子中にはベンゼン環が何個含まれているか，その値を有効数字2桁でしるせ。

(例)

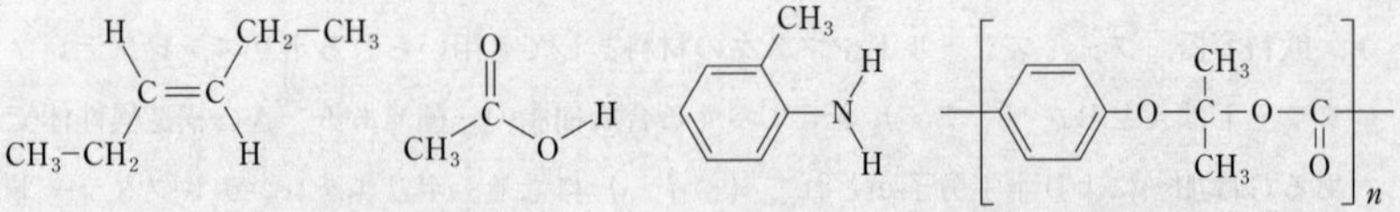

2．安息香酸，フェノール，トルエン，アニリンの4種類の芳香族化合物がジエチルエーテルに溶解した混合試料がある。それぞれの物質を1種類ずつ分離するために，必要な試薬と分液ろうとなどのガラス器具を用いて，下図に示す分離操作1〜3を行った。操作1では希塩酸，操作2では試薬Xの水溶液，操作3では試薬Yの水溶液を，それぞれ必要量を加えて分液ろうとでよく振って静置した後，エーテル層Eと水層B，D，Fに分離した。このとき，次の問ⅰ〜ⅲに答えよ。

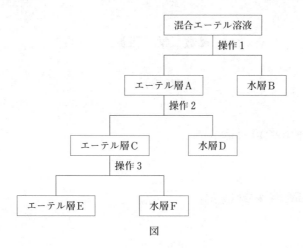

図

ⅰ．操作2の試薬Xと操作3の試薬Yとしてもっとも適当なものを，それぞれ次のa〜fから1つずつ選び，その記号をしるせ。

a．塩化ナトリウム   b．塩酸   c．塩化カルシウム

d．炭酸水素ナトリウム   e．水酸化ナトリウム   f．メタノール

ⅱ．適切な処理によって安息香酸，フェノール，アニリンが得られる層を，それぞれ次のa〜dから1つずつ選び，その記号をしるせ。

a．水層B   b．水層D   c．エーテル層E   d．水層F

ⅲ．分離した4つの芳香族化合物のうち，フェノールとアニリンを検出することで，それぞれの物質が分離できていることを確認したい。フェノールとアニリンの検出方法について，それぞれ50字以内でしるせ。

◀数 学 科▶

(75分)

Ⅰ.　◀化・生命理学科▶のⅠに同じ。

Ⅱ.　◀化・生命理学科▶のⅡに同じ。

Ⅲ.　◀化・生命理学科▶のⅢに同じ。

Ⅳ.　◀化・生命理学科▶のⅣ 1・2 i〜ii に同じ。

■生物■

〔75 分〕

Ⅰ. 下記の設問 1 ～ 10 に答えよ。解答は解答用紙の所定欄にしるせ。

1. 構成単位が多数連なった分子をポリマーと呼ぶ。次の a ～ e から，ポリマーをすべて選び，その記号をしるせ。

   a. RNA

   b. セルロース

   c. タンパク質

   d. デンプン

   e. リン脂質

2. 酵素反応における基質濃度と反応生産物の量の関係について考える。酵素溶液に基質を加えると，右のグラフの実線（A）のように，反応生成物の量は時間とともに増加し，やがて一定となった。この反応条件において，<u>酵素濃度のみを増やした場合</u>の時間と生成物の量の関係を示すのはどれか。グラフ中の（1）～（4）のうちもっとも適当なものを 1 つ選び，その記号をマークせよ。

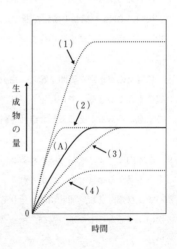

3. $C_{12}H_{22}O_{11}$ が呼吸に使われた場合の呼吸商をしるせ。

4. ^{14}N の同位体である ^{15}N を含む塩化アンモニウムを加えた培地で何世代も大腸菌を培養し，ゲノム DNA の塩基の全ての窒素を ^{15}N に置き換えた。この大腸菌を ^{14}N のみを含む塩化アンモニウムを含む培地に植え継ぎ，n 回分裂させた。このときのゲノム DNA について，「^{15}N のみ：^{15}N と ^{14}N からなる：^{14}N のみ」の比を n を使ってしるせ。ただし，大腸菌の分裂 1 回でゲノム DNA の複製は 1 度起こるとする。

5．次の文の空所(イ)・(ロ)それぞれにあてはまるもっとも適当な語句をしるせ。

　　原形質流動は，（　イ　）が作るフィラメントに沿って，ミオシンが滑り運動をすることにより起こる。鞭毛の屈曲運動は，ダイニンが ATP の加水分解によって得られたエネルギーにより隣の（　ロ　）との間に滑り運動を生じることにより起こる。

6．細胞内で DNA 複製が起きる場所として適当なものを次の a〜e からすべて選び，その記号をしるせ。
　a．液胞の内部
　b．核の内部
　c．小胞体の表面
　d．ミトコンドリアの内膜で囲われた部分
　e．葉緑体のチラコイド膜で囲われた部分

7．次の文の空所(ハ)・(ニ)それぞれにあてはまるもっとも適当な語句をしるせ。

　　細胞の DNA や細胞小器官が断片化して死滅する場合を（　ハ　）といい，細胞内の物質を放出して死滅する場合を（　ニ　）という。

8．免疫反応が正常な範囲を超え，過敏になった場合，花粉や薬などがアレルギーを引き起こすことがある。アレルギーには，血圧低下など生命にかかわる重篤な症状を引き起こすものがある。そのような症状を何と呼ぶか，その名称をしるせ。

9．生体内でアミノ酸が分解されると，窒素を含んだ物質ができる。この窒素は生物種によって異なる物質として排出される。一般的に，魚類，両生類（幼生），両生類（成体），ハチュウ類，鳥類，哺乳類は，それぞれ窒素をどのような物質として排出しているか。次の a〜c から 1 つずつ選び，マークせよ。ただし，同じ記号を何度選んでもかまわない。
　a．アンモニア
　b．尿素
　c．尿酸

10．光発芽種子の発芽に関わるフィトクロムの作用としてもっとも適当なものを，次の a〜h から 1 つ選び，その記号をマークせよ。
　a．フィトクロムは遠赤色光を吸収すると Pfr 型になり，アブシシン酸の合成を高めて

発芽を促進する。

b．フィトクロムは遠赤色光を吸収すると Pfr 型になり，ジベレリンの合成を高めて発芽を促進する。

c．フィトクロムは遠赤色光を吸収すると Pr 型になり，アブシシン酸の合成を高めて発芽を促進する。

d．フィトクロムは遠赤色光を吸収すると Pr 型になり，ジベレリンの合成を高めて発芽を促進する。

e．フィトクロムは赤色光を吸収すると Pfr 型になり，アブシシン酸の合成を高めて発芽を促進する。

f．フィトクロムは赤色光を吸収すると Pfr 型になり，ジベレリンの合成を高めて発芽を促進する。

g．フィトクロムは赤色光を吸収すると Pr 型になり，アブシシン酸の合成を高めて発芽を促進する。

h．フィトクロムは赤色光を吸収すると Pr 型になり，ジベレリンの合成を高めて発芽を促進する。

Ⅱ．次の文を読み，下記の設問1〜5に答えよ。解答は解答用紙の所定欄にしるせ。なお，必要に応じてコドン表を参考にせよ。

Aさん，Bさん，Cさんがもつ遺伝子 *x* の塩基配列の違いを PCR によって調べることにした。この遺伝子 *x* はある物質を代謝するために必要な酵素 X を指定している。この遺伝子は 500 個のアミノ酸を指定する 13 個のエキソンから構成されており，終止コドンは 13 番目のエキソンにある。遺伝子 *x* の 12 番目のエキソンの 59 番目の塩基がグアニンからアデニンに置換すると，この酵素の活性が欠損する。正常な 12 番目のエキソンのセンス鎖の塩基配列を図1に示す。PCR により野生型と変異型を見分けることができるようにプライマー1，2および3の塩基配列を定めて合成した。プライマー1，2および3を適切に組み合わせることにより 12 番目のエキソン全体を増幅することができる。鋳型DNA は，Aさん，Bさん，Cさんのそれぞれの毛根から抽出した。PCR は，<u>98℃で15 秒</u>，次に 60℃で 30 秒，最後に 72℃で 30 秒の過程を1サイクルとして，30 回繰り返すことにより行った。PCR 終了後，増幅された DNA を電気泳動により確認した結果，図2のようになった。次に，Aさん，Bさん，Cさんの遺伝子 *x* の配列を<u>サンガーの方法を</u>

用いて読み，塩基置換を確認した。さらに，Aさん，Bさん，Cさんの遺伝子 *x* から作られるタンパク質Xを精製したところ，Aさんの酵素が活性を全く示さなかった。

図1　遺伝子 *x* の正常な12番目のエキソンのセンス鎖の塩基配列

```
   1       11        21        31        41        51        61        71      80
5′ tacaagatgt cggggagtgg ccgggagttg ggcgagtacg ggctgcaggc atattgagga agtgaaaact gtgagtgtgg 3′
```

塩基配列の上の番号は，5′末端からの塩基番号を示す。

1．ヒトのゲノム塩基配列中の特定の一塩基単位で，個人によって異なる場所があり，そのような違いが集団内である一定の割合以上存在する場合，これを何と呼ぶか。その名称をしるせ。

2．59番目の塩基がグアニンからアデニンに置換することによって，どのアミノ酸からどのアミノ酸への変異が起こったか。アミノ酸の名称をしるせ。ただし，この塩基置換により，タンパク質Xのアミノ酸の数は変わらないものとする。

3．下線部1）に示すプライマー1，2および3の塩基配列としてもっとも適当なものを，次のa〜fから1つずつ選び，その記号をマークせよ。ただし，同じ記号を何度選んでもかまわない。
　a．5′ tacaagatgtcggggagtgg 3′
　b．5′ ccactccccgacatcttgta 3′
　c．5′ gaagtgaaaactgtgagtgtgg 3′
　d．5′ aaagtgaaaactgtgagtgtgg 3′
　e．5′ ccacactcacagtttttcacttc 3′
　f．5′ ccacactcacagtttttcacttt 3′

4．下線部2）に示す「98℃で15秒」の間に2本鎖DNAは塩基同士の弱い結合が切れて1本鎖になる。細胞内でのDNA複製時に，2本鎖DNAをほどく機能をもつタンパク質の名称をしるせ。

5．下線部3）に示すサンガーの方法でDNAの塩基配列を読むときには，通常のヌクレオチド以外に特殊なヌクレオチドを加える。この特殊なヌクレオチドによってDNA合

成に何が起こるか，1行でしるせ。

図2　PCR 後の電気泳動の結果

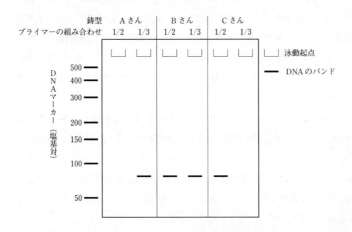

コドン表

			コドンの2番目の塩基				
		U	C	A	G		
コドンの1番目の塩基	U	UUU フェニルアラニン UUC UUA ロイシン UUG	UCU セリン UCC UCA UCG	UAU チロシン UAC UAA 終止コドン UAG	UGU システイン UGC UGA 終止コドン UGG トリプトファン	U C A G	コドンの3番目の塩基
	C	CUU ロイシン CUC CUA CUG	CCU プロリン CCC CCA CCG	CAU ヒスチジン CAC CAA グルタミン CAG	CGU アルギニン CGC CGA CGG	U C A G	
	A	AUU イソロイシン AUC AUA AUG メチオニン	ACU トレオニン ACC ACA ACG	AAU アスパラギン AAC AAA リシン AAG	AGU セリン AGC AGA アルギニン AGG	U C A G	
	G	GUU バリン GUC GUA GUG	GCU アラニン GCC GCA GCG	GAU アスパラギン酸 GAC GAA グルタミン酸 GAG	GGU グリシン GGC GGA GGG	U C A G	

Ⅲ. 次の文を読み，下記の設問 1 ～ 5 に答えよ。解答は解答用紙の所定欄にしるせ。

　　血液中のグルコース（血糖）は，細胞に取り込まれ，その活動のためのエネルギー源として利用されている。血糖濃度（血糖値）はふつう，血液 100 mL 中にグルコースが約 100 mg 程度含まれるように維持されている。食事をとった直後には，血糖値は一時的に上昇するが，やがてもとの値に戻る。逆に，血糖値が下がった場合でも，やがてもとの値にもどる。このような血糖値の恒常性は，様々なホルモンや自律神経によって維持されている。

　　血糖値は，間脳内にある（　イ　）によって感知される。血糖値が上昇すると，（　イ　）から（　ロ　）を通じてすい臓の（　ハ　）島の（　ニ　）細胞に信号が伝えられて，そこからホルモンであるインスリンが分泌され，血液によって全身に運ばれる。全身に運ばれたインスリンは，例えば筋肉の細胞に働きかけて，血液中のグルコースを細胞内に取り込ませ，さらに取り込んだグルコースから（　ホ　）を合成させることで，血糖値を低下させる。

　　一方，血糖値が低下すると，（　イ　）から（　ヘ　）を通じてすい臓の（　ハ　）島の（　ト　）細胞に信号が伝えられ，そこからホルモンであるグルカゴンが分泌される。また，（　イ　）から（　ヘ　）を通じて副腎髄質に信号が伝えられ，ホルモンである（　チ　）が分泌される。血液によってグルカゴンと（　チ　）は肝臓まで運ばれ，それらの刺激によって，肝臓では，蓄えられていた（　ホ　）が分解されてグルコースができ，血糖値が上昇する。また，（　イ　）から信号を受けた（　リ　）は副腎皮質刺激ホルモンを分泌する。副腎皮質刺激ホルモンが血液によって副腎皮質に運ばれると，副腎皮質からホルモンである（　ヌ　）が分泌される。（　ヌ　）は，タンパク質からグルコースを合成する反応を促進することで，血糖値の維持にはたらく。

1．文中の空所(イ)～(ヌ)それぞれにあてはまるもっとも適当な語句をしるせ。

2．インスリンが作用した筋肉細胞は，受動輸送によって細胞内にグルコースを取り込む。受動輸送と能動輸送について，それぞれ次の a ～ f から正しいものをすべて選び，その記号をしるせ。ただし，いくつ選んでも構わない。
　a．エネルギーを使って輸送する。
　b．エネルギーを使わず輸送する。

　　c．輸送される物質の濃度差を利用して輸送する。

　　d．輸送される物質の濃度差とは無関係に輸送する。

　　e．チャネルを利用する。

　　f．ポンプを利用する。

3．糖尿病は，血糖濃度が高い状態が続く病気で，インスリンの分泌量が不足したり，標
　的細胞がインスリンに反応しにくくなることで起こる。食後でもインスリンがほとんど
　分泌されなくなるＩ型糖尿病は，免疫反応による攻撃でインスリンを分泌する細胞が破
　壊されることで起こる。異常な免疫反応によって引き起こされるこのような病気の総称
　を一般的に何と呼ぶか。その名称をしるせ。

4．図１は腎臓の一部を模式的に示したものである。図１中の空所 あ ～ お それぞれ
　にあてはまるもっとも適当な語句をしるせ。

　　図１．腎臓の一部の模式図

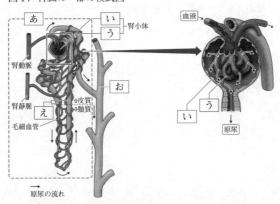

図：今﨑和広

5．血液は，腎臓の腎小体でろ過され原尿となる。血液中のグルコースのほとんどは原尿
　にこし出される。原尿中のグルコースは，その後につづく管を通過している間に毛細血
　管の血しょう中に再吸収される。図２は，血液中のグルコース濃度に対して，グルコー
　スが１分あたりにろ過または再吸収される量を示している。血中グルコース濃度と尿と
　して排出されるグルコース量の関係を示した図としてもっとも適当なものを，下記の図
　ａ～ｆから１つ選び，その記号をマークせよ。

図2．血中グルコース濃度とグルコースの輸送量（1分あたりにろ過または再吸収されるグルコースの量）の関係

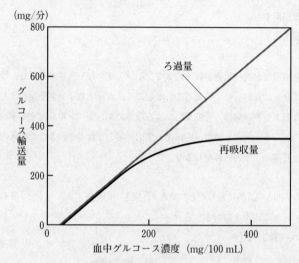

a.

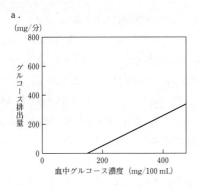

b.

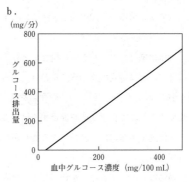

c.

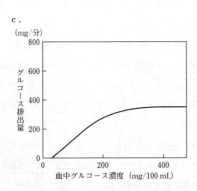

d.

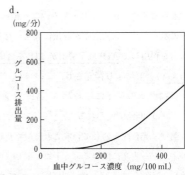

e.

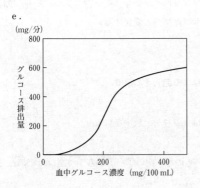

f.

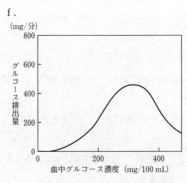

IV. 次の文を読み，下記の設問1～7に答えよ。解答は解答用紙の所定欄にしるせ。

　　細胞は様々なタンパク質の働きにより複雑な化学反応を行うことができる。タンパク質は種類ごとに特定の立体構造をとり，その構造にあった特定の物質と結合できる。タンパク質のうち（　イ　）としての作用を持つものを酵素という。（　イ　）はそれ自体は変化することなく化学反応を促進する物質のことである。酵素が特定の物質に対して化学反応を促進できるのは，結合できる物質が酵素の立体構造によって決まるからである。この性質を（　ロ　）という。

　　植物は光のエネルギーを利用して光合成を行う。まず，光化学系＜　あ　＞で吸収された光のエネルギーがクロロフィルを活性化し，その結果放出された電子が電子伝達系を経由して光化学系＜　い　＞へ移動する。電子伝達と連動して，葉緑体の（　ハ　）に存在する水素イオンがチラコイドの内部へ輸送される。これにより，（　ハ　）とチラコイド内の水素イオンの濃度差が非常に大きくなる。水素イオンがこの濃度差を解消しようとする力を利用してATP合成酵素がATPを合成する。光化学系＜　あ　＞で失われた電子は，H_2Oの分解により補充され，この時O_2が発生する。光化学系＜　い　＞に移動した電子は補酵素の還元に使われる。ATPと還元型補酵素はCO_2を固定する反応系である（　ニ　）回路で使われる。

　　動物は光合成を通じて合成された炭水化物を食物として取り入れ，ミトコンドリアでのエネルギー生産に用いる。ミトコンドリアの（　ホ　）と呼ばれる部分では，クエン酸回路によって，ピルビン酸を出発点として次々と酵素反応が起きるとともに（　ヘ　），（　ト　）と呼ばれる電子受容体に電子が受け渡される。ピルビン酸はまず脱炭酸反応により（　チ　）へと変換され，次いでオキサロ酢酸と反応しクエン酸となる。クエン酸は脱炭酸反応を受けながら，最終的にはオキサロ酢酸へと変化する。

1．文中の空所(イ)～(チ)それぞれにあてはまる語句をしるせ。

2．文中の空所〈あ〉・〈い〉それぞれにあてはまるローマ数字をしるせ。

3．下線部　　a)の酵素にあてはまらないものを，次の①～⑤から1つ選び，その記号をしるせ。

　①　カタラーゼ

　②　サイトカイニン

③ ペプシン

④ リゾチーム

⑤ ルビスコ

4．ヒル反応に対応する光合成の過程としてもっとも適当なものを，文中の下線部 1）～4）から1つ選び，その番号をしるせ。

5．次の文を読み，下記の問 i・ii に答えよ。

　炭素には ^{12}C 以外に放射性同位体の ^{14}C も存在する。フラスコに $^{12}CO_2$ 存在下で培養したクロレラを含む培養液を加え，窒素ガスを充填して CO_2 を除去し，十分な光を照射した。この条件下で，^{14}C を含む炭酸水素ナトリウムを滴下し $^{14}CO_2$ を供給した。5秒後に培養液を取り出し，熱アルコールで反応を停止させ，^{14}C が含まれる物質をペーパークロマトグラフィー法によって調べた。

　i．この実験で ^{14}C が用いられる理由としてもっとも適当なものを，次の①～④から1つ選び，その記号をしるせ。

① ^{14}C は ^{12}C に比べ重いため遠心分離が容易だから。

② ^{14}C は ^{12}C に比べ反応性が高く，光合成のような急速な反応を調べるために適しているから。

③ ^{14}C はクロレラに致死的な効果を与えないから。

④ ^{14}C は放射線を出すため，これを検出することで ^{14}C を含む物質を追跡することが可能だから。

　ii．この実験でみつかる主要な化合物の名称と，それに含まれる炭素数をそれぞれしるせ。

6．下線部 b）のクエン酸回路において電子受容体に受け取られた電子を最終的に受け取る分子の名称をしるせ。

7．次の文を読み，下記の問 i～iii に答えよ。

　下線部 b）のクエン酸回路で起きる反応を調べるため次の実験を行った。ニワトリのササミをすり潰して酵素液を用意し，表に示す条件Aと条件Bの溶液を図に示すようにツンベルク管の主室と副室にそれぞれ加え，ツンベルク管内を減圧した。次に，主室と副室の液を混合し，37℃で15分保温した。その結果観察された溶液の色の変

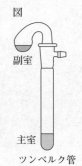

図

副室

主室

ツンベルク管

化を表に示す。

ツンベルク管に加える液の組み合わせ		条件 A	条件 B
主室	酵素液	5 mL	
	煮沸して常温に戻した酵素液		5 mL
副室	コハク酸ナトリウム水溶液（重量%，8 %）	5 mL	5 mL
	メチレンブルー水溶液（重量%，0.04 %）	5 滴	5 滴
混合溶液の反応終了後の色		無色	青色（変化なし）

ⅰ．文中の下線部　　 c ）の操作はなぜ必要なのか，もっとも適当な理由を次の①〜④
　　から 1 つ選び，その記号をしるせ。

　　①　ツンベルク管内部の酸素を除去するため。

　　②　ツンベルク管内部の水蒸気を除去するため。

　　③　ツンベルク管内部の二酸化炭素を除去するため。

　　④　低圧力下でないと酵素反応が進行しないため。

ⅱ．表中の条件 B は対照実験（コントロール実験）の一種である。条件 A と条件 B を
　　比較すると混合溶液の色の変化が酵素の働きによることがわかる。煮沸することによ
　　って起こった酵素の変化を漢字 2 文字でしるせ。

ⅲ．表中の条件 A で生じた変化としてもっとも適当なものを次の①〜④から 1 つ選び，
　　その記号をしるせ。

　　①　コハク酸が還元され，メチレンブルーが酸化された。

　　②　コハク酸が酸化され，メチレンブルーが還元された。

　　③　コハク酸もメチレンブルーも還元された。

　　④　コハク酸もメチレンブルーも酸化された。

解答編

数学

◀数　学　科▶

I　**解答**　(i)ア．-3　(ii)イ．$\dfrac{11}{42}$　(iii)ウ．10　エ．21

(iv)オ．5　カ．$\dfrac{1}{8}$　(v)キ．42　ク．77

━━━━━━━━━◀解　説▶━━━━━━━━━

≪小問 5 問≫

(i)　真数は正より

$\qquad 1-x>0$　かつ　$5-x>0$

すなわち　　$x<1$　……①

このとき，与えられた方程式は

$\qquad \log(1-x)^2=\log(5-x)+\log 2$

$\qquad \log(1-x)^2=\log 2(5-x)$

真数を比較して　　$(1-x)^2=2(5-x)$

これを整理して　　$x^2=9$　　$x=\pm 3$

①より　　$x=-3$　（→ア）

(ii)　$10=2\times 5$ より，3 枚のカードの数字の積が 10 で割り切れるのは，1 枚が 5 で，あとの 2 枚のうち少なくとも一方が偶数となる場合である。

5 を除いた 8 枚から 2 枚を選ぶとき，少なくとも一方が偶数であるのは，2 枚とも奇数である場合の数を引けばよいから，$({}_8C_2-{}_4C_2)$ 通りである。

よって，求める確率は

$\qquad \dfrac{1\times({}_8C_2-{}_4C_2)}{{}_9C_3}=\dfrac{3\cdot 2\cdot 1}{9\cdot 8\cdot 7}\cdot\dfrac{8\cdot 7-4\cdot 3}{2\cdot 1}=\dfrac{11}{42}$　（→イ）

(iii) 余弦定理より

$$BC^2 = AB^2 + AC^2 - 2 \cdot AB \cdot AC \cdot \cos A$$

$$= 25 + 36 - 2 \cdot 5 \cdot 6 \cdot \frac{1}{2} = 31$$

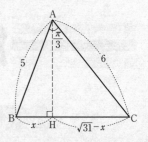

$BC > 0$ より　　$BC = \sqrt{31}$

$BH = x$ とおくと，$CH = \sqrt{31} - x$ で，$\triangle AHB$ と $\triangle AHC$ において，三平方の定理より

$$AH^2 = 25 - x^2$$

$$AH^2 = 36 - (\sqrt{31} - x)^2$$

AH^2 を消去して解くと　　$x = \dfrac{10}{\sqrt{31}}$

これより　　$CH = \sqrt{31} - \dfrac{10}{\sqrt{31}} = \dfrac{21}{\sqrt{31}}$

よって　　$BH : CH = \dfrac{10}{\sqrt{31}} : \dfrac{21}{\sqrt{31}} = 10 : 21$　　(→ウ・エ)

別解　$BH : CH = t : (1-t)$ とすると

$$\overrightarrow{AH} = (1-t)\overrightarrow{AB} + t\overrightarrow{AC}$$

$\overrightarrow{AH} \perp \overrightarrow{BC}$ より，$\overrightarrow{AH} \cdot \overrightarrow{BC} = 0$ である。

ここで，$|\overrightarrow{AB}| = 5$，$|\overrightarrow{AC}| = 6$，$\angle A = \dfrac{\pi}{3}$ より

$$\overrightarrow{AB} \cdot \overrightarrow{AC} = 5 \cdot 6 \cdot \frac{1}{2} = 15$$

これらの値を用いると

$$\{(1-t)\overrightarrow{AB} + t\overrightarrow{AC}\} \cdot (\overrightarrow{AC} - \overrightarrow{AB}) = 0$$

$$(t-1)|\overrightarrow{AB}|^2 + t|\overrightarrow{AC}|^2 + (1-2t)\overrightarrow{AB} \cdot \overrightarrow{AC} = 0$$

$$25(t-1) + 36t + 15(1-2t) = 0$$

$$\therefore \quad t = \frac{10}{31}$$

よって　　$BH : CH = \dfrac{10}{31} : \left(1 - \dfrac{10}{31}\right) = 10 : 21$

(iv) 2 次方程式 $2x^2 + 4x + 1 = 0$ の解と係数の関係より

$$\alpha + \beta = -2, \quad \alpha\beta = \frac{1}{2}$$

また，2 次方程式 $x^2 + px + q = 0$ の解と係数の関係より

$\quad\quad \alpha^3 + \beta^3 = -p, \quad \alpha^3\beta^3 = q$

よって

$\quad\quad p = -(\alpha^3 + \beta^3)$

$\quad\quad\quad = -\{(\alpha+\beta)^3 - 3\alpha\beta(\alpha+\beta)\}$

$\quad\quad\quad = -\left\{(-2)^3 - 3\cdot\dfrac{1}{2}\cdot(-2)\right\}$

$\quad\quad\quad = 5 \quad (\rightarrow \text{オ})$

$\quad\quad q = (\alpha\beta)^3 = \dfrac{1}{8} \quad (\rightarrow \text{カ})$

(v)　自然数 a, b の最大公約数を g とすると

$\quad\quad a = a'g, \quad b = b'g \quad (a', b'$ は $a' < b'$ を満たす自然数で，互いに素)

と表せる。

a, b の和が 119，最小公倍数が 462 より

$\quad\quad (a' + b')g = 119 \quad$ かつ $\quad a'b'g = 462$

すなわち

$\quad\quad (a' + b')g = 7\cdot17 \quad$ かつ $\quad a'b'g = 2\cdot3\cdot7\cdot11$

g は $7\cdot17$ と $2\cdot3\cdot7\cdot11$ の公約数より　　$g = 7, \ 1$

まず，$g = 7$ のとき

$\quad\quad a' + b' = 17, \quad a'b' = 66$

a', b' を解とする 2 次方程式を考えると

$\quad\quad x^2 - 17x + 66 = 0$

$\quad\quad (x-6)(x-11) = 0$

$\quad\quad x = 6, \ 11$

$a' < b'$ より $a' = 6$, $b' = 11$ で，6 と 11 は互いに素より適する。

よって

$\quad\quad a = 6\cdot7 = 42, \quad b = 11\cdot7 = 77$

次に，$g = 1$ のとき

$a' + b' = 119$ より　　$a'b' = -a'^2 + 119a' = -\left(a' - \dfrac{119}{2}\right)^2 + \dfrac{119^2}{4}$

a' が自然数をとって変化するとき，この 2 次関数は $1 \leqq a' \leqq 59$ において単調に増加する。そこで，$(a', b') = (1, 118), (2, 117), (3, 116),$

(4, 115), (5, 114) に対して $a'b'$ を求めると，それぞれ 118, 234, 348, 460, 570 となるから，$a'b' = 462$ となることはない。

以上より　　$a = 42$, $b = 77$　（→キ・ク）

II 解答

(i)　$f'(x) = (1-x)\,e^{-x}$

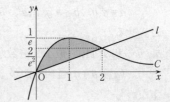

x	$\cdots$	1	$\cdots$
$f'(x)$	+	0	−
$f(x)$	↗	極大 $\dfrac{1}{e}$	↘

(ii)　$f''(x) = (x-2)\,e^{-x}$　　$\left(2, \dfrac{2}{e^2}\right)$

(iii)　(ii)より，直線 l の傾きは $\dfrac{1}{e^2}$ だから，l の方程式は $y = \dfrac{1}{e^2}x$ である。

右図より，求める面積 S は

$$S = \int_0^2 \left(xe^{-x} - \frac{1}{e^2}x\right)dx$$
$$= \left[-xe^{-x}\right]_0^2 + \int_0^2 e^{-x}dx - \frac{1}{e^2}\left[\frac{1}{2}x^2\right]_0^2$$
$$= -\frac{2}{e^2} + \left[-e^{-x}\right]_0^2 - \frac{2}{e^2}$$
$$= 1 - \frac{5}{e^2}\quad\cdots\cdots（答）$$

(iv)　$a = -\dfrac{1}{2}$, $b = -\dfrac{1}{2}$, $c = -\dfrac{1}{4}$

(v)　(iii)の図より，求める回転体の体積 V は

$$V = \pi\int_0^2 x^2 e^{-2x}dx - \frac{1}{3}\pi\left(\frac{2}{e^2}\right)^2 \cdot 2$$
$$= \pi\left[\left(-\frac{1}{2}x^2 - \frac{1}{2}x - \frac{1}{4}\right)e^{-2x}\right]_0^2 - \frac{8\pi}{3e^4}\quad(\because\ \text{(iv)より})$$
$$= \pi\left(\frac{1}{4} - \frac{71}{12e^4}\right)\quad\cdots\cdots（答）$$

◀解　説▶

≪導関数と増減，第 2 次導関数と変曲点，面積，回転体の体積，恒等式≫

どの小問も落ち着いて計算するのみである。

(i)　　$f'(x) = e^{-x} - xe^{-x} = (1-x) e^{-x}$

$e^{-x} > 0$ より，$f(x)$ の増減表は〔解答〕の表のようになる。

(ii)　　$f''(x) = -e^{-x} - (1-x) e^{-x} = (x-2) e^{-x}$

$e^{-x} > 0$ より，曲線 C の凹凸の表は右のようになる。

x	$\cdots$	2	$\cdots$
$f''(x)$	$-$	0	$+$
$f(x)$	上に凸	$\dfrac{2}{e^2}$	下に凸

凹凸の表より，C の変曲点の座標は

$$\left(2, \ \frac{2}{e^2}\right)$$

(iii)　領域を図示し，C と l の位置関係をはっきりさせてから計算に入りたい。

(iv)　与えられた $g(x)$ について

$$g'(x) = (2ax + b) e^{-2x} - 2 (ax^2 + bx + c) e^{-2x}$$
$$= \{-2ax^2 + 2 (a-b) x + b - 2c\} e^{-2x}$$

$g'(x) = x^2 e^{-2x}$ のとき

$$-2ax^2 + 2 (a-b) x + b - 2c = x^2$$

これが x についての恒等式となるから，両辺の係数を比較して

$$-2a = 1, \ 2 (a-b) = 0, \ b - 2c = 0$$

これを解いて

$$a = -\frac{1}{2}, \ b = -\frac{1}{2}, \ c = -\frac{1}{4}$$

なお，(iv)は(v)の積分計算をするときに必要になる。

(v)　l の回転体は円錐のため，積分を用いずに処理した。

Ⅲ　解答　(i)　$y = 2tx - t^2$

(ii)　$y = -\dfrac{1}{2t}x + t^2 + \dfrac{1}{2}$

(iii)　$\angle \mathrm{BAP} = \dfrac{\pi}{3}$ であるとき，m は x 軸と $\dfrac{\pi}{6}$ をなしている。

m の傾きは負だから

$$-\frac{1}{2t} = -\tan\frac{\pi}{6}$$

$$\therefore\ t = \frac{\sqrt{3}}{2}\ \cdots\cdots(\text{答})$$

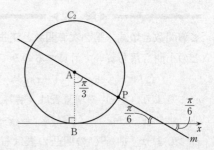

(iv) (iii) の と き，$\mathrm{P}\left(\dfrac{\sqrt{3}}{2},\ \dfrac{3}{4}\right)$,

$m : y = -\dfrac{1}{\sqrt{3}}x + \dfrac{5}{4}$ である。

点 A は m 上にあるから，$\mathrm{A}\left(u,\ -\dfrac{1}{\sqrt{3}}u + \dfrac{5}{4}\right)$ とおくと，$\mathrm{AB} = \mathrm{AP}$，すな

わち $\mathrm{AB}^2 = \mathrm{AP}^2$ より

$$\left(-\frac{1}{\sqrt{3}}u + \frac{5}{4}\right)^2 = \left(u - \frac{\sqrt{3}}{2}\right)^2 + \left(-\frac{1}{\sqrt{3}}u + \frac{1}{2}\right)^2$$

これを整理して

$$16u^2 - 8\sqrt{3}\,u - 9 = 0$$

$$(4u + \sqrt{3})(4u - 3\sqrt{3}) = 0$$

$$\therefore\ u = -\frac{\sqrt{3}}{4},\ \frac{3\sqrt{3}}{4}$$

2 点 A，P の位置関係から $u \leqq \dfrac{\sqrt{3}}{2}$ であり　　$u = -\dfrac{\sqrt{3}}{4}$

よって，点 A の座標は　　$\left(-\dfrac{\sqrt{3}}{4},\ \dfrac{3}{2}\right)$ $\cdots\cdots$(答)

(v)　線分 AQ を引くと，四角形 ABQP は △ABQ と △APQ に分割される。

△ABQ と △APQ において，$\angle\mathrm{ABQ} = \angle\mathrm{APQ} = \dfrac{\pi}{2}$ であり，AQ は共通の

辺である。また，円の外側の点から円に引いた接線の長さは等しいから，

QB = QP である。

ゆえに，直角三角形の斜辺と他の 1 辺が等しいから

　　　△ABQ ≡ △APQ

よって，求める面積は △ABQ の面積の 2 倍である。

$\angle \mathrm{BAQ} = \dfrac{1}{2} \angle \mathrm{BAP} = \dfrac{\pi}{6}$ より $\mathrm{BQ} = \mathrm{AB}\tan\dfrac{\pi}{6} = \dfrac{\sqrt{3}}{2}$ だから，求める面積 S は

$$S = 2 \times \dfrac{1}{2}\mathrm{BQ}\cdot\mathrm{AB} = \dfrac{\sqrt{3}}{2}\cdot\dfrac{3}{2} = \dfrac{3\sqrt{3}}{4} \quad \cdots\cdots(答)$$

別解　(ⅲ)のとき，$l : y = \sqrt{3}\,x - \dfrac{3}{4}$，$\mathrm{Q}\left(\dfrac{\sqrt{3}}{4},\ 0\right)$ である。

点 P から x 軸に垂線 PR を下ろすと，$\mathrm{BR} = \dfrac{\sqrt{3}}{2} - \left(-\dfrac{\sqrt{3}}{4}\right) = \dfrac{3\sqrt{3}}{4}$，

$\mathrm{QR} = \dfrac{\sqrt{3}}{2} - \dfrac{\sqrt{3}}{4} = \dfrac{\sqrt{3}}{4}$ より，求める面積 S は，台形 ABRP の面積から

△PQR の面積を引いて

$$S = \dfrac{1}{2}\left(\dfrac{3}{4} + \dfrac{3}{2}\right)\cdot\dfrac{3\sqrt{3}}{4} - \dfrac{1}{2}\cdot\dfrac{\sqrt{3}}{4}\cdot\dfrac{3}{4} = \dfrac{3\sqrt{3}}{4}$$

━━━━━◀解　説▶━━━━━

≪放物線の接線・法線の方程式，2 点間の距離，四角形の面積≫

(ⅰ)　$y = x^2$ について，$g' = 2x$ より，l の方程式は

$$y - t^2 = 2t(x - t)$$

すなわち　　$y = 2tx - t^2$

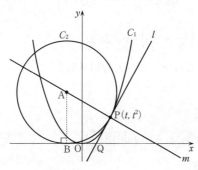

(ⅱ)　m は l と直交するから，m の傾きは $-\dfrac{1}{2t}$ である。さらに，m は点 P を通るから，その方程式は

$$y - t^2 = -\dfrac{1}{2t}(x - t)$$

すなわち　　$y = -\dfrac{1}{2t}x + t^2 + \dfrac{1}{2}$

(iii) 「なす角 $\frac{\pi}{3}$」を処理する方法は複数あるが，線分 AB⊥x 軸に着目すると，内角 $\frac{\pi}{3}$ をもつ直角三角形の三角比を利用して簡潔に考えることができる。

(v) (iii)と同様に，△ABQ≡△APQ に着目できたら，求める面積 S は内角 $\frac{\pi}{6}$ をもつ直角三角形 ABQ の面積の 2 倍として計算できる。もちろん，〔別解〕のように考えるのもよい。

IV 解答

(i) $\sqrt{3}\,i$, $1+\sqrt{3}\,i$ を極形式で表すと，それぞれ

$$\sqrt{3}\,i=\sqrt{3}\left(\cos\frac{\pi}{2}+i\sin\frac{\pi}{2}\right), \quad 1+\sqrt{3}\,i=2\left(\cos\frac{\pi}{3}+i\sin\frac{\pi}{3}\right)$$

となるから

$$\alpha=\frac{\sqrt{3}}{2}\left\{\cos\left(\frac{\pi}{2}-\frac{\pi}{3}\right)+i\sin\left(\frac{\pi}{2}-\frac{\pi}{3}\right)\right\}=\frac{\sqrt{3}}{2}\left(\cos\frac{\pi}{6}+i\sin\frac{\pi}{6}\right)$$

よって $|\alpha|=\dfrac{\sqrt{3}}{2}$, $\arg\alpha=\dfrac{\pi}{6}$ ……(答)

(ii) $z_2=8\alpha=4\sqrt{3}\left(\dfrac{\sqrt{3}}{2}+\dfrac{1}{2}i\right)=6+2\sqrt{3}\,i$

よって （z_2 の実部）$=6$, （z_2 の虚部）$=2\sqrt{3}$ ……(答)

また

$$z_3=8\alpha^2$$
$$=8\left(\frac{\sqrt{3}}{2}\right)^2\left\{\cos\left(2\cdot\frac{\pi}{6}\right)+i\sin\left(2\cdot\frac{\pi}{6}\right)\right\} \quad (\because \quad \text{ド・モアブルの定理より})$$
$$=6\left(\frac{1}{2}+\frac{\sqrt{3}}{2}i\right)$$
$$=3+3\sqrt{3}\,i$$

よって （z_3 の実部）$=3$, （z_3 の虚部）$=3\sqrt{3}$ ……(答)

(iii) ド・モアブルの定理より

$$z_n=8\left(\frac{\sqrt{3}}{2}\right)^{n-1}\left\{\cos\frac{(n-1)\pi}{6}+i\sin\frac{(n-1)\pi}{6}\right\} \quad ……(答)$$

(iv)　$z_n = 8\alpha^{n-1}$, $z_{n+1} = 8\alpha^n$ より

$\qquad z_{n+1} = \alpha z_n$

(i)より，複素数 α をかけることは複素数平面上

で原点を中心とする $\dfrac{\pi}{6}$ 回転と $\dfrac{\sqrt{3}}{2}$ 倍の縮小を表

す。$OP_n = |z_n|$,　$OP_{n+1} = \dfrac{\sqrt{3}}{2}|z_n|$,　$\angle P_n OP_{n+1} = \dfrac{\pi}{6}$

より

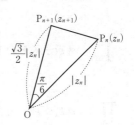

$$S_n = \frac{1}{2} \cdot |z_n| \cdot \frac{\sqrt{3}}{2}|z_n| \cdot \sin\frac{\pi}{6} = \frac{\sqrt{3}}{8}\left\{8\left(\frac{\sqrt{3}}{2}\right)^{n-1}\right\}^2 = 8\sqrt{3}\left(\frac{\sqrt{3}}{2}\right)^{2(n-1)}$$

$$= 8\sqrt{3}\left(\frac{3}{4}\right)^{n-1} \quad \cdots\cdots (答)$$

(v)　(iv)より　　　$\displaystyle\sum_{n=1}^{\infty} S_n = \sum_{n=1}^{\infty} 8\sqrt{3}\left(\frac{3}{4}\right)^{n-1}$

$\left|\dfrac{3}{4}\right| < 1$ より，この無限等比級数は収束し，その和 S は

$$S = \frac{8\sqrt{3}}{1 - \dfrac{3}{4}} = 32\sqrt{3} \quad \cdots\cdots (答)$$

━━━━━━━ ◀解　説▶ ━━━━━━━

≪複素数の商の計算，極形式，ド・モアブルの定理，無限等比級数の和≫

複素数 α は「数学Ⅱ」で学んだ除法で計算してから極形式に直してもよ

いが，$\sqrt{3}\,i$, $1 + \sqrt{3}\,i$ がいずれも極形式で表しやすいことに着目すると早

い。(ii)の z_3, (iii)の z_n はド・モアブルの定理を用いた基本的な計算である。

(iv)　2点 $P_n(z_n)$, $P_{n+1}(z_{n+1})$ の位置関係をとらえることがポイントである。

原点を中心とする $\dfrac{\pi}{6}$ 回転と $\dfrac{\sqrt{3}}{2}$ 倍の縮小から，三角形 $OP_n P_{n+1}$ は

$P_n P_{n+1} : OP_{n+1} : OP_n = 1 : \sqrt{3} : 2$ の直角三角形となる。〔解答〕では直角

三角形であることを用いなかったが，$OP_{n+1} = \dfrac{\sqrt{3}}{2}|z_n|$, $P_n P_{n+1} = \dfrac{1}{2}|z_n|$ か

ら S_n を求めてもよいだろう。なお，最後の答えは $8\sqrt{3}\left(\dfrac{\sqrt{3}}{2}\right)^{2(n-1)}$ でも差

し支えないが，(v)があるので $\left(\dfrac{\sqrt{3}}{2}\right)^{2(n-1)} = \left\{\left(\dfrac{\sqrt{3}}{2}\right)^2\right\}^{n-1} = \left(\dfrac{3}{4}\right)^{n-1}$ としておく

のがよい。

◀物理・化・生命理学科▶

Ⅰ　◀数学科▶の I に同じ。

Ⅱ　◀数学科▶の II に同じ。

Ⅲ　◀数学科▶の III に同じ。

❖講　評

　数学科は試験時間 90 分で I ～ IV の 4 題，物理・化・生命理学科は試験時間 75 分で I ～ III の 3 題である。2022 年度も素直な良問ばかりで，実力が確実に反映される内容である。典型的な設問で構成され計算力が重視されることは 2021 年度と同様で，証明や図示を要求する問題はなかったが，増減表や解答に不可欠な図を含めて記述量は増加した。難易度は，I がやや重たくなったが，例年並みといえる。

　I　小問 5 問の構成。いずれも答えのみを書かせる形式なので，計算ミスがないよう細心の注意を払いたい。教科書でいえば(i)，(ii)，(iv)は節末問題レベル，(iii)，(v)は章末問題レベルである。(iii)はまず用いる手法から考えなければならない本格的な図形問題で，どのように解くにせよ小問としては重たい。また，(v)も小問としては重たく，途中経過や計算は省略できるものの，的確な着眼と論理，計算を要する。

　II　与えられた関数 $f(x)$ について，増減，$f''(x)$ とグラフの変曲点，面積，回転体の体積を問う微・積分法の総合問題。個々の小問は基本そのものであり，落ち着いて確実に解答したい。

　III　放物線 $y=x^2$ の接線と法線，法線上に中心をもつ円に関する計量の問題。内角 $\dfrac{\pi}{6}$ と $\dfrac{\pi}{3}$ をもつ直角三角形の 3 辺の比を有効に利用したい。計算力が要求される。

　IV　複素数の計算と図形が融合した問題。(iv)の 3 頂点の位置関係がポイント。位置関係は漸化式 $z_{n+1}=\alpha z_n$ が与えられているほうが把握しやすいと思われるが，ここで与えられているのは一般項 z_n である。

　時間がかかりそうな問題は I の(iii)と(v)，III の(iv)，IV の(iv)で，落ち着いて最初から順番通りに解いていけばよいであろう。しかし，最初のほうに時間のかかる問題があったり，誘導に乗るまでに思わぬ時間を費やしたりする場合もあり得るので，全体を見渡してから解答を始める心がけは常に大切である。

物理

I 解答

$$\dfrac{V}{V+D\sqrt{\dfrac{k}{m}}\sin\sqrt{\dfrac{k}{m}}\,t}$$

◀解　説▶

≪ドップラー効果≫

単振動の速さの最大値を v_0 とおくと，力学的エネルギー保存則より

$$\frac{1}{2}mv_0{}^2=\frac{1}{2}kD^2 \quad \therefore\quad v_0=D\sqrt{\frac{k}{m}}$$

よって，この単振動の角速度 ω は

$$\omega=\sqrt{\frac{k}{m}}$$

であり，スピーカーを離した時刻を t_0 とすると，スピーカーの速度 v は下向きを正として

$$v=-v_0\sin\omega\,(t-t_0)=-D\sqrt{\frac{k}{m}}\sin\sqrt{\frac{k}{m}}\,(t-t_0)$$

と書ける。D は十分に小さいため，時刻 t にスピーカーの真下の床に届く音波は時刻 $t+t_0$ にスピーカーから下向きに発せられた音波とみなせるので，ドップラー効果の公式より

$$f=\frac{V}{V+D\sqrt{\dfrac{k}{m}}\sin\sqrt{\dfrac{k}{m}}\,t}f_0$$

II 解答

あ．光電効果　い．$h\nu-W$　う．$\dfrac{V_1-V_2}{\nu_1-\nu_2}e$

◀解　説▶

≪光電効果とプランク定数≫

い．光のエネルギー $h\nu$ は電子に受け渡されるが，金属から飛び出す際に仕事関数 W だけ減少するため，飛び出した電子の運動エネルギーの最大値は $h\nu-W$ となる。

う．飛び出した電子の運動エネルギーが陽極と陰極間の電場による位置エネルギーよりも小さくなると，電流値がゼロになる。よって

$$eV_1 = h\nu_1 - W$$

$$eV_2 = h\nu_2 - W$$

を得る。2式を連立して W を消去すると

$$e(V_1 - V_2) = h(\nu_1 - \nu_2) \quad \therefore \quad h = \frac{V_1 - V_2}{\nu_1 - \nu_2}e$$

Ⅲ　解答　あ．0.83　い．55

◀解　説▶

≪熱気球の浮く条件≫

あ．アルキメデスの原理より，気球は 22.4L の気体にはたらく重力と同じ大きさの浮力を受ける。気球内部の空気の物質量を n〔mol〕とおくと，気球と気球内部の空気にかかる重力と浮力のつり合いから

$$n \times 30 + 5.0 = 30 \quad \therefore \quad n = \frac{25}{30} = 0.833 \fallingdotseq 0.83 \,〔\text{mol}〕$$

い．気球内部の空気の物質量が n〔mol〕となるときの気体の温度を T〔K〕とおくと，シャルルの法則より

$$n \times \frac{T}{273} \times 22.4 = 22.4$$

$$T = \frac{273}{n} = \frac{30}{25} \times 273 = 327.6 \,〔\text{K}〕$$

$$327.6 \,〔\text{K}〕 = 54.6 \,〔℃〕 \fallingdotseq 55 \,〔℃〕$$

Ⅳ　解答

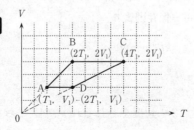

■━━━━ ◀解　説▶ ━━━━■

≪*p-V* 図から *V-T* 図への変換≫

状態B，C，Dにおける温度を T_B，T_C，T_D とおく。シリンダー内の理想気体の物質量を n，気体定数を R とおくと，理想気体の状態方程式より

$$p_1 V_1 = nRT_1, \quad p_1 2V_1 = nRT_B, \quad 2p_1 2V_1 = nRT_C, \quad 2p_1 V_1 = nRT_D$$

∴　$T_B = 2T_1, \quad T_C = 4T_1, \quad T_D = 2T_1$

AからB，およびCからDの状態変化は定圧変化であるため，V と T は比例の関係を保ちながら変化する。つまり，*V-T* 図上でそれぞれ傾き $\dfrac{nR}{p_1}$，$\dfrac{nR}{2p_1}$ の原点を通る直線を描く。BからC，およびDからAの状態変化は定積変化であるため，*V-T* 図上で傾き 0 の直線を描く。

V 解答

1．あ. $\dfrac{mv^2}{2L}$　2．い. $\sqrt{\dfrac{2kL^2}{m} - 2gL}$

3．う. $2 - \dfrac{mv^2 + kL^2}{2mgL}$　え. $\dfrac{(1+e)m}{m+M}v$　お. $\dfrac{(1+e)mv}{m+M}\sqrt{\dfrac{2h}{g}}$

■━━━━ ◀解　説▶ ━━━━■

≪ばねにつるされた小球の運動と衝突≫

1．あ. 半径 $2L$ の円運動をしているので，小球1にはたらく遠心力の大きさは　$\dfrac{mv^2}{2L}$

2．い. 衝突直前のばねの伸びは L であるので，力のつり合いから

$$kL = mg + \dfrac{mv^2}{2L} \quad ∴ \quad v = \sqrt{\dfrac{2kL^2}{m} - 2gL}$$

3．う. 力学的エネルギー保存則より

$$mgL(2 - \cos\theta_0) = \dfrac{1}{2}kL^2 + \dfrac{1}{2}mv^2$$

∴　$\cos\theta_0 = 2 - \dfrac{mv^2 + kL^2}{2mgL}$

え. 衝突直後の小球1，2の速度をそれぞれ v'，V' とおく。運動量保存則より

$$mv = mv' + MV' \quad \cdots\cdots①$$

反発係数の式より

$$e = -\frac{v' - V'}{v - 0} \quad \cdots\cdots ②$$

①，②を連立して v' を消去すると

$$V' = \frac{(1 + e)\, m}{m + M} v$$

お．2つの小球が衝突した瞬間から床の上に初めて落下するまでの時間を t とおくと

$$h = \frac{1}{2} g t^2 \quad \therefore \quad t = \sqrt{\frac{2h}{g}}$$

この間，小球2は水平方向には速度 V' で運動するので

$$V't = \frac{(1 + e)\, mv}{m + M} \sqrt{\frac{2h}{g}}$$

Ⅵ 解答 1．あ．$-vt$　い．$\dfrac{qE}{2m} t^2$　う．$\dfrac{\pi m}{qB}$　え．$\dfrac{2mv}{qB}$

お．$qv_y B$　か．$qE - qv_x B$　き．$\dfrac{E}{B}$　く．0

2－b

◀解　説▶

≪電場，磁場中の荷電粒子の運動≫

1．あ．荷電粒子は x 軸方向には力を受けていないため，等速直線運動をする。よって

$$x = -vt$$

い．荷電粒子は y 軸方向に qE のクーロン力を受けるため，加速度 $\dfrac{qE}{m}$ で運動する。よって

$$y = \frac{qE}{2m} t^2$$

う．荷電粒子は運動方向と垂直に大きさ qvB のローレンツ力を受けて円運動する。円運動の半径を r とおき，運動方程式を立てると

$$qvB = m\frac{v^2}{r} \quad \therefore \quad r = \frac{mv}{qB}$$

荷電粒子は運動開始後に最初に y 軸を通過するまでに半円を描くので

$$vt = \pi r \qquad \therefore \quad t = \frac{\pi r}{v} = \frac{\pi m}{qB}$$

え．荷電粒子は右図のような軌跡を描くので

$$y = 2r = \frac{2qB}{mv}$$

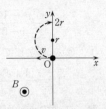

お．荷電粒子は x 軸方向に qv_yB のローレンツ力を受けるので，運動方程式より

$$ma_x = qv_yB$$

か．荷電粒子は y 軸方向に qE のクーロン力と $-qv_xB$ のローレンツ力を受けるので，運動方程式より

$$ma_y = qE - qv_xB$$

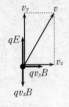

き・く．右図のように，原点を中心に半径 r，角速度 ω で時計回りに等速円運動する点を考える。時刻 t における点の位置 $(x',\ y')$，速度 $(v_x',\ v_y')$，加速度 $(a_x',\ a_y')$ はそれぞれ次のように書ける。

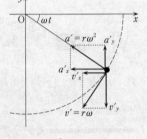

$$(x',\ y') = (-r\cos\omega t,\ r\sin\omega t)$$

$$(v_x',\ v_y') = (r\omega\sin\omega t,\ r\omega\cos\omega t)$$

$$(a_x',\ a_y') = (r\omega^2\cos\omega t,\ -r\omega^2\sin\omega t) = (\omega v_y',\ -\omega v_x')$$

「お」「か」で求めた運動方程式を整理すると，荷電粒子の加速度は

$$(a_x,\ a_y) = \left(\frac{qB}{m}v_y,\ -\frac{qB}{m}\left(v_x - \frac{E}{B}\right)\right)$$

と書けるので，x 軸方向に $\dfrac{E}{B}$ で移動する観測者から見ると，角速度 $\dfrac{qB}{m}$ で円運動することがわかる。よって

$$\vec{u} = \left(\frac{E}{B},\ 0\right)$$

2．A．電荷が負になると，クーロン力の向きは逆になるが，運動し始めた直後のローレンツ力の向きは変わらないため，右図の C を x 軸に対して反転させた軌跡となる。よって，b が適当。

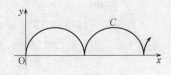

❖講　評

　全体として基本的な問題が多いが，一部に設定を理解する読解力や，誘導に乗りながら数式を処理する能力が求められる問題もある。

　Ⅰ　単振動する音源によるドップラー効果の問題。単振動の速度をドップラー効果の公式に代入する複合的な問題となっている。単振動の速度を時間の関数として表すことができたかがポイントである。

　Ⅱ　光電効果の実験からプランク定数を求める問題。光電効果の実験系についての十分な理解が求められる。典型問題。

　Ⅲ　熱気球の浮力に関する問題。気体定数の代わりに 1 mol の理想気体の体積が与えられている。有効数字 2 桁の数値計算を的確にこなせるかが問われた。

　Ⅳ　p-V 図から V-T 図に描き直させる問題。p-V 図上のそれぞれの状態変化がどのような変化であるのかを整理する。典型問題。

　Ⅴ　ばねにつるされた小球の振り子運動と衝突，水平投射の問題。一見難解に思えるが，問題文の誘導にそって立式していけば基本的な事項の組み合わせである。直前の答えを用いて解く設問が多いため，ミスなく計算をこなす必要がある。

　Ⅵ　電場や磁場の影響を受けて運動する荷電粒子の問題。前半の電場のみ，磁場のみを受けて運動する場合は基本的問題である。後半の電場，磁場の双方を受けて運動する場合も運動方程式を立てるところまでは難しくない。その後は円運動の加速度を速度で表すことが必要になる。

■■■化学■■■

◀化・生命理学科▶

I 解答 1-a 2-b 3-c

━━━━◀解 説▶━━━━━━━━━

≪小問3問≫

1. イ.（正）ナトリウムはイオン化傾向が大きく，水溶液の電気分解では単体は得られない。

ロ.（正）希ガス以外の原子がイオンになるとき，原子番号が最も近い希ガス元素の原子と同じ電子配置をとろうとする。したがって，$_9F^-$，$_{11}Na^+$ はどちらも $_{10}Ne$ と同じ電子配置をとる。

ハ.（正）原子から最外殻電子を引き離すのに必要なイオン化エネルギーは，同族元素では原子番号が大きいほど小さい。

ニ.（正）塩素原子の電子親和力を Q〔kJ/mol〕とすると，その変化は

$$Cl（気）+e^- = Cl^-（気）+Q〔kJ〕$$

と表せるが

$$Cl^-（気）= Cl（気）+e^- -Q〔kJ〕$$

と書き換えることができる。

以上より，イ～ニの記述はすべて正しい。

2. イ.（正）十酸化四リンに水を加えて加熱すると，リン酸が生じる。

$$P_4O_{10}+6 \cdot H_2O \longrightarrow 4 \cdot H_3PO_4$$

ロ.（誤）

$$Cu^{2+}+2OH^- \longrightarrow Cu(OH)_2（青白色）$$

水酸化ナトリウム水溶液を過剰に加えても沈殿は溶けない。

ハ.（正）

$$2Ag^+ +CrO_4{}^{2-} \longrightarrow Ag_2CrO_4（赤褐色）$$

ニ.（正）

$$Ag_2O + 4NH_3 + H_2O \longrightarrow 2[Ag(NH_3)_2]^+ + 2OH^-$$

以上より，正しくない記述は，ロの1個。

3． 分子式 $C_4H_8O_2$ で表されるエステル，カルボン酸の示性式は

HCOOC$_3$H$_7$　　　CH$_3$COOC$_2$H$_5$　　　C$_2$H$_5$COOCH$_3$

C$_3$H$_7$COOH

の4種類。

C$_3$H$_7-$ には，$\mathrm{C-C-C-}$ と $\overset{\overset{\textstyle C}{|}}{\mathrm{C-C-}}$ の2つの構造が考えられる。

したがって，合わせて6種類の構造異性体が存在する。

II 　解答

1．0.10 mol/L

2．5.0×10^{-2}

3．$K_a = \dfrac{c\alpha^2}{1-\alpha}$

4．3.0×10^{-5} mol/L

5．pHメーターを使用するとき，器具を純水で洗い，測定する溶液でも洗ったあと，測定に入る。この操作が十分でないと直前の溶液の影響が出るため，直前の溶液濃度が薄い方が，その影響を小さくすることができる。（100字以内）

◀解　説▶

≪酢酸の濃度，pHと電離度，電離定数≫

1． 溶液 **A** の酢酸 CH$_3$COOH（C$_2$H$_4$O$_2$）の濃度は

$$\frac{0.60}{12 \times 2 + 1.0 \times 4 + 16 \times 2} \times \frac{1000}{100} = 0.10 \, [\text{mol/L}]$$

2． 溶液 **A** を10倍希釈して調製した溶液 **B** の酢酸の濃度は 0.010 mol/L である。

$$CH_3COOH \rightleftharpoons H^+ + CH_3COO^-$$

電離している酢酸の濃度は，水素イオン濃度 [H$^+$] と等しい。

溶液 **B** の pH＝3.3 より，溶液 **B** の水素イオン濃度 [H$^+$] は

$$[H^+] = 5.0 \times 10^{-4} \, [\text{mol/L}]$$

したがって，溶液 **B** の電離度は

$$\frac{5.0\times10^{-4}}{0.010}=5.0\times10^{-2}$$

3．酢酸の濃度を c〔mol/L〕，電離度を α とすると，各成分のモル濃度は

$$CH_3COOH \rightleftharpoons H^+ + CH_3COO^-$$

平衡時　　　$c(1-\alpha)$　　　　　$c\alpha$　　　　　$c\alpha$　　　　〔mol/L〕

よって，電離定数 K_a は

$$K_a=\frac{[H^+][CH_3COO^-]}{[CH_3COOH]}=\frac{c\alpha\times c\alpha}{c(1-\alpha)}=\frac{c\alpha^2}{1-\alpha}$$

と表される。

4．溶液 **B** を 10 倍希釈して調整された溶液 **C** の濃度は 0.0010 mol/L である。電離している酢酸の濃度は，水素イオン濃度 $[H^+]$ に等しく，溶液 **C** の pH＝3.8 より，$[H^+]=1.6\times10^{-4}$〔mol/L〕とわかる。

これらの数値より，電離定数 K_a の値は

$$K_a=\frac{[H^+][CH_3COO^-]}{[CH_3COOH]}=\frac{(1.6\times10^{-4})^2}{0.0010-1.6\times10^{-4}}=3.04\times10^{-5}$$

$$\fallingdotseq3.0\times10^{-5}\text{〔mol/L〕}$$

別解　与えられた pH 3.8 より，$[H^+]=1.6\times10^{-4}$〔mol/L〕であり電離度 α は

$$\alpha=\frac{1.6\times10^{-4}}{0.0010}=0.16$$

よって

$$K_a=\frac{c\alpha^2}{1-\alpha}=\frac{0.0010\times0.16^2}{1-0.16}=3.04\times10^{-5}\fallingdotseq3.0\times10^{-5}\text{〔mol/L〕}$$

5．測定する pH の誤差を小さくするために，濃度の薄い溶液から測定をしている。

Ⅲ　**解答**　1．ア．共有結合の　イ．分子　ウ．4　エ．4　オ．1　カ．1

2．$NaCl + H_2SO_4 \longrightarrow NaHSO_4 + HCl$

3．3.2〔g/cm^3〕

4．イオン半径は F^-，Cl^-，Br^- の順に大きい。そのため，イオン結晶のイオン間にはたらく静電気的な引力は NaF，NaCl，NaBr の順に減少し，融点も低くなる。（80 字以内）

5．ⅰ－f　ⅱ－e

━━━━◀解　説▶━━━━

≪結合の種類，イオン結晶の構造と密度・融点≫

1．ウ．図示された NaCl 型結晶では，陽イオン○は単位格子の中心と各辺の中央に存在しており，その原子の数は

$$1+\frac{1}{4}\times12=4\text{ 個}$$

エ．陰イオン●は単位格子の頂点と各面の中心に存在しており，その原子の数は

$$\frac{1}{8}\times8+\frac{1}{2}\times6=4\text{ 個}$$

オ．図示された CsCl 型結晶では，陽イオン○は単位格子の中心に 1 個である。

カ．陰イオン●は単位格子の頂点に存在しており，その原子の数は

$$\frac{1}{8}\times8=1\text{ 個}$$

2．揮発性の酸の塩 NaCl に不揮発性の酸 H_2SO_4 を加えて加熱すると，揮発性の酸である塩化水素 HCl が発生する。

3．NaCl 型結晶の臭化ナトリウム NaBr の単位格子の一辺の長さは

$$(1.2\times10^{-10}+1.8\times10^{-10})\times2\text{〔m〕}=3.0\times10^{-10}\times2\times10^2\text{〔cm〕}$$

単位格子中には NaBr 4 個分が含まれており，単位格子の密度は

$$\text{密度}=\frac{\text{質量〔g〕}}{\text{体積〔cm}^3\text{〕}}=\frac{\dfrac{23+80}{6.02\times10^{23}}\times4}{(3.0\times2\times10^{-8})^3}=3.16\fallingdotseq3.2\text{〔g/cm}^3\text{〕}$$

4．融点の高低は，結合の強弱に関係している。イオン結合は正負イオン間の静電気的な引力による結合であり，その強さは，正負イオンの電荷とイオン間の距離で決まる。同族元素のイオンの半径は，原子番号が大きいほど大きくなる。このことを説明する。

5．ⅰ．問題の図からわかるように，CsCl 型結晶では，陽イオンと陰イオンは単位格子の体対角線で接している。単位格子の一辺の長さを l とすると，体対角線の長さは $\sqrt{3}\,l$ より

$$\sqrt{3}\,l=2(r+R)$$

$$l = \frac{2}{\sqrt{3}}(r+R) = \frac{2\sqrt{3}}{3}(r+R)$$

ⅱ．CsCl 型結晶が安定な構造をとるのは，単位格子の頂点にある陰イオンどうしの反発がないとき，つまり，一辺の長さが陰イオンの半径の 2 倍より大きいときである。一辺の長さが陰イオンの半径の 2 倍のときは，陰イオンが接して反発が生じ，不安定になる。

よって，$l>2R$ がイオン結晶が安定となる条件である。ここに，ⅰで得た $l = \frac{2\sqrt{3}}{3}(r+R)$ を代入すると

$$\frac{2\sqrt{3}}{3}(r+R)>2R$$

この式を整理すると

$$r>(\sqrt{3}-1)R$$

Ⅳ 解答

1．ⅰ．**A.** H–O–C（ ）C–O–H（ベンゼン環、C にそれぞれ =O）

B. H–O–CH₂–CH₂–O–H

C. （ベンゼン環に） C–O–H（=O）, C–O–H（=O）

繰り返し単位：[C（ ）C–N（ ）N]ₙ（–C(=O)–C₆H₄–C(=O)–N(H)–C₆H₄–N(H)–）

ⅱ．(ア)— b　(イ)— c　(ウ)— f　(エ)— a

ⅲ．2.5×10^2 個

2．ⅰ．試薬**X**：d　試薬**Y**：e

ⅱ．安息香酸：b　フェノール：d　アニリン：a

ⅲ．フェノールの検出方法：生じた油状物質に塩化鉄（Ⅲ）水溶液を加えると，紫色に呈色する。(50 字以内)

アニリンの検出方法：生じた油状物質をさらし粉水溶液に滴下すると，赤紫色に呈色する。(50 字以内)

◀解　説▶

≪合成樹脂・合成繊維の構成・構造，芳香族化合物の分離≫

1．ここで扱った合成繊維の構造を対比させると，以下のようになる。

ポリエチレンテレフタラート（ポリエステル系合成繊維）

$$\left[CO-\bigcirc-CO-O-(CH_2)_2-O\right]_n$$

ポリ-*p*-フェニレンテレフタルアミド（アラミド繊維）

$$\left[CO-\bigcirc-CO-NH-\bigcirc-NH\right]_n$$

ナイロン 66（ポリアミド系合成繊維）

$$\left[CO-(CH_2)_4-CO-NH-(CH_2)_6-NH\right]_n$$

iii．ポリエチレンテレフタラートの繰り返し単位の化学式は，$C_{10}H_8O_4$ であるので，その式量は

$$12\times10+1.0\times8+16\times4=192$$

繰り返し単位 1 個あたり，ベンゼン環が 1 個存在する。ポリエチレンテレフタラート 1 分子に含まれるベンゼン環の数は，繰り返し単位と同数である。したがって，その数は

$$\frac{4.8\times10^4}{192}=2.5\times10^2 \text{ 個}$$

2．安息香酸（酸性），フェノール（酸性），トルエン（中性），アニリン（塩基性）が混合したエーテル溶液での各物質の分離の操作は次のとおり。

操作 1：エーテル溶液に希塩酸を加えると，水層 **B** にはアニリン塩酸塩が溶ける。エーテル層 **A** には 2 つの酸性物質と中性のトルエンが存在する。トルエンはこの先もエーテル層に残ると考えられ，操作 2 は 2 つの酸性物質の分離が目的といえる。酸性物質の分離には酸の強弱を利用する。

　　　　酸の強さ：安息香酸＞炭酸＞フェノール

操作 2：エーテル層 **A** に安息香酸より弱い炭酸の塩である炭酸水素ナトリウム水溶液を加えると，水層 **D** に安息香酸のナトリウム塩が溶ける。エーテル層 **C** にはフェノールとトルエンが残る。

操作 3：エーテル層 **C** に水酸化ナトリウム水溶液を加えると，フェノールはナトリウム塩となって水層 **F** に溶ける。

iii．アニリンの検出方法については「生じた油状物質に硫酸性の二クロム酸カリウムを加えると，黒色のアニリンブラックができる。」も可。

◆数　学　科◆

Ⅰ ◀化・生命理学科▶のⅠに同じ。

Ⅱ ◀化・生命理学科▶のⅡに同じ。

Ⅲ ◀化・生命理学科▶のⅢに同じ。

Ⅳ ◀化・生命理学科▶のⅣ 1・2 ⅰ～ⅱに同じ。

❖講　評

　大問 4 題。計算問題，論述問題が多い。いずれも基礎的な知識や原理の理解が試され，文章を読む力や思考力が求められている。

　Ⅰ　小問 3 問。題意に合う選択肢を選ぶ方式。1・2 は正しくない記述の数を答える問題で，原子，イオン，元素の反応の理解が試された。3．$C_4H_8O_2$ の構造異性体の数は，ギ酸エステルもあり，C_3H_7- は 2 種類の構造があることに気づけたかどうかが正答への分かれ道になったであろう。

　Ⅱ　酢酸溶液の調整と，希釈した溶液についての問題。設問の順が考察の順になっているので，素直に設問に従って解いていくとよい。4 では近似を用いるかどうか迷ったかもしれない。5．測定の操作では，誤差をいかに小さくするかに気をつけている。そこから考えよう。

　Ⅲ　NaCl 型と CsCl 型のイオン結晶を考えさせている。結晶構造が図示されているので，1 はそれを見ながら丁寧に考えていこう。3．イオンの半径の単位〔m〕，密度の単位〔g/cm^3〕に気をつけたい。4．融点の高低はイオン結合の強弱の目安であり，ハロゲンのイオンの半径は原子番号が大きいほど大きくなる。このことに着目して説明しよう。5．CsCl 型では単位格子の体対角線の方向で陽イオンと陰イオンが接している。イオン結晶が安定となる条件は，陰イオンどうしが接しないことである。これらの関係を r と R を用いた文字式で表し，あとは丁寧に展開していけばよい。

　Ⅳ　1．合成樹脂，合成繊維の構造と構成を考える。ⅰでは記す構造式に原子の書きもれがないよう必ず見直し，ⅱとともに得点源にしたい。ⅲ．単量体の化学式，式量を含めて，計算ミスに気をつけること。2．芳香族化合物の分離を扱っている。操作 1 で塩酸を用いると示されており，塩基性のアニリンが水層に移ることがわかる。中性物質のトルエンは最後までエーテル層に存在するので，操作 2 は酸性物質の分離である。慣れていれば難しくはなかったはずである。ⅲ．フェノール，アニリンの検出方法の説明について，制限字数に余裕があるのできちんと説明したい。

■生物■

I **解答** 1 ― a, b, c, d 2 ―(2) 3. 1.0
4. 0 : 1 : $(2^{n-1}-1)$

5. イ. アクチン ロ. 微小管

6 ― b, d

7. ハ. アポトーシス ニ. ネクローシス

8. アナフィラキシーショック

9. 魚類：a 両生類（幼生）：a 両生類（成体）：b ハチュウ類：c
鳥類：c 哺乳類：b

10― f

◀解 説▶

≪小問 10 問≫

1. RNA はヌクレオチド，セルロースとデンプンはグルコース，タンパ
ク質はアミノ酸がそれぞれ構成単位のポリマーである。リン脂質は分子同
士が隣り合っているだけであり，リン脂質どうしは重合していない。

2. 基質濃度を変えず，酵素濃度のみを 2 倍にした場合，最終的な生成物
量は変化しないが，反応の終了時間が半分になる。ゆえに，グラフ中の(A)
と最終的な高さは変わらないが，その高さに達するまでの時間が(A)の半分
になった(2)を選択する。

3. $C_{12}H_{22}O_{11}$ を完全に酸化したときの化学反応式は

$$C_{12}H_{22}O_{11}+12O_2 \longrightarrow 12CO_2+11H_2O$$

であるので，求める呼吸商は

$$\frac{(CO_2 \text{の係数})}{(O_2 \text{の係数})}=\frac{12}{12}=1.0$$

である。

4. DNA が半保存的に複製された後，分裂が起こる。以下に 3 回目の分
裂後までの結果を図示した。なお，図中の太い横線は ^{15}N のみを含むヌク
レオチド鎖を，細い横線は ^{14}N のみを含むヌクレオチド鎖を，横線どうし
の間の縦線はヌクレオチド鎖間の相補的塩基対をそれぞれ示している。

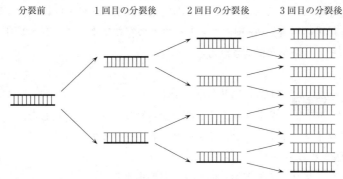

| 分裂前 | 1 回目の分裂後 | 2 回目の分裂後 | 3 回目の分裂後 |

これらの結果は，次のように整理できる。

分裂回数	二本鎖 DNA の種類（本）			
	^{15}N のみ	^{15}N と ^{14}N からなる	^{14}N のみ	合計
1	0	2	0	2
2	0	2	2	4
3	0	2	6	8
…	…	…	…	…
n	0	2	$2^n - 2$	2^n

よって，n 回分裂すると

^{15}N のみ：^{15}N と ^{14}N からなる：^{14}N のみ $= 0 : 2 : (2^n - 2) = 0 : 1 : (2^{n-1} - 1)$
という結果が得られる。

6．原核生物の DNA は細胞質基質に存在し，ここで DNA 複製も行われている。ミトコンドリアと葉緑体は細胞内共生で生じたと考えられている。ミトコンドリアのマトリックスと葉緑体のストロマは祖先となった原核生物の細胞質基質に対応する場所である。d の選択肢はマトリックスを，e の選択肢はチラコイド膜の内部の空間を，それぞれ説明するものである。

7．プログラム細胞死は遺伝的に計画されている細胞死であり，細胞死に至る様式を示すものではない。ゆえに，ハとニのいずれもプログラム細胞死は正解ではない。

9．問題文に「一般的に」とあるので，魚類の解答は硬骨魚類のものを示した。サメやエイなどの一部の魚類（軟骨魚類）の場合，窒素排出物はアンモニアではなく，尿素である。

10．フィトクロムは赤色光を吸収することで Pfr 型（遠赤色光吸収型）へ，

遠赤色光を吸収することで Pr 型（赤色光吸収型）へ可逆的に変化する。光発芽種子の場合，Pfr 型のフィトクロムの存在によって，ジベレリン合成が高まり，発芽が促進される。

Ⅱ 解答

1. 一塩基多型（SNP）
2. グルタミン酸（から）リシン（に変化した）
3. プライマー 1 ： a　プライマー 2 ： e　プライマー 3 ： f
4. DNA ヘリカーゼ
5. 新たなヌクレオチド鎖の伸長反応が停止する。

◀ 解　説 ▶

≪遺伝子突然変異，DNA の複製≫

1. 設問文に「一塩基単位で」とあるので，遺伝的多型や DNA 多型よりも，一塩基多型の方がよいだろう。

2. リード文より，終止コドンは 13 番目のエキソンに存在するので，12 番目のエキソンである図 1 に終止コドンは存在しない。図 1 の 55〜57，63〜65，72〜74 番目に終止コドンになり得る TGA がある。これらを終止コドンとして読まない読み枠を見つけると，59 番目の塩基はコドンの最初の塩基であると考えられる。ゆえに

変異前：GAA（グルタミン酸)→変異後：AAA（リシン）

であると考えられる。

3. 図 2 より，プライマー 2，3 の違いで PCR の増幅結果に差が生じていることと，確実に変異した配列をもつ A さんの結果より，変異点に対応するのはプライマー 3 である。また，プライマー 1 は変異を含まない 1 番目の塩基側に，プライマー 2 は変異していない 59 番目の塩基側に，それぞれ対応している。

リード文に「12 番目のエキソン全体を増幅することができる」とあるので，用いたプライマーは図 1 の両端に対応したものである。プライマーはセンス鎖やアンチセンス鎖の 3′ 末端側と相補的な塩基配列をもつ短いヌクレオチド鎖である。

図 1 に結合するプライマー 2 は，図 1 の 3′ 末端と相補的な塩基配列をもつ e であり，このプライマーの 5′ 末端から 22 番目の塩基が C ではなく T になった f がプライマー 3 である。また，図 1 の相補鎖（アンチセンス

鎖）に結合するプライマー1は，図1の5′末端と同じ塩基配列をもつ a
である。

Ⅲ 　解答　　1．イ．視床下部　ロ．副交感神経（迷走神経）
　　　　　　　　　ハ．ランゲルハンス　ニ．B　ホ．グリコーゲン
ヘ．交感神経　ト．A　チ．アドレナリン　リ．脳下垂体前葉
ヌ．糖質コルチコイド
2．受動輸送：b，c，e　能動輸送：a，d，f
3．自己免疫疾患
4．あ．ネフロン（腎単位）　い．ボーマンのう　う．糸球体
え．細尿管（腎細管，尿細管）　お．集合管
5－d

◀解　説▶

≪血糖量調節，腎臓のはたらき≫
2．能動輸送は濃度勾配に逆らっても行える物質輸送であり，エネルギー
の供給が必要である。能動輸送の代表例として，ナトリウムポンプが挙げ
られる。受動輸送は濃度勾配に従った物質輸送であり，エネルギーの供給
が不要である。受動輸送の代表例として，ナトリウムチャネルが挙げられ
る。
3．「病気の総称」を問われているので，バセドウ病や関節リウマチなど
の具体例を答えないこと。
5．ろ過された後，再吸収できなかったものが尿に排出される。ゆえに，
ろ過量の高さと再吸収量の高さの差が，尿として排出されるグルコース量
である。

Ⅳ 　解答　　1．イ．触媒　ロ．基質特異性　ハ．ストロマ
　　　　　　　　　ニ．カルビン・ベンソン　ホ．マトリックス
ヘ・ト．NAD^+，FAD（順不同）　チ．アセチル CoA
2．あ．Ⅱ　い．Ⅰ
3－②　4－3）
5．ⅰ－④
ⅱ．名称：ホスホグリセリン酸（PGA）　炭素数：3

6. 酸素

7. ⅰ—① ⅱ. 失活（変性） ⅲ—②

━━━━━━◀解　説▶━━━━━━

≪光合成と異化≫

3. サイトカイニンは植物ホルモン（情報伝達物質）であり，酵素ではない。

5. ⅰ. ペーパークロマトグラフィー法は，物質ごとのろ紙上での移動速度の違いを利用した分離法である。したがって，遠心分離は行わないので，①は正解ではない。^{14}C と ^{12}C は放射活性の有無と原子量は異なるが，他の化学的な性質は同じであるので，反応性に違いはなく，②は正解ではない。仮に，③が正解であれば，^{12}C に致死的な効果があることになる。水中にも ^{12}C は含まれているが，クロレラは生存できているので，誤りである。

7. ⅰ・ⅲ. クエン酸回路は有機物の酸化分解の経路である。副室に含まれているコハク酸は，クエン酸回路の酵素反応の基質である。コハク酸の酸化反応の検出は，メチレンブルーの還元反応，すなわち，メチレンブルーの変色（青色→無色）反応で行う。脱気していなければ，空気に含まれている強力な酸化剤である酸素によって，還元されたメチレンブルーがすぐに酸化され，反応の検出が難しくなるので，反応前に脱気している。

❖講　評

Ⅰ　さまざまな分野からの小問が 10 問出題されている。基本的な問題ではあるが，計算や条件整理に時間を要する問題も含まれており，時間配分が難しい。

Ⅱ　2 は与えられた配列から読み枠を探索するのに，3 はプライマーの配列を見つけるのに，それぞれ時間を要する。2，3 以外をできるだけ手堅く正解したい。

Ⅲ　全般的に標準的な問題であり，確実に正解したい。3 は「病気の総称」を問われている点にも気をつけたい。

Ⅳ　コハク酸脱水素酵素の有名な実験が出題されているが，基質であるコハク酸と検出薬であるメチレンブルーの酸化・還元の関係が問われており，難度がやや高い。

　それぞれの問題の難易度は標準であるが，試験時間が 75 分であることを考慮すると，考察問題の難度が高い。2022 年度も，所々に基本的な用語，図，考え方に関する問題が出題されているので，これらをきちんと正解することで，高得点が狙える。論述問題は，字数制限のない知識問題であるので，解答しやすかったと思われる。

■理学部：2 月 9 日実施分（一般入試）

問題編

▶試験科目・配点

学科	教　科	科　　　　　目	配　点
数	外国語	英語資格・検定試験のスコアまたは大学入学共通テスト「英語」を得点化	100 点
	数　学	数学 I・II・III・A・B（数列，ベクトル）	200 点
	理　科	「物理基礎，物理」，「化学基礎，化学」，「生物基礎，生物」のうちから 1 科目選択	100 点
物理	外国語	英語資格・検定試験のスコアまたは大学入学共通テスト「英語」を得点化	100 点
	数　学	数学 I・II・III・A・B（数列，ベクトル）	150 点
	理　科	物理基礎，物理	150 点
化	外国語	英語資格・検定試験のスコアまたは大学入学共通テスト「英語」を得点化	100 点
	数　学	数学 I・II・III・A・B（数列，ベクトル）	100 点
	理　科	化学基礎，化学	150 点
生命理	外国語	英語資格・検定試験のスコアまたは大学入学共通テスト「英語」を得点化	100 点
	数　学	数学 I・II・III・A・B（数列，ベクトル）	100 点
	理　科	「物理基礎，物理」，「化学基礎，化学」，「生物基礎，生物」のうちから 1 科目選択	150 点

▶利用できる英語資格・検定試験

一般入試では，下記の英語資格・検定試験を利用することができる。いずれの資格・検定試験にも最低スコア基準の設定はない。複数の資格・検定試験のスコアを提出することも可能。また，大学入学共通テストの「外国語（『英語』）」も利用できる。

大学入学共通テスト「外国語（『英語』）」			○
	ケンブリッジ英語検定*2		○
英語資格・検定試験*1	実用英語技能検定（英検）*3	従来型	○
		英検 CBT	○
		英検 S-CBT	○
		英検 S-Interview	○
	GTEC	「GTEC」CBT タイプ	○
		「GTEC」検定版	○
		「GTEC」アセスメント版	×
	IELTS*4	Academic Module	○
		General Training Module	×
	TEAP		○
	TEAP CBT		○
	TOEFL iBT*5		○

* 1．いずれも大学の各出願期間の初日から遡って2年以内に受験し取得した4技能スコアが有効（異なる実施回の各技能のスコアを組み合わせることはできない）。英検（従来型，英検 S-Interview）については，二次試験を出願期間の初日から遡って2年以内に受験し取得したスコアが有効。
* 2．ケンブリッジ英語検定については，Linguaskill も認める。また，受験した各試験種別（ファースト（FCE）等）の合格・不合格は問わない（スコアのみを合否判定に採用）。
* 3．英検については受験した級の合格・不合格は問わない（スコアのみを合否判定に採用）。
* 4．IELTS（Academic Module）は，通常の IELTS のほか，Computer-delivered IELTS を含む。IELTS Indicator は利用できない。
* 5．TOEFL iBT については，(Special) Home Edition も有効とする。また，Test Date Scores を有効とし，MyBest™ Scores を利用することはできない。

■数学■

◀数　学　科▶

(90 分)

Ⅰ．下記の空欄ア～カにあてはまる数または式を解答用紙の所定欄に記入せよ。

（ⅰ）　不等式 $(\log_2 x)^2 - \log_2 x - 6 < 0$ を満たす実数 x の範囲は　ア　である。

（ⅱ）　$0 < x < \dfrac{\pi}{2}$ かつ，

$$\frac{\sin x}{\cos x} + \frac{\cos x}{\sin x} = 4$$

を満たす x の値をすべて求めると，$x =$　イ　である。

（ⅲ）　式 $(x^2 + xy + y^2)^3$ を展開したときの同類項は　ウ　種類ある。

（ⅳ）　$a < b$ とする。$a,\ b$ を含む 10 個の数値からなるデータがある。

$$34,\ 29,\ 85,\ 26,\ 73,\ 62,\ 91,\ 47,\ a,\ b$$

このデータについて，中央値が 60，第 3 四分位数が 75 であるとき，$a =$　エ　，$b =$　オ　である。

（ⅴ）　等式 $\displaystyle\int_1^2 \frac{\log(x+1)}{x^2}\,dx = \log c$ を満たす実数 c を求めると，$c =$　カ　である。

II. 座標平面上の原点を $P_0(0,0)$ と書く。点 P_1, P_2, P_3, … を

$$\overrightarrow{P_n P_{n+1}} = \left(\frac{1}{2^n} \cos \frac{(-1)^n \pi}{3}, \ \frac{1}{2^n} \sin \frac{(-1)^n \pi}{3} \right) \qquad (n=0,1,2,\cdots)$$

を満たすように定める。P_n の座標を (x_n, y_n) $(n=0,1,2,\cdots)$ とする。このとき，次の問 (ⅰ)～(ⅴ) に答えよ。解答欄には，(ⅰ)，(ⅲ) については答えのみを，(ⅱ)，(ⅳ)，(ⅴ) については答えだけでなく途中経過も書くこと。

(ⅰ)　P_1, P_2 の座標をそれぞれ求めよ。

(ⅱ)　x_n, y_n をそれぞれ n を用いて表せ。

(ⅲ)　極限値 $\displaystyle \lim_{n \to \infty} x_n$, $\displaystyle \lim_{n \to \infty} y_n$ をそれぞれ求めよ。

(ⅳ)　ベクトル $\overrightarrow{P_{2n-1} P_{2n+1}}$ の大きさを l_n $(n=1,2,3,\cdots)$ とするとき，l_n を n を用いて表せ。

(ⅴ)　(ⅳ) の l_n について，無限級数 $\displaystyle \sum_{n=1}^{\infty} l_n$ の和 S を求めよ。

III. t を実数とする。座標空間内の xy 平面上で，点 $(0,-2,0)$ を中心とする半径 1 の円を C とする。C 上の点 $P(\cos t, -2+\sin t, 0)$ および点 $Q(\cos t, -2-\sin t, 0)$ をとる。点 $A(1,1,1)$ と P を通る直線を l，A と Q を通る直線を m とする。このとき，次の問 (ⅰ)～(ⅴ) に答えよ。解答欄には，(ⅰ)，(ⅲ) については答えのみを，(ⅱ)，(ⅳ)，(ⅴ) については答えだけでなく途中経過も書くこと。

(ⅰ)　$0<s<1$ とする。線分 AP を $s:(1-s)$ に内分する点を R とする。R の座標を s, t を用いて表せ。

(ⅱ)　l と xz 平面との交点の z 座標を $f(t)$ とする。$f(t)$ を求めよ。

(ⅲ)　m と xz 平面との交点の z 座標を $g(t)$ とする。$g(t)$ を求めよ。

(ⅳ)　(ⅱ)，(ⅲ) で定めた $f(t)$, $g(t)$ に対し，$h(t)=f(t)-g(t)$ と定める。$h(t)$ の導関数 $h'(t)$ を求めよ。

(ⅴ)　t が $0 \leq t \leq \pi$ の範囲を動くとき，(ⅳ) で定めた $h(t)$ の増減表を書き，$h(t)$ の最小値を求めよ。

$\text{IV}.$　t を実数とする。座標平面上に放物線 $y = \dfrac{1}{2}x^2 + 1$ がある。放物線上の点 $\left(t,\ \dfrac{1}{2}t^2 + 1\right)$ を中心とし，x 軸に接する円を C とする。このとき，次の問（ⅰ）〜（ⅳ）に答えよ。解答欄には，（ⅰ）については答えのみを，（ⅱ）〜（ⅳ）については答えだけでなく途中経過も書くこと。

（ⅰ）　C の方程式を $x^2 + y^2 + ax + by + c = 0$ と表すとき，実数 a, b, c を t を用いて表せ。

（ⅱ）　d を 0 でない実数とする。C が点 $(d,\ 1)$ を通るときの t の値を d を用いて表せ。

（ⅲ）　p を実数とする。C が点 $(p,\ 1)$ を通るような t が存在するための，p についての必要十分条件を求めよ。

（ⅳ）　q, r を実数とし，$r > 0$ とする。C が点 $(q,\ r)$ を通るような t が存在するための，q と r についての必要十分条件を求めよ。

◀物理・化・生命理学科▶

（75 分）

Ⅰ.　◀数学科▶の Ⅰ に同じ。

Ⅱ.　◀数学科▶の Ⅱ に同じ。

Ⅲ.　◀数学科▶の Ⅲ に同じ。

■物理■

(75 分)

Ⅰ. 次の文を読み，空所 あ ， い にあてはまる数値を，解答用紙の所定欄にしる
せ。ただし，クーロンの法則の比例定数を k とする。

　　図のように x 軸上の $x = x_0 (x_0 > 0)$ の位置に電気量 $Q(Q > 0)$ を持つ点電荷 A が，
原点に電気量 $-4Q$ を持つ点電荷 B がある。電気量 $q(q > 0)$ を持つ点電荷 C は x 軸
方向に自由に動くことができる。$x = x_1 (x_1 > x_0)$ の位置に点電荷 C を置いたところ，点
電荷 C が点電荷 A 及び B から受けるクーロン力がつりあい静止した。このとき
$x_1 = \boxed{\text{あ}} \; x_0$ である。外力を加えて点電荷 C を $x = x_1$ の位置から無限遠まで移動さ
せるには，外力は $\boxed{\text{い}} \; \dfrac{kqQ}{x_1}$ 以上の仕事をする必要がある。

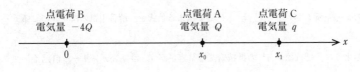

| 点電荷 B | 点電荷 A | 点電荷 C |
| 電気量 $-4Q$ | 電気量 Q | 電気量 q |

$$0 \qquad\qquad\qquad x_0 \qquad x_1$$

図

II. 次の文を読み，下記の設問 1・2 に答えよ。解答は解答用紙の所定欄にしるせ。ただし，電子の質量を M，電気素量を e，プランク定数を h，光速を c とする。

　　真空中で，はじめ静止していた電子を正の電位差 U の静電場で加速した。加速後の電子の飛行する速さは あ になる。また，これを物質波と考えるとき，そのド・ブロイ波長は い である。

　　次に，1個の光子が，上で考えた電子の運動エネルギーと同じエネルギーを持っている場合を考える。この光を波と考えるとその波長は う である。また，$U = 10\,V$ のとき，これを数値で求めると え m となる。ただし，$M = 9.1 \times 10^{-31}\,kg$，$e = 1.6 \times 10^{-19}\,C$，$h = 6.6 \times 10^{-34}\,J \cdot s$，$c = 3.0 \times 10^{8}\,m/s$ とし，必要であれば $1\,C \cdot V = 1\,J$ を用いてよい。

1．文中の空所 あ 〜 う にあてはまる数式をしるせ。
2．文中の空所 え にあてはまる数値を有効数字 2 桁でしるせ。

III. 次の文の空所 あ 〜 え にあてはまる数式を，解答用紙の所定欄にしるせ。

　　図のように，抵抗値が R の抵抗器，電気容量が C のコンデンサー，自己インダクタンスが L のコイルが直列に接続されている回路が，時刻 t において $V_0 \sin \omega t$ の電圧を発生する交流電源につながれている。この抵抗器，コンデンサー，コイルからなる回路のインピーダンスは あ となる。回路を流れる電流の振幅は，角振動数 ω が い の場合に最大になり，その場合，時刻 t における電流値は う である。また，そのときの電流の実効値は え となる。

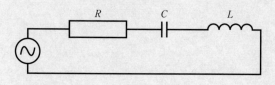

図

IV. 次の文を読み，空所 あ ～ う にあてはまる数式を解答用紙の所定欄にしるせ。ただし，音波の減衰は無視できるものとする。

図のように，$x = 0$ にある音源Sから振動数 f，波長 λ の平面波の音波が左右に向かって出ている。Sにおける媒質の変位は，時刻を t として
$$y_s = A \sin(2\pi ft)$$
（A は定数）で表されるとする。

$x = -L$ に壁Rを置く。壁Rは固定端，すなわち媒質の変位が 0 になるように入射波を反射する。

Rにおける入射波の変位 y_1 は，時刻を t として
$$y_1 = A \sin(\boxed{\text{あ}})$$
となる。Rにおける反射波の変位 y_2 は，固定端の条件から $y_2 = -y_1$ である。したがって，$x(x \geqq -L)$ における反射波の変位 y は，時刻を t として
$$y = -A \sin(\boxed{\text{い}})$$
と表される。

図のように，観測者Oが $x > 0$ の位置にいるとき，音源Sからの距離によらず，観測者Oの地点での波の振幅は
$$2\,|\,A\sin(\boxed{\text{う}})\,|$$
である。

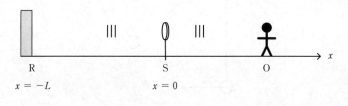

図

Ⅴ. 次の文を読み，空所 ｜ あ ｜ 〜 ｜ お ｜ にあてはまる数式を，解答用紙の所定欄にしる
せ。ただし，重力加速度の大きさを g とし，空気抵抗は無視できるものとする。

　図のように支点 O から長さ r の軽い糸で質量 m の小物体がつられている。糸は支点
のまわりを自由に回転できるように取り付けられている。小物体に支点の真下の位置で水
平方向の初速度を与えたときの運動を考える。図のように糸が張っている状態で，支点の
鉛直下方から測った小物体の角度を θ とする。

　初速度の大きさを v_0 とし，糸が張った状態で角度 θ の方向に小物体があるとき，小
物体の速度の大きさを v_1 とすると，$v_1 =$ ｜ あ ｜ となる。この時，糸の張力の大きさを，
v_1, m, g, r, θ を用いて表すと ｜ い ｜ となる。

　小物体が支点の高さを超えないようにするためには，初速度 v_0 の大きさは，
$v_0 \leqq$ ｜ う ｜ でなければならない。

　小物体が支点のまわりを円運動をするためには，$v_0 \geqq$ ｜ え ｜ を満たす必要がある。

　小物体が角度 $\theta = \dfrac{\pi}{3}$ で速度の大きさ v_2 で円運動をしながら上昇しているときに，糸
が切れたとする。糸が切れてから，小物体が糸が切れた地点と同じ高さに戻るまでの時
間は ｜ お ｜ $\dfrac{v_2}{g}$ となる。

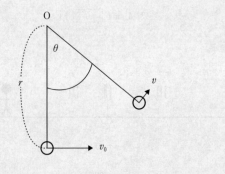

図

Ⅵ. 次の文を読み，空所　あ　～　か　にあてはまる数式または数値を，解答用紙の所
　　定欄にしるせ。ただし，気体定数を R とする。

　　図のように容器内に水平方向になめらかに動くピストンがある。容器内には物質量 n
の単原子分子理想気体が閉じ込められている。容器内には大きさが無視できる加熱冷却装
置があり，それを使うと容器内の温度を一様に保ちながら調節できる。容器とピストンは
断熱材でできており熱の出入りはない。容器の外は一定の圧力 p_0 の空気で満たされてい
るとする。

　　容器内の気体と外の空気の圧力がつりあってピストンが静止している状態を状態Aと
し，その時の気体の体積を V_0 とすると，気体の温度は　あ　である。このときの温度
を T_0 とする。次に，ピストンを固定して加熱冷却装置を使って気体を加熱したところ，
気体の温度が $2T_0$ になった。この状態を状態Bとする。状態Aから状態Bの間に増加し
た気体の内部エネルギーは　い　p_0V_0 である。

　　続いて，状態Bから加熱冷却装置を使って気体の温度を一定に保ちながら，外力を加
えてゆっくりとピストンを移動させ，気体の圧力が $\dfrac{3}{2} p_0$ になったところでピストンを
固定した。この状態を状態Cとする。状態Cの気体の体積は　う　V_0 であり，状態B
から状態Cの間に増加した気体の内部エネルギーは　え　p_0V_0 である。

　　さらに，状態Cからピストンをゆっくりと移動させ，気体の圧力が p_0 になったところ
でピストンを固定した。この状態を状態Dとする。状態Cから状態Dの間は断熱過程な
ので，気体の圧力と体積をそれぞれ p，V，気体の比熱比を γ とすると pV^{γ} は一定値
に保たれる。したがって，状態Dの気体の体積は状態Cの気体の体積の　お　倍である。

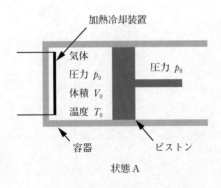

図

最後に状態 D からピストンの固定を外して加熱冷却装置を使って気体をゆっくりと冷却したところ，状態 A に戻った。状態 D における体積を αV_0 として，状態 D から状態 A の間に気体がした仕事を α を使って表すと　か　$p_0 V_0$ である。

■■■■ 化学 ■■

問題を解くにあたって，必要ならば次の値を用いよ。

気体定数：　$R = 8.31 \times 10^3 \, Pa \cdot L / (K \cdot mol)$

ファラデー定数：　$F = 9.65 \times 10^4 \, C/mol$

アボガドロ定数：　$N_A = 6.02 \times 10^{23} \, /mol$

原子量：　H＝1.0, C＝12, N＝14, O＝16, Na＝23, S＝32,
　　　　　Cl＝35, Ca＝40, Fe＝56, Cu＝64, Ag＝108, Pb＝207

◀化・生命理学科▶

（75 分）

Ⅰ．次の設問 1～3 に答えよ。解答は，それぞれに与えられた a～e から 1 つずつ選び，その記号を解答用紙の所定欄にマークせよ。

1．次のイ～ニのうち，正しくない記述はいくつあるか。

イ．標準状態の水素では，水素分子はすべて同じ速度で熱運動している。

ロ．窒素の水への溶解度は，温度が高いほど高くなる。

ハ．高温，低圧の状態では，実在気体の分子間力は無視できるようになる。

ニ．容積一定の容器中で，実在気体を冷却していくと，気体の一部は凝縮する。

a．0 個　　　b．1 個　　　c．2 個　　　d．3 個　　　e．4 個

2．次のイ～ニのうち，正しくない記述はいくつあるか。

イ．硫化鉄(Ⅱ)に希硫酸を加えると硫化水素が発生する。

ロ．石灰水に二酸化炭素を通じて白色沈殿が生じているところに，さらに二酸化炭素を過剰に通じると生じた白色沈殿は溶解する。

ハ．酸化マンガン(Ⅳ)に濃塩酸を加えて加熱すると塩素が発生する。

ニ．二酸化窒素を水に溶かすと硝酸が生じる。

a．0 個　　　b．1 個　　　c．2 個　　　d．3 個　　　e．4 個

3．分子式 $C_4H_8Cl_2$ で表される化合物には，何種類の構造異性体が存在するか。

　　a．6 種類　　　b．7 種類　　　c．8 種類　　　d．9 種類　　　e．10 種類

Ⅱ．次の文を読み，下記の設問 1 〜 4 に答えよ。解答は解答用紙の所定欄にしるせ。

　　それぞれ 1 種類の金属イオンを含む水溶液 A，B，C がある。これらは，Ag^+，Cu^{2+}，Fe^{3+}，Pb^{2+} のいずれかを含む水溶液である。次の実験 (1)〜(5) を行った。

(1)　水溶液 A，B，C に酸性条件下で硫化水素を通じると水溶液 A，B では黒色沈殿が生じたが，水溶液 C では沈殿が生じなかった。水溶液 C に塩基性条件下で硫化水素を通じると黒色沈殿が生じた。

(2)　水溶液 A，B，C にアンモニア水を加えるといずれも沈殿が生じたが，さらにアンモニア水を加えると水溶液 B のみ生じた沈殿が溶けた。

(3)　水溶液 A，B，C に希塩酸を加えると水溶液 A のみに白色沈殿が生じた。

(4)　水溶液 A にクロム酸イオンを含む水溶液を加えると黄色沈殿が生じた。

(5)　白金電極を用いて水溶液 B を電気分解したところ，陽極で酸素が発生し，陰極に金属が析出した。

1．実験 (1) について，塩基性条件下，水溶液 C で生じた黒色沈殿の化学式をしるせ。

2．実験 (2) の水溶液 B において生じた沈殿が，さらに加えたアンモニア水で溶解した反応の化学反応式をしるせ。ただし，水溶液中で電離しているイオンはイオン式でしるせ。

3．実験 (4) の水溶液 A で，黄色沈殿が生じた反応について，次の問 i・ii に答えよ。

　ⅰ．黄色沈殿が生じた反応の化学反応式をしるせ。ただし，水溶液中で電離しているイオンはイオン式でしるせ。

　ⅱ．0.020 mol/L の金属イオン濃度の水溶液 A 1.0 mL に 0.20 mol/L のクロム酸イオン濃度の水溶液 1.0 mL を加えた水溶液中の金属イオン濃度〔mol/L〕を求め，その値を有効数字 2 桁でしるせ。ただし，水溶液 A に含まれる金属イオンとクロム酸イオンの溶解度積を $5.0 \times 10^{-7}\,mol^2/L^2$ とし，水溶液 A にクロム酸イオンを含む水溶液を加えたときの水溶液の総体積は，各水溶液の体積の和に等しいものとする。

4．実験(5)において，金属イオン濃度 0.50 mol/L の水溶液 B 100 mL から析出した金
　属は 0.20 g であった。陽極で発生した酸素の物質量〔mol〕を求め，その値を有効数字
　2 桁でしるせ。また，計算過程もしるせ。

Ⅲ．次の文を読み，下記の設問 1 〜 4 に答えよ。解答は解答用紙の所定欄にしるせ。

　　次の反応①と反応②のみの化学平衡を仮想的に考える。

$$A（気）\rightleftarrows B（気）　・・・反応①$$
$$A（気）\rightleftarrows C（気）　・・・反応②$$

　　温度 300 K，圧力 1.0×10^5 Pa の条件において，反応①の正反応の反応速度定数 k_1 は，
逆反応の反応速度定数 k_1' の 2.0 倍である。また，同条件において，反応②の正反応の反応
速度定数 k_2 は，逆反応の反応速度定数 k_2' の 0.50 倍である。また，気体 A，B，C は，理
想気体として振る舞い，反応①および②には反応中間体は存在しないものとする。

1．容積を一定にした反応容器に 7.0 mol の A を入れ，300 K，1.0×10^5 Pa の条件に保っ
　たところ，気体 A，B，C は平衡状態に達した。このときの A，B，C の物質量〔mol〕
　を計算し，その値を有効数字 2 桁でしるせ。また，計算過程もしるすこと。

2．設問 1 の平衡状態の反応容器に化合物 B を 3.5 mol 加え，容積を変化させ，300 K，
　1.0×10^5 Pa の条件に保ったところ，気体 A，B，C は平衡状態に達した。このときの
　B の物質量〔mol〕を計算し，その値を有効数字 2 桁でしるせ。

3．設問 1 の平衡状態の反応容器に，反応①の触媒を加え，300 K，1.0×10^5 Pa の条件に
　保ったところ，気体 A，B，C は平衡状態に達した。この触媒を用いたときに，k_1 が 13
　倍となることがわかっている。このとき，設問 1 の状態と比較して，A，B，C の物質量
　の変化について，正しい記述を次の a 〜 g から 1 つ選び，その記号をマークせよ。ただ
　し，加えた触媒の体積は無視できるものとする。

　a．A は増加し，B と C は減少する。　　　　b．A は減少し，B と C は増加する。

c．Bは増加し，AとCは減少する。　　d．Bは減少し，AとCは増加する。

e．Cは増加し，AとBは減少する。　　f．Cは減少し，AとBは増加する。

g．A，B，Cはすべて変化しない。

4．反応①の正反応を発熱反応，反応②の正反応を吸熱反応とする。設問1の状態から，圧力を一定に保ちながら，温度を400Kまで上昇させたところ，気体A，B，Cが新たな平衡状態に達した。設問1の状態と比較して，BとCの物質量の変化について，正しい記述を次のa～eから1つ選び，その記号をマークせよ。

a．BとCは増加する。　　　　　　　　b．BとCは減少する。

c．Bは増加し，Cは減少する。　　　　d．Bは減少し，Cは増加する。

e．BとCは変化しない。

Ⅳ．次の設問1・2に答えよ。解答は解答用紙の所定欄にしるせ。

1．アクリル樹脂は，水槽やプラスチックレンズ，最近では飛沫飛散防止パネルなどにも用いられている。ポリメタクリル酸メチルはアクリルガラスとも呼ばれ，アクリル樹脂の中でも透明度が高く，広く利用されている。ポリメタクリル酸メチルは，メタクリル酸メチルを（　ア　）重合させたものであり，メタクリル酸メチルはメタクリル酸（下図）をメタノールとの間でエステル化したものである。また，テレフタル酸と（　イ　）よりつくられるポリエチレンテレフタラートも透明度が高く，飲料容器の他にパネル等にも用いられている。

　　次の問ⅰ～ⅲに答えよ。

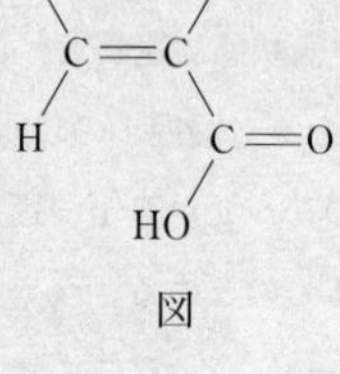

図

ⅰ．文中の空所(ア)，(イ)にあてはまるもっとも適切な語句または化合物名をしるせ。

ⅱ．メタクリル酸 258g からメタクリル酸メチルが 198 g 得られた。このメタクリル酸
メチルの質量は，用いたメタクリル酸が全て反応した場合に得られる質量の何％に相
当するか，その値を有効数字 3 桁でしるせ。

ⅲ．ポリメタクリル酸メチルおよびポリエチレンテレフタラートの繰り返し単位の構造
式をそれぞれしるせ。ただし，構造式は例にならってしるせ。

(例)

2．テレフタル酸をメタノールとの間でエステル化したテレフタル酸ジメチルは，揮発性
があり，蒸留により精製が可能であるため，テレフタル酸の誘導体としての高純度化や，
ポリエチレンテレフタラートの生産にも用いられる。また，安息香酸も常温で固体であ
るが，それをメタノールとの間でエステル化した物質は常温で液体であり，蒸留により
精製が可能である。
　安息香酸を過剰量のメタノールと濃硫酸存在下で反応させ，反応混合物を得た。これ
に適量の水とエーテルを加え，分液ろうとに入れてよく振って静置した後，水層だけを
流し出した。分液ろうと中に残ったエーテル層Aには，目的の安息香酸メチルおよび未
反応の安息香酸のみが含まれていた。エーテル層Aから安息香酸メチルおよび安息香酸
を得る実験操作の概要について，150 字以内でしるせ。ただし，必要な試薬があれば明
記すること。ガラス器具等の名称はしるさなくてよい。

◀数　学　科▶

(75 分)

Ⅰ. ◀化・生命理学科▶の Ⅰ に同じ。

Ⅱ. ◀化・生命理学科▶の Ⅱ に同じ。

Ⅲ. ◀化・生命理学科▶の Ⅲ に同じ。

Ⅳ. 1. ◀化・生命理学科▶の Ⅳ. 1 に同じ。

2. テレフタル酸をメタノールとの間でエステル化したテレフタル酸ジメチルは，揮発性
があり，蒸留により精製が可能であるため，テレフタル酸の誘導体としての高純度化や，
ポリエチレンテレフタラートの生産にも用いられる。また，安息香酸も常温で固体であ
るが，それをメタノールとの間でエステル化した物質は常温で液体であり，蒸留により
精製が可能である。
　安息香酸を過剰量のメタノールと濃硫酸存在下で反応させ，反応混合物を得た。これ
に適量の水とエーテルを加え，分液ろうとに入れてよく振って静置した後，水層だけを
流し出した。分液ろうと中に残ったエーテル層 A には，目的の安息香酸メチルおよび未
反応の安息香酸のみが含まれていた。エーテル層 A に適量の炭酸水素ナトリウム水溶液
を加え，よく振って静置した後，エーテル層 B と水層 C に分離した。エーテル層 B お
よび水層 C から純粋な安息香酸メチルおよび安息香酸を得る実験操作の概要について，
それぞれ 100 字以内でしるせ。ただし，必要な試薬があれば明記すること。ガラス器具
等の名称はしるさなくてよい。

■■■ 生物 ■■■

（75 分）

Ⅰ．下記の設問 1 〜 10 に答えよ。解答は解答用紙の所定欄にしるせ。

1．*Homo sapiens* のような生物種名の表記法において，前半と後半それぞれの名称をしるせ。

2．タンパク質のペプチド結合に含まれる元素を，次の a 〜 f からすべて選び，その記号をしるせ。

    a．硫黄 b．酸素 c．水素
    d．炭素 e．窒素 f．リン

3．遺伝子組換え実験で使われるタンパク質で，$\frac{\text{AAGCTT}}{\text{TTCGAA}}$ の様な回文配列となる特定の塩基配列を認識して切断するものを一般的に何と呼ぶか，その名称をしるせ。

4．タンパク質の立体構造は，おもにポリペプチドがらせん状の構造をした領域とポリペプチドがジグザグ状の領域，安定な構造を形成しない領域などからなる。このうち，ポリペプチドがジグザグ状の領域を何と呼ぶか，その名称をしるせ。

5．人工の遺伝子を用いて，細胞内で短いペプチド鎖を合成させる実験を行う。この遺伝子には 10 個の連続したコドンが含まれ，その先頭と最後にはそれぞれ開始コドンと終止コドンが含まれる。途中の塩基配列はランダムであるが，終止コドンは含まれない。このとき，アミノ酸配列は理論上何通り考えられるか，指数を用いてしるせ。

6．生物に共通する性質のうち，一般的にウイルスが欠いている性質を次の a 〜 e からすべて選び，その記号をしるせ。

    a．遺伝物質を持つ
    b．自身で翻訳する能力を持つ

c．細胞質基質を持つ

d．単独で自己複製できる能力を持つ

e．タンパク質を含む

7．以下の細胞内の構造のうち膜で覆われていないものとして適当なものを，次のa〜e
から1つ選び，その記号をマークせよ。

a．液胞

b．核

c．核小体

d．ゴルジ体

e．リソソーム

8．次の文の空所(イ)・(ロ)それぞれにあてはまるもっとも適当な物質名をしるせ。
　　筋収縮の直接のエネルギー源はATPである。一般に，ヒトの筋肉には，2〜3回収
縮できる量のATPしか含まれていない。連続した筋肉運動を行うことができるのは，
筋肉の細胞にATPを速やかに再生する仕組みがあるからである。筋肉には高エネルギ
ーリン酸結合をもつ　（　イ　）が多量に含まれており，ATPが必要になると，直ちに
（　イ　）とADPから　（　ロ　）とATPが生じる。

9．ふ化直後のひなを親鳥から離したとき，親鳥と同じくらいの大きさで動くものがあれ
ば，それが何であれ，親鳥とみなし後を追うようになる。このひなに本来の親鳥を示し
ても，無関心で，特別な反応を起こさない。このように生後のごく短い期間に特定の対
象が学習され，生涯にわたって記憶されることを何と呼ぶか，その語句をしるせ。

10．植物の形成層の説明としてもっとも適当なものを，次のa〜eから1つ選び，その
記号をマークせよ。

a．茎で木部と師部を作り出す層である。

b．穀類の種子において貯蔵デンプンを分解する酵素を作る層である。

c．森林の層状構造をもった植生を作り出す領域である。

d．根の根冠を作り出す層である。

e．老化した葉を切り離す層である。

Ⅱ. 次の文を読み，下記の設問1〜5に答えよ。解答は解答用紙の所定欄にしるせ。

　　原核細胞でも真核細胞でも，複製，転写や翻訳の基本的な仕組みは共通している。DNAは（　イ　）が鋳型鎖に相補的なヌクレオチドを次々と付加していくことにより合成される。DNA合成には方向性がある。DNA複製の際に，DNAの二重らせんが開かれる方向と同じ方向に合成される鎖は（　ロ　）と呼ばれ，連続的に合成される。一方，DNAの二重らせんが開かれる方向と反対方向に合成される鎖は（　ハ　）と呼ばれる。（　ハ　）の合成は，（　ニ　）と呼ばれる短い断片が不連続に合成された後，（　ホ　）という酵素によってつながれることで起こる。

　　転写では，DNAの塩基配列が，（　ヘ　）という酵素によってmRNAの塩基配列に写し取られる。原核細胞では，転写は（　ヘ　）が（　ト　）と呼ばれるDNAの特定の塩基配列に結合することによって開始される。真核細胞のDNAはヒストンなどのタンパク質と結合し，（　チ　）を形成している。（　チ　）のつながりは折りたたまれ，（　リ　）とよばれる構造を形成する。このような構造が凝集した領域では転写は起こらず，転写を開始するためにはこの凝集した構造をほどく必要がある。また，真核細胞の転写の開始時には，（　ヌ　）と呼ばれるタンパク質が，（　ヘ　）と（　ト　）の結合を助けることが多い。（　ヘ　）が転写の終了を意味する塩基配列まで来ると，DNAから離れて転写が終了する。このようにして合成されたmRNAの塩基配列をもとにタンパク質がつくられる。クリックは，遺伝情報は，DNA → RNA →タンパク質のように一方向に流れるという原則
1)
を提唱した。原核細胞は核をもたないので，転写と翻訳がほぼ同じ場所で行われることに
2)
なる。一方，真核細胞では，核内で転写が起こる。転写されたmRNAのコドンが指定す
3)
るアミノ酸を翻訳の場へ運ぶのがtRNAである。tRNA分子内にはアンチコドンと呼ばれる3つのヌクレオチドの部分があり，アンチコドンがmRNAのコドンと結合する。このようにして運ばれてきたアミノ酸が次々に繋がれて，ポリペプチド鎖ができる。こうしてできたポリペプチド鎖の中には，（　ル　）と呼ばれるタンパク質の助けを借りて，正しい立体構造を形成するものがある。

1. 文中の空所(イ)〜(ル)それぞれにあてはまるもっとも適当な語句をしるせ。

2. DNA複製の仕組みから考えて，真核細胞の体細胞では複製が正しく行われたとしても，複製のたびにDNA鎖の長さが短くなる。その理由を1行でしるせ。

3．文中の下線部1）の原則は何と呼ばれるか，その語句をしるせ。

4．下記の図1と図2は大腸菌の環状DNAの一部を拡大し，文中の下線部2）の状態を模式的に示している。ある薬剤の大腸菌への効果を調べるために，薬剤で大腸菌を処理した後，一定時間後の大腸菌の環状DNAの一部を調べた。図1は比較のために薬剤処理を行わなかった試料，図2は薬剤で処理した試料である。図1と図2のサンプルは，実験を開始し，同じ時間が経過した後に観察した。この薬剤がもつ効果としてもっとも適当なものを，次のa～dから1つ選び，その記号をマークせよ。ただし，この薬剤は次の選択肢に示すいずれかの反応のみを阻害するものとする。

a．複製開始を阻害する

b．転写開始を阻害する

c．翻訳開始を阻害する

d．細胞分裂開始を阻害する

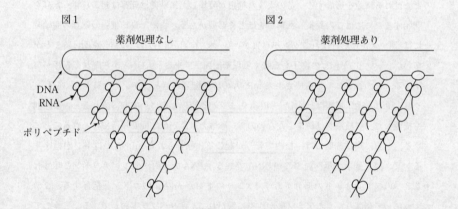

図1 薬剤処理なし　　図2 薬剤処理あり

DNA
RNA
ポリペプチド

5．下線部3）で合成されたRNAについて，細胞内での分布の変化を調べるために，以下の実験を行った。

【実験】 放射性同位体で標識したRNA合成の材料となるヌクレオシドをある真核細胞に12分間取り込ませ，その後，標識していないヌクレオシドを88分間取り込ませた。

下記の図3のAからEは，実験開始直前（0分），実験開始後6分，12分，25分，

100 分のいずれかの時点での細胞の写真と放射線を検出した画像を重ねた模式図である。模式図 A から E を，0 分，6 分，12 分，25 分，100 分の順に並べ替えたとき，もっとも適当な順番を答えよ。

ただし，ヌクレオシドとは，ヌクレオチドを構成する塩基と糖が結合したものである。また，この実験では，検出された放射線と標識された RNA の分布は一致するものとする。

図 3

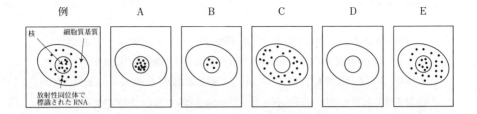

Ⅲ．次の文を読み，下記の設問 1 ～ 6 に答えよ。解答は解答用紙の所定欄にしるせ。

ヘモグロビンは，肺またはえらで酸素を取り込み，血液によって各組織に運ばれ，そこで酸素を解離することで，各組織に酸素を運ぶ役割を果たしている。図 1 は酸素解離曲線と呼ばれ，その縦軸は，全ヘモグロビンのうち酸素が結合したものの割合を示し，横軸は酸素分圧（酸素の濃度）を示している。

図 1．酸素解離曲線

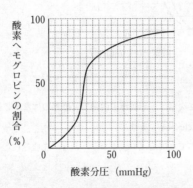

1．ヘモグロビン 1 分子は 4 つのポリペプチドが集合して形成され，4 つの酸素結合部分をもつ。酸素分圧と酸素が結合したヘモグロビンの割合を示すグラフが直線ではなく，図 1 のように S 字形になるのは，アロステリック酵素などでみられるアロステリック効果による。アロステリック効果について，ヘモグロビンと酸素を用いて 2 行以内で説明せよ。

2．肺と組織では，酸素分圧が異なる。肺における酸素分圧を 100 mmHg，組織における酸素分圧を 30 mmHg とする。図 1 を参考に，肺でヘモグロビンに結合していた酸素の何％が組織に供給されるかを求めよ。解答用紙の所定欄に 3 桁目を四捨五入し有効数字 2 桁でしるせ。

3．酸素解離曲線は，二酸化炭素分圧，pH，温度などの様々な要因によって変化する。図 2 は，二酸化炭素分圧が 20 mmHg と 50 mmHg における酸素解離曲線を示したものである。肺における酸素分圧を 100 mmHg，二酸化炭素分圧を 20 mmHg，組織における酸素分圧を 30 mmHg，二酸化炭素分圧 50 mmHg とした場合，肺でヘモグロビンに結合していた酸素の何％が組織に供給されるかを計算し，3 桁目を四捨五入し有効数字 2 桁でしるせ。

図 2．異なる二酸化炭素分圧における酸素解離曲線

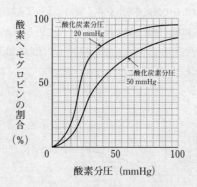

4．次の問 i・ii に答えよ。

ⅰ．組織で発生した二酸化炭素は，赤血球の内部で，酵素のはたらきにより，水に溶けやすくなる。その化学反応式をしるせ。

ⅱ．二酸化炭素が赤血球内で水に溶けやすくなったとき，赤血球内の pH はどうなるか。

次の①〜③からもっとも適当なものを 1 つ選び，その記号をマークせよ。

① 　pH は上昇する。

② 　pH は下降する。

③ 　pH は変化しない。

5. 下記の図 3 は様々な pH における酸素解離曲線を示したものである。肺における酸素分圧を 100 mmHg，組織における酸素分圧を 30 mmHg とした場合，肺でヘモグロビンに結合していた酸素のうち 55 ％が組織に供給された。肺での pH を 7.64 とするとき，組織での pH としてもっとも適当なものを，次の①〜⑤から 1 つ選び，その記号をマークせよ。ただし，pH 以外の条件はすべて同じであるとする。

① 　8.04　　　　　　② 　7.84　　　　　　③ 　7.64

④ 　7.44　　　　　　⑤ 　7.24

図 3．様々な pH における酸素解離曲線

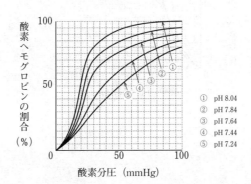

6. ヒトの胎児は，胎盤において，母体の血液から酸素を受け取っている。胎盤で効率的に酸素を受け取るために，胎児は母体とは異なる種類のヘモグロビンをもっている。図 4 は胎児と母体のヘモグロビンの酸素解離曲線を示す。母体ヘモグロビンから胎児ヘモグロビンへ酸素が移動する理由と図 4 中の A または B のいずれが胎児ヘモグロビンの曲線であるかについて，正しい記述を以下の①〜④から 1 つ選び，その記号をマークせよ。

① 　母体ヘモグロビンのほうが同じ酸素分圧のとき酸素と結合しているヘモグロビン

の割合が高いので母体から胎児に酸素が移動する。したがって，胎児ヘモグロビンの曲線はBになる。

② 胎児ヘモグロビンのほうが同じ酸素分圧のとき酸素と結合しているヘモグロビンの割合が高いので母体から胎児に酸素が移動する。したがって，胎児ヘモグロビンの曲線はBになる。

③ 胎児ヘモグロビンのほうが酸素結合能力が高いので母体から胎児に酸素が移動する。したがって，胎児ヘモグロビンの曲線はAになる。

④ 母体ヘモグロビンのほうが酸素結合能力が高いので母体から胎児に酸素が移動する。したがって，胎児ヘモグロビンの曲線はAになる。

図4．胎児と母体のヘモグロビンの酸素解離曲線

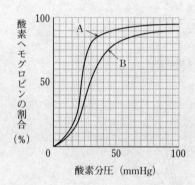

IV. 次の文を読み，下記の設問 1 ～ 7 に答えよ。解答は解答用紙の所定欄にしるせ。

　　有性生殖に関与する配偶子は減数分裂を経て形成される。被子植物では，花粉は雌しべ
の（　イ　）に付着すると発芽して花粉管を伸ばす。花粉管は雌しべの内部を伸長し，
（　ロ　）へと近づく。さらに（　ロ　）の内部には 7 細胞からなる（　ハ　）が存在し，
そのうちの 1 つの細胞である卵と受精する。シロイヌナズナでは花粉管の伸長方向は
（　ハ　）に 2 個存在する（　ニ　）から分泌される誘因物質によって制御されている。
　　2020 年のノーベル化学賞の授賞対象となったゲノム編集技術である CRISPR/Cas9 法を
用いると，染色体 DNA の特定の位置に塩基配列の挿入や欠失といった突然変異を導入す
ることができる。この方法をシロイヌナズナに用いる場合，Cas9 というタンパク質など
を指定するいくつかの遺伝子を細胞内で働かせる必要がある。シロイヌナズナでは植物に
感染する細菌の一種を用いて卵細胞に人工的に遺伝子を導入する方法を用いることができ
る。これらの方法を組み合わせると，図 1 に示すように，受精卵に含まれる相同染色体上
の特定の遺伝子（例えば，遺伝子 A の特定の位置）に突然変異を導入することができる。
ただし両方の相同染色体に突然変異が導入されたとしても，それらが全く同じ塩基配列に
変化するとは限らないし，片方の相同染色体の DNA にしか突然変異が導入されないこと
もある。なお，突然変異の導入は受精卵の段階でしか起きないものとする。

図 1　CRISPR/Cas9 法による遺伝子編集の模式図

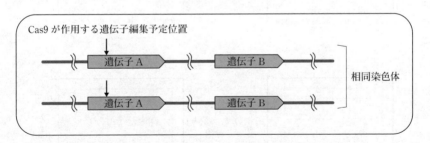

　　　　　A 遺伝子の一部の塩基配列
---CACGTGTCGCCAGACCAGCACGAGGTG---　突然変異が導入されなかった相同染色体
---CACGTGTCGCCTAGACCAGCACGAGGTG--　突然変異が導入された相同染色体
　　下線を引いた T が挿入された

1.　上記の空所（イ）～（ニ）それぞれにあてはまるもっとも適当な語句をしるせ。

2．下線部 1）の真核生物の有性生殖の説明として適当なものを，次の a ～ d からすべて
　選び，その記号をしるせ。

　　a．多細胞生物でしか起きない現象である。

　　b．必ず 2 個体を必要とする現象である。

　　c．有性生殖に関与する 2 つの配偶子の間には明確な形の違いがない場合もある。

　　d．接合は 2 つの配偶子が合体する現象である。

3．下線部 2）の減数分裂はヌマムラサキツユクサで容易に観察される。その花粉母細胞
　から花粉四分子が形成される際の，細胞 1 個あたりの DNA 量と観察される核の数の変
　化を示すグラフとしてもっとも適当なものを，次の a ～ f から 1 つ選び，その記号をマ
　ークせよ。なお，グラフの細胞あたりの DNA 量とは核ゲノムの DNA 量を意味し，細
　胞周期の G1 期に存在する体細胞が持つ核内の DNA 量を 1 とした相対値で表されてい
　る。

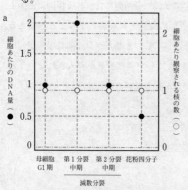

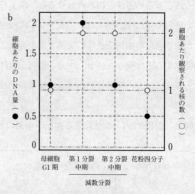

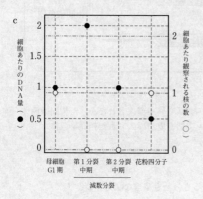

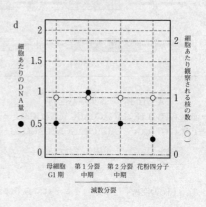

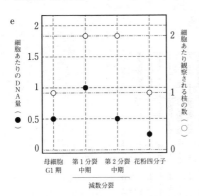

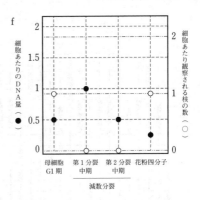

4．下線部 3）の花粉管が卵細胞に到達するまでの間に， 1 本の花粉管内部には最大で何個の核が含まれるか，その数をしるせ。

5．下線部 4）の受精はもう 1 組の細胞の間でも同時に起きる。その結果生じる細胞の核に含まれる DNA の量は受精前の卵細胞の核に含まれる DNA 量の何倍になるか答えよ。

6．下線部 5）の植物に感染する細菌の一種の名称をしるせ。

7．図 1 の遺伝子 B に対して，CRISPR/Cas9 法による突然変異の導入を試み，植物体 a と植物体 b を得た。突然変異が生じたかどうかを明らかにするため，植物体 a と植物体 b から DNA を抽出し，突然変異が生じると期待される領域の塩基配列をサンガー法で決定した。また，野生型の植物体を用いて同じ領域の塩基配列を決定した。図 2 はそれらの結果を模式的に示したものである。図中の棒の高さは，その位置で検出された塩基の割合を示しており，その棒が現れた塩基を左から右に読み取っていくと，5′ → 3′ 方向の塩基配列がわかる。棒の高さが 0.5 の場合は，その位置の塩基が 2 種類読み取れたことを意味する。

　　植物体 a と植物体 b について，それぞれの結果を読み取り，突然変異の種類（挿入，欠失，塩基置換のいずれか）と変化した塩基数を解答用紙の所定欄にしるせ。なお，相同染色体の両方に突然変異が生じた場合，それぞれの染色体について答えよ。そのときの解答の染色体の順序は問わない。相同染色体の片方にしか突然変異が生じなかった場合，突然変異が生じた染色体については上記のとおりに解答し，生じなかった方については解答用紙の 2 本目の変異の種類の欄に「変異なし」としるせ。

図2　サンガー法によって得られた結果の模式図

野生型

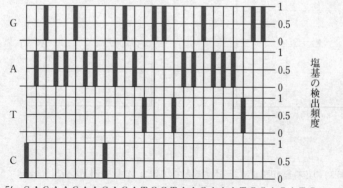

5′-CAGAAGAACAGATGGTAAGAAATGGAGATG……-3′

植物体 a

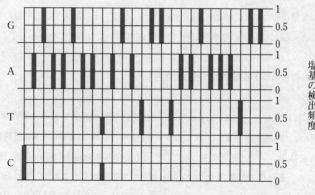

植物体 b

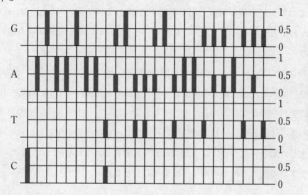

解答編

■ 数学 ■

◀数　学　科▶

I 　**解答**　(i)ア．$\dfrac{1}{4}<x<8$　(ii)イ．$\dfrac{\pi}{12}$, $\dfrac{5}{12}\pi$　(iii)ウ．7

(iv)エ．58　オ．75　(v)カ．$\dfrac{8\sqrt{3}}{9}$

━━━━━━━◀解　説▶━━━━━━━

≪小問 5 問≫

(i)　$(\log_2 x)^2-\log_2 x-6<0$　　$(\log_2 x+2)(\log_2 x-3)<0$

したがって

$$-2<\log_2 x<3$$

$$\log_2 2^{-2}<\log_2 x<\log_2 2^3$$

底 2 は 1 より大きいから　　$2^{-2}<x<2^3$

すなわち　　$\dfrac{1}{4}<x<8$　（→ア）

(ii)　$\dfrac{\sin^2 x+\cos^2 x}{\sin x\cos x}=4$

$\sin^2 x+\cos^2 x=1$，また，2 倍角の公式より $\sin x\cos x=\dfrac{1}{2}\sin 2x$ だから

$$\sin 2x=\dfrac{1}{2}$$

$0<x<\dfrac{\pi}{2}$ より $0<2x<\pi$ だから

$$2x=\dfrac{\pi}{6}, \dfrac{5}{6}\pi \quad \therefore \quad x=\dfrac{\pi}{12}, \dfrac{5}{12}\pi \quad （→イ）$$

(ⅲ) 展開式の一般項は

$$\frac{3!}{p!q!r!}(x^2)^p(xy)^q(y^2)^r=\frac{3!}{p!q!r!}x^{2p+q}y^{q+2r}$$

（p, q, r は 0 以上の整数で，$p+q+r=3$）

$q=3-p-r$ より

$$x^{2p+q}y^{q+2r}=x^{2p+(3-p-r)}y^{(3-p-r)+2r}=x^{3+(p-r)}y^{3-(p-r)}$$

したがって，$p-r$ の異なる値の個数だけ同類項の種類がある。

$0\leqq p\leqq3$, $0\leqq r\leqq3$ であるから，$p-r$ の取りうる値は

$$p-r=-3,\ -2,\ -1,\ 0,\ 1,\ 2,\ 3$$

であり，7 個存在する。

よって，求める同類項は   7 種類 （→ウ）

参考 与えられた式は 3 乗なので，項を具体的に書き出すのもよい。

 $(a+b+c)^3$ の展開項の種類は a, b, c を計 3 個かけて得られるので，a, b, c から重複を許して 3 個を取る重複組合せで 10 種類である。

$(x^2)^3=x^6$, $(x^2)^2\cdot xy=x^5y$, …のように書き出していくと，10 個書き出した中で

$$x^2\cdot(xy)^2=x^4y^2 \quad と \quad (x^2)^2\cdot y^2=x^4y^2 \quad が同類項$$
$$x^2\cdot xy\cdot y^2=x^3y^3 \quad と \quad (xy)^3=x^3y^3 \quad が同類項$$
$$x^2\cdot(y^2)^2=x^2y^4 \quad と \quad (xy)^2\cdot y^2=x^2y^4 \quad が同類項$$

残りは $(x^2)^3=x^6$, $(x^2)^2\cdot xy=x^5y$, $xy\cdot(y^2)^2=xy^5$, $(y^2)^3=y^6$

であることがわかるので，同類項の種類は

$$10-3=7 種類$$

(ⅳ) 10 個の数値からなるデータを小さいものから順に並べたとき，中央値と第 3 四分位数は右図のようになる。

第 3 四分位数は 10 個の値の中の 1 個になるが，a, b 以外の 8 個の中に 75 はないから，a, b のどちらかが 75 である。第 3 四分位数 75 は大きいほうから 3 番目であり，75 より大きいものがすでに 85, 91 の 2 個あることと $a<b$ により

$$b=75 \quad （→オ）$$

このとき，$a(<75)$ が上位 5 個の中にあるとすると，下位 5 個の最大値が 62 になるから，上位 5 個の最小値との平均が 60 にならず不合理である。

ゆえに，a は下位 5 個の中にある。このとき，上位 5 個の最小値が 62 に
なるから，下位 5 個の最大値を x とすると

$$\frac{x+62}{2}=60 \qquad x=58$$

これは 26，29，34，47 のいずれとも異なるから

$$a=58 \quad （\to \mathrm{エ}）$$

(v)　与えられた等式の左辺は

$$\int_1^2 \frac{\log(x+1)}{x^2}\,dx = \int_1^2 \left(-\frac{1}{x}\right)' \log(x+1)\,dx$$

$$= \left[-\frac{1}{x}\log(x+1)\right]_1^2 + \int_1^2 \frac{1}{x}\cdot\frac{1}{x+1}\,dx$$

$$= -\frac{1}{2}\log 3 + \log 2 + \int_1^2 \left(\frac{1}{x}-\frac{1}{x+1}\right)dx$$

$$\left(\frac{1}{x}\cdot\frac{1}{x+1} \text{ を部分分数に分けた}\right)$$

$$= -\frac{1}{2}\log 3 + \log 2 + \left[\log x - \log(x+1)\right]_1^2$$

$$= -\frac{1}{2}\log 3 + \log 2 + (\log 2 - \log 3 + \log 2)$$

$$= 3\log 2 - \frac{3}{2}\log 3$$

$$= \log 2^3 - \log 3^{\frac{3}{2}}$$

$$= \log \frac{8}{3\sqrt{3}}$$

となるから　　$c = \dfrac{8}{3\sqrt{3}} = \dfrac{8\sqrt{3}}{9} \quad （\to \mathrm{カ}）$

Ⅱ　解答　(i)　$P_1\left(\dfrac{1}{2},\ \dfrac{\sqrt{3}}{2}\right)$, $P_2\left(\dfrac{3}{4},\ \dfrac{\sqrt{3}}{4}\right)$

(ii)　　$\cos\dfrac{(-1)^n\pi}{3} = \cos\left(-\dfrac{(-1)^{n-1}\pi}{3}\right) = \cos\dfrac{(-1)^{n-1}\pi}{3}$

より，$\left\{\cos\dfrac{(-1)^n\pi}{3}\right\}$ は初項 $\cos\left(-\dfrac{\pi}{3}\right)=\dfrac{1}{2}$，公比 1 の等比数列だから

$$\cos\frac{(-1)^n\pi}{3}=\frac{1}{2}$$

また

$$\sin\frac{(-1)^n\pi}{3}=\sin\left(-\frac{(-1)^{n-1}\pi}{3}\right)=-\sin\frac{(-1)^{n-1}\pi}{3}$$

より，$\left\{\sin\dfrac{(-1)^n\pi}{3}\right\}$ は初項 $\sin\left(-\dfrac{\pi}{3}\right)=-\dfrac{\sqrt{3}}{2}$，公比 -1 の等比数列だから

$$\sin\frac{(-1)^n\pi}{3}=-\frac{\sqrt{3}}{2}\cdot(-1)^{n-1}=\frac{\sqrt{3}}{2}\cdot(-1)^n$$

したがって

$$\overrightarrow{P_nP_{n+1}}=\left(\frac{1}{2^n}\cos\frac{(-1)^n\pi}{3},\ \frac{1}{2^n}\sin\frac{(-1)^n\pi}{3}\right)=\left(\frac{1}{2^{n+1}},\ \frac{\sqrt{3}}{2}\left(-\frac{1}{2}\right)^n\right)$$

となるから，$n\geqq1$ のとき，$\overrightarrow{P_0P_n}=(x_n,\ y_n)$ について考えると

$$\overrightarrow{P_0P_n}=\overrightarrow{P_0P_1}+\overrightarrow{P_1P_2}+\cdots+\overrightarrow{P_{n-1}P_n}$$

であるから

$$(x_n,\ y_n)=\left(\frac{1}{2},\ \frac{\sqrt{3}}{2}\right)+\left(\frac{1}{2^2},\ \frac{\sqrt{3}}{2}\left(-\frac{1}{2}\right)\right)+\cdots+\left(\frac{1}{2^n},\ \frac{\sqrt{3}}{2}\left(-\frac{1}{2}\right)^{n-1}\right)$$

すなわち，$n\geqq1$ のとき

$$x_n=\frac{1}{2}+\left(\frac{1}{2}\right)^2+\cdots+\left(\frac{1}{2}\right)^n$$

$$=\frac{\dfrac{1}{2}\left\{1-\left(\dfrac{1}{2}\right)^n\right\}}{1-\dfrac{1}{2}}$$

$$=1-\left(\frac{1}{2}\right)^n$$

また

$$y_n=\frac{\sqrt{3}}{2}\left\{1+\left(-\frac{1}{2}\right)+\cdots+\left(-\frac{1}{2}\right)^{n-1}\right\}$$

$$=\frac{\sqrt{3}}{2}\cdot\frac{1-\left(-\dfrac{1}{2}\right)^n}{1-\left(-\dfrac{1}{2}\right)}$$

$$= \frac{\sqrt{3}}{3}\left\{1-\left(-\frac{1}{2}\right)^n\right\}$$

これらは $n=0$ のときも成り立つから

$$x_n = 1-\left(\frac{1}{2}\right)^n, \quad y_n = \frac{\sqrt{3}}{3}\left\{1-\left(-\frac{1}{2}\right)^n\right\} \quad \cdots\cdots(答)$$

(iii)　$\displaystyle\lim_{n\to\infty} x_n = 1, \quad \lim_{n\to\infty} y_n = \frac{\sqrt{3}}{3}$

(iv)　$\overrightarrow{\mathrm{P}_{2n-1}\mathrm{P}_{2n+1}} = \overrightarrow{\mathrm{P}_{2n-1}\mathrm{P}_{2n}} + \overrightarrow{\mathrm{P}_{2n}\mathrm{P}_{2n+1}}$

$$= \left(\left(\frac{1}{2}\right)^{2n},\ \frac{\sqrt{3}}{2}\left(-\frac{1}{2}\right)^{2n-1}\right) + \left(\left(\frac{1}{2}\right)^{2n+1},\ \frac{\sqrt{3}}{2}\left(-\frac{1}{2}\right)^{2n}\right)$$

$$= \left(\frac{3}{2^{2n+1}},\ -\frac{\sqrt{3}}{2^{2n+1}}\right) \quad (\because\ (-1)^{2n-1}=-1,\ (-1)^{2n}=1)$$

となるから

$$l_n = |\overrightarrow{\mathrm{P}_{2n-1}\mathrm{P}_{2n+1}}| = \frac{1}{2^{2n+1}}|(3,\ -\sqrt{3})| = \frac{\sqrt{3}}{2^{2n}} \quad \cdots\cdots(答)$$

(v)　(iv)より $l_n = \sqrt{3}\left(\frac{1}{4}\right)^n$ で，$\displaystyle\sum_{n=1}^{\infty} l_n = \sum_{n=1}^{\infty}\sqrt{3}\left(\frac{1}{4}\right)^n$ である。

$\left|\dfrac{1}{4}\right| < 1$ より，この無限等比級数は収束し，その和 S は

$$S = \frac{\dfrac{\sqrt{3}}{4}}{1-\dfrac{1}{4}} = \frac{\sqrt{3}}{3} \quad \cdots\cdots(答)$$

━━━━━　◀解　説▶　━━━━━

≪座標平面上の点 {Pₙ}，等比数列の和，極限，ベクトルの大きさ，無限等比級数の和≫

(i)　$\overrightarrow{\mathrm{P}_0\mathrm{P}_1} = \left(\cos\frac{\pi}{3},\ \sin\frac{\pi}{3}\right) = \left(\frac{1}{2},\ \frac{\sqrt{3}}{2}\right)$, $\mathrm{P}_0=(0,\ 0)$ であるから

$$\mathrm{P}_1\left(\frac{1}{2},\ \frac{\sqrt{3}}{2}\right)$$

また，$\overrightarrow{\mathrm{P}_1\mathrm{P}_2} = \left(\frac{1}{2}\cos\left(-\frac{\pi}{3}\right),\ \frac{1}{2}\sin\left(-\frac{\pi}{3}\right)\right) = \left(\frac{1}{4},\ -\frac{\sqrt{3}}{4}\right)$ より

$$\overrightarrow{\mathrm{P}_0\mathrm{P}_2} = \overrightarrow{\mathrm{P}_0\mathrm{P}_1} + \overrightarrow{\mathrm{P}_1\mathrm{P}_2} = \left(\frac{3}{4},\ \frac{\sqrt{3}}{4}\right)$$

よって　$P_2\left(\dfrac{3}{4},\ \dfrac{\sqrt{3}}{4}\right)$

(ii)　$\overrightarrow{P_0P_n}=(x_n,\ y_n)$ が計算しやすくなるように，あらかじめ $\cos\dfrac{(-1)^n\pi}{3}$，$\sin\dfrac{(-1)^n\pi}{3}$ を変形した。用いたのは三角関数の公式 $\cos(-\theta)=\cos\theta$，$\sin(-\theta)=-\sin\theta$ である。

また，$\overrightarrow{P_0P_n}$ を計算するには $\overrightarrow{P_{n-1}P_n}$ が必要で，このとき，$n-1\geqq0$ より $n\geqq1$ の条件が付くことに注意したい。それにともない，最後に「$n=0$ のときも成り立つかどうか」を確認しなければならない。

III　解答　(i)　$R(1-s+s\cos t,\ 1-3s+s\sin t,\ 1-s)$

(ii)　点 A と点 P は xz 平面に関して反対側にあるから，直線 l と xz 平面との交点は線分 AP の内分点であり，(i) の形で表せる。

xz 平面上は y 座標が 0 だから

$$1-3s+s\sin t=0$$
$$(3-\sin t)s=1$$

$3-\sin t>0$ より　$s=\dfrac{1}{3-\sin t}$

よって，求める z 座標 $f(t)$ は

$$f(t)=1-\dfrac{1}{3-\sin t}=\dfrac{2-\sin t}{3-\sin t}\quad\cdots\cdots(答)$$

(iii)　$g(t)=\dfrac{2+\sin t}{3+\sin t}$

(iv)　(ii)，(iii) より

$$h(t)=1-\dfrac{1}{3-\sin t}-\left\{1-\dfrac{1}{3-(-\sin t)}\right\}=\dfrac{1}{3+\sin t}-\dfrac{1}{3-\sin t}$$

$$\therefore\ h'(t)=-\dfrac{(3+\sin t)^1}{(3+\sin t)^2}+\dfrac{(3-\sin t)^1}{(3-\sin t)^2}$$

$$=-\dfrac{\cos t}{(3+\sin t)^2}-\dfrac{\cos t}{(3-\sin t)^2}$$

$$=-\dfrac{2\cos t(\sin^2 t+9)}{(3+\sin t)^2(3-\sin t)^2}\quad\cdots\cdots(答)$$

(v)　$(3+\sin t)^2>0$,　$(3-\sin t)^2>0$,　$\sin^2 t+9>0$ より,　$0\leqq t\leqq\pi$ における $h(t)$ の増減表は右のようになる。

増減表より,　$0\leqq t\leqq\pi$ において $h(t)$ は $t=\dfrac{\pi}{2}$ で極小かつ最小となり,　求める最小値は

$$h\left(\dfrac{\pi}{2}\right)=-\dfrac{1}{4}\quad\cdots\cdots(\text{答})$$

t	0	$\cdots$	$\dfrac{\pi}{2}$	$\cdots$	π
$h'(t)$		$-$	0	$+$	
$h(t)$	0	$\searrow$	極小 $-\dfrac{1}{4}$	$\nearrow$	0

━━━━◀解　説▶━━━━

≪空間内の線分の内分点，線分と xz 平面との交点，導関数と増減，最小値≫

(i)　$\overrightarrow{\mathrm{OR}}=(1-s)\overrightarrow{\mathrm{OA}}+s\overrightarrow{\mathrm{OP}}$

　　　　$=(1-s)(1,\ 1,\ 1)$
　　　　　　$+s(\cos t,\ -2+\sin t,\ 0)$
　　　　$=(1-s+s\cos t,$
　　　　　　$1-3s+s\sin t,\ 1-s)$

　∴　$\mathrm{R}(1-s+s\cos t,\ 1-3s+s\sin t,\ 1-s)$

(ii)　l と xz 平面との交点が線分 AP の内分点になるから，(i)の結果をそのまま利用できる。そのために，まず2点A，P が xz 平面に関して反対側にあることを述べておく。なお，$s=\dfrac{1}{3-\sin t}$ を出す直前の「$3-\sin t>0$ より」は，$-1\leqq\sin t\leqq 1$ により $3-\sin t$ が 0 にならないことの確認である。

(iii)　点Aと点Qも xz 平面に関して反対側にあるから，(ii)と同様に考えればよい。点Pと点Qの相異は y 座標の中の $+\sin t$ と $-\sin t$ のみだから，(ii)の結果において $\sin t\to-\sin t$ と置き換えることにより

$$g(t)=\dfrac{2-(-\sin t)}{3-(-\sin t)}=\dfrac{2+\sin t}{3+\sin t}$$

となる。点Pと点Qの相異点だけを変更することにより，計算を省略できる。

IV 解答 (i) $a = -2t$, $b = -t^2-2$, $c = t^2$

(ii) C が点 $(d, 1)$ を通るとき，(i)より

$$d^2 + 1 - 2td - (t^2+2) + t^2 = 0$$

整理すると　　　$2dt = d^2 - 1$

$d \neq 0$ より　　$t = \dfrac{d^2-1}{2d}$　……(答)

(iii) C が点 $(p, 1)$ を通るための条件は，(ii)において $d \to p$ と置き換えることにより

$$2pt = p^2 - 1 \quad \cdots\cdots ①$$

・$p \neq 0$ のとき，①より $t = \dfrac{p^2-1}{2p}$ となるから，t は存在する。

・$p = 0$ のとき，(①の左辺)$= 0$，(①の右辺)$= -1$ となるから，t は存在しない。

よって，t が存在するための p についての必要十分条件は

$$p \neq 0 \quad \cdots\cdots (答)$$

(iv) C が点 (q, r) を通るための条件は，(i)より

$$q^2 + r^2 - 2tq - (t^2+2)r + t^2 = 0$$

t について整理すると

$$(1-r)t^2 - 2qt + q^2 + r^2 - 2r = 0 \quad \cdots\cdots ②$$

・$1 - r = 0$，すなわち $r = 1$ のとき

②は $2qt = q^2 - 1$ となるから，t が存在するための条件は(iii)より $q \neq 0$。

・$1 - r \neq 0$，すなわち $r \neq 1$ のとき

②は 2 次方程式となる。その判別式を D とすると，実数 t が存在するための条件は $D \geqq 0$ である。

$$\frac{D}{4} = q^2 + (r-1)(q^2 + r^2 - 2r) \geqq 0$$

すなわち　　$rq^2 + r(r-1)(r-2) \geqq 0$

$r > 0$ より

$$q^2 + r^2 - 3r + 2 \geqq 0$$

$$q^2 + \left(r - \frac{3}{2}\right)^2 \geqq \frac{1}{4}$$

よって，t が存在するための q と r についての必要十分条件は

$$r>0 \quad かつ \quad q^2+\left(r-\frac{3}{2}\right)^2 \geqq \frac{1}{4}, \quad ただし \quad (q, \ r) \neq (0, \ 1) \quad \cdots\cdots(答)$$

◆━━━━━ ◀解　説▶ ━━━━━

≪放物線上に中心をもち x 軸に接する円，円が与えられた点を通るための必要十分条件≫

(i) 円 C の方程式は

$$(x-t)^2+\left\{y-\left(\frac{1}{2}t^2+1\right)\right\}^2=\left(\frac{1}{2}t^2+1\right)^2$$

これを展開して整理すると

$$x^2+y^2-2tx-(t^2+2)y+t^2=0$$

よって　　$a=-2t, \ b=-t^2-2, \ c=t^2$

(iii)・(iv)「必要十分条件」を問われているが，身構える必要はない。場合分けをして，題意に適する条件を導けばよい。なお，最後の答えには，問題文に書かれている条件も含めなければならない。(iv)の $r>0$ がそれで，前提だと思って書かないままでいると誤りになる。

また，(iv)では，方程式②の最高次の係数が文字式 $1-r$ となるため，これが 0 か否かで場合分けすることがポイントである。t^2 があるからといっていきなり判別式 D を持ち出してはならない。判別式は 2 次方程式にのみ付随する式だから，「$1-r \neq 0$，すなわち $r \neq 1$」を述べた後に持ち出さなければならない。

◀物理・化・生命理学科▶

I **解答** ◀数学科▶ I に同じ。

II **解答** ◀数学科▶ II に同じ。

III **解答** ◀数学科▶ III に同じ。

❖**講　評**

　数学科はⅠ〜Ⅳの4題，物理・化・生命理学科はⅠ〜Ⅲの3題である。2022年度も素直な良問ばかりで，実力が確実に反映される内容である。例年，典型的な設問で構成され計算力が重視されるが，2022年度はⅠ，Ⅱが典型的ではない小問を含むことによって重たいため，例年よりやや難化したといえる。なお，2月6日実施分との内容的な重複は，関数の増減，無限等比級数の和である。

　Ⅰ　小問5問で構成され，いずれも答えのみを書かせる形式なので，計算ミスがないよう細心の注意を払いたい。教科書でいえば(i)，(ii)は節末問題レベル，(v)は章末問題レベル，(iii)，(iv)は章末問題を超えるレベルである。(iii)の〔解説〕では，まず記述式だったらどのように解答するかを示したが，4乗や5乗ではなく3乗なので，考え込んでいる間に展開項を書き出すほうが早いかもしれない。(iv)はパズルのようで面白いが，問題集に類題が見当たらない問題で，どこから手をつけるか迷う。また(v)も，必要な複数の手法がすべて習得できていないと解き切れないだろう。

　Ⅱ　座標平面上の点 P_1, P_2, P_3, …の座標を，三角関数を用いて成分表示されたベクトルの和で考える融合問題。具体的な $\overrightarrow{P_0P_1}$, $\overrightarrow{P_0P_2}$ から一般的な $\overrightarrow{P_0P_n}$ に移るところが非常にハードルが高い。(ii)と(iv)以外は基本的な問題である。

　Ⅲ　空間内の円上を動く点 P，Q と定点 A を結んだ線分 AP，AQ に関する，ベクトルと微・積分法の融合問題。(i)の結果が(ii)，(iii)に直結するが，直結することがわかるためには，円と点 A が xz 平面に関して反対側にあるという位置関係をつかむ必要がある。もしそれに気づかず，(i)と同様の計算を繰り返したとしても，時間の大きなロスもなく $f(t)$，$g(t)$ は求められる。

　Ⅳ　放物線 $y = \dfrac{1}{2}x^2 + 1$ 上に中心をもち x 軸に接する円が通る点に関する，図形ではなく論証の問題。必要十分条件を求める問題は2020年度にも出題されている。題意が成り立つような条件を丁寧に調べてまとめるだけであり，特別なことは何もない。

　時間がかかりそうな問題はⅠの(iii)〜(v)，Ⅱの(ii)と(iv)，Ⅳの(iv)で，落ち

着いて最初から順番通りに解いていけばよいであろう。しかし，最初の
ほうに時間のかかる問題があったり，誘導に乗るまでに思わぬ時間を費
やしたりする場合もありうるので，全体を見渡してから解答を始める心
がけは常に大切である。

物理

I　解答　あ. 2　い. 2

◀解　説▶

≪点電荷のつくる電場と電位≫

あ. 点電荷 A, B が位置 $x=x_1$ につくりだす電場 E が 0 になっていればよいので

$$E=\frac{kQ}{(x_1-x_0)^2}-\frac{4kQ}{x_1{}^2}=0$$

$$0=3x_1{}^2-8x_0x_1+4x_0{}^2=(3x_1-2x_0)(x_1-2x_0)$$

$x_1>x_0$ であるので　$x_1=2x_0$

い. 点電荷 A, B が位置 $x=x_1$ につくりだす電位 V は, 無限遠を基準として

$$V=\frac{kQ}{x_1-x_0}-\frac{4kQ}{x_1}=\frac{kQ}{\frac{1}{2}x_1}-\frac{4kQ}{x_1}=-\frac{2kQ}{x_1}$$

無限遠の電位は 0 であるので, 外力のする仕事 W は

$$W=q\left\{0-\left(-\frac{2kQ}{x_1}\right)\right\}=\frac{2kqQ}{x_1}$$

II　解答　あ. $\sqrt{\dfrac{2eU}{M}}$　い. $\dfrac{h}{\sqrt{2MeU}}$　う. $\dfrac{ch}{eU}$　え. 1.2×10^{-7}

◀解　説▶

≪ド・ブロイ波長と光子のエネルギー≫

あ. 電子の速さを v とおくと, エネルギー保存則より

$$eU=\frac{1}{2}Mv^2　\therefore　v=\sqrt{\frac{2eU}{M}}$$

い. ド・ブロイ波長を λ とおくと

$$\lambda=\frac{h}{Mv}=\frac{h}{\sqrt{2MeU}}$$

う．光の波長を λ' とおくと

$$eU = h\frac{c}{\lambda'} \qquad \therefore \quad \lambda' = \frac{ch}{eU}$$

え．$\dfrac{ch}{eU} = \dfrac{3.0 \times 10^8 \times 6.6 \times 10^{-34}}{1.6 \times 10^{-19} \times 10} = 1.23 \times 10^{-7} \fallingdotseq 1.2 \times 10^{-7} \,(\text{m})$

Ⅲ **解答** あ．$\sqrt{R^2 + \left(\omega L - \dfrac{1}{\omega C}\right)^2}$　い．$\dfrac{1}{\sqrt{LC}}$　う．$\dfrac{V_0}{R}\sin \omega t$

え．$\dfrac{V_0}{\sqrt{2}\,R}$

◀解　説▶

≪交流電源と RLC 回路≫

あ．回路のインピーダンス Z は右図のように求められ
る。

い．インピーダンスが最小になるとき，回路を流れる電
流は最大になるから

$$\omega L - \frac{1}{\omega C} = 0 \qquad \therefore \quad \omega = \frac{1}{\sqrt{LC}}$$

う．$\omega L - \dfrac{1}{\omega C} = 0$ のとき，電圧と電流の位相のずれはないので，求める電
流を I とおくと

$$I = \frac{V_0}{R}\sin \omega t$$

え．電流の実効値は最大値の $\dfrac{1}{\sqrt{2}}$ 倍であるので　　$\dfrac{V_0}{\sqrt{2}\,R}$

Ⅳ **解答** あ．$2\pi\left(ft - \dfrac{L}{\lambda}\right)$　い．$2\pi\left(ft - \dfrac{2L+x}{\lambda}\right)$　う．$2\pi\dfrac{L}{\lambda}$

◀解　説▶

≪波の式と合成波の振幅≫

あ．時刻 t に R に到達する波は，時刻 $t - \dfrac{L}{f\lambda}$ に S から出た波であるので

$$y_1 = A \sin 2\pi f\left(t - \frac{L}{f\lambda}\right) = A \sin 2\pi\left(ft - \frac{L}{\lambda}\right)$$

い．時刻 t に位置 x に到達する反射波は，時刻 $t - \dfrac{2L+x}{f\lambda}$ に S から出た波

であるので，反射で位相が反転することを考慮して

$$y = -A \sin 2\pi f\left(t - \frac{2L+x}{f\lambda}\right) = -A \sin 2\pi\left(ft - \frac{2L+x}{\lambda}\right)$$

う．$x=0$ で，R で反射された反射波と，S から図の右向きに出る直接波とが重なり合い進行する。よって，$x>0$ において，位置によらずこの合成波が観測される。ここで，$x>0$ の位置において，S からの直接波と R による反射波の合成波を考える。

$x>0$ における合成波の式は

$$y = A \sin 2\pi\left(ft - \frac{x}{\lambda}\right) - A \sin 2\pi\left(ft - \frac{2L+x}{\lambda}\right)$$

$$= A \sin 2\pi\left(ft - \frac{L+x}{\lambda} + \frac{L}{\lambda}\right) - A \sin 2\pi\left(ft - \frac{L+x}{\lambda} - \frac{L}{\lambda}\right)$$

$$= 2A \sin \frac{2\pi L}{\lambda} \cos 2\pi\left(ft - \frac{L+x}{\lambda}\right)$$

このとき，S からの距離によらず，観測者 O のいる地点での波の振幅は

$$2\left|A \sin\left(\frac{2\pi L}{\lambda}\right)\right|$$

である。

V ▉解答▉ あ．$\sqrt{v_0{}^2 - 2gr(1-\cos\theta)}$　　い．$\dfrac{m v_1{}^2}{r} + mg\cos\theta$

う．$\sqrt{2gr}$　え．$\sqrt{5gr}$　お．$\sqrt{3}$

◀解　説▶

≪糸につるされた小物体の円運動と斜方投射≫

あ．力学的エネルギー保存則より

$$\frac{1}{2}m v_0{}^2 = \frac{1}{2}m v_1{}^2 + mgr(1-\cos\theta)$$

$$\therefore \quad v_1 = \sqrt{v_0{}^2 - 2gr(1-\cos\theta)}$$

い．円運動の半径方向における重力の成分は $mg\cos\theta$ であるので，糸の

張力の大きさを T として運動方程式を立てると

$$\frac{mv_1{}^2}{r}=T-mg\cos\theta \qquad \therefore \quad T=\frac{mv_1{}^2}{r}+mg\cos\theta$$

う．力学的エネルギー保存則より

$$\frac{1}{2}mv_0{}^2\leqq mgr \qquad \therefore \quad v_0\leqq\sqrt{2gr}$$

え．小物体が最高点に達するためには，力学的エネルギー保存則より

$$\frac{1}{2}mv_0{}^2\geqq 2mgr \qquad \therefore \quad v_0\geqq\sqrt{4gr} \quad \cdots\cdots①$$

また，糸がたるまずに円運動をするには，常に 0 以上の張力が必要である。張力は $\theta=\pi$ で最小となるので

$$T=\frac{m}{r}\{v_0{}^2-2gr(1-\cos\pi)\}+mg\cos\pi=\frac{mv_0{}^2}{r}-5mg\geqq0$$

$$\therefore \quad v_0\geqq\sqrt{5gr} \quad \cdots\cdots②$$

①，②を共に満たす条件は，$v_0\geqq\sqrt{5gr}$

お．糸が切れた瞬間の小物体の速度の鉛直成分は $v_2\sin\dfrac{\pi}{3}=\dfrac{\sqrt{3}}{2}v_2$ であり，糸が切れた地点と同じ高さに戻るまでの時間 t は，小物体の速度の鉛直成分が 0 になるまでにかかる時間の 2 倍であるので

$$t=\frac{\sqrt{3}v_2}{2g}\times2=\sqrt{3}\frac{v_2}{g}$$

別解　等加速度直線運動の変位と時間の公式より，$\dfrac{\sqrt{3}v_2}{2}t-\dfrac{1}{2}gt^2=0$ を解いてもよい。

Ⅵ　**解答**　あ．$\dfrac{p_0V_0}{nR}$　い．$\dfrac{3}{2}$　う．$\dfrac{4}{3}$　え．0　お．$\left(\dfrac{3}{2}\right)^{\frac{1}{7}}$

か．$(1-\alpha)$

◀解　説▶

≪気体の状態変化≫

あ．理想気体の状態方程式より

$$p_0V_0=nRT_0 \qquad \therefore \quad T_0=\frac{p_0V_0}{nR}$$

い．内部エネルギー変化を ΔU とおくと，単原子分子理想気体の内部エネルギーの公式より

$$\Delta U = \frac{3}{2}nR\Delta T = \frac{3}{2}nR(2T_0 - T_0) = \frac{3}{2}nRT_0 = \frac{3}{2}p_0V_0$$

う．状態Cの気体の体積を V_C とおくと，理想気体の状態方程式より

$$\frac{3}{2}p_0V_C = 2nRT_0 = 2p_0V_0 \qquad \therefore \quad V_C = \frac{4}{3}V_0$$

え．状態Bから状態Cの間で気体の温度は変化していないので，気体の内部エネルギーの変化も 0 である。

お．状態Dの気体の体積を V_D とおくと

$$\frac{3}{2}p_0V_C{}^\gamma = p_0V_D{}^\gamma \qquad \therefore \quad V_D = \left(\frac{3}{2}\right)^{\frac{1}{\gamma}}V_C$$

なお，単原子分子理想気体と明示されているので，比熱比 $\gamma = \frac{5}{3}$ である。

よって，$V_D = \left(\frac{3}{2}\right)^{\frac{3}{5}}V_C$ と解答してもよいと考えられる。

か．状態Dから状態Aの間の変化では，気体の圧力は p_0 で一定であるので，気体がした仕事を W とおくと

$$W = p_0\Delta V = p_0(V_0 - \alpha V_0) = (1 - \alpha)p_0V_0$$

❖講　評

　全体として基本的な問題で構成されている。教科書レベルの問題を確実に解くことが求められている。

　Ⅰ　直線状に配置された電荷のつくる電場，電位を問う基本的な問題。

　Ⅱ　静電場で加速される電子の速さ，ド・ブロイ波長と同じエネルギーを持つ光子の波長を求める基本的な問題。有効数字2桁の数値計算を的確にこなせるかが問われた。

　Ⅲ　交流回路のインピーダンス，共振角振動数，実効値に関する基本的な問題。

　Ⅳ　波の式に関する問題。前半は基本的な問題である。「う」で問われた合成波の振幅は三角関数の加法定理の公式を使いこなすことが求められる。

　Ⅴ　糸でつるされた小物体の円運動と斜方投射に関する問題。典型問題である。

　Ⅵ　ピストンに閉じ込められた単原子分子理想気体に関する状態変化の基本的な問題である。それぞれの変化で変化していないものが何であるのかを押さえることがポイントとなる。

■■■ 化学 ■■■

◀化・生命理学科▶

Ⅰ 解答 1－c　2－a　3－d

◀解　説▶

≪小問3問≫

1．イ．（誤）同じ温度でも気体分子の熱運動の速度はまちまちで，気体分子の速度はその平均値で考える。

ロ．（誤）窒素の水への溶解度は，他の気体と同様，温度が高いほど小さくなる。

ハ．（正）高温の状態では，分子の熱運動が激しくなるため，実在気体の分子間力は無視できるようになる。低圧でも，分子間の距離が大きくなるため，分子間力は弱くなる。

ニ．（正）容積一定の容器中で，実在気体を冷却していくと，圧力は絶対温度に比例して下がる。圧力が飽和蒸気圧に達すると，凝縮が始まる。その後も冷却すると，気体の圧力は蒸気圧曲線にしたがって下がっていく。

以上より，正しくない記述は，イ・ロの2個。

2．イ．（正）
$$FeS + H_2SO_4 \longrightarrow FeSO_4 + H_2S$$

ロ．（正）
$$Ca(OH)_2 + CO_2 \longrightarrow CaCO_3 + H_2O$$
$$CaCO_3 + CO_2 + H_2O \rightleftharpoons Ca(HCO_3)_2$$

ハ．（正）
$$MnO_2 + 4HCl \longrightarrow MnCl_2 + 2H_2O + Cl_2$$

ニ．（正）
$$2NO_2 + H_2O \longrightarrow HNO_3 + HNO_2 \quad （冷水との反応）$$
$$3NO_2 + H_2O \longrightarrow 2HNO_3 + NO \quad （熱水との反応）$$

以上より，イ〜ニの記述はすべて正しい。

3．分子式 $C_4H_8Cl_2$ で表される化合物の構造異性体を考えるとき，炭素骨格は，C−C−C−C と C−C−C の2種類であり，2つの Cl 原子の結合する
$$\begin{array}{c} \quad\quad\quad\quad\quad | \\ \quad\quad\quad\quad\quad C \end{array}$$

箇所は次のとおり。

```
Cl                Cl               Cl
|                 |                |
C−C−C−C       C−C−C−C      C−C−C−C
|                 |                |
Cl                Cl               Cl
```

```
Cl                Cl
|                 |
C−C−C−C       C−C−C−C          C−C−C−C
    |                 |            |  |
    Cl                Cl          Cl Cl
```

```
Cl               Cl Cl            Cl
|                |  |             |
C−C−C        C−C−C         C−C−C
|  |             |                |
Cl C             C                C
```

したがって，直鎖骨格で6種類，枝分かれ構造で3種類，合計9種類の構造異性体が存在する。

Ⅱ 　**解答**　1．FeS
　　　2．$Cu(OH)_2 + 4NH_3 \longrightarrow [Cu(NH_3)_4]^{2+} + 2OH^-$

3．ⅰ．$Pb^{2+} + CrO_4{}^{2-} \longrightarrow PbCrO_4$

ⅱ．$5.6 \times 10^{-6}\,mol/L$

4．水溶液 **B** に含まれる金属イオンは Cu^{2+} である。Cu^{2+} を含む水溶液の白金電極を用いた電気分解での反応は

　　　陰極：$Cu^{2+} + 2e^- \longrightarrow Cu$

　　　陽極：$2H_2O \longrightarrow 4H^+ + O_2 + 4e^-$

陰極に Cu 0.20 g が析出したとき，陽極で発生する酸素の物質量は

$$\frac{0.20}{64} \times 2 \times \frac{1}{4} = 1.56 \times 10^{-3} \fallingdotseq 1.6 \times 10^{-3}\,〔mol〕 \quad \cdots\cdots(答)$$

━━━━━ ◀解　説▶ ━━━━━

≪金属イオンの反応と確認，溶解度積，電気分解の量的関係≫

Ag^+，Cu^{2+}，Fe^{3+}，Pb^{2+} のいずれかを含む水溶液 **A**，**B**，**C** について，(1)〜(5)の実験を行い，水溶液 **A** 〜 **C** に含まれる金属イオンを決めていく。

(1)塩基性で黒色硫化物を生じた水溶液 **C** には Fe^{3+} が含まれており，酸性で硫化物を生じた水溶液 **A**，**B** には Ag^+，Cu^{2+}，Pb^{2+} のいずれかが含まれている。

(2)アンモニア水で沈殿を生じ，過剰のアンモニア水で溶ける水溶液 **B** には Ag^+ か Cu^{2+} のいずれかが含まれている。

(3)希塩酸で白色沈殿を生じた水溶液 **A** には，Ag^+ か Pb^{2+} のいずれかが含まれている。また，白色沈殿を生じたのは水溶液 **A** のみとあることから，(2)で考えた水溶液 **B** には Ag^+ ではなく Cu^{2+} が含まれているとわかる。

(4)クロム酸イオンで黄色沈殿を生じた水溶液 **A** には Pb^{2+} が含まれているとわかる。

$$PbCrO_4（黄色沈殿）\quad Ag_2CrO_4（暗赤色沈殿）$$

1．実験(1)で用いた硫化水素 H_2S は強い還元性をもち，Fe^{3+} は Fe^{2+} に還元される。したがって，生じた硫化物は FeS である。

2．実験(2)の反応は以下のとおり。

$$Cu^{2+}+2NH_3+2H_2O \longrightarrow Cu(OH)_2+2NH_4^+$$
$$Cu(OH)_2+4NH_3 \longrightarrow [Cu(NH_3)_4]^{2+}+2OH^-$$

3．ii．0.020mol/L の Pb^{2+} 水溶液 1.0mL に 0.20mol/L の CrO_4^{2-} 水溶液 1.0mL を加えると，濃度はともに半分になり，黄色沈殿 $PbCrO_4$ が生成する。生成した沈殿はわずかであるが，一部電離溶解し，次の平衡が成立する。

$$PbCrO_4 \rightleftharpoons Pb^{2+}+CrO_4^{2-}$$

溶けた $PbCrO_4$ の濃度を x〔mol/L〕とすると

$$K_{sp}=[Pb^{2+}][CrO_4^{2-}]=5.0\times10^{-7}〔mol^2/L^2〕$$
$$x(0.10-0.010+x)=5.0\times10^{-7}$$

$x \ll 0.10-0.010$ より，上式は

$$x(0.10-0.010) \fallingdotseq 5.0\times10^{-7}$$

と近似できる。

よって　　$x=5.55\times10^{-6} \fallingdotseq 5.6\times10^{-6}$〔mol/L〕

4．水溶液 **B** に含まれる金属イオンは Cu^{2+} である。白金電極を用いた電気分解での陰極，陽極でのイオン反応式を書いて，電子と物質の変化量を考える。

Ⅲ 解答

1. 反応①：A（気）$\rightleftharpoons$ B（気）　　$k_1 = 2.0k_1'$
　　反応②：A（気）$\rightleftharpoons$ C（気）　　$k_2 = 0.50k_2'$

平衡時の気体A，B，Cの物質量をそれぞれ n_A，n_B，n_C〔mol〕とし，反応容器の容積を V〔L〕とする。

反応①，②とも物質量変化がないので

$$n_A + n_B + n_C = 7.0 \text{〔mol〕} \quad \cdots\cdots \text{⑦}$$

反応①の平衡時

$$k_1 \left(\frac{n_A}{V}\right) = 2.0k_1' \left(\frac{n_A}{V}\right) = k_1' \left(\frac{n_B}{V}\right)$$

$$\therefore \quad 2.0n_A = n_B \quad \cdots\cdots \text{①}$$

反応②の平衡時

$$k_2 \left(\frac{n_A}{V}\right) = 0.50k_2' \left(\frac{n_A}{V}\right) = k_2' \left(\frac{n_C}{V}\right)$$

$$\therefore \quad 0.50n_A = n_C \quad \cdots\cdots \text{⑦}$$

⑦式に①，⑦を代入して

$$n_A + 2.0n_A + 0.50n_A = 7.0$$

$$\therefore \quad n_A = 2.0 \text{〔mol〕}$$

よって　　$n_A = 2.0$〔mol〕，$n_B = 4.0$〔mol〕，$n_C = 1.0$〔mol〕　　$\cdots\cdots$（答）

2. 6.0 mol

3. ― g

4. ― d

━━━━━━━　◀解　説▶　━━━━━━━

≪反応速度定数と平衡反応，触媒・温度変化と平衡移動≫

1. 反応①，②の温度 300 K での反応速度定数が与えられ，正反応と逆反応の反応速度定数の関係が比で与えられている。平衡時の気体A，B，Cのそれぞれの濃度を〔A〕，〔B〕，〔C〕とすると，平衡時には次の関係が成り立つ。

$$k_1[\text{A}] = k_1'[\text{B}], \quad k_2[\text{A}] = k_2'[\text{C}]$$

反応①，②とも物質量変化がない反応なので，濃度の代わりに物質量を用いて計算しても同じ答えが得られる。

2. 温度が 300 K のままなので，反応速度定数は変わらない。3.5 mol の化合物**B**を加えたとき，反応容器の容積は 1.5 倍に増えるが，圧力も同じ

なので，設問1で得られた気体A，B，Cの物質量の関係式は，体積に無関係であり，3.5 mol の化合物**B**を加えて平衡状態になった気体A，B，Cの物質量をそれぞれ n_A'，n_B'，n_C'〔mol〕とすると

$$n_A' + n_B' + n_C' = 7.0 + 3.5$$
$$2.0\,n_A' = n_B'$$
$$0.50\,n_A' = n_C'$$

よって　　$n_A' = 3.0$〔mol〕，$n_B' = 6.0$〔mol〕，$n_C' = 1.5$〔mol〕

3．反応①の反応速度定数 k_1 が 13 倍になる触媒を加えても，温度，圧力が変わらないので，平衡状態に変化はない。

4．平衡状態にある反応の温度を上げると，この影響を打ち消すように吸熱反応の方向に平衡は移動する。

正反応が発熱反応の反応①では逆反応が起き，気体Bは減少し，正反応が吸熱反応の反応②では正反応が起き，気体Cが増加する。

IV 解答

1．i．ア．付加

イ．1,2-エタンジオール（エチレングリコール）

ii．66.0 ％

iii．ポリメタクリル酸メチルの繰り返し単位：

```
     H  CH3
     |   |
 ┌ ─ C ─ C ─ ┐
 │   |   |   │
 └   H   C─O─CH3 ┘n
         ‖
         O
```

ポリエチレンテレフタラートの繰り返し単位：

```
  ┌ O       O           ┐
  │ ‖       ‖           │
 ─┤ C ─⟨　⟩─ C─O─CH2─CH2─O ├─
  └                     ┘n
```

2．分液ろうとのエーテル層**A**に炭酸水素ナトリウム水溶液を加え，よく振って静置し，水層を取り出す。この水溶液に塩酸を加えると，安息香酸が析出する。この水溶液を冷却後，吸引ろ過することで安息香酸を得る。残ったエーテル層を容器に取り出し，湯浴で温め，エーテルを蒸発させると，液体の安息香酸メチルが得られる。（150 字以内）

■■■■ ◀解　説▶ ■■■■

≪熱可塑性樹脂の構造，安息香酸と安息香酸メチルの分離≫

1．ⅱ．メタクリル酸 $CH_2=C(CH_3)COOH$（分子式 $C_4H_6O_2$），メタクリル酸メチル $CH_2=C(CH_3)COOCH_3$（分子式 $C_5H_8O_2$）より，得られたメタクリル酸メチルの百分率〔％〕は

$$\frac{198}{12\times5+1.0\times8+16\times2}\div\frac{258}{12\times4+1.0\times6+16\times2}\times100=66.0〔\%〕$$

ⅲ．ポリメタクリル酸メチルは，ⅰ，ⅱで考えたように，単量体の二重結合で付加反応を繰り返すことで生じた重合体である。

ポリエチレンテレフタラートは，2価カルボン酸テレフタル酸と2価アルコールの1,2-エタンジオールがエステル結合で縮合重合している。

2．エーテル層Aに含まれる安息香酸メチル（中性）と安息香酸（酸性）を分離し，それぞれを得る実験操作の説明が求められている。酸性物質は，酸の強弱を利用して水溶液に溶かすことができる。カルボン酸＞炭酸より，炭酸水素ナトリウム水溶液を加えると，安息香酸がナトリウム塩となって水層に分離される。ここに塩酸を加えると，塩酸＞カルボン酸なので，安息香酸が生成し，水に溶けにくいため，結晶が析出する。安息香酸が分離されたエーテル層には，安息香酸メチルが残っている。安息香酸メチルはエーテルよりはるかに沸点の高い液体であるため，エーテルを除去すれば得られる。

❖講　評

　大問4題。理論分野からの出題が多く，計算問題が多い。各分野の基礎知識や基本の原理の理解度が試されており，文章を読む力，思考力が求められている。

　Ⅰ　小問3問。題意に合う選択肢を選ぶ方式。1・2は正しくない記述の数を答える問題。1は気体の性質，分子間力についての記述，2は無機化合物の反応についての記述で，いずれも用語・語句に気をつけて正誤を判定することが大切である。3．$C_4H_8Cl_2$ の化合物の構造異性体の数を答える問題。炭素骨格は2種類あり，Cl原子の結合は，1つのC原子に2つとも結合する場合と，バラバラの場合とがあり，同じものを重複して数えないよう気をつけたい。

Ⅱ 金属イオンの反応，溶解度積，電気分解の量的関係と，幅広い分野にわたって出題されている。各水溶液の変化・反応が実験(1)〜(4)の順に示されているが，順に，含まれている金属イオンが決まっていくわけではない。(1)では，塩基性で硫化物を生じる水溶液**C**には Fe^{3+} が含まれ，(4)の黄色沈殿より，水溶液**A**には Pb^{2+} が含まれるとわかる。残る水溶液**B**には，(2)，(3)より Cu^{2+} が含まれると決まる。これらの決定が間違っていると，設問に答えても正解とはならないので気をつけたい。1．硫化水素には還元性があり，生成物は硫化鉄（Ⅱ）を答えなければならない。3．ⅱ．2つの水溶液の混合で濃度は半分になっている。一方の水溶液の濃度がもう一方の水溶液の 10 倍と濃くなっており，未反応のイオンが多く存在する。これにより，溶解度積を用いた立式のときに近似が使えることとなる。4．陰極に析出する銅と，陽極で発生する酸素のそれぞれの電子との反応比から計算式をつくればよい。

Ⅲ 2つの反応の間に化学平衡が成立していると仮定して考える出題。1・2．2つの反応とも物質量変化がないこと，正逆の反応速度定数が比で与えられていることから，気体A，B，Cの平衡時の物質量の関係を立式して解いていく。3．触媒は平衡移動に関与しない。4．温度上昇では吸熱反応の方向に平衡は移動する。一見難しそうだが，いずれも基本に戻って考えれば，正解にたどり着く。

Ⅳ 1．メタクリル酸の構造式が図示されており，ポリエチレンテレフタラートの構造式を覚えていれば，ここは難しくない。2．エーテル層に溶けた安息香酸メチル（中性）と安息香酸（酸性）を分離し，取り出すための実験操作の説明。150 字と制限字数が多く，苦労したであろう。

◀数 学 科▶

I ◀化・生命理学科▶のIに同じ。

II ◀化・生命理学科▶のIIに同じ。

III ◀化・生命理学科▶のIIIに同じ。

IV **解答** 1. ◀化・生命理学科▶のIV.1に同じ。

2. 安息香酸メチル：水層Cを取り出した後のエーテル層Bを容器に移し，湯浴で温め，エーテルを蒸発させると，液体の安息香酸メチルが得られる。この液体は，さらに油浴を用いて蒸留すると，純粋な安息香酸メチルを得ることができる。(100字以内)

安息香酸：水層Cを容器に取り出し，塩酸を加えると，安息香酸が生成し結晶が析出する。この水溶液を吸引ろ過し，得られた結晶を再び熱水に溶かし，冷却する。冷却後，再び吸引ろ過すると，純粋な安息香酸が得られる。(100字以内)

━━━━━━ ◀解 説▶ ━━━━━━

≪熱可塑性樹脂の構造，安息香酸と安息香酸メチルの分離と精製≫

1. ＜化・生命理学科＞のIV 1に同じ。

2. 安息香酸メチルと安息香酸をどちらの層からどのような実験操作で得るかという記述だけでなく，得られたそれぞれの物質をどのように精製するかについても記述しなければならない。エーテル層Aに炭酸水素ナトリウム水溶液を加えた後，分離したエーテル層Bには生成物の安息香酸メチルが，水層Cには安息香酸ナトリウムがそれぞれ溶けている（酸の強さ：カルボン酸＞炭酸）。精製の方法については，安息香酸メチルについては「常温で液体であり，蒸溜により精製が可能」とヒントが示されているが，

安息香酸については「常温で固体」とあるだけである。高級脂肪酸が水に溶けにくいように芳香族カルボン酸も水への溶解度が小さいことから，再結晶での精製の方法が考えられる。

❖講　評

　大問 4 題。理論分野からの出題が多く，計算問題が多い。各分野の基礎知識や基本の原理の理解度が試されており，文章を読む力，思考力が求められている。

Ⅰ　<化・生命理学科>のⅠに同じ。

Ⅱ　<化・生命理学科>のⅡに同じ。

Ⅲ　<化・生命理学科>のⅢに同じ。

Ⅳ　1．<化・生命理学科>のⅣ.1に同じ。

2．すでに分離されている安息香酸メチル（中性）と安息香酸（酸性）を，どちらの層からどのように取り出し，どのように精製するかを，それぞれの物質について 100 字以内で説明する。75 分の試験時間内で解答するのは苦労しただろう。ただ，精製の方法については，設問文前半にヒントが示されている。

生物

Ⅰ **解答**　1．前半：属名　後半：種小名
　　　　　2−b, c, d, e　3．制限酵素　4．β シート
5．20^8 通り　6−b, c, d　7−c
8．イ．クレアチンリン酸　ロ．クレアチン
9．刷込み（インプリンティング）　10−a

◀ 解　説 ▶

≪小問 10 問≫

4．設問文に「ジグザグ状の領域」とあるので，ジグザグ構造よりも β シートの方が適切である。

5．開始コドンと終止コドンを除く 8 個のコドンで指定されるアミノ酸の種類を考える。翻訳に用いられるアミノ酸は 20 種類あるので，8 個のアミノ酸の並びは

$$20 \times 20 \times 20 \times 20 \times 20 \times 20 \times 20 \times 20 = 20^8 \text{ 通り}$$

であると考えられる。

6．ウイルスは単独で複製，遺伝子発現，代謝ができず，宿主の力を借りてこれらを行っている。

10．b は糊粉層，d は根端分裂組織，e は離層の説明文である。森林の階層構造はさまざまな要因で形成されており，特に地表面からの高さごとの照度の違いが大きく影響しているが，c のような階層構造を作り出す領域の存在は特に知られていない。

Ⅱ **解答**　1．イ．DNA ポリメラーゼ　ロ．リーディング鎖
　　　　　ハ．ラギング鎖　ニ．岡崎フラグメント
ホ．DNA リガーゼ　ヘ．RNA ポリメラーゼ　ト．プロモーター
チ．ヌクレオソーム　リ．クロマチン　ヌ．基本転写因子
ル．シャペロン

2．ラギング鎖の最末端は，プライマーが分解された後，DNA に置換できず，短くなっていくから。

3．セントラルドグマ　4—b

5．D→B→A→E→C

━━━━━━━━　◀解　説▶　━━━━━━━━

≪セントラルドグマ≫

4．下図において，図1と図2の違いを見つける。mRNA＋リボソーム
が図1のAの位置には存在するが，図2のA′の位置には存在しない。薬
剤処理により，転写を開始できなくなり，新たなmRNAが出現しなかっ
たので，図2のA′の位置にはmRNA＋リボソームが観察されなかった
と考えられる。

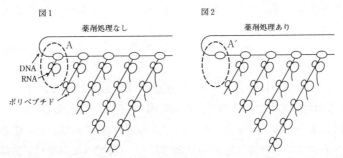

5．実験開始直前（0分）は，まだ放射性同位体で標識したヌクレオシド
を利用していないので，Dのように細胞内から放射線は検出されない。
実験開始後，時間が経つほど転写が進み，放射性同位体でRNAが標識さ
れるので，B（6分）→A（12分）のように核内の放射線の検出量が増加
する。
核内のmRNAは細胞質に移動していくので，時間が経つほど，E，Cの
ように細胞質の放射線の検出量が増加していく。また，実験開始12分以
降，放射性物質で標識したヌクレオシドを与えていないので，実験開始
100分後の図は，核内から放射線が検出されないと考えられる。ゆえに，
E（25分）→C（100分）のように観察されると考えられる。

Ⅲ　**解答**　1．ヘモグロビンに酸素が結合・解離すると，ヘモグロ
ビンの立体構造が変化し，ヘモグロビンがもつ酸素を結
合・解離する能力が変化する現象である。

2．33％　3．58％

4．i．$CO_2 + H_2O \longrightarrow HCO_3{}^- + H^+$

ⅱ—②

5—④　6—③

━━━━━━ ◀解　説▶ ━━━━━━

≪酸素解離曲線≫

2．図1より，酸素ヘモグロビンの割合が，肺では90％，組織では60％
であるので，求める割合は

$$\frac{90-60}{90} \times 100 = 33.3 \fallingdotseq 33 〔\%〕$$

3．図2より，酸素ヘモグロビンの割合が，肺では95％，組織では40％
であるので，求める割合は

$$\frac{95-40}{95} \times 100 = 57.8 \fallingdotseq 58 〔\%〕$$

4．ⅱ．iの化学反応式で生じた $HCO_3{}^-$ は赤血球外へ放出されるが，
H^+ は赤血球内にとどまるので，赤血球内の pH は下降する。

5．図3より，肺での酸素ヘモグロビンの割合は90％である。組織での
酸素ヘモグロビンの割合を x〔％〕とすると，「肺でヘモグロビンに結合し
ていた酸素のうち55％が組織に供給された」ので

$$\frac{90-x}{90} \times 100 = 55$$

と表せる。この式を解くと

$$x = 40.5 〔\%〕$$

が得られる。図3において，酸素分圧が30mmHgのとき，酸素ヘモグロ
ビンの割合が40.5％となっている④が，組織でのpHと等しい条件の曲
線である。

Ⅳ　**解答**　1．イ．柱頭　ロ．胚珠　ハ．胚のう　ニ．助細胞
　　　　　　2—c，d　3—c　4．3個　5．3倍

6．アグロバクテリウム

7．（植物体a）1本目の変異の種類：塩基置換　1本目の塩基数：1
2本目の変異の種類：変異なし

　（植物体b）1本目の変異の種類：欠失　1本目の塩基数：4

2本目の変異の種類：変異なし

━━━━━◀解　説▶━━━━━

≪被子植物の生殖，突然変異の種類の推定≫

2．a．誤文。有性生殖はゾウリムシなどの単細胞生物でも起こる現象である。

b．誤文。両性花の植物では自家受精により，1個体で有性生殖を行う。

c．正文。例えば，クラミドモナスのように形・大きさの等しい配偶子（同形配偶子）を形成する生物もいる。

d．正文。接合の一種に受精がある。

3．花粉母細胞は DNA を複製した後，2回の連続した分裂によって，4つの細胞で構成される花粉四分子になるので，複製前の G1 期の DNA 量を1とした場合，$1 \to 2 \to 1 \to 0.5$ のように DNA 量は変化する。また，分裂の過程では前期に核膜が消失し，終期に核膜が形成されるので，中期では核は存在しない。

4．1本の花粉管の中には1つの花粉管核と2個の精細胞の核（精核）が含まれている。ゆえに，1本の花粉管の中には3個の核が含まれている。

5．被子植物の場合，卵細胞だけでなく，中央細胞でも受精が起こる。中央細胞には2個の極核が含まれるが，いずれも卵細胞の核と同じ DNA 量をもつ。精細胞の核と卵細胞の核の DNA 量は等しいので，中央細胞が受精した結果生じる細胞の核に含まれる DNA 量は，卵細胞の核に含まれる DNA 量の3倍になる。

7．図2において，野生型はいずれの位置の塩基も出現頻度が1であるので，2本の相同染色体はホモ接合体の関係にある。もし，相同染色体の両方の同じ位置が変異した場合，野生型と共通の塩基配列が現れないが，片方のみが変異し，もう片方が変異しなかった場合，野生型と共通の塩基配列も現れる。

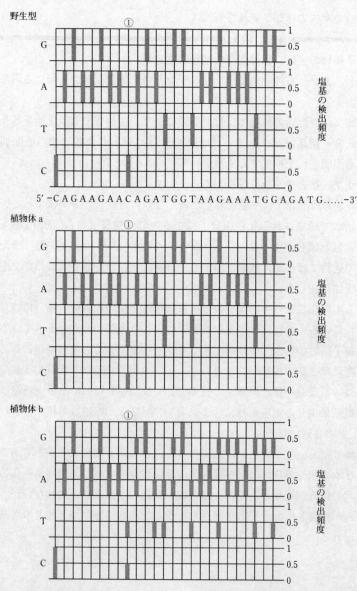

5′−CAGAAGAACAGATGGTAAGAAATGGAGATG……-3′

①の位置が，野生型はＣのみであり，植物体ａはＣ0.5，Ｔ0.5である。
①の位置の塩基配列に共通性があるので，相同染色体の片方に起きた変異
である。また，①の位置が野生型はＣのみであるので，植物体ａではＴへ
の塩基置換が起きたと考えられる。

また，野生型の塩基配列を①から順に書くと，以下のようになる。

　　　<u>CAGA</u>TGGTAAGAAATGGAGATG　……(ア)

植物体 b の相同染色体のうち，突然変異が生じなかった塩基配列は上記の(ア)と同じであり，相同染色体のうち，突然変異が生じた塩基配列は①から順に書くと以下のようになる。

　　　TGGTAAGAAATGGAGAT　……(イ)

よって，(ア)の塩基配列の下線部「CAGA」が欠失して(イ)の塩基配列になったと考えられる。

❖講　評

　Ⅰ　さまざまな分野からの基本的な小問が 10 問出題されている。5 はアミノ酸の 20 種類を塩基の 4 種類と誤ったり，開始コドンと終止コドンを考慮しない解答をしないよう注意したい。また，6 は生物とウイルスの違いをきちんと理解しておく必要がある。

　Ⅱ　2 はテロメアに関連した論述問題であるが，多くの受験生はテロメアという用語以上の知識がなく，論述が難しいだろう。5 はセントラルドグマの流れと，細胞内の物質の移動の時系列を対応させる問題であり，難しい。

　Ⅲ　全般的に標準的な問題であり，確実に正解したい。1 はよく問題集に載っているアロステリック酵素ではなく，ヘモグロビンでの説明を求められており，論述しにくい。

　Ⅳ　2 で生殖に関するやや細かい知識問題が出題されている。7 は問われている内容とデータの意味をきちんと理解するのに時間がかかる。

　それぞれの問題の難易度は標準であるが，試験時間が 75 分であることを考慮すると，考察問題の難度が高い。所々に基本的な用語，図，考え方に関する問題が出題されているので，これらをきちんと正解することで，高得点が狙える。論述問題は，いずれも字数制限のない知識問題であるが，細かな知識が必要であり，難しかったのではないだろうか。

教学社 刊行一覧

2025年版　大学赤本シリーズ

国公立大学（都道府県順）

374大学556点　全都道府県を網羅

全国の書店で取り扱っています。店頭にない場合は，お取り寄せができます。

1 北海道大学（文系－前期日程）
2 北海道大学（理系－前期日程）医
3 北海道大学（後期日程）
4 旭川医科大学（医学部〈医学科〉）医
5 小樽商科大学
6 帯広畜産大学
7 北海道教育大学
8 室蘭工業大学／北見工業大学
9 釧路公立大学
10 公立千歳科学技術大学
11 公立はこだて未来大学 総推
12 札幌医科大学（医学部）医
13 弘前大学 医
14 岩手大学
15 岩手県立大学・盛岡短期大学部・宮古短期大学部
16 東北大学（文系－前期日程）
17 東北大学（理系－前期日程）医
18 東北大学（後期日程）
19 宮城教育大学
20 宮城大学
21 秋田大学 医
22 秋田県立大学
23 国際教養大学 総推
24 山形大学 医
25 福島大学
26 会津大学
27 福島県立医科大学（医・保健科学部）医
28 茨城大学（文系）
29 茨城大学（理系）
30 筑波大学（推薦入試）医 総推
31 筑波大学（文系－前期日程）
32 筑波大学（理系－前期日程）医
33 筑波大学（後期日程）
34 宇都宮大学
35 群馬大学 医
36 群馬県立女子大学
37 高崎経済大学
38 前橋工科大学
39 埼玉大学（文系）
40 埼玉大学（理系）
41 千葉大学（文系－前期日程）
42 千葉大学（理系－前期日程）医
43 千葉大学（後期日程）医
44 東京大学（文科）DL
45 東京大学（理科）DL 医
46 お茶の水女子大学
47 電気通信大学
48 東京外国語大学 DL
49 東京海洋大学
50 東京科学大学（旧 東京工業大学）
51 東京科学大学（旧 東京医科歯科大学）医
52 東京学芸大学
53 東京藝術大学
54 東京農工大学
55 一橋大学（前期日程）
56 一橋大学（後期日程）
57 東京都立大学（文系）
58 東京都立大学（理系）
59 横浜国立大学（文系）
60 横浜国立大学（理系）
61 横浜市立大学（国際教養・国際商・理・データサイエンス・医〈看護〉学部）

62 横浜市立大学（医学部〈医学科〉）医
63 新潟大学（人文・教育〈文系〉・法・経済科・医〈看護〉・創生学部）
64 新潟大学（教育〈理系〉・理・医〈看護を除く〉・歯・工・農学部）医
65 新潟県立大学
66 富山大学（文系）
67 富山大学（理系）医
68 富山県立大学
69 金沢大学（文系）
70 金沢大学（理系）医
71 福井大学（教育・医〈看護〉・工・国際地域学部）
72 福井大学（医学部〈医学科〉）医
73 福井県立大学
74 山梨大学（教育・医〈看護〉・工・生命環境学部）
75 山梨大学（医学部〈医学科〉）医
76 都留文科大学
77 信州大学（文系－前期日程）
78 信州大学（理系－前期日程）医
79 信州大学（後期日程）
80 公立諏訪東京理科大学 総推
81 岐阜大学（前期日程）医
82 岐阜大学（後期日程）
83 岐阜薬科大学
84 静岡大学（前期日程）
85 静岡大学（後期日程）
86 浜松医科大学（医学部〈医学科〉）医
87 静岡県立大学
88 静岡文化芸術大学
89 名古屋大学（文系）
90 名古屋大学（理系）医
91 愛知教育大学
92 名古屋工業大学
93 愛知県立大学
94 名古屋市立大学（経済・人文社会・芸術工・看護・総合生命理・データサイエンス学部）
95 名古屋市立大学（医学部〈医学科〉）医
96 名古屋市立大学（薬学部）
97 三重大学（人文・教育・医〈看護〉学部）
98 三重大学（医〈医〉・工・生物資源学部）医
99 滋賀大学
100 滋賀医科大学（医学部〈医学科〉）医
101 滋賀県立大学
102 京都大学（文系）
103 京都大学（理系）医
104 京都教育大学
105 京都工芸繊維大学
106 京都府立大学
107 京都府立医科大学（医学部〈医学科〉）医
108 大阪大学（文系）DL
109 大阪大学（理系）医
110 大阪教育大学
111 大阪公立大学（現代システム科学域〈文系〉・文・法・経済・商・看護・生活科〈居住環境・人間福祉〉学部－前期日程）
112 大阪公立大学（現代システム科学域〈理系〉・理・工・農・獣医・医・生活科〈食栄養〉学部－前期日程）医
113 大阪公立大学（中期日程）
114 大阪公立大学（後期日程）医
115 神戸大学（文系－前期日程）
116 神戸大学（理系－前期日程）医

117 神戸大学（後期日程）
118 神戸市外国語大学 DL
119 兵庫県立大学（国際商経・社会情報科・看護学部）
120 兵庫県立大学（工・理・環境人間学部）
121 奈良教育大学／奈良県立大学
122 奈良女子大学
123 奈良県立医科大学（医学部〈医学科〉）医
124 和歌山大学
125 和歌山県立医科大学（医・薬学部）医
126 鳥取大学 医
127 公立鳥取環境大学
128 島根大学 医
129 岡山大学（文系）
130 岡山大学（理系）医
131 岡山県立大学
132 広島大学（文系－前期日程）
133 広島大学（理系－前期日程）医
134 広島大学（後期日程）
135 尾道市立大学 総推
136 県立広島大学
137 広島市立大学
138 福山市立大学 総推
139 山口大学（人文・教育〈文系〉・経済・医〈看護〉・国際総合科学部）
140 山口大学（教育〈理系〉・理・医〈看護を除く〉・工・農・共同獣医学部）医
141 山陽小野田市立山口東京理科大学 総推
142 下関市立大学／山口県立大学
143 周南公立大学 赤 総推
144 徳島大学 医
145 香川大学 医
146 愛媛大学 医
147 高知大学 医
148 高知工科大学
149 九州大学（文系－前期日程）
150 九州大学（理系－前期日程）医
151 九州大学（後期日程）
152 九州工業大学
153 福岡教育大学
154 北九州市立大学
155 九州歯科大学
156 福岡県立大学／福岡女子大学
157 佐賀大学 医
158 長崎大学（多文化社会・教育〈文系〉・経済・医〈保健〉・環境科〈文系〉学部）
159 長崎大学（教育〈理系〉・医〈医・保健〉・歯・薬・情報データ科・工・環境科〈理系〉・水産学部）医
160 長崎県立大学 総推
161 熊本大学（文・教育・法・医〈看護〉学部・情報融合学環〈文系型〉）
162 熊本大学（理・医〈看護を除く〉・薬・工学部・情報融合学環〈理系型〉）
163 熊本県立大学
164 大分大学（教育・経済・医〈看護〉・理工・福祉健康科学部）
165 大分大学（医学部〈医・先進医療科学科〉）医
166 宮崎大学（教育・医〈看護〉・工・農・地域資源創成学部）
167 宮崎大学（医学部〈医学科〉）医
168 鹿児島大学（文系）
169 鹿児島大学（理系）医
170 琉球大学 医

2025年版　大学赤本シリーズ

国公立大学 その他

私立大学①

2025年版　大学赤本シリーズ
私立大学②

2025年版 大学赤本シリーズ
私立大学③

医 医学部医学科を含む
總推 総合型選抜または学校推薦型選抜を含む
DL リスニング音声配信 新 2024年 新刊・復刊

掲載している入試の種類や試験科目、収載年数などはそれぞれ異なります。詳細については、それぞれの本の目次や赤本ウェブサイトでご確認ください。

akahon.net

赤本 [検索]

難関校過去問シリーズ

出題形式別・分野別に収録した
「入試問題事典」
20大学73点
定価2,310〜2,640円(本体2,100〜2,400円)

先輩合格者はこう使った!
「難関校過去問シリーズの使い方」

61年,全部載せ!
要約演習で,総合力を鍛える

東大の英語
要約問題 UNLIMITED

DL リスニング音声配信
新 2024年 新刊
改 2024年 改訂

いつも受験生のそばに──赤本

大学入試シリーズ＋α
入試対策も共通テスト対策も赤本で

2025 年版　大学赤本シリーズ　No. 425

立教大学（理学部－一般入試）

編　集　教学社編集部
発行者　上原　寿明
発行所　教学社
　　　　〒606-0031
　　　　京都市左京区岩倉南桑原町56

2024 年 7 月 10 日　第 1 刷発行
ISBN978-4-325-26484-2
定価は裏表紙に表示しています

電　話　075-721-6500
振　替　01020-1-15695
印　刷　太洋社